FTA 무역규범

박민규 지음

Free Trade Agreement

도서출판 서훈

FTA 무역규범

초판 인쇄	2013년 4월 17일
초판 발행	2013년 4월 27일
저자	박민규
발행인	고우용
발행처	도서출판 서훈
출판등록	제 1997-000139 호
등록일	1997년 11월 25일
주소	서울특별시 마포구 망원1동 338-53
전화	02) 324-6577
팩스	02) 324-6177
홈페이지	www.choolpansa.com
값	23,000원
ISBN	978-89-6249-079-4 93320

『이 저서는 인하대학교의 지원에 의하여 발간되었음』

머리말

본서는 인하대학교가 기획재정부의 FTA 대학원 관련 사업에 선정되어 저자가 강의를 하게 될 「FTA 무역규범」 수업과 산업통상자원부 글로벌무역전문가 양성사업 FTA 관련 수업을 준비하면서 편찬하였다. 처음에는 FTA 관련 국내외 규범을 담은 새로운 교재를 구상하였다. 그러나 새로운 FTA 무역규범을 이해하는 것보다 기존의 무역관련 법규에 대한 이해가 선행되어야 한다는 생각이 들었다.

본서는 세 개의 편의로 구성되어 있다. 먼저 제1편에서는 FTA의 추진과 이행관련 법규를 담고 있다. 제2편에서는 대외무역법에 관한 내용이다. 대외무역법에 관한 내용은 기존에 강의를 위해 교내에서만 사용하던 교재를 이번에 함께 포함시켜 출간하고자 한다. 대외무역법 강의 준비를 할 때마다 대외무역법과 시행령 그리고 관련 고시들이 정부 부처 개편에 따른 법률 및 직제 개편에 따른 변동을 적시에 하지 않은 부분을 많이 발견하게 된다. 예를 들면 통합공고에는 보건복지가족부라는 용어가 아직도 사용되고 있다. 대외무역관리규정에는 철도청장이라는 용어가 아직도 포함되어 있다. 제3편에서는 원산지제도와 관련된 내용을 담고 있다. 2013년 정부조직 개편과 함께 이러한 사항이 함께 개정이 되었으면 한다.

본서는 여러 법령에 대한 해설서이다. FTA 규범의 경우 FTA가 체결될 때 마다 개정이 된다. 따라서 본서로 학습을 하는 사람들은 법과 하위법령 그리고 고시의 개정 사항을 항상 주의해야 한다. 계속해서 보완할 것을 약속드리며 독자들의 양해를 부탁하는 바이다.

책이 나올 수 있도록 도와주신 인하대학교 정 인교 교수님과 도서출판 서훈의 고우용 사장님께 지면을 빌어 감사의 표현을 하고 싶다.

2013년 2월 연구실에서

저자 씀

차례

제1편 자유무역협정(FTA)관련 법률 / 9

제2편 대외무역법 / 149

제3편 원산지제도 / 347

제1편

자유무역협정(FTA)관련 법률

제1장 통상조약의 체결절차 및 이행에 관한 법률

제2장 자유무역협정 체결 절차

제3장 자유무역협정의 이행을 위한 관세법의 특례에 관한 법률

제4장 자유무역협정 국내대책위원회

제5장 FTA와 무역조정

제6장 자유무역협정 체결에 따른 농어업인 등의 지원에 관한 특별법

제1장

통상조약의 체결절차 및 이행에 관한 법률

Ⅰ. 총칙

1. 법의 목적

「통상조약의 체결절차 및 이행에 관한 법률」은 통상조약의 체결절차 및 이행에 관하여 필요한 사항을 규정함으로써 국민의 이해와 참여를 통하여 통상조약 체결 절차의 투명성을 제고하고, 효율적인 통상협상을 추진하며, 통상조약의 이행과정에서 우리나라의 권리와 이익을 확보하여 국민경제의 건전한 발전에 이바지함을 목적으로 한다.

2. 통상조약의 정의

우리나라가 세계무역기구 등 국제기구 또는 경제연합체에 가입하거나 다른 국가 등과 체결하는 다음 조약 중 「대한민국헌법」 상의 국회동의 대상인 조약을 말한다.

- 세계무역기구 등 국제기구 차원에서 체결되어 포괄적인 대외 시장개방을 목적으로 하는 조약
- 지역무역협정 또는 자유무역협정 등 지역적 또는 양자 차원에서 체결되어 포괄적인 대외 시장개방을 목적으로 하는 조약
- 그 밖에 경제통상 각 분야의 대외 시장개방으로 인하여 국민경제에 중요한 영향을 미치는 조약

Ⅱ. 절차

1. 공청회의 개최

산업통상자원부장관은 통상조약체결계획을 수립하기에 앞서 이해관계자와 관계 전문가의 의견을 수렴하기 위하여 공청회를 개최하여야 한다. 공청회의 개최에 관하여는 「행정절차법」 제38조·제38조의2·제38조의3·제39조 및 제39조의2를 준용한다.

2. 통상조약체결계획의 수립 및 보고

산업통상자원부장관은 통상협상(통상조약의 체결을 위하여 우리나라가 다른 국가 등과 하는 협상) 개시 전 다음 사항을 포함하여 통상조약의 체결에 관한 계획(통상조약체결계획)을 수립하여야 한다.

- 통상협상의 목표 및 주요내용
- 통상협상의 추진일정 및 기대효과
- 통상협상의 예상 주요쟁점 및 대응방향
- 통상협상과 관련된 주요국 동향
- 그 밖에 산업통상자원부장관이 필요하다고 인정하는 사항

산업통상자원부장관이 통상조약체결계획을 수립한 때에는 지체 없이 국회 산업통상자원위원회에 보고하여야 한다. 국회는 진행 중인 협상이 통상협상에 해당된다고 판단할 경우 산업통상자원부장관에게 통상조약체결계획의 수립 등 이 법에서 규정한 절차를 준수할 것을 요구할 수 있다.

3. 통상조약 체결의 경제적 타당성 등 검토

산업통상자원부장관은 통상협상 개시 이전에 통상조약 체결의 경제적 타당성 등을 검토하여야 한다. 다만, 이미 발효된 통상조약을 포함한 그 밖의 조약의 이행에 따라 요구되는 통상협상의 경우는 제외한다. 산업통상자원부장관은 경제적 타당성 등의 검토를 관계 중앙행정기관의 장에게 요청하거나 정부출연연구기관을 포함한 관계 연구기관에 의뢰하여 실시할 수 있다. 이 경우 요청 또는 의뢰를 받은 관계 중앙행정기관 및 관계 연구기관의 장은 특별한 사유가 없으면 이에 따라야 한다.

4. 통상협상의 진행 및 국회의 의견제시

정부는 통상조약체결계획에 따라 통상협상을 진행하여야 한다.

산업통상자원부장관은 다음 어느 하나에 해당하는 경우에는 이를 즉시 국회 산업통상자원위원회에 보고하여야 한다. 다만, 협상의 급박한 진행 등 즉시 보고가 어려운 불가피한 사유가 있는 경우에는 사후에 보고할 수 있다.

- 통상조약체결계획의 중요 사항을 변경한 경우
- 국내 산업 또는 경제적 파급효과 등에 중대한 변화가 예상되는 경우
- 그 밖에 협상의 진행과 관련하여 중대한 변화가 발생한 경우

국회 산업통상자원위원회는 보고받은 통상협상에 대하여 정부에 의견을 제시할 수 있다. 이 경우 정부는 특별한 사유가 없는 한 이를 반영하도록 노력하여야 한다.

5. 영향평가

산업통상자원부장관은 가서명 등 통상조약의 문안에 대하여 협상 상대국과 합의가 이루어진 때에는 다음 각 호의 사항을 포함하는 영향평가를 실시하여야 한다.

- 통상조약이 국내 경제에 미치는 전반적 영향
- 통상조약이 국가의 재정에 미치는 영향
- 통상조약이 국내 관련 산업에 미치는 영향
- 통상조약이 국내 고용에 미치는 영향

산업통상자원부장관은 영향평가를 관계 중앙행정기관의 장에게 요청하거나 정부출연 연구기관을 포함한 관계 연구기관에 의뢰하여 실시할 수 있다. 이 경우 요청 또는 의뢰를 받은 관계 중앙행정기관 및 관계 연구기관의 장은 특별한 사유가 없으면 이에 따라야 한다.

6. 협상결과의 보고 등

산업통상자원부장관은 통상조약의 서명을 마친 때에는 그 경과 및 주요내용 등을 지체 없이 국회 산업통상자원위원회에 보고하여야 한다. 산업통상자원부장관은 보고내용을 지체 없이 국민에게 알려야 한다.

7. 비준동의의 요청 등

정부는 통상조약의 서명 후 「대한민국헌법」 제60조제1항에 따라 국회에 비준동의를 요청하여야 한다.

국회에 비준동의를 요청할 때에는 다음 사항을 함께 제출하여야 한다.

- 영향평가결과
- 통상조약의 시행에 수반되는 비용에 관한 추계서와 이에 따른 재원조달방안
- 따른 국내산업의 보완대책
- 통상조약의 이행에 필요한 법률의 제정 또는 개정 사항
- 그 밖에 산업통상자원부장관이 필요하다고 인정하는 사항

국회는 서명된 조약이 통상조약에 해당한다고 판단할 경우 정부에 비준동의안의 제출을 요구할 수 있다.

8. 설명회 개최

산업통상자원부장관은 통상조약의 발효 및 이행에 앞서 설명회를 개최하여 이해관계자에게 통상조약 이행의 주요사항 등에 대하여 설명하고, 이해관계자의 협력을 구하는 등 통상조약의 원활한 이행을 위한 홍보 등의 노력을 기울여야 한다.

9. 통상조약의 이행상황 평가 및 보고

산업통상자원부장관은 발효 후 10년이 경과하지 아니한 통상조약에 대하여 다음 사항을 포함한 이행상황을 평가하고 그 결과를 국회 산업통상자원위원회에 보고하여야 한다.

- 발효된 통상조약의 경제적 효과
- 피해산업 국내대책의 실효성 및 개선방안
- 상대국 정부의 조약상 의무 이행상황 등 통상조약에 따라 구성된 공동위원회에서의 주요 논의사항
- 그 밖에 산업통상자원부장관이 필요하다고 인정하는 사항

산업통상자원부장관은 이행상황 평가를 위하여 필요하다고 인정하면 관계 중앙행정기관 및 정부출연 연구기관을 포함한 관계 연구기관의 장에게 협조를 요청할 수 있다. 이 경우 협조 요청을 받은 관계 중앙행정기관 및 관계 연구기관의 장은 특별한 사유가 없으면 이에 따라야 한다.

(1) 통상조약의 이행상황 평가 주기

통상조약의 이행상황 평가는 통상조약 발효 후 5년마다 실시한다. 산업통상자원부장관은 통상조약의 경제적 효과와 통상조약이 국내 산업에 미치는 영향 등을 고려하여 필요하다고 판단하는 경우에는 추가로 평가를 실시할 수 있다.

(2) 통상조약의 이행상황 평가 방법

통상조약의 이행상황 평가는 평가를 개시(開始)한 날부터 6개월 내에 종료하여야 한다. 다만, 산업통상자원부장관은 법 제15조제2항에 따라 통상조약의 이행상황 평가에 대한 협조를 요청받은 중앙행정기관 또는 관계 연구기관의 장이 기술적인 이유로 평가 기간의 연장을 요청하는 등 필요한 경우에는 필요한 최소한의 범위에서 그 기간을 연장할 수 있다. 통상조약의 이행상황 평가는 가능하면 객관적으로 검증 가능한 자료를 기초로 하여야 한다. 산업통상자원부장관은 통상조약의 이행상황 평가를 위하여 필요하다고 판단하는 경우에는 이해관계자의 의견을 수렴할 수 있다.

10. 국민의 의견제출

누구든지 정부에 대하여 통상협상 또는 통상조약에 관한 의견을 제출할 수 있다. 이 경우 정부는 제출된 의견이 상당한 이유가 있다고 인정하는 때에는 이를 정책에 반영하도록 노력하여야 한다.

11. 보고 및 서류제출

정부는 국회 외교통일위원회·산업통상자원위원회 및 통상 관련 특별위원회의 요구가 있을 때에는 진행 중인 통상협상 또는 서명이 완료된 통상조약에 관한 사항을 보고하거나 서류를 제출하여야 한다. 보고 또는 서류제출에 관하여는 「국회에서의 증언·감정 등에 관한 법률」 제4조를 준용한다.

Ⅲ. 통상협상의 원칙

1. 경제적 권익의 보장

통상조약의 어느 조항도 우리나라의 정당한 경제적 권익을 침해하는 것을 인정하는 것으로 해석될 수 없다.

2. 통상조약상의 권익 확보

정부는 통상조약상의 의무이행으로 인하여 특정 품목의 국내 피해가 회복하기 어려울 정도로 크다고 판단하는 경우 통상조약의 개정 추진 등 다양한 대책을 강구하여야 한다.

3. 남북한 거래의 원칙

통상조약의 체결 절차 및 이행과정에서 남한과 북한 간의 거래는 「남북교류협력에 관한 법률」에 따라 국가 간의 거래가 아닌 민족내부의 거래로 본다.

4. 농업 · 축산업 · 수산업 보호 · 육성 의무 등

정부는 통상조약의 이행을 이유로 「대한민국헌법」 제123조에 따른 농업·축산업·수산업의 보호·육성, 지역 간 균형발전, 중소기업 보호·육성 등의 의무를 훼손하여서는 아니 된다.

5. 통상조약 이행의 상호주의 원칙

상대국이 통상조약의 의무를 이행하지 아니하거나 이를 위반하는 경우 정부는 상대국에 대하여 이에 상응하는 조치를 취할 수 있다.

Ⅳ. 위원회 등

1. 통상교섭민간자문위원회의 설치

통상정책 수립 및 통상협상 과정에서 다음 사항에 관하여 산업통상자원부장관의 자문에 응하기 위하여 산업통상자원부장관 소속으로 통상교섭민간자문위원회(민간자문위원회)를 둔다.

- 통상정책 및 통상협상의 기본방향
- 특정 통상조약의 추진 및 체결의 타당성
- 통상조약의 체결이 국내경제에 미치는 영향 및 국내 보완대책
- 통상협상에 관한 대국민 공감대 형성을 위한 홍보대책
- 통상조약체결계획의 수립
- 그 밖에 통상정책 및 통상협상과 관련하여 산업통상자원부장관이 자문하는 사항

(1) 구성

민간자문위원회는 위원장 1명을 포함한 30명 이내의 위원으로 구성하며, 위원장은 위원 중에서 호선한다. 위원은 다음 어느 하나에 해당하는 사람 중에서 산업통상자원부장관이 위촉한다.

- 대외경제 및 통상 분야에 학식과 경험이 풍부한 사람
- 통상정책 수립 및 통상협상과 관련하여 다양한 국민적 의사를 대변할 수 있는 사람
- 국회 산업통상자원위원회가 추천하는 사람
- 그 밖에 관계 중앙행정기관의 장이 추천하는 사람

(2) 임기

민간자문위원회 위원의 임기는 2년으로 한다. 산업통상자원부장관은 특정한 통상정책이나 통상조약과 관련하여 필요하다고 판단하는 경우에는 민간자문위원회에 분과위원회를 설치할 수 있다.

(3) 민간자문위원회의 운영

산업통상자원부장관은 필요하다고 인정할 때 민간자문위원회의 회의를 소집한다. 다만, 회의를 소집하는 것이 곤란할 때에는 서면에 의한 의견수렴으로 회의를 갈음할 수 있다. 산업통상자원부장관은 민간자문위원회 회의를 개최하기 7일 전까지 의안과 의사일정을 위원들에게 서면으로 알려

야 한다. 다만, 긴급한 경우에는 회의 개최 전날까지 알릴 수 있다.

2. 비밀엄수 의무 등

공무원은 재직 중은 물론 퇴직 후에도 이 법과 관련된 직무수행과정에서 알게 된 비밀을 공개하거나 타인에게 누설하여서는 아니 된다. 공무원이 아닌 사람으로서 통상협상 또는 통상조약과 관련한 자문 또는 보조를 제공하는 사람이 비공개정보를 공유하고자 하는 경우 대통령령에 따라 비밀엄수서약을 하여야 한다. 비밀엄수서약을 한 사람은 「형법」 제127조에 따른 벌칙의 적용에서는 공무원으로 본다.

3. 다른 법률과의 관계

통상조약의 체결절차 및 이행에 관한 법률은 통상조약의 체결절차 및 이행에 관하여 다른 법률보다 우선하여 적용한다.

4. 정보의 공개

정부는 통상조약 체결절차 및 이행에 관한 정보의 공개 청구가 있는 경우 「공공기관의 정보공개에 관한 법률」에 따라 관련 정보를 청구인에게 공개하여야 하며, 통상협상의 진행을 이유로 공개를 거부하여서는 아니 된다. 통상협상에 관한 정보가 다음 어느 하나에 해당되는 경우에는 공개하지 아니할 수 있다.

- 통상협상의 상대방이 자국의 이해와 관계되는 정보라는 이유로 비공개를 요청한 경우
- 통상협상의 구체적 진행과 관련되어 그 공개가 국익을 현저히 침해하거나 통상협상에 지장을 가져올 우려가 있는 것으로 판단되는 경우
- 그 밖에 「공공기관의 정보공개에 관한 법률」 제9조제1항 단서 각 호의 어느 하나에 해당되는 경우

다만, 국회 교섭단체 간의 합의를 거쳐 국회의장의 요구가 있는 경우에는 정부는 공개를 거부할 수 없다. 정부는 통상협상에 관한 정보를 공개하지 아니하기로 결정한 경우에는 그 사실을 청구인에게 지체 없이 문서로 통지하여야 한다. 이 경우 비공개 이유·불복방법 및 불복절차를 구체적으로 명시하여야 한다.

제2장

자유무역협정 체결 절차

1. 자유무역협정의 정의

(1) 무역조정 지원에 관한 법률

대한민국이 타국 또는 지역무역연합체와 체결한 무역자유화를 내용으로 하는 국제협정으로서 상품과 서비스 등에 대한 관세의 감축 및 철폐, 시장접근의 확대 등에 관한 사항을 포함하는 것을 말한다(자유무역협정 체결에 따른 무역조정 지원에 관한 법률 제2조 제1호).

(2) 자유무역협정 체결에 따른 농어업인 등의 지원에 관한 특별법

무역자유화를 내용으로 하여 대한민국이 다른 나라나 지역무역연합체와 체결한 국제협정으로서 농산물 또는 수산물 등에 대한 관세의 감축 및 철폐, 시장접근의 확대 등에 관한 사항을 포함하는 협정을 말한다(자유무역협정 체결에 따른 농어업인 등의 지원에 관한 특별법 제2조 제1호).

(3) 자유무역협정의 이행을 위한 관세법의 특례에 관한 법률

우리나라가 체약상대국(締約相對國, 우리나라와 자유무역협정을 체결한 국가(국가연합·경제공동체 또는 독립된 관세영역 포함)를 말한다)과 관세의 철폐, 세율의 연차적인 인하 등 무역의 자유화를 내용으로 하여 체결한 「1994년도 관세 및 무역에 관한 일반협정」제24조에 따른 국제협정과 이에 준하는 관세의 철폐 또는 인하에 관한 조약·협정을 말한다(자유무역협정의 이행을 위한 관세법의 특례에 관한 법률 제2조 제1호).

2. 특징

(1) 국제협정

자유무역협정은 국내 협정이 아닌 국제협정(international agreement)이다. 따라서 협정 당사자는 다른 국가(미국, 칠레 등), 지역무역연합체(EU, ASEAN 등), 독립된 관세영역(홍콩 등)이다. 국제협정인 자유무역협정은 국가 또는 지역무역연합체와 체결한 조약이며, 조약이라는 명칭을 쓰지 않고 국제협정(무역조정 지원에 관한 법률) 또는 협정(자유무역협정 체결에 따른 농어업인 등의 지원에 관한 특별법)이라고 부르기도 한다.[1)] 헌법에 의하여 체결 공포된 조약은 국내법과 같은 효력을 가진다(헌법 제6조 제1항). 조약은 대통령이 체결·비준한다(헌법 제73조). 대통령은 조약안을 비준을 하기 전에 국무회의 심의를 거쳐야 한다(헌법 89조 제2호). 국회는 국민에게 중대한 재정적 부담을 지우는 조약의 체결·비준에 대한 동의권을 가진다(헌법 제60조 제1항). 자유무역협정은 국민에게 재정적 부담이 될 수 있으므로 국회의 동의를 받아야 한다. 결국 국회의 동의를 받은 자유무역협정은 국내법과 같은 효력을 가지므로 대한민국 국민은 자유무역협정에 구속되고 모두 지켜야 한다.

(2) 목적

자유무역협정은 무역자유화를 목적으로 한다. 무역자유화는 상품에 대한 관세를 감축하거나 철폐하고 서비스의 시장접근을 확대하는 것이다. 관세의 철폐는 관세를 없애는 것을 말하며, 관세 감축이라는 것은 세율의 연차적인 인하를 의미한다. 관세는 자유무역협정 체결과 동시에 철폐를 하기도 하고, 3년, 5년, 10년의 기간 동안에 연차적인 인하를 통해 철폐를 하기도 한다. 「자유무역협정의 이행을 위한 관세법의 특례에 관한 법률」에서는 관세의 철폐 또는 인하(감축)에 관한 조약·협정만을 규정하고 있으나 대부분의 오늘날 대부분의 자유무역협정에서는 서비스의 자유화가 포함되어 있다.

---

1) 실정법에서 조약에 관한 정의는 없다. 국방부 훈령(제814호 2007.9.6., 제정)인 「조약 및 기관간 약정의 체결과 관리에 관한 규정」 제3조 제1호에서는 "조약"이라 함은 '그 명칭 여하를 불문하고, 국제법에 의하여 규율되는 권리·의무관계를 창설하는 대한민국정부와 외국 정부간의 문서형식에 의한 상호 합의를 말하며, 대한민국정부와 국제기구간의 문서형식에 의한 상호 합의도 조약으로 본다'고 규정하고 있다.

(3) 대상 및 목적

자유무역협정은 상품, 서비스, 농·수산물 등을 대상으로 무역자유화를 목적으로 한다. 상품(공산품, 농·수산물)만을 대상으로 하는 경우도 있으나 현대에 서비스를 포함하지 않는 자유무역협정은 거의 없다. 무역자유화는 관세의 감축(세율의 연차적인 인하) 및 철폐, 시장접근의 확대를 의미한다. 농·수산물을 포함한 상품의 경우에는 관세의 감축 및 철폐를 하는 것이 무역자유화이며, 서비스의 경우 시장 접근의 확대를 의미한다.

2. 자유무역협정의 체결 절차

정부는 2004년 6월 「자유무역협정체결 절차규정」(대통령훈령)을 제정하여 FTA 추진과정의 투명성을 제고하고, FTA 추진과정에 각계 전문가와 업계의 이익을 최대한 반영하고 있다.[2] 그러나 2012년 「통상조약의 체결절차 및 이행에 관한 법률」의 제정으로 「절차규정」은 법률에서 규정하고 있지 않은 사항에 대해서만 적용되게 되었다. 법에서 규정하고 있는 통상교섭민간자문위원회는 규정에서 정하고 있는 자유무역협정민간자문회의의 역할과 중첩된다.

다음은 FTA 체결 절차규정에서 정하고 있는 FTA 추진절차이다.

(1) 자유무역협정추진위원회

1) 설치

자유무역협정 체결 및 이행 협의에 관한 사항을 심의하기 위하여 산업통상자원부에 자유무역협정추진위원회(추진위원회)를 둔다.

2) 추진위원회의 기능

추진위원회는 다음 사항을 심의한다.

- 자유무역협정 정책의 기본방향 및 추진전략
- 특정 국가 또는 지역과의 자유무역협정 체결의 타당성
- 자유무역협정 협상안
- 자유무역협정 체결이 국내 관련 산업에 미치는 영향 및 보완대책
- 자유무역협정 체결에 대한 대국민 공감대 형성을 위한 홍보대책
- 자유무역협정의 이행과 관련한 기본 방향 및 추진 전략
- 자유무역협정의 이행을 위해 자유무역협정에 따라 상대국과 공동으로 설

2) 대통령훈령 제288호, 2011.7.6, 일부개정

치하는 위원회(이행위원회)와 그에 부속되어 설치되는 위원회, 작업반 및 그 밖의 기구(산하기구)의 구성 및 운영에 관한 기본 방향
- 그 밖에 자유무역협정 체결 및 이행 협의와 관련하여 추진위원회의 위원장이 회의에 부치는 사항

3) 추진위원회의 구성

추진위원회는 위원장 1명을 포함한 15명 이내의 위원으로 구성한다. 위원장은 산업통상자원부 통상교섭본부장이 된다. 위원은 기획재정부·미래창조과학부·외교부·문화체육관광부·농림축산식품부·국토교통부·해양수산부·국무총리실 및 관계 중앙행정기관의 장의 추천에 의하여 위원장이 위촉하는 차관보 또는 실장급 공무원이 된다. 위원장은 추진위원회를 대표하고 추진위원회의 직무를 통할한다. 위원장이 부득이한 사유로 직무를 수행할 수 없는 때에는 위원장이 미리 지정한 위원이 그 직무를 대행한다. 추진위원회의 사무를 처리하기 위하여 추진위원회에 간사 1명을 두되, 간사는 산업통상자원부 자유무역협정교섭대표가 된다.

4) 추진위원회의 회의 및 의사

위원장은 추진위원회 재적위원 3분의 1 이상의 요청이 있거나 위원장이 필요하다고 인정하는 때에는 추진위원회 회의를 개최하고, 그 의장이 된다. 추진위원회의 회의는 재적위원 과반수의 출석으로 개의하고, 출석위원 과반수의 찬성으로 의결한다. 추진위원회의 심의결과는 공개한다. 다만, 출석위원 과반수의 찬성이 있는 경우에는 공개하지 아니할 수 있다.

5) 관련기관 등의 협조요청

위원장은 위원회의 업무수행을 위하여 필요하다고 인정하는 때에는 관계행정기관 또는 관계 기관·단체의 장에 대하여 필요한 자료의 제출을 요청하거나 의견을 수렴할 수 있다.

6) 추진위원회의 실무추진회의

추진위원회의 심의를 효율적으로 지원하기 위하여 추진위원회에 실무추진회의를 둔다. 실무추진회의의 의장은 산업통상자원부 자유무역협정교섭대표가 되고, 위원은 기획재정부·미래창조과학부·외교부·문화체육관광부·농림축산식품부·국토교통부·해양수산부·국무총리실 및 관계 중앙행정기관의 장의 추천에 의하여 의장이 위촉하는 국장급 공무원이 된

다. 실무추진회의의 운영에 관하여 필요한 사항은 의장이 정한다.

(2) 자유무역협정민간자문회의

자유무역협정 체결 및 이행 협의 과정에서 관련 업계 및 관계 전문가의 의견을 청취하고 그 청취결과를 자유무역협정 체결 및 이행 협의 과정에 반영하기 위하여 추진위원회에 자유무역협정민간자문회의(민간자문회의)를 둔다.

1) 자문 사항

민간자문회의는 다음 사항에 관하여 위원장의 자문에 응한다.

- 자유무역협정 정책의 기본방향
- 특정 국가 또는 지역과의 자유무역협정 체결의 타당성
- 자유무역협정 체결이 국내 관련 산업에 미치는 영향 및 보완대책
- 자유무역협정 체결에 대한 대국민 공감대 형성을 위한 홍보대책
- 자유무역협정의 이행과 관련한 기본 방향 및 추진 전략
- 그 밖에 자유무역협정 체결 및 이행 협의와 관련하여 위원장이 자문을 요청하는 사항

2) 민간자문회의의 구성

민간자문회의는 의장 1인을 포함한 30인 이내의 위원으로 구성한다. 민간자문회의의 의장(의장)은 위원장이 된다.

민간자문회의의 위원은 다음 어느 하나에 해당하는 자 중에서 위원장이 위촉하는 자로 한다.

- 대외경제 분야에 있어 학식과 경험이 풍부한 자
- 자유무역협정 체결 및 이행 협의와 관련하여 업계 및 단체의 의사를 대변할 수 있는 자
- 그 밖에 관계 중앙행정기관의 장의 추천을 받은 자

위원의 임기는 2년으로 하되, 연임할 수 있다. 다만, 위원의 사임 등으로 인하여 새로이 위촉된 위원의 임기는 전임위원의 잔여임기로 한다.

3) 민간자문회의의 운영

의장은 자유무역협정의 체결 및 이행 협의와 관련하여 추진위원회 재적위원 3분의 1 이상의 요청이 있거나 의장이 자문이 필요하다고 인정하는 때에는 민간자문회의를 개최한다. 의장은 민간자문회의 개최 외에

서면·면담 그 밖의 통신에 의한 방법으로도 자문을 요청할 수 있다. 의장은 심도있는 자문이 필요하다고 판단하거나 민간자문회의의 요구가 있는 때에는 위원을 지명하여 특정 과제에 대한 조사·연구를 수행하게 하고 그 결과를 민간자문회의에 보고하게 할 수 있다. 민간자문회의의 운영에 관한 세부적인 사항은 의장이 정한다.

(3) 협상전 절차

1) 자유무역협정 추진에 관한 기본전략의 수립

위원장은 추진위원회 회의를 개최하여 자유무역협정 추진에 관하여 기본전략을 심의한 후 대외경제장관회의에 동 전략에 대한 심의·의결을 요청하여야 한다.

2) 자유무역협정 체결의 타당성 검토 등

위원장은 따라 실무추진회의 및 민간자문회의에 특정 국가 또는 지역과의 자유무역협정 체결의 타당성에 대한 검토를 요청하여야 한다. 이 경우 위원장은 특정 국가 또는 지역과의 자유무역협정 체결의 경제적 타당성 등에 대한 연구를 미리 정부출연 연구기관을 포함한 전문연구기관에 의뢰하고 그 연구결과에 대한 검토를 실무추진회의 및 민간자문회의에 요청할 수 있다.

3) 자유무역협정의 추진 심의

위원장은 규정에 의한 특정 국가 또는 지역과의 자유무역협정 체결의 타당성에 대한 검토결과 자유무역협정을 추진하는 것이 타당하다고 인정되는 때에는 추진위원회 회의를 개최하여 해당 국가 또는 지역과의 자유무역협정 추진의 타당성 및 필요성과 구체적인 추진방향 등 관련 제반 문제를 심의하도록 하여야 한다.

4) 자유무역협정 체결협상의 개시 의결 요청 등

위원장은 자유무역협정 체결의 타당성이 인정되는 국가 또는 지역과의 자유무역협정 체결협상의 개시에 관한 심의·의결을 대외경제장관회의에 요청하여야 한다. 다만, 자유무역협정을 추진하는 국가 또는 지역과 협상전 논의 사항에 관하여 협의할 필요가 있다고 인정되는 경우에는 해당 국가 또는 지역과의 공동연구 등 협상전 논의 개시 및 그 추진 방안에 관한 심의·의결을 대외경제장관회의에 요청할 수 있다.

5) 협상전 논의 개시 등

위원장은 대외경제장관회의에서 공동연구 등 협상전 논의 개시를 의결하는 경우에는 자유무역협정을 추진하고자 하는 국가 또는 지역과 다음 사항에 대하여 협의하여야 한다.

- 자유무역협정의 효과 및 범위
- 자유무역협정 체결 원칙 및 협상방안
- 자유무역협정 체결 협상에 참고가 되는 양국의 제도
- 그 밖에 자유무역협정에 관련된 사항

위원장은 자유무역협정을 추진하고자 하는 국가 또는 지역과 위의 사항에 대하여 협의한 결과 자유무역협정 체결을 위한 협상의 개시가 필요하다고 인정되는 때에는 대외경제장관회의에 특정 국가 또는 지역과의 협상 개시에 관한 의결을 요청하여야 한다.

(4) 협상 절차

1) 협상 대표단

위원장은 대외경제장관회의에서 특정 국가 또는 지역과의 자유무역협정 체결을 위한 협상 개시에 대한 의결이 있는 경우에는 「정부대표 및 특별사절의 임명과 권한에 관한 법률」에 따라 관계 중앙행정기관의 장의 추천을 받아 협상대표단을 구성하고 상대국과의 자유무역협정 체결을 위한 협상을 개시하여야 한다.

협상대표단의 수석정부대표는 「정부대표 및 특별사절의 임명과 권한에 관한 법률」에 따라 다른 정부대표를 지휘·감독하며, 필요하다고 인정되는 때에는 협상분과를 편성하여 협상분과장을 지명하고 그 밖에 협상대표단의 운영에 필요한 사항을 정할 수 있다.

2) 협상안의 심의 등

위원장은 자유무역협정 체결을 위한 협상개시가 결정되면 추진위원회 회의를 소집하여 중요 협상안에 대하여 심의하고, 필요하다고 인정되는 때에는 대외경제장관회의에 심의·조정을 요청할 수 있다. 위원장은 추진위원회의 심의 전에 민간자문회의를 개최하여 협상안에 대한 의견을 수렴하고 자문을 요청할 수 있다.

3) 협상의 진행

위원장은 협상안과 구체적 협상전략을 포함한 훈령을 협상 대표단에 시달하는 등 협상을 총괄·지휘한다. 위원장은 협상 진행상황을 추진위원회 및 대외경제장관회의에 보고하고, 최종 협상안에 대한 심의·의결을 대외경제장관회의에 요청하여야 한다.

4) 협상진행상황 보고 및 설명

위원장은 협상의 중요 진행상황을 국회에 보고하여야 한다. 위원장은 관련 이해당사자 및 국민에게 적절한 방법으로 협상의 중요 진행상황을 수시로 설명하고 그에 대한 의견을 수렴하도록 노력하여야 한다.

5) 가서명

수석정부대표는 「정부대표 및 특별사절의 임명과 권한에 관한 법률」에 따라 대외경제장관회의에서 의결된 최종 협정안에 대하여 협상상대국과 합의가 이루어지는 때에는 협정문에 가서명하고 협상을 실질적으로 종료한다.

(5) 협상 후 절차

1) 협상결과 보고

위원장은 협상이 타결된 때에는 국회에 협상결과(자유무역협정안)를 보고하고 국민에게 적절한 방법으로 이를 알려야 한다.

2) 보완대책

위원장은 자유무역협정 체결에 따라 필요하다고 인정되는 때에는 추진위원회 회의를 개최하여 협상결과에 따른 국내 보완대책의 필요성에 대하여 심의하고, 보완대책이 필요한 경우에는 대외경제장관회의에 보완대책의 수립에 대한 심의·조정을 요청하여야 한다.

3) 국내절차

산업통상자원부장관은 자유무역협정안을 국무회의에 상정(헌법 제89

조)하고 대통령의 재가를 얻어 자유무역협정안에 서명한 후(헌법 제60조 제1항) 국회에 자유무역협정안에 대한 비준동의(헌법 제73조)를 요청하여야 한다. 산업통상자원부장관은 국회에 자유무역협정안 비준동의를 요청하는 때에는 관계 중앙행정기관의 장에게 보완대책을 동시에 제출하도록 요청할 수 있다.

4) 시행준비

위원장은 자유무역협정의 발효에 앞서 관련 이해당사자들에게 확정된 관세철폐계획·원산지기준 등 협정시행의 중요 사항에 대한 설명회를 개최하여 관련 이해당사자들이 협정 발효에 적절히 적응해 나갈 수 있도록 지원하여야 한다.

(6) 이행협의 절차

1) 이행위원회 및 산하기구 구성 · 운영

위원장은 이행위원회의 우리측 의장이 된다. 산하기구의 우리측 의장은 해당 분야의 이행에 책임이 있는 중앙행정기관의 장의 추천을 받은 자로 하며, 「정부대표 및 특별사절의 임명과 권한에 관한 법률」에 따라 지명된다. 산하기구 우리측 의장은 해당 산하기구의 활동과 관련한 중요 사항을 자유무역협정이 정하는 바에 따라 이행위원회의 우리측 의장에게 보고한다. 이행위원회와 산하기구의 운영에 관한 세부지침은 해당 자유무역협정 규정 및 상대국과의 이행 협의 결과를 반영하여 정한다.

2) 이행협의

위원장은 자유무역협정의 이행과 관련된 협의를 총괄·관리한다.

이행 협의를 위한 대표단은 「정부대표 및 특별사절의 임명과 권한에 관한 법률」에 따라 이행위원회 의장, 산하기구의 의장, 해당 분야의 이행에 책임이 있는 중앙행정기관의 장의 추천을 받은 자로 구성된다.

위원장은 이행 협의 대응방안과 관련하여 관계부처 간 협의가 필요한 사항은 추진위원회의 심의를 거쳐 대외경제장관회의에 심의·조정을 요청하여야 하고, 중요하다고 인정되는 이행 협의 결과는 대외경제장관회의에 보고한다. 위원장은 이행 협의 결과와 관련하여 필요하다고 인정되는 때에는 추진위원회 심의를 거쳐 그 결과를 국민에게 적절한 방법으로 알려야 한다.

(7) 공청회 등의 개최

위원장은 자유무역협정의 체결 및 이행 협의에 대한 관련 업계 및 관계 전문가의 의견을 듣기 위하여 공청회 또는 토론회를 개최할 수 있다. 다만, 위원장은 「대외경제장관회의 규정」에 따른 대외경제장관회의에 자유무역협정을 추진하려는 국가 또는 지역과의 협상 개시에 대한 심의·의결을 요청하려는 때에는 미리 공청회를 개최하여 그 결과를 대외경제장관회의에 제출하여야 한다. 「행정절차법」 제38조, 제38조의2, 제38조의3, 제39조 및 제39조의2는 제1항에 따른 공청회에 준용한다.

제3장

자유무역협정의 이행을 위한 관세법의 특례에 관한 법률

Ⅰ. 총칙

1. 목적

「자유무역협정의 이행을 위한 관세법의 특례에 관한 법률」은 우리나라가 체약상대국과 체결한 자유무역협정의 이행을 위하여 필요한 관세의 부과·징수 및 감면, 수출입물품의 통관 등 「관세법」의 특례에 관한 사항과 자유무역협정에 규정된 체약상대국과의 관세행정(關稅行政) 협조에 필요한 사항을 규정함으로써 자유무역협정의 원활한 이행과 국민경제의 발전에 이바지함을 목적으로 한다.

2. 다른 법률과의 관계

「자유무역협정의 이행을 위한 관세법의 특례에 관한 법률」은 「관세법」에 우선하여 적용한다. 다만, 「자유무역협정의 이행을 위한 관세법의 특례에 관한 법률」에서 정하지 아니한 사항에 대해서는 「관세법」에서 정하는 바에 따른다.

「자유무역협정의 이행을 위한 관세법의 특례에 관한 법률」 또는 「관세법」이 협정과 상충되는 경우에는 협정을 우선하여 적용한다.

「자유무역협정의 이행을 위한 관세법의 특례에 관한 법률」에 규정된 것 외의 용어에 관하여는 「자유무역협정의 이행을 위한 관세법의 특례에 관한 법률」에서 특별히 정한 경우를 제외하고는 「관세법」 제2조에서 정하는 바에 따른다.

Ⅱ. 협정관세의 적용

1. 협정관세

협정에 따라 체약상대국(우리나라와 협정을 체결한 국가(국가연합·경제공동체 또는 독립된 관세영역을 포함한다)를 말한다)을 원산지로 하는 수입물품에 대하여 관세를 철폐하거나 세율을 연차적으로 인하하여 부과하여야 할 관세(협정관세)의 연도별 세율, 적용기간, 적용수량 등은 협정에서 정하는 관세의 철폐비율, 인하비율, 수량기준을 정하고 있는 「자유무역협정의 이행을 위한 관세법의 특례에 관한 법률」시행령 별표는 다음과 같다.

국가별 협정관세

[별표1] 싱가포르가 원산지인 물품에 대한 협정관세(제3조제1항 관련)
[별표2] 유럽자유무역연합회원국이 원산지인 물품에 대한 협정관세(제3조제2항 관련)
[별표3] 아세안회원국이 원산지인 물품에 대한 협정관세(제3조제3항 관련)
[별표3의2] 아세안회원국이 원산지인 물품에 대하여 협정관세율 적용을 배제하는 물품(제3조제3항 관련)
[별표4] 인도가 원산지인 물품에 대한 협정관세(제3조제5항 관련)
[별표5] 칠레를 원산지로 하는 수입물품에 적용할 협정관세율(제3조제6항)
[별표6] 유럽연합당사자를 원산지로 하는 수입물품에 적용할 협정관세율(제3조제7항 관련)
[별표6의2] 페루를 원산지로 하는 수입물품에 적용할 협정관세율(제3조제8항 관련)
[별표6의3] 페루를 원산지로 하는 물품 중 협정관세의 적용을 배제하는 중고품(제3조제8항 단서 관련)
[별표6의4] 미합중국을 원산지로 하는 수입물품에 적용할 협정관세율(제3조제9항 관련)
[별표6의5] 터키를 원산지로 하는 수입물품에 적용할 협정관세율(제3조제10항 관련)

(1) 국가별 협정관세율

1) 싱가포르와의 협정관세

「대한민국정부와 싱가포르공화국정부간의 자유무역협정」 제3.4조의 규정에 따라 싱가포르를 원산지로 하는 수입물품에 대하여 협정관세를 적용할 물품 및 세율은 시행령 별표 1과 같다.

2) 유럽자유무역연합회원국 협정관세

「대한민국과 유럽자유무역연합 회원국 간의 자유무역협정」(동 협정의 일부를 구성하는 「대한민국과 아이슬란드공화국 간의 농업에 관한 협정」, 「대한민국과 노르웨이왕국 간의 농업에 관한 협정」 및 「대한민국과 스위스연방 간의 농업에 관한 협정」을 포함하며, 이하 "유럽자유무역연합 회원국과의 협정"이라 한다) 제2.1조, 제2.3조 및 제2.4조에 따라 유럽자유무역연합의 회원국(아이슬란드공화국·리히텐슈타인공국·노르웨이왕국 및 스위스연방을 말하며, 이하 "유럽자유무역연합회원국"이라 한다)을 원산지로 하는 수입물품에 대하여 협정관세를 적용할 물품 및 세율은 시행령 별표 2와 같다.

3) 아세안회원국 협정관세

아세안회원국과의 협정 제3조에 따라 동남아시아국가연합 회원국(브루나이 다루살람·캄보디아왕국·인도네시아공화국·라오인민민주주의공화국·말레이시아·미얀마연방·필리핀공화국·싱가포르공화국·태국왕국 및 베트남사회주의공화국을 말하며, 이하 "아세안회원국"이라 한다)을 원산지로 하는 수입물품에 대하여 협정관세를 적용할 물품 및 세율은 시행령 별표 3과 같다. 다만, 아세안회원국과의 협정 부속서 1의 제6항에 따라 별표 3의 세율이 적용되지 아니하는 아세안회원국 및 물품은 별표 3의2와 같으며, 별표 3의2에서 규정한 물품 중 아세안회원국이 우리나라를 원산지로 하는 물품에 적용하는 관세율이 100분의 10 이하인 물품으로서 그 아세안회원국이 아세안회원국과의 협정 부속서 2의 제7항에 따라 우리나라에 통보한 물품(이하 "상호대응세율적용물품"이라 한다)에 대하여는 기획재정부장관이 정하여 고시한 날부터 「관세법」제50조에 따른 적용세율(이하 "최혜국세율"이라 한다)을 초과하지 아니하는 범위에서 다음 세율 중에서 높은 세율을 적용한다.

- 아세안회원국이 우리나라를 원산지로 하는 상호대응세율적용물품과 같은 물품에 적용하는 관세율(상호대응세율적용물품 및 그 관세율은 기획재정부장관이 정하여 고시한다)
- 시행령 별표 3에서 규정하는 협정관세율

4) 인도와의 협정세율

「대한민국과 인도공화국 간의 포괄적경제동반자협정」(이하 "인도와의 협정"이라 한다) 제2.4조에 따라 인도를 원산지로 하는 수입물품에 대하여 협정관세를 적용할 물품 및 세율은 시행령 별표 4와 같다.

5) 칠레와의 협정세율

칠레와의 협정 제3.4조에 따라 칠레를 원산지로 하는 수입물품에 대하여 협정관세를 적용할 물품 및 세율은 시행령 별표 5와 같다.

6) EU와의 협정세율

「대한민국과 유럽연합 및 그 회원국 간의 자유무역협정」(이하 "유럽연합당사자와의 협정"이라 한다) 제2.5조에 따라 「유럽연합조약」 및 「유럽연합 기능에 관한 조약」에 따른 유럽연합, 그 회원국이나 유럽연합 및 그 회원국(그 회원국은 벨기에왕국, 불가리아공화국, 체코공화국, 덴마크왕국, 독일연방공화국, 에스토니아공화국, 아일랜드, 그리스공화국, 스페인왕국, 프랑스공화국, 이탈리아공화국, 사이프러스공화국, 라트비아공화국, 리투아니아공화국, 룩셈부르크대공국, 헝가리공화국, 몰타, 네덜란드왕국, 오스트리아공화국, 폴란드공화국, 포르투갈공화국, 루마니아, 슬로베니아공화국, 슬로바키아공화국, 핀란드공화국, 스웨덴왕국 및 영국을 말하며, 이하 "유럽연합당사자"라 한다)을 원산지로 하는 수입물품에 대하여 협정관세를 적용할 물품 및 세율은 시행령 별표 6과 같다.

7) 페루와의 협정세율

페루와의 협정 제2.3조에 따라 페루공화국(이하 "페루"라 한다)을 원산지로 하는 수입물품에 대하여 협정관세를 적용할 물품 및 세율은 시행령 별표 6의2와 같다. 다만, 페루와의 협정 제2.3조제3항에 따라 페루를 원산지로 하는 중고품(「관세법」 별표 관세율표의 호 또는 소호의 품명란에 "중고"로 표기된 것, 사용된 후 그 본래의 특성과 규격을 복구하거나 새 것이었을 때 지녔던 기능성을 복구하는 과정을 거쳐 재건·수리·재생·재제조된 것 또는 그 밖에 이와 유사한 물품을 말한다)에 대해서는 시행령 별표 6의2에 따른 협정관세의 적용을 배제할 수 있으며, 적용을 배제하는 품목은 시행령 별표 6의3과 같다.

8) 미국과의 협정세율

미합중국과의 협정 제2.3조 및 「대한민국과 미합중국 간의 자유무역협정에 관한 서한교환」 제1절에 따라 미합중국을 원산지로 하는 수입물품에 대하여 협정관세를 적용할 물품 및 세율은 시행령 별표 6의4와 같다. 다만, 자동차(품목번호 제8703호를 말한다)의 경우로서 미합중국과의 협정 부속서 22-가 제5항에 해당하는 경우에는 시행령 별표 6의4에도 불구하고 최혜국세율을 초과하지 아니하는 범위에서 관세율을 인상할 수 있으며, 그 적용품목 및 세율은 기획재정부장관이 정하여 고시한다.

9) 터키와의 협정세율

「대한민국과 터키공화국 간의 상품무역에 관한 협정」(이하 "터키와의 협정"이라 한다) 제2.4조에 따라 터키를 원산지로 하는 수입물품에 대하여 협정관세를 적용할 물품 및 세율은 시행령 별표 6의5와 같다.

3. 협정세율 적용

(1) 용도세율 규정 준용

1) 용도 사전 승인

협정관세에 관하여는 「관세법」의 용도세율(제83조) 및 품목분류체계의 수정(제84조)을 준용한다. 따라서 용도에 따라 세율을 다르게 정하는 물품을 세율이 낮은 용도에 사용하려는 자는 세관장의 승인을 받아야한다.

<u>용도세율의 이해를 위한 사례</u>

□ 사실관계 ○ A사는 B사(이하 "수출자"라 한다)로부터 비료제조용으로 사용되는 과립형 요소(GRANULAR UREA, 3000M/T, USD 259M/T, 이하 "쟁점물품"이라 한다)를 2007.11.3. 수입하면서 '공업용 요소'가 분류되는 HSK 3102.10-9000호(기타 요소, 아시아·태평양협정세율 4.6%)로 신고하고 처분청으로부터 수리를 받았다. ○ 청구법인은 비료제조용으로 사용하기 위하여 수입한 쟁점물품을 HSK 3102.10-1000호(비료 또는 비료제조용의 요소, 아시아·태평양협정세율 1.4%)로 신고하지 않고 HSK 3102.10-9000호로 잘못 신고함으로써 관세 등을 과다 납부하였다고 하여 2009.11.2. 처분청에 관세 2억원을 환급해 달라는 취지의 경정청구를 제기하였다. ○ 처분청은 HSK 3102.10-1000호에 분류되는 물품의 경우 「관세법」 제83조의 규정에 의한 용도세율 적용품목으로서 수입신고수리전까지 용도세율신청서를 제출해야 함에도 청구법인이 용도세율 적용대상이 아닌 HSK 3102.10-9000호로 신고하면서 용도세율적용 신청서를 제출하지 않고 수리를 받았다고 하여 2009.12.28. 경정청구를 거부하였다. □ 쟁점 쟁점물품이 농업용 비료에 전용으로 사용되는 물품인지 여부

□ 관련법령

(1) 관세법

제83조【용도세율의 적용】① 별표 관세율표나 제50조 제4항·제65조·제67조의2·제68조·제70조 내지 제73조 및 제76조의 규정에 의한 대통령령 또는 재정경제부령에서 용도에 따라 세율을 다르게 정하는 물품을 세율이 낮은 용도에 사용하고자 하는 자는 대통령령이 정하는 바에 의하여 세관장의 승인을 얻어야 한다. 다만, 물품의 성질과 형태가 그 용도 외의 다른 용도에 사용할 수 없는 경우에는 그러하지 아니하다.

(2) 관세법 시행령

제97조【용도세율 적용신청】법 제83조의 규정에 의하여 용도세율의 적용을 받고자 하는 자는 당해 물품의 수입신고를 하는 때부터 당해 수입신고가 수리되기 전까지 그 품명·규격·수량·가격·용도·사용방법 및 사용장소를 기재한 신청서를 세관장에게 제출하여야 한다.

2) 처벌

용도세율 적용 물품을 해당 용도 외의 다른 용도에 사용하거나 양도한 자는 2천만 원 이하의 벌금에 처한다. 과실(過失)로 해당 용도 외의 다른 용도에 사용하거나 양도한 자는 300 만 원 이하의 벌금에 처한다. 승인을 받지 아니하고 용도에 따라 세율을 다르게 정하는 물품을 세율이 낮은 용도에 사용한 자는 500만 원 이하의 과태료를 부과한다.

(2) 세율적용의 우선순위

협정관세의 세율이 「관세법」 제50조에 따른 적용세율보다 높은 경우에는 「관세법」 제50조에 따른 적용세율을 우선하여 적용한다. 다만, 「관세법」 제51조, 제57조, 제63조, 제65조 및 제68조에 따른 세율은 협정관세의 세율보다 우선하여 적용한다.

(3) 한도수량내 협정관세율

협정세율 중 일정 수량에 대하여 더 낮은 세율(동일한 물품에 대하여 수량기준에 따라 2 이상의 세율을 정한 경우 그 중 낮은 세율을 말한다. 이하 "한도수량내 협정관세율"이라 한다)이 적용되도록 양허된 물품이 있는 경우로서 한도수량내 협정관세율을 적용받고자 하는 자는 주무부장관 또는 그 위임을 받은 자의 추천을 받은 후 해당 추천서를 수입신고 수리 전까지 세관장에게 제출하여야 한다.

(4) 선착순 방식의 한도수량내 협정관세율 적용

1) 배정

다음 물품에 대해서는 한도수량내 협정관세율이 적용되도록 양허된 물품의 수량(적용수량)을 선착순(보세구역에 해당 물품을 장치한 후 수입신고한 날을 기준으로 한다)의 방법으로 배정하고, 적용수량에 달하는 날에는 남은 적용수량을 그날 수입신고되는 수량에 비례하여 배정한다.

- 유럽연합당사자와의 협정 부록 2-가-1에 따른 유럽연합당사자를 원산지로 하는 넙치류(영 별표 6 품목번호 0303340000호 및 0303390000호의 넙치류로 한정한다)
- 미합중국과의 협정 부록 2-나-1에 따른 미합중국을 원산지로 하는 넙치류(영 별표 6의4 품목번호 0303340000호 및 0303390000호의 넙치류로 한정한다), 명태(영 별표 6의4 품목번호 0303670000호 및 0303699000호의 명태로 한정한다) 및 민어[영 별표 6의4 품목번호 0303899091호의 민어(미크로포고니아스 운둘라투스)로 한정한다]

2) 고시

선착순의 방법으로 배정하는 물품의 적용수량, 배정수량 및 남은 적용수량 등 선착순 방법의 적용과 관련한 정보의 관리 및 공개에 관한 사항은 관세청장이 정하여 고시한다.

3) 통보

주무부장관은 유럽연합당사자와 적용수량의 배정방안에 대하여 협의하는 경우 그 협의 결과가 한도수량내 협정관세율 적용에 영향을 미치는 사항이면 기획재정부장관에게 통보하여야 한다.

4) 협조요청

기획재정부장관 또는 관세청장은 적용수량의 추천과 그와 관련된 배정 등에 관한 사항이 적절하게 운영되고 있는 지를 확인하기 위하여 필요하다고 인정하는 경우에는 관계기관 및 적용수량이 설정된 물품을 수입하는 자 등 이해관계인에게 관련 자료의 제출 등 필요한 협조를 요청할 수 있다.

4. 협정관세의 적용신청

(1) 협정관세의 적용신청

1) 신청시기

협정관세를 적용받으려는 자(수입자)는 수입신고의 수리 전까지 세관장에게 협정관세의 적용을 신청하여야 한다.

2) 신청서 기재사항

수입자는 다음 사항이 기재된 협정관세 적용신청서를 세관장에게 제출하여야 한다.

- 당해 물품의 수입자의 상호·성명·주소(전자주소를 포함한다. 이하 이 항에서 같다)·사업자등록번호·통관고유부호·전화번호 및 모사전송번호
- 당해 물품의 수출자의 상호·성명·주소·전화번호 및 모사전송번호
- 당해 물품의 생산자의 상호·성명·주소·전화번호 및 모사전송번호. 다만, 수입자가 그 생산자를 알 수 없는 경우를 제외한다.
- 품명·모델·규격 및 품목번호
- 협정관세율·원산지 및 당해 물품에 적용한 원산지결정기준
- 원산지증명서 또는 원산지확인서류의 구비 여부
- 원산지증명서의 발급번호(수입자가 발급번호를 알고 있는 경우만 기재한다), 발급일자, 발급기관 또는 작성자
- 적출국(積出國)·적출항 및 출항일자
- 환적국(換積國)·환적항 및 환적일자
- 그 밖에 관세청장이 정하는 사항

수입자가 협정관세의 적용신청서를 세관장에게 제출한 후 기재사항이 변경되었음을 안 때에는 즉시 그 변경사항을 세관장에게 통보하여야 한다.

수입자가 협정이 정하는 방법과 절차에 따라 원산지국가의 세관 그 밖의 발급권한이 있는 기관이 당해 물품에 대하여 원산지를 확인하여 발급한 물품에 대하여 협정관세를 적용받으려는 경우에는 관세청장이 정하여 고시하는 방법에 따라 협정관세의 적용 신청을 할 수 있다.

수입자는 신청할 때에 원산지증빙서류를 갖추고 있어야 하며, 세관장이 요구하면 제출하여야 한다. 세관장은 수입자가 요구받은 원산지증빙서류를 제출하지 아니하거나 수입자가 제출한 원산지증빙서류만으로 해

당 물품의 원산지를 인정하기가 곤란한 경우에는 협정관세를 적용하지 아니할 수 있다.

(2) 원산지증빙서류 제출면제

세관장은 다음 어느 하나에 해당하는 물품에 대하여는 원산지증빙서류의 제출요구를 하지 아니 한다.

- 과세가격이 미화 1천불 이하인 물품. 다만, 수입물품을 분할하여 수입하는 등 수입물품의 과세가격이 미화 1천불을 초과하지 아니하도록 부정한 방법을 사용하여 수입하는 경우를 제외한다.
- 동종·동질물품을 계속 반복적으로 수입하는 경우로서 당해 물품의 생산공정 또는 수입거래의 특성상 원산지의 변동이 없는 물품 중 관세청장이 정하여 고시하는 물품
- 관세청장으로부터 원산지에 대한 사전심사를 받은 물품(사전심사시의 조건과 동일한 경우에 한한다)
- 물품의 종류·성질·형상·상표·생산국명 또는 제조자 등에 따라 원산지를 확인할 수 있는 물품으로서 관세청장이 정하여 고시한 물품

(3) 증빙서류 제출요구

관세청장 또는 세관장은 관세탈루의 우려가 있거나 이와 유사한 경우로서 기획재정부령으로 정하는 사유가 있는 경우에는 수입자에게 원산지증빙서류의 제출을 요구하여야 한다.

(4) 원산지증명서의 유효기간

수입자가 협정관세의 적용을 신청할 당시에 갖추어야 할 원산지증명서는 수입신고일을 기준으로 유효기간 이내의 것이어야 한다. 이 경우 유효기간을 계산할 때에는 다음 구분에 따른 기간을 제외하여 계산한다.

- 원산지증명서의 유효기간이 지나기 전에 물품이 수입항에 도착한 경우: 물품이 수입항에 도착한 다음 날부터 해당 물품에 대한 협정관세 적용을 신청한 날까지의 기간
- 천재지변 등 불가항력에 따른 운송지연, 그 밖에 이에 준하는 사유가 발생한 경우: 해당 사유가 발생한 다음 날부터 소멸된 날까지의 기간

(5) 협정관세 사후적용의 신청

수입신고의 수리 전까지 협정관세의 적용을 신청하지 못한 수입자는 해

당 물품의 수입신고 수리일부터 1년 이내에 협정관세의 적용을 신청할 수 있다. 수입신고의 수리 후에 협정관세의 적용을 신청하려는 자는 협정관세 적용신청서에 다음 서류를 첨부하여 세관장에게 제출하여야 한다.

- 원산지증빙서류
- 「관세법 시행령」 제32조의4제2항에 따른 보정신청에 필요한 서류 또는 같은 시행령 제34조제1항에 따른 경정청구서

수입자가 협정관세의 적용을 신청할 당시에 갖추어야 할 원산지증명서는 수입신고일 또는 협정관세 적용 신청일을 기준으로 유효기간 이내의 것이어야 한다. 이 경우 유효기간을 계산할 때에는 다음 구분에 따른 기간을 제외하여 계산한다.

- 원산지증명서의 유효기간이 지나기 전에 물품이 수입항에 도착한 경우: 물품이 수입항에 도착한 다음 날부터 해당 물품에 대한 협정관세 적용을 신청한 날까지의 기간
- 천재지변 등 불가항력에 따른 운송지연, 그 밖에 이에 준하는 사유가 발생한 경우: 해당 사유가 발생한 다음 날부터 소멸된 날까지의 기간

(6) 세액보정

협정관세의 적용을 신청한 수입자는 해당 물품에 대하여 이미 납부한 세액의 보정(補正)을 신청하거나 경정(更正)을 청구할 수 있다. 이 경우 보정신청이나 경정청구를 받은 세관장은 그 신청이나 청구를 받은 날부터 2개월 이내에 협정관세의 적용 및 세액의 보정이나 경정 여부를 신청인 또는 청구인에게 통지하여야 한다. 세액의 보정신청 또는 경정청구를 받은 세관장은 협정관세 적용신청서 및 원산지증빙서류의 기재사항을 확인하여 세액을 보정하거나 경정하는 것이 타당하다고 인정할 때에는 그 세액을 보정하거나 경정하고 관세를 환급하여야 한다.

세액의 보정·경정 및 환급에 관하여는 「관세법」 제38조의2제1항·제2항, 제38조의3제2항 후단, 같은 조 제3항·제4항, 제46조, 제47조 및 제48조와 「관세법 시행령」 제32조의4, 제34조 및 제50조부터 제56조까지를 준용한다.

(7) 사후심사

세관장은 협정관세의 적용신청을 받은 경우에는 수입신고를 수리한 후

에 심사한다. 다만, 관세채권을 확보하기가 곤란하거나 수입신고를 수리한 후 원산지 및 협정관세의 적정 여부를 심사하는 것이 부적당하다고 인정하는 다음 물품은 수입신고를 수리하기 전에 심사한다.

- 협정관세 적용제한자가 생산·수출 또는 수입하는 물품
- 협정관세 적용보류 대상자가 수입하는 물품
- 관세를 체납하고 있는 자가 수입하는 물품(체납액이 10만원 미만이거나 체납기간이 7일 이내인 경우는 제외한다)

5. 협정관세의 적용제한

(1) 적용제한

1) 처분사유

협정에서 다르게 규정한 경우를 제외하고 세관장은 다음 어느 하나에 해당하는 경우에는 해당 수입물품에 대하여 협정관세를 적용하지 아니할 수 있다.

- 정당한 사유 없이 수입자, 체약상대국의 수출자 또는 생산자(체약상대국수출자등)가 관세청장 또는 세관장이 요구한 자료를 제12조제3항에 따른 기간 이내에 제출하지 아니하거나 거짓으로 또는 사실과 다르게 제출한 경우(다만, 원산지증빙서류의 기재사항을 단순한 착오로 잘못 기재한 것으로서 원산지 결정에 실질적인 영향을 미치지 아니하는 경우는 제외한다)
- 관세청장 또는 세관장이 체약상대국의 관세당국에 원산지의 확인을 요청한 사항에 대하여 체약상대국 관세당국이 기획재정부령으로 정한 기간 이내에 그 결과를 회신하지 아니한 경우 또는 세관장에게 신고한 원산지가 실제 원산지와 다른 것으로 확인되거나 회신 내용에 제9조에 따른 원산지의 정확성을 확인하는 데 필요한 정보가 포함되지 아니한 경우
- 제13조제2항에 따른 서면조사 또는 현지조사 결과 세관장에게 신고한 원산지가 실제 원산지와 다른 것으로 확인되거나 수입자 또는 체약상대국수출자등이 제출한 자료에 제9조에 따른 원산지의 정확성을 확인하는 데 필요한 정보가 포함되지 아니한 경우
- 체약상대국수출자등이 제13조제2항에 따른 관세청장 또는 세관장의 서면조사에 대하여 기획재정부령으로 정하는 기간 이내에 회신하지 아니한 경우 또는 제13조제3항에 따른 관세청장 또는 세관장의 현지조사에 대한 동의 요청에 대하여 제13조제5항에 따른 기간 이내에 동의 여부에 대한 통보를 하지 아니하거나 특별한 사유 없이 동의하지 아니하는 경우

- 제13조제2항에 따라 현지조사를 할 때 체약상대국수출자등이 정당한 사유 없이 원산지증빙서류의 확인에 필요한 장부 또는 관련 자료에 대한 세관공무원의 접근을 거부하거나 협정에서 정한 원산지증빙서류를 보관하지 아니한 경우
- 제14조제1항에 따른 사전심사를 신청한 수입자가 사전심사의 결과에 영향을 미칠 수 있는 자료를 고의로 제출하지 아니하였거나 거짓으로 제출한 경우 또는 사전심사서에 기재된 조건을 이행하지 아니한 경우
- 그 밖에 관세청장 또는 세관장이 원산지의 정확성 여부를 확인할 수 없는 경우로서 다음 사유에 해당되는 경우
  - 법 제13조제2항의 규정에 따른 조사대상자의 부도·폐업·소재불명 또는 그 밖에 이에 준하는 불가피한 사유로 인하여 관세청장 또는 세관장의 원산지에 관한 조사가 불가능하게 된 경우
  - 법 제13조제2항의 규정에 따른 조사대상자가 관세청장 또는 세관장의 서면조사 또는 현지조사를 거부·방해 또는 기피한 경우

2) 통지

세관장은 협정관세의 적용배제 처분을 하는 때에는「관세법」제118조 제1항의 규정에 따라 그 내용을 미리 수입자에게 서면으로 통지하여야 한다.

3) 아세안회원국과의 협정에 따른 수입물품에 대한 협정관세의 적용 제한

세관장은 수입자가 허위 또는 사실과 다르게 작성 또는 발급된 원산지증명서를 제출함을 이유로 협정관세의 적용배제 처분을 한 때에는 그 처분을 한 날부터 2월 이내에 대상물품·적용배제이유 및 법적근거를 기재한 서류와 수입자가 제출한 원산지증명서를 관세청장이 정하는 방법에 따라 해당 원산지증명서를 발급한 아세안회원국의 권한 있는 당국에 통보하여야 한다. 아세안회원국의 권한 있는 당국은 세관장이 통보를 한 날부터 2월 이내에 원산지증명서의 기재사항이 단순한 착오로 잘못 기재된 것으로서 원산지결정에 실질적인 영향을 미치지 아니하였음을 세관장에게 소명할 수 있다. 세관장은 소명이 이유있다고 인정한 때에는 그 사실을 수입자에게 통지하고 부과·징수한 세액을 환급하여야 한다. 이 경우 세액의 경정 및 관세의 환급에 대하여는「관세법」제46조 및 제47조를 준용한다. 환급하는 경우「관세법」제48조는 적용하지 아니한다.

4) 미합중국과의 협정에 따른 섬유 관련 물품에 대한 협정관세의 적용 제한

관세청장 또는 세관장은 미합중국에서 수입된 섬유 관련 물품에 대하여 협정관세의 적용을 배제하는 경우 그 내용을 미합중국의 관세당국에 통보하여야 한다.

(2) 차액 부과 · 징수

협정관세 적용을 제한하는 경우 세관장은 「관세법」 제38조의3제4항 및 제39조제2항에 따라 납부하여야 할 세액 또는 납부하여야 할 세액과 납부한 세액의 차액을 부과·징수하여야 한다. 납부하여야 할 세액 또는 납부하여야 할 세액과 납부한 세액과의 차액은 대통령령으로 정하는 날부터 5년이 지나면 부과할 수 없다. 이 경우 「관세법」 제21조제2항 각 호에 해당하는 경우 그 해당하는 각각의 기간 내에는 경정 등 필요한 처분을 할 수 있다.

(3) 반복적인 허위작성에 따른 협정관세 적용제한자 지정

세관장은 협정에서 정하는 바에 따라 체약상대국수출자등이 최근 5년간 2회 이상 반복적으로 원산지증빙서류의 주요 내용을 거짓으로 작성하거나 잘못 작성한 사실을 인정하면 5년(협정에서 정한 기간이 5년을 초과하는 경우에는 그 기간)의 범위에서 해당 체약상대국수출자등이 수출 또는 생산하는 동종동질(同種同質)의 물품 전체에 대하여 협정관세를 적용하지 아니할 수 있다.

1) 협정관세 적용제한자의 지정관련 의견진술

세관장은 협정관세를 적용하지 아니할 수 있는 자(적용제한자)를 지정하고자 하는 때에는 30일의 기간을 정하여 그 지정대상자에게 구술 또는 서면에 의한 의견진술 기회를 부여하여야 한다. 이 경우 지정된 기일까지 의견진술이 없는 경우에는 의견이 없는 것으로 본다.

2) 게시

세관장은 적용제한자를 지정하는 때에는 그 지정사실과 함께 다음 사항을 관세청장에게 보고한 후 관세청장이 지정하는 정보통신망에 게시하여야 하며, 필요한 경우 관할세관의 게시판에 게시할 수 있다.

- 적용제한자의 성명 및 주소
- 협정관세 적용제한 물품의 품명·모델·규격·품목번호 및 수출국

- 협정관세 적용제한의 기간 및 사유

3) 통보

관세청장은 보고를 받은 때에는 그 사실을 즉시 지정대상자 및 체약상대국의 관세당국에 통보하여야 한다.

4) 효력 발생시점

적용제한자 지정의 효력은 세관장이 그 지정사실을 관세청장이 지정하는 정보통신망에 게시한 날부터 발생한다.

(4) 적용요건 심사에 의한 협정관세 적용

세관장은 수입신고되는 물품별로 원산지 등 협정관세의 적용 요건을 심사하여 그 요건을 충족하는 경우에는 협정관세를 적용할 수 있다. 세관장은 협정관세 적용제한 물품에 대하여 협정관세의 적용요건에 관한 심사를 하는 때에는 이를 수입신고를 수리하기 전에 하여야 한다.

(5) 협정관세 적용제한자 지정의 해제

세관장은 협정관세의 적용제한을 받은 체약상대국수출자등이 대통령령으로 정하는 바에 따라 원산지증빙서류를 성실하게 작성하였음을 입증하는 경우에는 협정관세의 적용제한을 해제할 수 있다.

1) 신청

적용제한자로 지정된 자는 세관장에게 다음 서류를 구비하여 적용제한자 지정의 해제를 신청할 수 있다.

- 다음 사항이 기재된 신청서
  · 신청인의 성명·주소
  · 적용제한자 지정일 및 지정기간
  · 협정관세 적용제한 물품의 품명·규격·모델·품목번호 및 수출국
  · 수입자
  · 적용제한 해제신청의 사유
- 원산지증빙서류

2) 심사 및 해제 결정

세관장은 신청을 받은 때에는 그 내용을 심사하여 원산지증빙서류를

성실하게 작성하였다고 인정되는 경우 적용제한자 지정의 해제를 결정하여야 한다.

3) 보고 및 게시

세관장은 적용제한자 지정의 해제를 결정한 때에는 그 사실을 관세청장에게 보고한 후 해제를 결정한 날부터 7일 이내에 관세청장이 지정하는 정보통신망에 게시하여야 하며, 필요한 경우 관할세관의 게시판에 게시할 수 있다.

4) 통보

관세청장은 보고를 받은 때에는 그 사실을 즉시 신청인 및 체약상대국의 관세당국에 통보하여야 한다.

5) 효력 발생시점

적용제한자 지정의 해제의 효력은 세관장이 그 해제사실을 관세청장이 지정하는 정보통신망에 게시한 날부터 발생한다.

6. 원산지조사기간 중 협정관세의 적용 보류

(1) 보류 결정

세관장은 원산지 조사를 하는 경우 기획재정부령으로 정하는 기간 동안[1] 조사대상자가 추가로 수입하는 동종・동질의 물품에 대하여 협정관세의 적용을 보류할 수 있다. 이 경우 그 보류 대상은 해당 조사대상 물품의 동일한 수출자 또는 생산자로부터 수입하는 물품에 한정한다.

(2) 통보

세관장은 협정관세의 적용을 보류하고자 하는 때에는 조사대상 수입자에게 다음 사항이 기재된 협정관세 적용보류통지서를 통보하여야 한다.

- 협정관세의 적용보류 대상 수입자
- 대상물품의 품명·규격·모델·품목번호 및 원산지
- 협정관세의 적용보류기간 및 그 법적근거
- 대상물품의 수출자 또는 생산자

1) 기재부령에서 기간은 정하고 있지 않음

(3) 보고 및 게시

세관장은 통보를 하는 때에는 그 사실을 관세청장에게 보고한 후 관세청장이 지정하는 정보통신망에 게시하여야 하며, 필요한 경우 관할세관의 게시판에 게시할 수 있다.

(4) 적용세율

협정관세 보류 통지를 받은 수입자는 협정관세 적용보류기간 동안에는 「관세법」 제50조의 규정에 따른 세율을 적용하여 「관세법」 제38조제1항 따른 관세의 납부에 관한 신고를 하여야 한다.

(5) 환급

세관장은 원산지 조사를 한 결과 수입자가 신고한 내용이 원산지결정기준을 충족한 것으로 확인되는 경우에는 협정관세를 적용받지 못한 물품에 대한 세액을 경정하고 관세를 환급하여야 한다. 이 경우 세액의 경정 및 관세의 환급에 관하여는 「관세법」 제38조의3, 제46조 및 제48조를 준용한다.

Ⅲ. 세율조정

1. 덤핑방지관세 · 상계관세 협의

정부는 체약상대국으로부터 수입된 물품에 대하여 「관세법」 제51조에 따른 덤핑방지관세나 같은 법 제57조에 따른 상계관세의 부과 요청을 받으면 국내 산업의 피해를 조사하기 전에 체약상대국 정부에 그 사실을 통보하고 협의할 수 있다.

(1) 인도와의 협정에 따른 덤핑방지관세의 특례

법 제5조의2 및 인도와의 협정 제2.14조에 따라 기획재정부장관 또는 「불공정무역행위 조사 및 산업피해 구제에 관한 법률」에 따른 무역위원회는 인도에서 수입된 물품에 대하여 덤핑방지관세 부과에 필요한 조사신청이 접수되면 「관세법」 제52조제1항에 따른 덤핑사실 및 국내산업의 실질적 피해 등의 사실에 관한 조사를 시작하기 10일(토요일 및 공휴일은 제외한다)전까지 인도 정부에 그 내용을 서면으로 통보하여야 한다.

무역위원회는 「관세법」 제56조제1항에 따른 덤핑방지관세 부과에 대한 재심사 결과 덤핑방지관세의 부과가 끝난 경우에는 그 끝난 날부터 1년 이내에는 인도에서 수입된 같은 물품에 대하여 「관세법」 제52조제1항에 따른 덤핑사실 및 국내산업의 실질적 피해 등의 사실에 관한 조사를 시작할 수 없다. 다만, 덤핑방지관세 부과 종료조치에 따라 덤핑 또는 국내산업의 실질적 피해가 다시 발생하였고, 덤핑에 따른 국내산업에 대한 실질적 피해 또는 피해 우려를 방지하기 위하여 조사가 필요하다는 증거가 있는 경우에는 그러하지 아니하다.

(2) 유럽연합당사자와의 협정에 따른 덤핑방지관세의 특례

법 제5조의2 및 유럽연합당사자와의 협정 제3.9조에 따라 기획재정부장관 또는 무역위원회는 유럽연합당사자로부터 수입된 물품에 대하여 덤핑방지관세 부과에 필요한 조사신청이 접수되면 「관세법」 제52조제1항에 따른 덤핑사실 및 국내산업의 실질적 피해 등의 사실에 관한 조사를 시작하기 15일(토요일 및 공휴일은 제외한다) 전까지 유럽연합당사자에게 그 내용을 서면으로 통보하여야 한다.

무역위원회는 유럽연합당사자로부터 수입된 물품에 대하여 유럽연합당사자와의 협정 제3.12조에 따라 「관세법 시행령」 제63조제3항에 따른 누적적 평가를 하는 경우에는 수입물품 상호간 경쟁조건 및 수입물품과 국내 동종물품 간의 경쟁조건에 비추어 볼 때 그 평가가 적절한지에 관하여 특별한 주의를 기울여 검토하여야 한다.

기획재정부장관은 「관세법」 제51조에 따른 덤핑방지관세가 부과되고 있거나 같은 법 제54조에 따른 약속이 시행(덤핑방지조치)되고 있는 유럽연합당사자로부터 수입된 물품에 대하여 같은 법 제56조제1항에 따라 재심사한 결과 덤핑차액이 「1994년도 관세 및 무역에 관한 일반협정 제6조의 이행에 관한 협정」 제5조제8항에 따른 금액으로서 덤핑가격의 100분의 2에 해당하는 금액 미만인 경우에는 유럽연합당사자와의 협정 제3.13조에 따라 덤핑방지조치를 종결하여야 한다.

무역위원회는 「관세법」 제56조제1항에 따른 덤핑방지관세 부과에 대한 재심사 결과에 따라 덤핑방지관세의 부과가 끝난 경우에는 유럽연합당사자와의 협정 제3.11조에 따라 그 덤핑방지관세의 부과가 끝난 날부터 1년 이내에는 유럽연합당사자를 원산지로 하는 같은 물품에 대하여 같은 법 제52조제1항에 따른 덤핑사실 및 국내산업의 실질적 피해 등의 사실에 관한 조사를 시작할 수 없다. 다만, 조사를 시작하기 전에 사정이 변경되었음이 확인된 경우에는 그러하지 아니하다.

(3) 유럽연합당사자와의 협정에 따른 상계관세의 특례

무역위원회는 유럽연합당사자로부터 수입된 물품에 대하여 「관세법 시행령」 제73조제1항에 따른 상계관세 부과에 필요한 조사신청이 접수되면 기획재정부장관에게 그 내용을 지체 없이 통보하여야 한다. 법 제5조의2 및 유럽연합당사자와의 협정 제3.9조에 따라 기획재정부장관 또는 무역위원회는 「관세법 시행령」 제73조제1항에 따른 상계관세 부과에 필요한 조사신청이 접수되면 유럽연합당사자에게 그 내용을 서면으로 통보하여야 한다.

기획재정부장관은 「관세법 시행령」 제74조에 따른 조사를 개시하기 전에 유럽연합당사자와 협의하여야 하며, 협의결과를 무역위원회에 통보하여야 한다. 제3항에 따른 협의기간은 「관세법 시행령」 제74조제1항에 따른 조사개시 여부의 통보기한을 계산할 때 포함하지 아니한다. 무역위원회는 유럽연합당사자로부터 수입된 물품에 대하여 유럽연합당사자와의 협정 제3.12조에 따라 「관세법 시행령」 제77조제3항에 따른 통산평가를 하는 경우에는 수입물품 상호간 경쟁조건 및 수입물품과 국내 동종물품 간의 경쟁조건에 비추어 볼 때 그 평가가 적절한지에 관하여 특별한 주의를 기울여 검토하여야 한다. 유럽연합당사자와의 협정 제3.14조에 따라 유럽연합당사자로부터 수입된 물품에 대하여 「관세법」 제57조에 따른 상계관세를 부과할 때에는 실질적 피해 등을 구제하기 위하여 필요한 범위에서 부과하여야 한다.

(4) 페루와의 협정에 따른 덤핑방지관세의 특례

법 제5조의2 및 페루와의 협정 제8.9조에 따라 무역위원회는 「관세법 시행령」 제60조제1항에 따른 조사개시결정을 하였을 때에는 페루에 조사대상 물품의 수출자 또는 생산자에 대한 질의서 사본과 조사대상 물품의 주요 수출자 또는 생산자의 목록을 서면으로 통지하여야 한다.

(5) 페루와의 협정에 따른 상계관세의 특례

법 제5조의2 및 페루와의 협정 제8.9조에 따라 무역위원회는 「관세법 시행령」 제74조제1항에 따른 조사개시결정을 하였을 때에는 페루에 조사대상 물품의 수출자 또는 생산자에 대한 질의서 사본과 조사대상 물품의 주요 수출자 또는 생산자의 목록을 서면으로 통지하여야 한다.

법 제5조의2 및 페루와의 협정 제8.9조에 따라 상계관세 부과에 필요한 조사신청의 접수·통보, 협의 및 상계관세 부과금액 등에 관하여는 제4조의4제1항부터 제4항까지 및 제6항을 준용한다. 이 경우 "유럽연합당사자"는 "페루"로, "유럽연합당사자와의 협정 제3.9조" 및 "유럽연합당사자와의 협정 제3.14조"는 "페루와의 협정 제8.9조"로 본다.

(6) 미합중국과의 협정에 따른 덤핑방지관세의 특례

법 제5조의2 및 미합중국과의 협정 제10.7조에 따라 기획재정부장관 또는 무역위원회는 미합중국으로부터 수입된 물품에 대하여 덤핑방지관세 부과에 필요한 조사신청이 접수되면 미합중국에 그 내용을 서면으로 통보하여야 한다. 기획재정부장관은 「관세법」 제52조제1항에 따른 덤핑 사실과 실질적 피해 등의 사실에 관한 조사를 시작하기 전에 미합중국에 협의의 기회를 제공하여야 한다. 기획재정부장관은 「관세법」 제52조제1항에 따른 덤핑 사실과 실질적 피해 등의 사실에 관한 조사를 시작한 후에는 같은 법 제54조제1항에 따른 약속의 제의에 필요한 정보(약속의 제의 및 체결 기간 등을 포함한다)를 서면으로 미합중국 대사관 또는 미합중국에 제공하여야 한다. 기획재정부장관은 「관세법」 제54조제1항에 따른 가격수정에 관한 약속의 제의와 관련하여 수출자에게 협의 기회를 제공하여야 한다.

(7) 미합중국과의 협정에 따른 상계관세의 특례

법 제5조의2 및 미합중국과의 협정 제10.7조에 따라 상계관세 부과에 필요한 조사신청의 접수·통보 및 협의 등에 관하여는 제4조의4제1항부터 제4항까지의 규정을 준용한다. 이 경우 "유럽연합당사자"는 "미합중국"으로, "유럽연합당사자와의 협정 제3.9조"는 "미합중국과의 협정 제10.7조"로 본다. 기획재정부장관은 「관세법」 제58조제1항에 따른 보조금등의 지급과 실질적 피해 등의 사실에 관한 조사를 시작한 후에는 같은 법 제60조제1항에 따른 약속의 제의에 필요한 정보(약속의 제의 및 체결 기간 등을 포함한다)를 서면으로 미합중국 대사관 또는 미합중국에 제공하여야 한다. 기획재정부장관은 「관세법」 제60조제1항에 따른 가격수정에 관한 약속 또는 미합중국과의 협정 제10.7조제4항에 따른 물량에 대한 약속의 제의와 관련하여 미합중국 또는 수출자에게 협의 기회를 제공하여야 한다.

(8) 터키와의 협정에 따른 덤핑방지관세의 특례

법 제5조의2 및 터키와의 협정 제4.8조에 따라 기획재정부장관 또는 무역위원회는 터키로부터 수입된 물품에 대하여 덤핑방지관세 부과에 필요한 조사신청이 접수되면 「관세법」 제52조제1항에 따른 덤핑사실 및 국내산업의 실질적 피해 등의 사실에 관한 조사를 시작하기 15일(토요일 및 공휴일은 제외한다) 전까지 터키에 그 내용을 서면으로 통보하여야 한다.

무역위원회는 터키로부터 수입된 물품에 대하여 터키와의 협정 제4.10조에 따라 「관세법 시행령」 제63조제3항에 따른 누적적 평가를 하는 경우에는 수입물품 상호간 경쟁조건 및 수입물품과 국내 동종물품 간의 경쟁조건에 비추어 볼 때 그 평가가 적절한지에 관하여 특별한 주의를 기울여 검토하여야 한다. 기획재정부장관은 덤핑방지조치가 적용되고 있는 터키로부터 수입된 물품에 대하여 「관세법」 제56조제1항에 따라 재심사한 결과 덤핑차액이 기획재정부령으로 정하는 금액 미만인 경우에는 터키와의 협정 제4.11조에 따라 덤핑방지조치를 종결하여야 한다. 무역위원회는「관세법」 제56조제1항에 따른 덤핑방지관세 부과에 대한 재심사 결과에 따라 덤핑방지관세의 부과가 끝난 경우에는 터키와의 협정 제4.9조에 따라 그 덤핑방지관세의 부과가 끝난 날부터 1년 이내에는 터키를 원산지로 하는 같은 물품에 대하여 같은 법 제52조제1항에 따른 덤핑사실 및 국내산업의 실질적 피해 등의 사실에 관한 조사를 시작할 수 없다. 다만, 조사를 시작하기 전에 사정이 변경되었음이 확인된 경우에는 그러하지 아니하다.

(9) 터키와의 협정에 따른 상계관세의 특례

법 제5조의2 및 터키와의 협정 제4.7조부터 제4.12조까지의 규정에 따른 상계관세의 부과에 필요한 조사신청의 접수·통보·평가 및 협의 등에 관하여는 제4조의4를 준용한다. 이 경우 "유럽연합당사자"는 "터키"로, "유럽연합당사자와의 협정 제3.9조"는 "터키와의 협정 제4.8조"로, "유럽연합당사자와의 협정 제3.12조"는 "터키와의 협정 제4.10조"로, "유럽연합당사자와의 협정 제3.14조"는 "터키와의 협정 제4.7조"로 본다.

2. 긴급관세조치

기획재정부장관은 협정에서 정하는 범위에서 체약상대국을 원산지로 하는 특정 물품의 수입 증가로 인하여 동종(同種) 물품 또는 직접적인 경쟁관계에 있는 물품을 생산하는 국내 산업의 심각한 피해 또는 국내 시장의 교란이 발생하거나 발생할 우려(심각한 피해 등)가 있다고 무역위원회가 「불공정무역행위 조사 및 산업피해구제에 관한 법률」 제22조의3에 따라 수행하는 조사를 통하여 확인한 경우에는 그 심각한 피해 등을 구제하기 위하여 필요한 범위에서 해당 물품에 대하여 협정관세의 연차적인 인하 적용을 중지하거나 세율을 인상하는 등의 조치(긴급관세조치)를 할 수 있다.

무역위원회는 조사를 시작하거나 조사신청인으로부터 조사신청을 받았으나 조사를 시작하지 아니하기로 결정한 때에는 이를 기획재정부장관에게 즉시 통보하여야 한다. 이 경우 정부는 조사를 시작한 사실을 체약상대국 정부에 통보하여야 한다.

무역위원회는 조사를 한 결과 국내산업의 심각한 피해 또는 국내 시장의 교란이 발생하거나 발생할 우려가 있는 것으로 판정한 때에는 다음 사항이 기재된 서류를 첨부하여 기획재정부장관에게 긴급관세조치를 건의할 수 있다.

- 산업피해조사의 결과보고서
- 산업피해 유무의 판정내용 및 그 이유
- 긴급관세조치의 건의내용 및 그 이유
- 산업피해조사의 신청서류 사본

기획재정부장관은 무역위원회로부터 긴급관세조치를 건의 받은 때에는 그 건의를 받은 날부터 30일 이내에 그 조치여부 및 내용을 결정하여야 하며, 필요하다고 인정하는 경우에는 20일의 범위 안에서 그 결정기간을 연장할 수 있다. 이 경우 당해 수입물품의 체약상대국 정부와 긴급관세조치에 관한 협의 등을 하기 위하여 소요된 기간은 이에 포함되지 아니한다. 정부는 긴급관세조치 여부 및 그 내용을 결정하기 전에 협정에서 정하는 바에 따라 당해 수입물품의 체약상대국 정부와 적절한 보상방법 등에 대하여 사전협의를 하여야 한다. 이 경우 협정에서 다르게 규정하지 아니하는 한 협의를 요청한 날부터 30일 이내에 합의가 이루어지지 아니하는 때에는 긴급관세조치를 할 수 있다.

긴급관세조치에 관하여는 「관세법」 제65조제2항부터 제4항까지 및 제7항과 제67조를 준용한다. 기획재정부장관은 「관세법」 제67조의 규정에 따라 재심사를 하는 때에는 다음에 해당하는지 여부를 검토하여야 한다.

- 긴급관세조치 시행 이후 그 조치의 내용 변경이 필요하다고 인정할 만한 상황이 발생하였거나 발생할 가능성이 있는지 여부
- 긴급관세조치의 종료로 인하여 국내산업이 피해를 입을 우려가 있는지 여부
- 그 밖에 품목분류의 변경 등 긴급관세조치의 적용대상 물품 또는 그 적용요건에 변동이 있는지 여부

기획재정부장관은 긴급관세조치를 1년 이상 적용하려는 경우에는 일정한 기간의 간격을 두고 점진적으로 완화하는 조치를 취하여야 한다. 완화조치는 체약상대국이 싱가포르, 페루, 미합중국 및 터키 외의 국가인 경우에는 적용하지 아니할 수 있다.

긴급관세조치의 대상 물품, 세율, 적용기간·적용수량과 그 밖에 필요한 사항은 협정에서 정하는 범위에서 기획재정부령으로 정한다.

(1) 싱가포르와의 협정에 따른 긴급관세조치의 특례

기획재정부장관은 싱가포르를 원산지로 하는 수입물품에 대하여는 법

제6조제1항 및 싱가포르와의 협정 제6.4조의 규정에 따라 다음 각 호의 어느 하나에 해당하는 긴급관세조치를 할 수 있다. 이 경우 긴급관세조치가 종료된 때에는 법 제4조 및 제5조의 규정에 따른 세율을 적용한다.

- 협정관세에 따른 세율의 연차적인 인하적용을 중지하고, 그 중지한 날에 적용되는 협정관세의 세율을 계속하여 적용하는 조치. 다만, 이 조치에 따른 세율이 최혜국세율보다 높은 경우에는 최혜국세율을 적용한다.
- 긴급관세조치를 하는 날에 당해 물품에 적용되는 최혜국세율과 싱가포르와의 협정이 발효되기 전날에 당해 물품에 적용되는 최혜국세율 중에서 낮은 세율을 초과하지 아니하는 범위 안에서 세율을 인상하는 조치

긴급관세조치의 기간은 잠정긴급관세조치의 기간(잠정긴급관세조치의 기간은 200일을 초과할 수 없다)을 포함하여 2년을 초과할 수 없다. 다만, 재심사의 결과에 따라 긴급관세조치의 기간을 연장하는 때에는 잠정긴급관세조치의 기간, 긴급관세조치의 적용기간 및 그 연장기간을 포함한 총 적용기간은 4년을 초과할 수 없다.

(2) 유럽자유무역연합회원국과의 협정에 따른 긴급관세조치의 특례

기획재정부장관은 유럽자유무역연합회원국을 원산지로 하는 수입물품에 대하여는 법 제6조제1항 및 유럽자유무역연합회원국과의 협정 제2.11조에 따라 다음 각 호의 어느 하나에 해당하는 긴급관세조치를 할 수 있다. 이 경우 긴급관세조치가 종료된 때에는 법 제4조 및 제5조에 따른 세율을 적용한다.

- 협정관세에 따른 세율의 연차적인 인하적용을 중지하고, 그 중지한 날에 적용되는 협정관세의 세율을 계속하여 적용하는 조치. 다만, 이 조치에 따른 세율이 최혜국세율보다 높은 경우에는 최혜국세율을 적용한다.
- 긴급관세조치를 하는 날에 해당물품에 적용되는 최혜국세율과 유럽자유무역연합회원국과의 협정이 발효되기 전날에 해당물품에 적용되는 최혜국세율 중에서 낮은 세율을 초과하지 아니하는 범위 안에서 세율을 인상하는 조치

유럽자유무역연합회원국을 원산지로 하는 수입물품에 대한 긴급관세조치의 기간은 잠정긴급관세조치의 기간(잠정긴급관세조치의 기간은 200일을 초과할 수 없다)을 포함하여 1년을 초과할 수 없다. 다만, 재심사의 결과에 따라 긴급관세조치의 기간을 연장하는 때에는 잠정긴급관세조치의 기간, 긴급관세조치의 적용기간 및 그 연장기간을 포함한 총 적용기간은 3년을 초과할 수 없다.

기획재정부장관은 유럽자유무역연합회원국과의 협정 제2.11조제5항에 따라 긴급관세조치의 대상이었던 물품에 대하여는 그 조치의 기간이 종료한 날부터 3년이 경과되기 전까지는 다시 긴급관세조치를 할 수 없다.

(3) 아세안회원국과의 협정에 따른 긴급관세조치의 특례

기획재정부장관은 아세안회원국을 원산지로 하는 수입물품에 대하여는 법 제6조제1항 및 아세안회원국과의 협정 제9조제4항에 따라 다음 각 호의 어느 하나에 해당하는 긴급관세조치를 할 수 있다. 이 경우 긴급관세조치가 종료된 때에는 법 제4조 및 제5조에 따른 세율을 적용한다.

- 협정관세에 따른 세율의 연차적인 인하적용을 중지하고, 그 중지한 날에 적용되는 협정관세의 세율을 계속하여 적용하는 조치. 다만, 이 조치에 따른 세율이 최혜국세율보다 높은 경우에는 최혜국세율을 적용한다.
- 긴급관세조치를 하는 날에 해당 물품에 적용되는 최혜국세율과 아세안회원국과의 협정이 발효되기 전날에 해당 물품에 적용되는 최혜국세율 중에서 낮은 세율을 초과하지 아니하는 범위 안에서 세율을 인상하는 조치

기획재정부장관은 아세안회원국과의 협정 제9조제2항에 따라 각 물품에 대한 과도기간(협정발효일부터 각 물품에 대한 관세철폐가 이루어진 날 또는 마지막 단계의 세율인하가 이루어진 날 이후 7년간을 말한다) 내에서만 긴급관세조치를 할 수 있다.

기획재정부장관은 아세안회원국과의 협정 제9조제7항에 따라 긴급관세조치의 대상이 되는 물품의 물량이 조사대상 기간 동안 전체 각 아세안회원국으로부터 수입된 해당 물품의 물량의 100분의 3을 초과하지 않는 경우에는 그 물품에 대하여 긴급관세조치를 할 수 없다.

아세안회원국을 원산지로 하는 수입물품에 대한 긴급관세조치의 기간은 잠정긴급관세조치의 기간(잠정긴급관세조치의 기간은 200일을 초과할 수 없다)을 포함하여 3년을 초과할 수 없다. 다만, 재심사의 결과에 따라 긴급관세조치의 기간을 연장하는 때에는 잠정긴급관세조치의 기간, 긴급관세조치의 적용기간 및 그 연장기간을 포함한 총 적용기간은 4년을 초과할 수 없다.

긴급관세조치의 대상이 된 물품에 대하여 과도기간이 경과한 때에는 긴급관세조치는 종료된 것으로 본다. 기획재정부장관은 동일한 물품에 대하여 긴급관세조치와 「관세법」 제65조에 따른 긴급관세를 부과하는 조치를 동시에 적용할 수 없다.

(4) 인도와의 협정에 따른 긴급관세조치 및 대항조치의 특례

기획재정부장관은 인도를 원산지로 하는 수입물품에 대해서는 법 제6조 제1항 및 인도와의 협정 제2.22조에 따라 다음 각 호의 어느 하나에 해당하는 긴급관세조치를 할 수 있다. 이 경우 긴급관세조치가 끝난 때에는 법 제4조 및 제5조에 따른 세율을 적용한다.

- 협정관세에 따른 세율의 연차적인 인하적용을 중지하고, 그 중지한 날에 적용되는 협정관세의 세율을 계속하여 적용하는 조치. 다만, 이 조치에 따른 세율이 최혜국세율보다 높은 경우에는 최혜국세율을 적용한다.
- 긴급관세조치를 하는 날에 해당 물품에 적용되는 최혜국세율과 인도와의 협정이 발효되기 전날에 해당 물품에 적용되는 최혜국세율 중에서 낮은 세율을 초과하지 아니하는 범위에서 세율을 인상하는 조치

기획재정부장관은 인도와의 협정 제2.22조에 따라 각 물품에 대한 과도기간(협정 발효일부터 각 물품에 대한 관세철폐가 이루어진 날 또는 마지막 단계의 세율인하가 이루어진 날 이후 10년간을 말한다) 내에서만 긴급관세조치를 할 수 있다.

인도를 원산지로 하는 수입물품에 대한 긴급관세조치의 기간은 잠정긴급관세조치의 기간(잠정긴급관세조치의 기간은 200일을 초과할 수 없다)을 포함하여 2년을 초과할 수 없다. 다만, 재심사의 결과에 따라 긴급관세조치의 기간을 연장하는 때에는 잠정긴급관세조치의 기간, 긴급관세조치의 적용기간 및 그 연장기간을 포함한 총 적용기간은 4년을 초과할 수 없다. 기획재정부장관은 인도와의 협정 제2.23조에 따라 긴급관세조치의 대상이었던 물품에 대해서는 그 조치가 끝난 날부터 그 조치기간에 해당하는 기간(조치기간이 2년 미만인 경우에는 2년)이 지나기 전에는 다시 긴급관세조치를 할 수 없다.

긴급관세조치의 대상이 된 물품에 대하여 과도기간이 지난 때에는 긴급관세조치가 끝난 것으로 본다. 기획재정부장관은 동일한 물품에 대하여 긴급관세조치와 「관세법」 제65조에 따른 긴급관세를 부과하는 조치를 동시에 적용할 수 없다.

기획재정부장관은 인도의 긴급관세조치가 수입물품의 절대적 증가의 결과로서 부과되고 그러한 조치가 인도와의 협정에 부합하는 경우에는 인도와의 협정 제2.25조제2항에 따라 해당 긴급관세조치를 한 날부터 2년 이

내[인도와의 협정 제2.23조사목2)에 따라 2년을 초과하여 연장된 경우에는 해당 긴급관세조치를 한 날부터 3년 이내]에는 법 제6조의2제2항에 따른 대항조치를 할 수 없다.

(5) 칠레와의 협정에 따른 긴급관세조치의 특례

기획재정부장관은 칠레를 원산지로 하는 특정 농산물에 대해서는 법 제6조제1항 및 칠레와의 협정 제3.12조에 따라 다음 각 호의 어느 하나에 해당하는 긴급관세조치를 할 수 있다. 이 경우 긴급관세조치가 끝난 때에는 법 제4조 및 제5조에 따른 세율을 적용한다.

- 협정관세에 따른 세율의 연차적인 인하적용을 중지하고, 그 중지한 날에 적용되는 협정관세의 세율을 계속하여 적용하는 조치. 다만, 이 조치에 따른 세율이 최혜국세율보다 높은 경우에는 최혜국세율을 적용한다.
- 긴급관세조치를 하는 날에 해당 농산물에 적용되는 최혜국세율과 칠레와의 협정에서 정한 기준세율(2003년 1월 1일에 적용된 최혜국세율을 말한다) 중에서 낮은 세율을 초과하지 아니하는 범위에서 세율을 인상하는 조치

칠레를 원산지로 하는 특정 농산물에 대한 제6조제1항에 따른 잠정긴급관세조치의 기간은 120일을 초과할 수 없다.

(6) 「관세법」 제65조의 긴급관세 부과특례

기획재정부장관은 「관세법」 제65조제1항에도 불구하고 인도, 페루 및 미합중국을 원산지로 하는 물품의 수입 증가가 같은 종류의 물품이나 직접적인 경쟁관계에 있는 물품을 생산하는 국내산업이 받는 심각한 피해 또는 심각한 피해를 받을 우려의 실질적인 원인이 아닌 것으로 조사를 통하여 확인되면 협정에서 정하는 범위에서 그 물품을 「관세법」 제65조제1항에 따른 긴급관세의 부과대상물품에서 제외할 수 있다.

(7) 유럽연합당사자와의 협정에 따른 긴급관세조치의 특례

기획재정부장관은 유럽연합당사자를 원산지로 하는 수입물품에 대해서는 법 제6조제1항 및 유럽연합당사자와의 협정 제3.1조에 따라 다음 각 호의 어느 하나에 해당하는 긴급관세조치를 할 수 있다. 이 경우 긴급관세조치가 끝난 때에는 법 제4조 및 제5조에 따른 세율을 적용한다.

- 협정관세에 따른 세율의 연차적인 인하적용을 중지하고, 그 중지한 날에 적

용되는 협정관세의 세율을 계속하여 적용하는 조치. 다만, 이 조치에 따른 세율이 최혜국세율보다 높은 경우에는 최혜국세율을 적용한다.

- 긴급관세조치를 하는 날에 해당 물품에 적용되는 최혜국세율과 유럽연합당사자와의 협정에서 정한 기준세율(2007년 5월 6일에 적용된 최혜국세율을 말한다) 중에서 낮은 세율을 초과하지 아니하는 범위에서 세율을 인상하는 조치

기획재정부장관은 유럽연합당사자와의 협정 제3.2조에 따라 유럽연합당사자의 동의를 받은 경우를 제외하고는 각 물품에 대한 과도기간(협정 발효일부터 각 물품에 대한 관세철폐가 이루어진 날 또는 마지막 단계의 세율인하가 이루어진 날 이후 10년간을 말한다) 중에만 긴급관세조치를 할 수 있다.

긴급관세조치의 기간은 잠정긴급관세조치의 기간(잠정긴급관세조치의 기간은 200일을 초과할 수 없다)을 포함하여 2년을 초과할 수 없다. 다만, 재심사의 결과에 따라 긴급관세조치의 기간을 연장하는 경우에는 잠정긴급관세조치의 기간, 긴급관세조치의 기간 및 그 연장기간을 포함한 총 적용기간은 4년을 초과할 수 없다.

긴급관세조치의 대상이 된 물품에 대하여 유럽연합당사자의 동의를 받은 경우를 제외하고는 제2항에 따른 과도기간이 지났을 때에는 긴급관세조치를 종료하여야 한다.

기획재정부장관은 동일한 물품에 대하여 긴급관세조치와 「관세법」 제65조에 따른 긴급관세를 부과하는 조치를 동시에 적용할 수 없다.

기획재정부장관은 긴급관세조치를 한 경우에는 유럽연합당사자와의 협정 제3.4조제1항에 따라 그 조치를 한 후 30일 이내에 유럽연합당사자에게 적절한 무역보상방법에 대한 협의 기회를 제공하여야 한다.

(8) 페루와의 협정에 따른 긴급관세조치의 특례

기획재정부장관은 페루를 원산지로 하는 수입물품에 대해서는 법 제6조 제1항 및 페루와의 협정 제8.2조에 따라 다음 어느 하나에 해당하는 긴급관세조치를 할 수 있다. 이 경우 긴급관세조치가 끝났을 때에는 법 제4조 및 제5조에 따른 세율을 적용한다.

- 협정관세에 따른 세율의 연차적인 인하적용을 중지하고, 그 중지한 날에 적용되는 협정관세의 세율을 계속하여 적용하는 조치. 다만, 이 조치에 따른 세율이 최혜국세율보다 높은 경우에는 최혜국세율을 적용한다.

- 긴급관세조치를 하는 날에 해당 물품에 적용되는 최혜국세율과 페루와의 협정에서 정한 기준세율 중에서 낮은 세율을 초과하지 아니하는 범위에서 세율을 인상하는 조치

기획재정부장관은 페루와의 협정 제8.3조에 따라 각 물품에 대한 과도기간[협정발효일의 다음 날부터 10년간을 말한다. 다만, 협정발효일의 다음 날부터 관세철폐가 이루어진 날까지의 기간(이하 이 항에서 "관세철폐기간"이라 한다)이 10년 이상인 물품의 경우에는 해당 관세철폐기간에 5년을 더한 기간을 말한다] 중에만 긴급관세조치를 할 수 있다.

긴급관세조치의 기간은 잠정긴급관세조치의 기간(잠정긴급관세조치의 기간은 180일을 초과할 수 없다)을 포함하여 2년을 초과할 수 없다. 다만, 재심사의 결과에 따라 긴급관세조치의 기간을 연장하는 경우에는 잠정긴급관세조치의 기간, 긴급관세조치의 기간 및 그 연장기간을 포함한 총 적용기간은 4년을 초과할 수 없다.

기획재정부장관은 긴급관세조치를 하였던 물품에 대해서는 페루와의 협정 제8.3조에 따라 그 조치가 끝난 날부터 그 조치기간에 해당하는 기간(1년 미만인 경우에는 1년으로 한다)이 지나기 전까지는 긴급관세조치를 할 수 없다.

기획재정부장관은 동일한 물품에 대하여 긴급관세조치와 「관세법」 제65조에 따른 긴급관세를 부과하는 조치를 동시에 적용할 수 없다.

기획재정부장관은 페루와의 협정 제8.6조에 따라 긴급관세조치를 하거나 재심사 결과에 따라 긴급관세조치를 연장하는 경우에는 그 내용을 페루에 지체 없이 통보하여야 한다. 기획재정부장관은 페루와의 협정 제8.6조에 따라 페루가 긴급관세조치와 관련하여 통보한 자료 또는 무역위원회의 조사와 관련하여 발표한 자료에 대하여 협의를 요청하는 경우에는 협의하여야 한다. 기획재정부장관은 긴급관세조치를 한 경우에는 페루와의 협정 제8.7조제1항에 따라 그 조치를 한 후 30일 이내에 페루에 적절한 무역보상방법에 대한 협의 기회를 제공하여야 한다.

(9) 미합중국과의 협정에 따른 긴급관세조치의 특례

기획재정부장관은 미합중국을 원산지로 하는 수입물품[자동차(품목번호 제8703호 또는 제8704호를 말한다. 이하 같다)는 제외한다]에 대해서는 법 제6조제1항 및 미합중국과의 협정 제10.1조에 따라 다음 각 호의 어느 하나에 해당하는 긴급관세조치를 할 수 있다. 이 경우 긴급관세조치가 끝

났을 때에는 법 제4조 및 제5조에 따른 세율을 적용한다.

- 협정관세에 따른 세율의 연차적인 인하 적용을 중지하고, 그 중지한 날에 적용되는 협정관세의 세율을 계속하여 적용하는 조치. 다만, 이 조치에 따른 세율이 최혜국세율보다 높은 경우에는 최혜국세율을 적용한다.
- 긴급관세조치를 하는 날에 해당 물품에 적용되는 최혜국세율과 미합중국과의 협정 발효일 전날에 해당 물품에 적용되는 최혜국세율 중에서 낮은 세율을 초과하지 아니하는 범위에서 세율을 인상하는 조치
- 계절에 따라 관세가 다르게 부과되는 물품의 경우 긴급관세조치를 하기 직전의 각 계절별로 해당 물품에 적용되는 최혜국세율과 미합중국과의 협정이 발효되기 직전의 각 계절별로 해당 물품에 적용되는 최혜국세율 중에서 낮은 세율을 초과하지 아니하는 범위에서 세율을 인상하는 조치

기획재정부장관은 미합중국과의 협정 제10.2조제5항에 따라 미합중국의 동의를 받은 경우를 제외하고는 각 물품에 대한 과도기간(협정 발효일부터 10년간을 말한다. 다만, 협정 발효일부터 별표 6의4에 따라 관세철폐가 이루어지는 날까지의 기간이 10년을 초과하는 물품의 경우에는 각 물품에 대한 관세철폐가 이루어지는 날까지의 기간을 말한다) 중에만 긴급관세조치를 할 수 있다.

따른 긴급관세조치의 기간은 잠정긴급관세조치의 기간(잠정긴급관세조치의 기간은 200일을 초과할 수 없다)을 포함하여 2년을 초과할 수 없다. 다만, 재심사의 결과에 따라 긴급관세조치의 기간을 연장하는 경우에는 잠정긴급관세조치의 기간, 긴급관세조치의 적용기간 및 그 연장기간을 포함한 총 적용기간은 3년을 초과할 수 없다.

기획재정부장관은 미합중국과의 협정 제10.2조제6항에 따라 긴급관세조치가 끝난 물품과 같은 물품에 대해서는 따른 긴급관세조치를 할 수 없다.

기획재정부장관은 동일한 물품에 대하여 긴급관세조치와 「관세법」 제65조에 따른 긴급관세를 부과하는 조치를 동시에 적용할 수 없다.

기획재정부장관은 미합중국과의 협정 제10.4조제1항에 따라 긴급관세조치를 한 경우에는 그 조치를 한 후 30일 이내에 미합중국 정부에 적절한 무역보상방법에 대한 협의 기회를 제공하여야 한다.

(10) 미합중국과의 협정에 따른 미합중국산 섬유 관련 물품에 대한 긴급관세조치의 특례

기획재정부장관은 미합중국을 원산지로 하는 섬유 또는 의류 상품(미합

중국과의 협정 제4.5조에 따른 품목을 말하며, 이하 "섬유 관련 물품"이라 한다)에 대해서는 법 제6조제1항 및 미합중국과의 협정 제4.1조에 따라 다음 어느 하나에 해당하는 긴급관세조치를 할 수 있다. 이 경우 긴급관세조치가 끝났을 때에는 법 제4조 및 제5조에 따른 세율을 적용한다.

- 협정관세에 따른 세율의 연차적인 인하 적용을 중지하고, 그 중지한 날에 적용되는 협정관세의 세율을 계속하여 적용하는 조치. 다만, 이 조치에 따른 세율이 최혜국세율보다 높은 경우에는 최혜국세율을 적용한다.
- 긴급관세조치를 하는 날에 해당 물품에 적용되는 최혜국세율과 미합중국과의 협정 발효일에 적용되는 최혜국세율 중에서 낮은 세율을 초과하지 아니하는 범위에서 세율을 인상하는 조치

기획재정부장관은 긴급관세조치를 하려는 경우에는 사전에 그 내용을 지체 없이 미합중국 정부에 통보하여야 하며, 미합중국 정부가 그 조치에 관하여 협의를 요청하면 협의하여야 한다. 기획재정부장관은 미합중국과의 협정 제4.1조제5항에 따라 섬유 관련 물품에 대한 과도기간(협정 발효일부터 별표 6의4에 따라 해당 물품에 대한 관세철폐가 이루어진 날 이후 10년까지의 기간을 말한다) 중에만 긴급관세조치를 할 수 있다.

긴급관세조치의 기간은 2년을 초과할 수 없다. 다만, 재심사의 결과에 따라 긴급관세조치의 기간을 연장하는 경우에는 긴급관세조치의 적용기간 및 그 연장기간을 포함한 총 적용기간은 4년을 초과할 수 없다. 기획재정부장관은 미합중국과의 협정 제4.1조제5항에 따라 긴급관세조치가 끝난 물품과 같은 물품에 대해서는 긴급관세조치를 할 수 없다. 기획재정부장관은 섬유 긴급관세조치와 일반 긴급관세조치 또는 「관세법」 제65조에 따른 긴급관세를 부과하는 조치를 동시에 적용할 수 없다.

기획재정부장관은 미합중국과의 협정 제4.1조제6항에 따라 미합중국을 원산지로 하는 섬유 관련 물품에 대하여 「관세법」 제65조제3항에 따른 보상을 하는 경우 그 보상은 미합중국과 별도로 합의하는 경우를 제외하고는 섬유 관련 물품만을 대상으로 한다.

(11) 미합중국과의 협정에 따른 미합중국산 자동차에 대한 긴급관세조치의 특례

기획재정부장관은 미합중국을 원산지로 하는 자동차에 대해서는 법 제6조제1항 및 「대한민국과 미합중국 간의 자유무역협정에 관한 서한교환」에 따라 다음 각 호의 어느 하나에 해당하는 긴급관세조치를 할 수 있다. 이 경우

긴급관세조치가 끝났을 때에는 법 제4조 및 제5조에 따른 세율을 적용한다.

- 협정관세에 따른 세율의 연차적인 인하 적용을 중지하고, 그 중지한 날에 적용되는 협정관세의 세율을 계속하여 적용하는 조치. 다만, 이 조치에 따른 세율이 최혜국세율보다 높은 경우에는 최혜국세율을 적용한다.
- 긴급관세조치를 하는 날에 해당 물품에 적용되는 최혜국세율과 미합중국과의 협정 발효일 전날에 해당 물품에 적용되는 최혜국세율 중에서 낮은 세율을 초과하지 아니하는 범위에서 세율을 인상하는 조치

기획재정부장관은 「대한민국과 미합중국 간의 자유무역협정에 관한 서한교환」 제4절에 따라 자동차에 대한 과도기간(협정 발효일부터 별표 6의 4에 따라 해당 물품에 대한 관세철폐가 이루어지는 날 이후 10년까지의 기간을 말한다) 중에만 긴급관세조치를 할 수 있다.

긴급관세조치의 기간은 잠정긴급관세조치의 기간(잠정긴급관세조치의 기간은 200일을 초과할 수 없다)을 포함하여 2년을 초과할 수 없다. 다만, 재심사의 결과에 따라 긴급관세조치의 기간을 연장하는 경우에는 잠정긴급관세조치의 기간, 긴급관세조치의 적용기간 및 그 연장기간을 포함한 총 적용기간은 4년을 초과할 수 없다.

기획재정부장관은 긴급관세조치와 「관세법」 제65조에 따른 긴급관세를 부과하는 조치를 동시에 적용할 수 없다.

기획재정부장관은 「대한민국과 미합중국 간의 자유무역협정에 관한 서한교환」 제4절에 따라 제1항에 따른 긴급관세조치를 한 경우에는 그 조치를 한 후 30일 이내에 미합중국 정부에 「관세법」 제65조제3항에 따른 협의 기회를 제공하여야 한다.

(12) 터키와의 협정에 따른 긴급관세조치의 특례

기획재정부장관은 터키를 원산지로 하는 수입물품에 대하여는 법 제6조 제1항 및 터키와의 협정 제4.1조에 따라 다음 어느 하나에 해당하는 긴급관세조치를 할 수 있다. 이 경우 긴급관세조치가 끝난 때에는 법 제4조 및 제5조에 따른 세율을 적용한다.

- 협정관세에 따른 세율의 연차적인 인하 적용을 중지하고, 그 중지한 날에 적용되는 협정관세의 세율을 계속하여 적용하는 조치. 다만, 이 조치에 따른 세율이 최혜국세율보다 높은 경우에는 최혜국세율을 적용한다.
- 긴급관세조치를 하는 날에 해당 물품에 적용되는 최혜국세율과 터키와의 협

정에서 정한 기준세율(2010년 1월 1일에 적용된 최혜국세율을 말한다) 중에서 낮은 세율을 초과하지 아니하는 범위에서 세율을 인상하는 조치

기획재정부장관은 터키와의 협정 제4.2조에 따라 터키의 동의를 받은 경우를 제외하고는 같은 협정 제4.5조에 따른 과도기간(터키와의 협정 발효일부터 10년간을 말한다) 중에만 긴급관세조치를 할 수 있다.

기획재정부장관은 터키와의 협정 제4.2조제7항에 따라 긴급관세조치가 끝난 물품과 같은 물품에 대해서는 긴급관세조치를 할 수 없다.

긴급관세조치의 기간은 잠정긴급관세조치의 기간(잠정긴급관세조치의 기간은 200일을 초과할 수 없다)을 포함하여 2년을 초과할 수 없다. 다만, 재심사의 결과에 따라 긴급관세조치의 기간을 연장하는 경우에는 잠정긴급관세조치의 기간, 긴급관세조치의 적용기간 및 그 연장기간을 포함한 총 적용기간은 3년을 초과할 수 없다.

긴급관세조치의 대상이 된 물품에 대하여 터키의 동의를 받은 경우를 제외하고는 과도기간이 지난 때에는 긴급관세조치를 종료하여야 한다.

기획재정부장관은 동일한 물품에 대하여 긴급관세조치와 「관세법」 제65조에 따른 긴급관세를 부과하는 조치를 동시에 적용할 수 없다.

기획재정부장관은 긴급관세조치를 한 경우에는 그 조치를 한 후 30일 이내에 터키와의 협정 제4.4조제1항에 따라 터키에 적절한 무역보상방법에 대한 협의 기회를 제공하여야 한다.

3. 잠정긴급관세조치

기획재정부장관은 조사가 시작된 물품에 대하여 그 조사기간에 발생하는 심각한 피해 등을 방지하지 아니하는 경우 회복하기 어려운 피해가 발생하거나 발생할 우려가 있다고 판단하면 조사가 끝나기 전에 심각한 피해 등을 구제하거나 방지하기 위하여 협정에서 정하는 범위에서 대통령령으로 정하는 바에 따라 잠정적으로 긴급관세조치(잠정긴급관세조치)를 할 수 있다.

(1) 절차

기획재정부장관은 무역위원회가 잠정긴급관세조치가 필요하다고 인정하여 당해 조치를 건의하는 경우에 그 조치여부 및 내용을 결정하여야 한다. 결정은 무역위원회의 건의가 접수된 날부터 30일 이내에 하여야 한다.

이 경우 정부는 당해 조치를 시행하기 전에 그 사실을 체약상대국 정부에 통보하여야 하며, 당해 조치를 시행한 후에 즉시 체약상대국 정부와 협의를 시작하여야 한다.

⑵ 중단

기획재정부장관은 긴급관세조치를 결정한 때에는 잠정긴급관세조치를 중단하여야 한다.

⑶ 징수 및 환급

잠정긴급관세가 적용중인 물품에 대하여 긴급관세조치를 결정한 경우로서 긴급관세조치에 따른 관세액이 잠정긴급관세조치에 따른 관세액을 초과하는 경우에는 그 차액을 징수하지 아니하고, 긴급관세조치에 따른 관세액이 잠정긴급관세조치에 따른 관세액보다 적은 경우에는 그 차액에 상당하는 관세를 환급하여야 한다.

기획재정부장관은 무역위원회가 국내산업의 피해가 없다고 판정하여 이를 통보한 때에는 동 피해와 관련하여 납부된 잠정긴급관세액을 환급하는 조치를 하여야 한다. 관세를 환급하는 경우에는 「관세법」 제46조 내지 제48조의 규정에서 정하는 바에 따른다.

⑷ 준용

잠정긴급관세조치에 관하여는 「관세법」 제65조제4항·제7항 및 제66조제2항·제3항을 준용한다.

⑸ 세부 절차

잠정긴급관세조치의 대상 물품, 세율, 적용기간·적용수량과 그 밖에 필요한 사항은 협정에서 정하는 범위에서 기획재정부령으로 정한다.

4. 대항조치

정부는 우리나라를 원산지로 하는 특정 물품에 대하여 체약상대국 정부가 다음 어느 하나에 해당하는 조치(체약상대국의 조치)를 하는 경우에는 체약상대국 정부와 해당 조치에 대한 체약상대국의 적절한 보상방법 등에 관하여 협의를 할 수 있다.

- 협정에 따라 긴급관세조치 또는 잠정긴급관세에 해당하는 조치를 하는 경우
- 협정에 따른 관세철폐 또는 관세인하 등 관세양허 의무를 이행하지 아니하거나 지연하는 경우

보상방법 등에 관하여 협정에서 다르게 규정하지 아니하는 한 협의가 이루어지지 않거나 협의 개시일부터 30일 이내에 합의가 이루어지지 아니하는 경우에는 협정에 따라 체약상대국의 조치에 상응하는 수준의 대항조치를 할 수 있다. 대항조치는 체약상대국의 조치에 대응하는 것으로서 필요한 범위로 한정하며, 그 시기·내용과 그 밖에 필요한 사항은 대통령령으로 정한다.

(1) 터키와의 협정에 따른 대항조치의 특례

기획재정부장관은 터키의 긴급관세조치가 수입물품의 절대적 증가의 결과로서 부과되고 그러한 조치가 터키와의 협정에 부합하는 경우에는 터키와의 협정 제4.4조제3항에 따라 해당 긴급관세조치를 한 날부터 2년 이내에는 대항조치를 할 수 없다.

(2) 미합중국과의 협정에 따른 대항조치의 특례

기획재정부장관은 미합중국과의 협정 제4.1조제6항에 따라 우리나라를 원산지로 하는 섬유 관련 물품에 대하여 미합중국과의 협정에 따른 긴급관세조치일부터 30일 이내에 보상에 합의할 수 없는 경우에는 대항조치를 할 수 있다.

기획재정부장관은 「대한민국과 미합중국 간의 자유무역협정에 관한 서한교환」 제4절에 따라 미합중국을 원산지로 하는 자동차에 대한 제8조의14의 긴급관세조치가 미합중국과의 협정에 부합하는 경우 그 긴급관세조치를 한 날부터 24개월 이내에는 대항조치를 할 수 없다.

(3) 유럽연합당사자와의 협정에 따른 대항조치의 특례

기획재정부장관은 유럽연합당사자의 긴급관세조치가 유럽연합당사자와의 협정에 부합하는 경우 그 긴급관세조치를 한 날부터 24개월 이내에는 「자유무역협정의 이행을 위한 관세법의 특례에 관한 법률」 및 유럽연합당사자와의 협정 제3.4조에 따른 대항조치를 할 수 없다.

(4) 인도와의 협정에 따른 긴급관세조치 및 대항조치의 특례

기획재정부장관은 인도를 원산지로 하는 수입물품에 대해서는 「자유무역

협정의 이행을 위한 관세법의 특례에 관한 법률」 및 인도와의 협정 제2.22조에 따라 다음 어느 하나에 해당하는 긴급관세조치를 할 수 있다. 이 경우 긴급관세조치가 끝난 때에는 법 제4조 및 제5조에 따른 세율을 적용한다.

- 협정관세에 따른 세율의 연차적인 인하적용을 중지하고, 그 중지한 날에 적용되는 협정관세의 세율을 계속하여 적용하는 조치. 다만, 이 조치에 따른 세율이 최혜국세율보다 높은 경우에는 최혜국세율을 적용한다.
- 긴급관세조치를 하는 날에 해당 물품에 적용되는 최혜국세율과 인도와의 협정이 발효되기 전날에 해당 물품에 적용되는 최혜국세율 중에서 낮은 세율을 초과하지 아니하는 범위에서 세율을 인상하는 조치

기획재정부장관은 인도와의 협정 제2.22조에 따라 각 물품에 대한 과도기간(협정 발효일부터 각 물품에 대한 관세철폐가 이루어진 날 또는 마지막 단계의 세율인하가 이루어진 날 이후 10년간을 말한다) 내에서만 긴급관세조치를 할 수 있다.

인도를 원산지로 하는 수입물품에 대한 긴급관세조치의 기간은 잠정긴급관세조치의 기간(잠정긴급관세조치의 기간은 200일을 초과할 수 없다)을 포함하여 2년을 초과할 수 없다. 다만, 재심사의 결과에 따라 긴급관세조치의 기간을 연장하는 때에는 잠정긴급관세조치의 기간, 긴급관세조치의 적용기간 및 그 연장기간을 포함한 총 적용기간은 4년을 초과할 수 없다.

기획재정부장관은 인도와의 협정 제2.23조에 따라 긴급관세조치의 대상이었던 물품에 대해서는 그 조치가 끝난 날부터 그 조치기간에 해당하는 기간(조치기간이 2년 미만인 경우에는 2년)이 지나기 전에는 다시 긴급관세조치를 할 수 없다.

긴급관세조치의 대상이 된 물품에 대하여 과도기간이 지난 때에는 긴급관세조치가 끝난 것으로 본다.

기획재정부장관은 동일한 물품에 대하여 긴급관세조치와 「관세법」 제65조에 따른 긴급관세를 부과하는 조치를 동시에 적용할 수 없다.

기획재정부장관은 인도의 긴급관세조치가 수입물품의 절대적 증가의 결과로서 부과되고 그러한 조치가 인도와의 협정에 부합하는 경우에는 인도와의 협정 제2.25조제2항에 따라 해당 긴급관세조치를 한 날부터 2년 이내[인도와의 협정 제2.23조사목2)에 따라 2년을 초과하여 연장된 경우에는 해당 긴급관세조치를 한 날부터 3년 이내]에는 대항조치를 할 수 없다.

6. 특정 농림축산물에 대한 특별긴급관세조치

기획재정부장관은 체약상대국과의 협정에 따라 양허(讓許)한 특정 농림축산물의 수입물량이 일정한 물량(기준발동물량)을 초과하면 그 농림축산물에 대하여 대통령령으로 정하는 바에 따라 양허한 세율을 초과하여 관세를 부과하는 조치(특정 농림축산물에 대한 특별긴급관세조치)를 할 수 있다. 특정 농림축산물에 대한 특별긴급관세조치의 대상물품·기준발동물량·세율·적용기간 및 적용방법 등은 협정에서 정하는 범위에서 대통령령으로 정한다.

(1) 유럽연합당사자와의 협정에 따른 특정 농림축산물에 대한 특별긴급관세조치의 특례

「자유무역협정의 이행을 위한 관세법의 특례에 관한 법률」 제7조의3 및 유럽연합당사자와의 협정 제3.6조에 따라 유럽연합당사자를 원산지로 하는 특정 농림축산물에 대한 특별긴급관세조치를 적용할 물품, 기준발동물량 및 세율은 시행령 별표 7과 같다. 별표 7에서 정한 세율이 특별긴급관세조치를 적용하는 날에 해당 물품에 적용되는 최혜국세율과 유럽연합당사자와의 협정이 발효되기 전날에 해당 물품에 적용되는 최혜국세율 중 낮은 세율을 초과하는 경우에는 그 낮은 세율을 적용한다.

특별긴급관세조치를 하는 경우에는 다음 어느 하나에 해당하는 조치를 동시에 할 수 없다.

① 시행령 제8조의7에 따른 긴급관세조치
② 「관세법」 제65조에 따른 긴급관세를 부과하는 조치
③ 「관세법」 제68조에 따른 특별긴급관세를 부과하는 조치

관세청장은 특별긴급관세조치를 하는 경우에는 그 사실을 지체 없이 기획재정부장관에게 보고하고, 관세청장이 지정하는 정보통신망에 게재하여야 한다.

기획재정부장관은 특별긴급관세조치를 한 날부터 60일 이내에 해당 사실 및 그에 관계된 자료를 유럽연합당사자에게 서면으로 통보하여야 하며, 유럽연합당사자가 해당 특별긴급관세조치와 관련하여 서면으로 협의를 요청하면 협의하여야 한다. 특별긴급관세조치를 하기 전에 계약이 체결되어 운송 중인 물품은 특별긴급관세조치의 적용 대상에서 제외한다. 이 경우 적용 대상에서 제외한 해당 물품의 수입량은 다음 이행연도의 특별긴급관세조치를 위한 기준발동물량을 계산할 때 산입할 수 있다.

시행령 제4조 및 유럽연합당사자와의 협정 부록 2-가-1에 따라 한도수량내 협정관세율을 적용받는 물량에 대해서는 특별긴급관세조치를 적용하지 아니한다.

(2) 미합중국과의 협정에 따른 특정 농림축산물에 대한 특별긴급관세조치의 특례

「자유무역협정의 이행을 위한 관세법의 특례에 관한 법률」 제7조의3 및 미합중국과의 협정 제3.3조에 따라 미합중국을 원산지로 하는 특정 농림축산물에 대한 특별긴급관세조치를 적용할 물품, 기준발동물량 및 세율은 시행령 별표 7의3과 같다.

특별긴급관세를 적용하는 경우에는 긴급관세조치와 「관세법」 제65조에 따른 긴급관세를 부과하는 조치를 동시에 할 수 없다.

특별긴급관세조치의 적용 방법·절차 등에 관하여는 「자유무역협정의 이행을 위한 관세법의 특례에 관한 법률」 시행령 제8조의9제2항, 제4항, 제5항 및 제7항을 준용한다. 이 경우 "별표 7"은 "별표 7의3"으로, "유럽연합당사자와의 협정"은 "미합중국과의 협정"으로, "유럽연합당사자와의 협정 부록 2-가-1"은 "미합중국과의 협정 부록 2-나-1"로 본다.

미국과의 협정 부속서 3-가에 따라 제1항에 따른 특별긴급관세조치 대상 물품 중 선착순 방법으로 한도수량내 협정관세율이 적용되는 수량에 대한 배정방법과 그 정보관리 및 공개에 관하여는 시행령 제4조제2항 및 제3항을 준용한다.

(3) 페루와의 협정에 따른 특정 농림축산물에 대한 특별긴급관세조치의 특례

「자유무역협정의 이행을 위한 관세법의 특례에 관한 법률」 제7조의3 및 페루와의 협정 제2.14조에 따라 페루를 원산지로 하는 특정 농림축산물에 대한 특별긴급관세조치를 적용할 물품, 기준발동물량 및 세율은 시행령 별표 7의2와 같다.

특별긴급관세조치의 적용 방법·절차 등에 관하여는 제8조의9제2항부터 제5항까지의 규정을 준용한다. 이 경우 "별표 7"은 "별표 7의2"로, "제8조의7"은 "제8조의10"으로, "유럽연합당사자"를 "페루"로 본다.

7. 「관세법」 제68조의 농림축산물에 대한 특별긴급관세 부과 특례

기획재정부장관은 「관세법」 제68조에도 불구하고 미합중국을 원산지로

하는 농림축산물에 대해서는 협정에서 정하는 범위에서 「관세법」 제68조에 따른 농림축산물에 대한 특별긴급관세 부과대상에서 제외할 수 있다.

8. 일시수입물품 등에 대한 관세의 면제

(1) 관세 면제

체약상대국에서 수입되는 것으로서 다음 어느 하나에 해당하는 물품은 협정에서 정하는 범위에서 그 원산지에 관계없이 관세를 면제할 수 있다.

① 수입신고의 수리일(受理日)부터 2년의 범위에서 수출입신고의 수리일부터 1년의 범위 안에서 세관장이 일시수출입거래계약서 등 관련서류, 수출입사유, 당해 물품의 상태·내용연수 및 용도 등을 고려하여 인정하는 기간 이내에 다시 수출하기 위하여 일시적으로 수입하는 물품으로서 협정에 따라 기획재정부령으로 정하는 물품(세관장은 부득이한 사유가 있다고 인정되는 때에는 제1항의 규정에 따른 인정기간을 포함하여 2년의 범위 안에서 그 기간을 연장할 수 있다. 「관세법 시행령」 제112조·제114조·제115조 및 제116조제1항 및 제2항의 규정은 일시수입물품에 대한 관세의 면제절차에 관하여 이를 준용한다)

② 수리 또는 개조 등을 할 목적으로 체약상대국으로 수출하였다가 다시 수입하는 물품으로서 기획재정부령으로 정하는 물품

③ 일정 금액 이하의 상용견품(商用見品)·광고용품 등 기획재정부령으로 정하는 물품

(2) 국가별 관제면제 대상

1) 싱가포르와의 협정에 따른 관세면제대상 일시수출입물품

「자유무역협정의 이행을 위한 관세법의 특례에 관한 법률」 제8조제1항제1호 및 제2호와 싱가포르와의 협정 제3.7조에 따라 관세가 면제되는 물품은 다음과 같다.

① 우리나라에서 싱가포르로 수리 또는 가공하기 위하여 일시적으로 수출되었다가 다시 수입하는 물품

② 우리나라에서 수리 또는 가공한 후 다시 수출하기 위하여 싱가포르에서 일시적으로 수입하는 물품

"수리 또는 가공"이라 함은 물품의 본질적인 성질이 변하지 아니하는 범위 안의 수리 또는 가공을 말하며, 새로운 물품 또는 상업적으로 다른 물품을 생산하는 작업이나 과정이나 미조립 또는 분해된 상태의 물품을 수입 또는 수출하여 완성된 물품으로 조립한 후 다시 수출 또는 수입하는 작업이나 과정을 제외한다. 수리 또는 가공하기 위하여 수입 또는 수출된 물품과 수리 또는 가공 후 수출 또는 수입되는 물품의 품목번호[「관세법 시행령」 제98조제1항에 따라 기획재정부장관이 고시하는 관세·통계통합품목분류표(통합품목분류표)에 따른 10단위의 품목번호를 말한다]가 일치하지 아니하는 물품은 관세면제대상물품으로 인정되지 아니한다.

2) 칠레와의 협정에 따른 관세면제대상 일시수출입물품

「자유무역협정의 이행을 위한 관세법의 특례에 관한 법률」 제8조제1항제1호 및 칠레와의 협정 제3.5조에 따라 관세가 면제되는 물품은 다음과 같다.

① 일시 입국하는 자가 본인이 사용하고 재수출할 목적으로 직접 휴대하여 수입하거나 별도로 수입하는 언론장비, 음향장비, 텔레비전 방송용 장비 및 영화촬영 장비 등 직업수행에 필요한 전문장비

② 박람회, 전시회, 시연회, 운동경기 등의 행사에 출연 또는 사용하기 위하여 수입하는 전시 또는 시연을 위한 물품(구성물품, 보조기구와 부속품을 포함한다)과 운동경기용품(시범용 및 훈련용인 것을 포함한다)

③ 상용견품(통상적인 판매를 할 수 없는 상태로 천공 또는 절단되거나 견본표시되는 등 견품화작업이 이루어진 물품으로서 견품으로만 사용된 것) 및 광고용 필름[물품 또는 용역을 판매하거나 임대하기 위하여 그 성질·작동 등을 보여주는 시연용 영상기록 매체(일반대중을 위한 방송용인 것은 제외한다)로서 각 포장단위당 필름 한 편만을 포함하는 형태로 수입되는 것]

물품은 다음 요건을 충족하여야 한다.

- 칠레의 국민 또는 칠레에 거주하는 자에 의하여 수입될 것
- 해당 물품을 수입한 자의 직업활동에 필요한 범위에서 사용되거나 직접적인 감독 하에서 사용될 것
- 우리나라에서 판매 또는 임대되지 아니할 것

- 재수출될 때까지 다른 물품과의 식별이 가능할 것
- 사용목적을 고려하여 세관장이 타당하다고 인정하는 합리적인 수량 이내일 것

세관장은 관세를 면제받은 일시수입물품 중 칠레가 원산지가 아닌 물품은 감면관세액의 100분의 110을 초과하지 아니하는 범위에서 담보를 제공하게 할 수 있다. 이 경우 「관세법」 제24조, 제25조 및 제108조를 준용한다.

「자유무역협정의 이행을 위한 관세법의 특례에 관한 법률」 제8조제1항제1호·제2호 및 칠레와의 협정 제3.7조에 따라 관세가 면제되는 물품은 우리나라에서 칠레로 수리 또는 가공하기 위하여 일시적으로 수출되었다가 다시 수입하는 물품과 우리나라에서 수리 또는 가공한 후 다시 수출하기 위하여 칠레에서 일시적으로 수입하는 물품이다.

수리 또는 가공의 범위에 관하여는 「자유무역협정의 이행을 위한 관세법의 특례에 관한 법률」 시행규칙 제11조제2항을, 물품의 관세면제대상물품 인정 여부에 관하여는 제11조제3항을 각각 준용한다.

3) 페루와의 협정에 따른 관세면제대상 일시수출입물품

「자유무역협정의 이행을 위한 관세법의 특례에 관한 법률」 제8조제1항제1호 및 페루와의 협정 제2.5조에 따라 관세가 면제되는 물품은 다음과 같다.

① 일시 입국하는 사람이 직접 휴대하여 수입하거나 별도로 수입하는 언론장비, 텔레비전 방송용 장비, 소프트웨어, 방송·영화 촬영 장비 등 영업활동, 거래 또는 직업 수행에 필요한 전문장비
② 전시 또는 시연을 위한 물품
③ 상업용 견본품, 광고용 필름 및 기록물
④ 운동경기용 물품

물품에 대한 일시수입 요건에 관하여는 「자유무역협정의 이행을 위한 관세법의 특례에 관한 법률」 시행규칙 제11조의2제2항을 준용한다. 이 경우 "칠레"는 "페루"로 본다.

세관장은 관세를 면제받는 일시수출입물품에 대하여 감면관세액의 100분의 110을 초과하지 아니하는 범위에서 담보를 제공하게 할 수 있다. 이 경우 「관세법」 제24조, 제25조 및 제108조를 준용한다.

「자유무역협정의 이행을 위한 관세법의 특례에 관한 법률」 제8조제1항 제1호·제2호 및 페루와의 협정 제2.6조에 따라 관세가 면제되는 물품은 우리나라에서 페루로 수리 또는 가공하기 위하여 일시적으로 수출되었다가 다시 수입하는 물품과 우리나라에서 수리 또는 가공한 후 다시 수출하기 위하여 페루에서 일시적으로 수입하는 물품이다.

수리 또는 가공의 범위에 관하여는 「자유무역협정의 이행을 위한 관세법의 특례에 관한 법률」 시행규칙 제11조제2항을, 제4항에 따른 물품의 관세면제대상물품 인정 여부에 관하여는 「자유무역협정의 이행을 위한 관세법의 특례에 관한 법률」 시행규칙 제11조제3항을 각각 준용한다.

4) 미합중국과의 협정에 따른 관세면제대상 일시수출입물품

「자유무역협정의 이행을 위한 관세법의 특례에 관한 법률」 제8조제1항제1호 및 미합중국과의 협정 제2.5조에 따라 관세가 면제되는 물품은 다음 각 호와 같다.

① 일시 입국하는 사람이 직접 휴대하여 수입하거나 별도로 수입하는 언론장비, 텔레비전 방송용 장비, 소프트웨어, 방송·영화 촬영 장비 등 영업활동, 거래 또는 직업 수행에 필요한 전문장비
② 전시 또는 시연을 위한 물품
③ 상업용 견본품, 광고용 필름 및 기록물
④ 운동경기용 물품

물품에 대한 일시수입 요건에 관하여는 「자유무역협정의 이행을 위한 관세법의 특례에 관한 법률」 시행규칙 제11조의2제2항을 준용한다. 이 경우 “칠레”는 “미합중국”으로 본다.

세관장은 관세를 면제받는 일시수출입물품에 대하여 감면관세액의 100분의 110을 초과하지 아니하는 범위에서 담보를 제공하게 할 수 있다. 이 경우 「관세법」 제24조, 제25조 및 제108조를 준용한다.

「자유무역협정의 이행을 위한 관세법의 특례에 관한 법률」 제8조제1항제1호·제2호 및 미합중국과의 협정 제2.6조에 따라 미합중국 영역에서 수리나 가공이 이루어질 수 있는지 또는 수리나 가공이 그 물품의 가치를 증가시켰는지 여부와 관계없이 관세가 면제되는 물품은 우리나라에서 미합중국으로 수리 또는 가공하기 위하여 일시적으로 수출되었다

가 다시 수입하는 물품과 우리나라에서 수리 또는 가공한 후 다시 수출하기 위하여 미합중국에서 일시적으로 수입하는 물품이다.

수리 또는 가공의 범위에 관하여는 「자유무역협정의 이행을 위한 관세법의 특례에 관한 법률」 제11조제2항을, 제4항에 따른 물품의 관세면제대상물품 인정 여부에 관하여는 「자유무역협정의 이행을 위한 관세법의 특례에 관한 법률」 제11조제3항을 각각 준용한다.

(2) 관세부과

다음 어느 하나에 해당하는 경우에는 관세를 면제하지 아니한다.

① 「관세법」 또는 「수출용원재료에 대한 관세 등 환급에 관한 특례법」에 따른 환급을 받은 경우

② 보세가공물품 또는 장치기간(藏置期間) 경과물품을 재수출 조건으로 매각함에 따라 관세가 부과되지 아니한 경우

(3) 절차

관세를 면제받은 물품에 대한 용도 외 사용의 제한 등에 관하여는 「관세법」 제97조제2항부터 제4항까지의 규정을 준용한다. 「관세법 시행령」 제112조·제114조·제115조 및 제116조제1항 및 제2항의 규정은 일시수입물품에 대한 관세의 면제절차에 관하여 이를 준용한다.

Ⅳ. 보칙 및 벌칙

1. 비밀유지 의무

(1) 비밀취급자료

세관공무원과 그 밖의 발급권한이 있는 기관(발급권한기관)에서 원산지증명서의 발급을 담당하는 직원 원산지증빙서류 발급자는 수입자·수출자·생산자(체약상대국에 거주하는 수출자·생산자와 그 밖의 이해관계인을 포함한다) 또는 체약상대국의 권한 있는 기관이 협정 및 이 법에서 정한 바에 따라 원산지의 결정, 관세의 부과·징수 또는 통관을 목적으로 제출한 자료로서 비밀취급자료로 지정된 자료(비밀취급자료)를 자료제출자의 동의 없이 타인(체약상대국의 관세당국을 포함한다)에게 제공 또는 누설하거나 사용 목적 외의 용도로 사용해서는 아니 된다. 다만, 다음 어느 하나에 해당하는 경우에는 그 사용 목적에 맞는 범위에서 비밀취급자료를 제공할 수 있다.

- 국가기관이 관세에 관한 쟁송 또는 관세범의 소추(訴追)를 목적으로 비밀취급자료를 요구하는 경우
- 법원의 제출명령 또는 법관이 발부한 영장에 따라 비밀취급자료를 요구하는 경우
- 세관공무원 상호간에 관세의 부과・징수, 통관 또는 질문・검사상의 필요에 따라 제공하는 경우

(2) 요청

자료제출자는 관세청장, 세관장 및 발급권한기관의 장에게 자료를 제출할 때에 정당한 사유를 제시하여 해당 자료를 비밀취급자료로 지정하여 줄 것을 요청할 수 있다. 이 경우 요청을 받은 관세청장, 세관장 및 발급권한기관의 장은 특별한 사유가 없는 한 요청에 따라야 한다.

(3) 비밀취급자료 지정

관세청장, 세관장 및 발급권한기관의 장은 다음 어느 하나에 해당하는 자료로서 공개될 경우 자료를 제출한 자 또는 그 이해관계인의 이익이 침해될 우려가 있을 것으로 인정되는 자료에 대하여는 자료제출자의 요청이

없더라도 해당 자료를 비밀취급 자료로 지정하여야 한다.

- 제조원가
- 제조공정
- 거래 상대방의 성명, 주소 및 거래량
- 협정에 따라 체약상대국의 관세당국으로부터 제공받은 원산지증빙서류
- 그 밖에 관세청장 또는 세관장이 비밀로 취급하는 것이 타당하다고 인정하는 자료

(4) 보관기간

비밀취급자료는 특별한 사정이 없는 한 제출받은 날부터 5년간 보관하여야 하며, 보관기간이 지나면 소각 또는 파쇄 등의 방법으로 폐기하여야 한다.

(5) 체약상대국에 대한 자료 제공

관세청장 및 세관장은 체약상대국의 관세당국이 비밀취급 자료 제공을 요청하는 경우에는 자료제출자에게 그 사실을 통보하고, 자료제공에 관한 동의를 받은 때에만 체약상대국의 관세당국에 해당 자료를 제공할 수 있다.

(6) 보증서 요구

관세청장 및 세관장은 체약상대국의 관세당국에 비밀취급 자료를 제공할 때에는 제공되는 자료의 비밀유지에 관한 보증서를 요구할 수 있다. 이 경우 체약상대국의 관세당국이 보증서 제공을 거부하면 자료제공을 거부할 수 있다.

(7) 벌칙

비밀취급 자료를 타인에게 제공 또는 누설하거나 목적 외의 용도로 사용한 자는 3년 이하의 징역 또는 3천만 원 이하의 벌금에 처한다.

2. 불복의 신청

다음에 해당하는 자는 원산지에 관한 조사나 원산지 등에 대한 사전심사에 관련되는 처분에 대하여 위법 또는 부당한 처분을 받거나 필요한 처분을 받지 못함으로써 권리 또는 이익의 침해를 당한 경우에는 「관세법」 제119조에 따라 심사청구 또는 심판청구를 할 수 있다.

① 싱가포르의 수출자 또는 생산자로서 싱가포르와의 협정 제5.11조에 따라 원산지 결정의 대상이 된 물품의 원산지증명서를 발급받았거나 원산지소명서류를 작성한 자 또는 싱가포르와의 협정 제5.8조에 따라 사전판정을 받은 자

② 칠레의 수출자 또는 생산자로서 칠레와의 협정 제5.10조에 따라 원산지 결정의 대상이 된 물품에 대하여 원산지증명서를 작성하고 서명한 자 또는 법 제14조 및 칠레와의 협정 제5.9조에 따라 원산지 사전판정을 받은 자

3. 불복 증거서류 및 증거물의 제출

「관세법」 제119조에 따른 심사청구 또는 심판청구의 재결청(재결청)은 청구인이 제기한 심사청구 또는 심판청구를 심의하는 데 필요하다고 인정하면 체약상대국의 수출자 또는 생산자에게 증거서류나 증거물을 재결청에 직접 제출하게 할 수 있다.

재결청은 청구인이나 체약상대국의 수출자 또는 생산자가 제출한 자료 중 비밀로 취급하여 줄 것을 요청받은 자료에 대해서는 자료제출자의 동의 없이 타인(체약상대국의 관세당국을 포함한다)에게 제공 또는 누설하거나 사용 목적 외의 용도로 사용해서는 아니 된다. 이 경우 비밀유지의무(법 제20조)를 준용(벌칙 포함)한다.

4. 상호협력

(1) 협력활동 및 행위

관세청장은 협정을 통일적이고 효율적으로 시행하기 위하여 필요한 통관 절차의 간소화, 다른 법률에 저촉되지 아니하는 범위에서의 정보 교환, 세관기술의 지원, 그 밖에 다음 사항에 관하여 협정에서 정한 바에 따라 체약상대국의 관세당국과 협력할 수 있다.

- 원산지의 확인에 필요한 상호행정지원에 관한 사항
- 원산지와 관련되는 법령의 교환에 관한 사항
- 서류 없는 통관절차의 구축, 전자무역환경의 증진 등 통관절차의 개선·발전에 관한 사항
- 세관공무원과 통관종사자에 대한 교육·훈련에 관한 사항

- 수출입물품의 원산지에 관한 조사에 필요한 정보교환
- 그 밖에 법 제18조제4항의 규정에 따른 관세협의기구에서 합의한 사항

관세청장은 체약상대국에서 수입된 물품에 대한 원산지 또는 협정관세 적용의 적정 여부를 확인하기 위하여 필요한 경우에는 협정에서 정하는 범위에서 다음 행위를 할 수 있다.

- 체약상대국의 관세당국에 필요한 자료의 제공을 요청하는 행위
- 체약상대국과 동시에 원산지 조사를 하는 행위
- 체약상대국에 세관공무원을 파견하여 직접 원산지 조사를 하게 하거나 체약상대국의 원산지 조사에 참여하게 하는 행위
- 체약상대국의 관세당국이 협정에 따라 원산지 조사에 협력해 줄 것을 요청하는 경우 이를 수락하는 행위

관세청장은 체약상대국의 관세당국과 협력활동을 하거나 필요한 조치를 한 경우에는 30일 이내에 기획재정부장관에게 그 결과를 보고하여야 한다. 기획재정부장관은 협정(관세 분야만 해당한다)의 운용에 관한 사항을 협의하기 위하여 협정에서 정하는 바에 따라 체약상대국 정부와 공동으로 협의기구를 구성하여 운영할 수 있다. 이 경우 기획재정부장관은 미리 산업통상자원부장관과 협의하여야 한다.

(2) 협의

관세청장은 원산지에 관한 조사의 협력의 절차·방법 및 범위 등 관세행정협력을 위하여 필요한 사항을 체약상대국의 관세당국과 협의할 수 있다.

(3) 관세협의전담관

기획재정부장관은 체약상대국과 협정(관세분야에 한한다)의 운용에 관한 사항의 협의와 관세협의기구의 운영을 위하여 관세협의전담관을 지정·운영할 수 있다.

(4) 유럽연합당사자와의 협정에 따른 상호협력절차의 특례

기획재정부장관은 유럽연합당사자와의 원산지 관련 의정서 제14조에 따라 유럽연합당사자와의 협정 발효 1년 후부터 매년 수출용 원재료에 대한 관세환급제도 관련 정보와 기획재정부령으로 정하는 수출입통계(수출입통계는 직전 연도 1월 1일부터 12월 31일까지의 통계를 말하며, 유럽연합당사자와

의 협정 발효 후 최초로 교환할 때에는 유럽연합당사자와의 협정 발효일이 속하는 해의 직전 3년 동안의 평균값을 포함한다. 이하 이 조에서 "수출입통계 등"이라 한다)를 유럽연합당사자와 상호주의에 따라 교환하여야 한다.

관세청장은 수출입통계 등을 유럽연합당사자와 교환하기 1개월 전까지 기획재정부장관에게 보고하여야 한다.

기획재정부장관은 필요하다고 인정하는 경우에는 수출입통계 등을 제출할 것을 관세청장에게 요청할 수 있다.

5. 관세상호협의의 신청

(1) 신청

수출자 또는 생산자는 체약상대국의 관세당국으로부터 수출물품에 대하여 협정에 부합하지 아니하는 원산지결정 또는 과세처분을 받았거나 받을 우려가 있는 경우에는 기획재정부장관에게 체약상대국의 관세당국과의 관세상호협의를 신청할 수 있다.

1) 신청서

관세상호협의를 신청하고자 하는 자는 관세상호협의 신청서에 다음 서류를 첨부하여 기획재정부장관에게 제출하여야 한다.

- 관세상호협의의 신청과 관련된 체약상대국의 원산지결정통지서·과세처분통지서 또는 이에 갈음하는 서류
- 신청인 또는 체약상대국에 있는 신청인의 대리인(신청인의 물품을 수입한 자 및 그 대리인을 포함한다)이 체약상대국의 권한 있는 당국에 불복쟁송을 제기한 경우 불복쟁송청구서

2) 시정조치 요구

기획재정부장관은 신청내용을 검토한 결과 또는 직권으로 관세상호협의의 필요성이 있다고 인정할 때에는 산업통상자원부부장관과의 협의를 거쳐 체약상대국의 관세당국에 필요한 시정조치를 요구할 수 있으며, 체약상대국의 관세당국이 시정조치를 요구받은 날부터 합리적인 기간 이내에 협의에 응하지 아니하거나 시정조치의 요구를 수락하지 아니하는 때에는 체약상대국의 관세당국에 관세협의기구의 개최를 요청할 수 있다.

2) 협의요청

기획재정부장관은 관세상호협의의 신청을 받았을 때에는 다음 어느 하나에 해당하는 경우를 제외하고는 체약상대국의 관세당국에 관세상호협의를 요청하여야 한다. 이 경우 기획재정부장관은 미리 산업통상자원부장관과 협의하여야 한다.

- 원산지결정 또는 과세처분과 관련하여 국내 또는 국외에서 법원의 확정판결이 있은 경우
- 신청인이 관세회피를 목적으로 관세상호협의 절차를 이용하려고 하는 사실이 인정되는 경우
- 원산지결정 또는 과세처분이 있은 날부터 3년이 지난 후 신청한 경우

기획재정부장관은 신속한 관세상호협의를 위하여 필요하다고 판단하는 경우에는 협정에서 정한 바에 따라 협의기구의 개최를 요청할 수 있다. 이 경우 기획재정부장관은 미리 산업통상자원부장관과 협의하여야 한다.

(3) 결과통지

기획재정부장관은 체약상대국의 관세당국과 관세상호협의를 완료한 때에는 그 결과를 완료한 날부터 30일 이내에 신청인에게 서면으로 통지하여야 한다.

6. 미합중국과의 협정에 따른 통관절차의 특례

관세청장은 협정에서 정하는 범위에서 체약상대국으로부터 수입되는 물품에 관하여 신속하고 간이한 통관 절차를 적용할 수 있다(법 제20조의2).

미합중국과의 협정 제7.7조에 따라 특별한 사정이 없는 한 미합중국으로부터 수입되는 특송물품으로서 그 가격이 미합중국 화폐 200달러 이하인 물품의 경우에는 관세청장이 정하는 바에 따라 「관세법」 제241조제1항에 따른 수입신고를 생략할 수 있다.

7. 관계 자료의 제출요청

기획재정부장관은 이 법의 운영 및 협정의 후속조치를 위하여 필요하다고 인정하면 국가기관, 지방자치단체, 주요 경제단체 및 업종별 협회·조합 등 이해관계인에게 관세의 부과·징수 및 통관에 관련된 자료, 무역통계, 관련 산업의 현황자료나 그 밖에 필요한 자료의 제출을 요청할 수 있다. 요청을

받은 기관·단체·협회 및 조합의 장은 다른 법령에 특별한 규정이 있는 경우 외에는 정당한 사유가 없으면 요청에 협조하여야 한다.

8. 권한의 위임

관세청장은 권한을 관세평가분류원장에게 위임한다.

- 원산지 등에 대한 사전심사, 사전심사 결과의 통지 및 이의제기의 처리(시행령 제19조제1항제4호부터 제6호까지의 사항 제외. 해당 물품에 대한 관세의 환급·감면에 관한 사항, 해당 물품의 원산지 표시에 관한 사항, 수량별 차등협정관세의 적용에 관한 사항)
- 사전심사서 내용의 변경 및 변경내용의 통지(시행령 제19조제1항제4호부터 제6호까지의 사항 제외. 해당 물품에 대한 관세의 환급·감면에 관한 사항, 해당 물품의 원산지 표시에 관한 사항, 수량별 차등협정관세의 적용에 관한 사항)

9. 관세법령과의 관계 및 서식의 제정

시행령 별표에 규정된 품목번호 및 품명은 「관세법」 별표의 규정에 따른 관세율표와 「관세법 시행령」 제98조제1항의 규정에 따라 기획재정부장관이 고시하는 관세·통계통합품목분류표에 따른다.

법 제4조제2항에 따라 「관세법」 제84조를 준용할 때 "별표 관세율표 또는 제73조 및 제76조"는 "「자유무역협정의 이행을 위한 관세법의 특례에 관한 법률」 제4조제1항"으로 본다.

시행령에서 규정하지 아니한 사항에 대하여는 「관세법 시행령」이 정하는 바에 따른다.

법 또는 시행령의 규정에 따른 신청서 그 밖의 서식으로서 기획재정부령이 정하는 것을 제외하고는 관세청장이 정하여 고시한다.

9. 벌칙

(1) 2천만 원 이하의 벌금

다음 어느 하나에 해당하는 자는 2천만 원 이하의 벌금에 처한다. 다만,

- 협정 및 「자유무역협정의 이행을 위한 관세법의 특례에 관한 법률」에 따른 원산지증빙서류를 속임수 또는 그 밖의 부정한 방법으로 신청하여 발급받았거나 작성・발급한 자

- 제4조제2항에서 준용하는 「관세법」 제83조제2항을 위반하여 용도세율 적용 물품을 해당 용도 외의 다른 용도에 사용하거나 양도한 자(제24조제2항제2호에 해당하는 자는 제외한다)(과실(過失)인 경우에는 300만 원 이하의 벌금에 처한다)
- 제8조제3항에서 준용하는 「관세법」 제97조제2항을 위반하여 관세 면제 물품을 해당 용도 외의 다른 용도에 사용하거나 양도한 자(제24조제2항제3호에 해당하는 자는 제외한다)(과실(過失)인 경우에는 300만 원 이하의 벌금에 처한다)
- 정당한 사유 없이 제12조제1항을 위반하여 관련 서류를 보관하지 아니한 자
- 관세청장 또는 세관장이 요청한 서류를 거짓으로 제출한 자
- 사전심사에 필요한 자료를 거짓으로 제출하거나 고의로 제출하지 아니한 자(법 제14조)
- 협정 및 이 법에 따른 원산지증빙서류를 속임수나 그 밖의 부정한 방법으로 발급한 세관공무원과 발급권한이 있는 기관에서 원산지증명서의 발급을 담당하는 직원 등 원산지증빙서류 발급자

(2) 300만 원 이하의 벌금

협정 및 「자유무역협정의 이행을 위한 관세법의 특례에 관한 법률」에 따른 원산지증빙서류를 사실과 다르게 신청하여 발급받았거나 작성·발급한 자는 300만 원 이하의 벌금에 처한다. 다만, 원산지증빙서류의 수정통보를 한 자는 그러하지 아니하다.

벌칙에 위반되는 행위를 한 자에 관하여는 「관세법」 제278조, 제283조부터 제319조까지의 규정을 준용한다.

9. 양벌규정

법인의 대표자나 법인 또는 개인의 대리인, 임직원, 사용인, 그 밖의 종업원이 그 법인 또는 개인의 업무에 관하여 벌금관련 위반행위를 하면 그 행위자를 벌하는 외에 그 법인 또는 개인에게도 해당 조문의 벌금형을 과(科)한다. 다만, 법인 또는 개인이 그 위반행위를 방지하기 위하여 해당 업무에 관하여 상당한 주의와 감독을 게을리하지 아니한 경우에는 그러하지 아니하다.

10. 과태료

과태료는 세관장이 부과·징수한다. 과태료의 부과기준은 다음과 같다. 세관장은 위반행위의 정도, 동기와 그 결과 등을 고려하여 다음 과태료 금액의 2분의 1의 범위에서 금액을 감경할 수 있다.

과태료의 부과기준

1. 일반기준

위반행위의 횟수에 따른 과태료 부과기준은 최근 5년간 같은 위반행위로 과태료 부과처분을 받은 경우에 적용하되, 같은 위반행위에 대한 과태료 부과처분일과 그 부과처분 후 다시 적발되는 날을 기준으로 한다.

2. 개별기준

위반행위	과태료 금액		
	1차 위반	2차 위반	3차 이상 위반
가. 법 제4조제2항에서 준용하는 「관세법」 제83조제1항을 위반하여 승인을 받지 않고 용도에 따라 세율을 다르게 정하는 물품을 세율이 낮은 용도에 사용한 경우	120만원	250만원	500만원
나. 법 제4조제2항에서 준용하는 「관세법」 제83조제2항을 위반한 경우 중 세율이 낮은 용도와 동일한 용도에 사용하려는 자에게 양도한 경우	120만원	250만원	500만원
다. 법 제8조제3항에서 준용하는 「관세법」 제97조제2항을 위반한 경우 중 해당 물품을 직접 수입한 경우에는 관세의 감면을 받을 수 있는 자에게 양도한 경우	120만원	250만원	500만원
라. 법 제11조제2항에 따라 원산지증빙서류의 오류 내용을 통보받고도 이를 세관장에게 세액정정·세액보정신청, 수정신고 또는 경정청구를 하지 않은 경우	120만원	250만원	500만원
마. 정당한 사유 없이 법 제12조제3항에 따른 기간 이내에 서류를 제출하지 않은 경우	250만원	500만원	1천만원
바. 법 제13조제2항에 따른 관세청장 또는 세관장의 서면조사 또는 현지조사를 거부·방해 또는 기피한 경우	250만원	500만원	1천만원

제4장

자유무역협정 국내대책위원회

1. 국내대책위원회 설치

자유무역협정이 국민적 지지를 바탕으로 원활히 체결·비준(批准)될 수 있도록 지원하는 모든 업무에 관한 사항을 심의하기 위하여 기획재정부장관 소속으로 자유무역협정 국내대책위원회를 둔다.

2. 기능

자유무역협정 국내대책위원회(위원회)는 다음 사항을 심의한다.

- 자유무역협정의 체결과 관련된 정보의 대국민 제공 및 국민 의견의 수렴에 관한 사항
- 자유무역협정의 체결과 관련된 사회적 갈등의 조정에 관한 사항
- 자유무역협정의 체결·비준에 대한 동의 등 자유무역협정과 관련된 국회 활동의 지원에 관한 사항
- 자유무역협정 관련 국내 보완대책 마련 및 자유무역협정의 활용에 관한 사항
- 자유무역협정에 따른 국내 산업의 경쟁력 강화 및 국내 제도의 개선에 관한 사항
- 그 밖에 자유무역협정의 체결 지원과 관련하여 위원회의 위원장이 필요하다고 인정하여 위원회에 안건으로 부치는 사항

3. 구성

위원회는 공동위원장 2명을 포함한 30명 이내의 위원으로 구성한다.

(1) 위원

위원회의 위원은 다음의 자가 된다.

① 정부위원 : 기획재정부장관, 미래창조과학부장관, 교육부장관, 안전행정부장관, 문화체육관광부장관, 농림축산식품부장관, 산업통상자원부장관, 보건복지부장관, 환경부장관, 고용노동부장관, 해양수산부장관, 방송통신위원회 위원장, 국무총리실장, 통상교섭본부장 및 대통령실 경제수석비서관

② 민간위원 : 경제계·언론계·학계의 전문가 및 노동·농민단체 등 시민·사회단체의 대표자 등 자유무역협정과 관련이 있는 분야의 학식과 경험이 풍부한 자 중에서 기획재정부장관이 위촉하는 자

민간위원의 임기는 1년으로 하되, 연임할 수 있다. 다만, 위원의 사임 등으로 새로 위촉된 위원의 임기는 전임위원의 남은 임기로 한다.

(2) 공동위원장

위원회의 공동위원장 1명은 기획재정부장관이 되고, 다른 공동위원장 1명은 민간위원 중에서 기획재정부장관이 위촉하는 자가 된다. 공동위원장은 각자 위원회를 대표하며, 위원회의 업무를 총괄한다. 공동위원장 모두가 부득이한 사유로 직무를 수행할 수 없을 때에는 기획재정부장관인 공동위원장이 미리 지명한 위원이 공동위원장의 직무를 대행한다. 공동위원장은 위원회의 심의 안건과 관련된 중앙행정기관의 장을 위원으로 지명하여 회의에 참석하게 할 수 있다.

(3) 간사

위원회는 사무를 처리하기 위하여 위원회에 간사 1명을 두되, 간사는 기획재정부 무역협정국내대책본부장이 된다.

(4) 회의

공동위원장은 위원회의 회의를 소집하고, 그 의장이 된다. 위원회의 회의는 공동위원장을 포함한 재적위원 과반수의 출석으로 개의(開議)하고, 출석위원 과반수의 찬성으로 의결한다.

(5) 수당

위원회의 위원, 자문위원, 전문위원, 그 밖의 직원과 관계 공무원 또는 관계 전문가에게 예산의 범위에서 수당, 여비, 그 밖에 필요한 경비를 지급할 수 있다. 다만, 공무원이 그 소관 업무와 직접적으로 관련된 경우에

는 그러하지 아니하다.

4. 자문위원

위원회는 위원회의 업무와 관련된 사항에 대하여 자문하기 위하여 위원회에 자문위원을 둘 수 있다. 위원회는 자유무역협정과 관련된 국내 여론수렴과 홍보 등에 관한 전문적인 조사·연구의 수행을 위하여 위원회에 전문위원을 둘 수 있다. 자문위원과 전문위원은 무역협정 또는 투자협정, 무역 또는 투자, 국내산업, 홍보 또는 여론조사 등에 관한 학식과 경험이 풍부한 자 중에서 기획재정부장관인 공동위원장이 위촉한다.

5. 추진상황의 보고

위원회는 자유무역협정 추진에 대한 여론 등 국내 상황과 위원회의 활동상황에 대하여 정기적으로 대통령에게 보고하여야 한다.

6. 관계 기관 등에의 협조 요청

위원회는 그 직무를 수행하기 위하여 필요한 경우에는 관계 공무원이나 관계 전문가를 위원회에 참석하게 하여 의견을 듣거나 관계 기관·단체 등에 자료나 의견을 제출하도록 하는 등 필요한 협조를 요청할 수 있다.

7. 여론의 수집

위원회는 업무를 수행하기 위하여 필요한 경우에는 공청회·세미나의 개최, 설문조사 및 방송토론 등을 통하여 여론을 수집할 수 있다.

8. 조사 · 연구의 의뢰

위원회는 업무수행을 위하여 필요한 때에는 관계 전문가 또는 관계 기관·단체 등에 전문적인 조사나 연구를 의뢰할 수 있다.

9. 운영 세칙

위원회의 운영에 필요한 사항은 위원회의 의결을 거쳐 공동위원장이 정한다.

제5장

FTA와 무역조정

Ⅰ. 무역조정

1. 무역조정의 정의

"무역조정(貿易調整)"이란 제조업이나 다음 서비스업(무역조정 지원 대상 업종)을 경영하는 기업 또는 그 소속 근로자 등이 자유무역협정의 이행으로 인하여 입었거나 입을 것이 확실한 피해를 최소화하거나 그 피해를 극복하는 데에 필요한 활동을 말한다.

무역조정 지원 대상이 되는 서비스업의 범위[1]

업종	한국표준산업분류번호	업종	한국표준산업분류번호
농업, 임업 및 어업	A	고등교육기관	853
광업	B	특수학교, 외국인학교 및 대안학교	854
제조업	C	사회복지 서비스업	87
건설업	F	박물관 및 사적지 관리 운영업	9022
전기업	351	식물원, 동물원 및 자연공원 운영업	9023
수도사업	360	스포츠 서비스업	911
철도운송업	491	수상오락 서비스업	9123
항공운송업	51	갬블링 및 베팅업	9124
우편업	6110	그외 기타 오락관련 서비스업	9129
중앙은행	6411	협회 및 단체	94
공공행정, 국방 및 사회보장행정	84	가구내 고용활동	97
초등교육기관	851	달리 분류되지 않은 자가소비를 위한 가구의 재화 및 서비스 활동	98
중등교육기관	852	국제 및 외국기관	99

1) 무역조정지원대상이 되는 서비스업은 통계청장이 『통계법』 제22조제1항에 따라 고시하는 한국표준산업분류에서 아래의 업종을 제외한 모든 업종을 말한다.

2. 지원의 기본원칙

정부는 이 법에 따라 원활한 무역조정에 필요한 지원을 하는 경우에는 「세계무역기구 설립을 위한 마라케쉬협정」이 허용하는 범위에서 하여야 한다.

3. 무역조정지원종합대책의 수립

산업통상자원부장관과 고용노동부장관은 무역조정을 효과적으로 지원하기 위하여 무역조정지원 종합대책(종합대책)을 공동으로 수립하여야 한다.

(1) 포함사항

종합대책에는 다음 사항이 포함되어야 한다.

- 무역조정의 지원을 위한 대책
- 무역조정과 관련된 제도의 개선
- 그 밖에 무역조정의 지원을 원활하게 추진하기 위하여 필요한 사항

(2) 심의

산업통상자원부장관과 고용노동부장관은 종합대책을 수립한 경우에는 무역조정지원위원회의 심의를 거쳐 확정한다. 종합대책을 변경하는 경우에도 또한 같다.

(3) 자료제출 요청

산업통상자원부장관 및 고용노동부장관은 종합대책을 수립하기 위하여 필요한 경우에는 관계 행정기관의 장에게 필요한 자료의 제출을 요청할 수 있다. 산업통상자원부장관 및 고용노동부장관은 종합대책이 확정된 때에는 이를 관계 행정기관의 장에게 통보하고, 종합대책의 시행을 위하여 필요한 조치에 대하여 관계 행정기관의 장에게 협조를 요청할 수 있다.

(4) 실태조사

산업통상자원부장관과 고용노동부장관은 종합대책을 수립하기 위하여 필요하면 자유무역협정의 이행으로 인하여 입었거나 입을 것이 확실한 피해(무역피해)와 무역조정의 실태에 대한 조사(실태조사)를 할 수 있다.

1) 실태조사 대상

산업통상자원부장관 및 고용노동부장관은 다음 사항에 관하여 실태조

사를 할 수 있다.

- 국내 산업의 지역별, 업종별 무역피해의 현황
- 무역조정지원기업 또는 무역조정지원근로자의 지정 신청 및 지정 현황
- 무역조정지원기업의 경영 실태 및 무역조정지원근로자의 전직(轉職)·재취업 실태 등 무역조정지원시책의 성과
- 그 밖에 국내산업의 무역조정 및 무역피해의 실태를 파악하기 위하여 필요한 사항

2) 주기

실태조사는 2년마다 실시하되, 산업통상자원부장관 또는 고용노동부장관이 필요하다고 인정하는 경우에는 특정 지역 또는 부문을 대상으로 수시조사를 실시할 수 있다.

3) 방법

산업통상자원부장관 및 고용노동부장관은 실태조사를 위하여 소속 공무원으로 하여금 방문하여 조사하게 하거나 서면 또는 온라인 전송 등의 방법으로 설문조사를 실시할 수 있다. 방문하여 조사하는 경우에는 조사 7일 전까지 조사일시, 조사목적 및 조사내용 등을 포함한 조사계획을 조사대상자에게 통지하여야 한다.

(5) 무역조정지원위원회

1) 심의사항

무역조정지원에 관한 다음 사항을 심의하기 위하여 산업통상자원부에 무역조정지원위원회(지원위원회)를 둔다.

- 종합대책 등 무역조정의 지원에 관한 기본정책과 제도
- 무역조정과 관련된 지원시책의 조정
- 관계 중앙행정기관 사이의 무역조정 지원시책과 관련된 협조 사항
- 무역조정지원을 위한 소요예산 추계 및 재원확보 방안
- 무역조정 지원시책의 추진실적에 대한 평가 및 성과분석
- 그 밖에 무역조정을 효율적으로 지원하기 위하여 지원위원회의 위원장이 필요하다고 인정하는 사항

2) 구성

지원위원회는 위원장 1명을 포함하여 15명 이내의 위원으로 구성한다. 위원장은 지원위원회를 대표하고, 위원회의 업무를 총괄한다. 지원위원회의 위원장이 부득이한 사유로 그 직무를 수행할 수 없는 때에는 지원위원회의 위원장이 미리 지명한 위원이 그 직무를 대행한다.

지원위원회의 위원장은 산업통상자원부장관으로 하고, 위원은 다음 자로 한다.

- 기획재정부 제2차관, 미래창조과학부 제1차관, 외교부 제2차관, 안전행정부 제1차관, 문화체육관광부 제1차관, 고용노동부차관 및 방송통신위원회 위원장이 지정하는 상임위원
- 산업 또는 노동 관련 단체가 추천하는 자 및 학계 전문가 중에서 산업통상자원부장관이 위촉하는 자

지원위원회의 위원의 임기는 2년으로 한다. 다만, 공무원인 위원의 임기는 그 직위에 재직하는 기간으로 한다.

3) 운영

지원위원회의 위원장은 지원위원회의 회의를 소집하고, 그 의장이 된다. 지원위원회의 위원장이 지원위원회의 회의를 소집하려는 때에는 회의의 일시·장소 및 안건을 회의 개최 7일 전까지 각 위원에게 서면으로 알려야 한다. 다만, 긴급히 소집하여야 하거나 부득이한 사유가 있는 경우에는 그러하지 아니하다. 지원위원회의 회의는 재적위원 과반수의 출석으로 개의하고, 출석위원 과반수의 찬성으로 의결한다. 지원위원회의 사무를 처리하기 위하여 지원위원회에 간사 1인을 두되, 간사는 산업통상자원부 소속 공무원 중에서 지원위원회의 위원장이 지명한다. 기타 지원위원회의 운영에 관하여 필요한 사항은 지원위원회의 의결을 거쳐 지원위원회의 위원장이 정한다.

4) 의견청취 및 자료제출

무역위원회 또는 지원위원회는 위원회에 상정되는 안건의 심의와 그 밖의 업무 수행을 위하여 필요하다고 인정되는 때에는 관계인 또는 전문가를 출석하게 하여 그 의견을 들을 수 있으며, 필요한 자료를 제출하게 할 수 있다.

5) 수당과 여비

위원회에 출석한 위원·관계인 및 전문가에 대하여는 예산의 범위에서 수당과 여비를 지급할 수 있다. 다만, 공무원인 위원이 그 소관업무와 직접적으로 관련되어 위원회에 출석하는 경우에는 그러하지 아니하다.

4. 무역조정지원제도 관련 조사 · 연구 등

산업통상자원부장관과 고용노동부장관은 무역조정의 지원에 관한 정책의 수립 및 제도의 개선에 필요한 조사·연구 등의 사업을 할 수 있다.

5. 경영안정 및 경쟁력 확보를 위한 상담 지원

(1) 상담지원 조건

산업통상자원부장관은 무역조정지원 대상 업종을 경영안정 및 경쟁력 확보를 위한 상담 지원 신청일 현재 2년 이상 경영한 기업이 다음 요건을 모두 갖춘 경우에는 해당 기업에 무역조정에 필요한 경영·회계·법률·기술 및 생산 등의 상담에 관한 지원을 할 수 있다.

① 기업이 6개월 이상의 기간으로서 기업의 전체 매출액 또는 생산량이 감소한 경우에는 경영안정 및 경쟁력 확보를 위한 상담 지원 신청일 이전 2년 이내의 기간 그리고 기업의 전체 매출액 또는 생산량이 감소할 것이 확실하다고 판단되는 경우에는 경영안정 및 경쟁력 확보를 위한 상담 지원 신청일 이후 1년 이내의 기간 내의 6개월(기업의 결산 사정 등을 고려하여 산업통상자원부장관이 필요하다고 인정하는 경우에는 1년) 이내의 기간에 다음 어느 하나에 해당하는 요건을 갖춘 경우

㉠ 기업의 전체 매출액 또는 생산량이 기업의 전체 매출액 또는 생산량이 감소한 경우나 감소할 것이 확실한 경우 외의 부분에 따른 기간의 전체 매출액 또는 생산량이 그 직전 연도 동일 기간의 전체 매출액 또는 생산량과 비교하여 100분의 5 이상 감소하였거나 감소할 것이 확실하다고 판단되는 경우

㉡ 기업의 영업이익, 고용인원, 가동률, 재고 등을 종합적으로 고려한 무역피해가 ㉠에 해당하거나 해당할 것이 확실하다고 판단될 것

② 기업이 생산하는 상품 및 서비스와 같은 종류의 상품 및 서비스의 수

입이나 그와 직접적으로 경쟁하는 상품 및 서비스의 수입(자유무역협정의 상대국으로부터의 수입으로 한정한다)의 증가가 ①의 피해의 주된 원인일 것

서비스의 수입이란 다음 어느 하나에 해당하는 용역의 제공을 말한다.

- 자유무역협정 상대국으로부터 대한민국 영토 안으로의 용역의 제공
- 자유무역협정 상대국 영토 안에서 대한민국 거주자(해당 국가 안에 주소 또는 거소를 둔 자연인 또는 해당 국가 안에 주된 사무소를 둔 법인)에 대한 용역의 제공
- 자유무역협정 상대국 거주자의 대한민국 영토 안에서 상업적 주재(용역의 제공을 목적으로 대한민국 영토 안에서 하는 법인의 설립·인수 및 운영, 지점·출장소, 그 밖의 사무소의 설치 및 운영하는 행위를 말한다)[2]를 통한 용역의 제공
- 자유무역협정 상대국 거주자의 대한민국 영토 안으로의 이동을 통한 용역의 제공

(2) 신청절차

1) 신청

상담지원을 받으려는 자는 다음의 경영안정 및 경쟁력 확보를 위한 상담지원신청서에 신청 요건에 해당함을 증명하는 서류를 첨부하여 산업통상자원부장관에게 제출하여야 한다.

---

2) 상업적 주재 여부를 판단할 때 자유무역협정 상대국의 자연인 또는 자유무역협정 상대국의 법률에 따라 설립된 법인이 의결권 있는 주식 총수 또는 지분의 50퍼센트 이상을 소유한 국내법인과 자유무역협정 상대국의 자연인 또는 자유무역협정 상대국의 법률에 따라 설립된 법인이 이사의 과반수를 임명할 권한 또는 활동을 법적으로 지시할 권한을 갖는 국내법인은 이를 자유무역협정 상대국의 법인으로 본다.

경영안정 및 경쟁력확보를 위한 상담지원신청서

(앞 쪽)

접수번호	접수일	처리기간 30일

신청인	회사명		법인등록번호	
	대표자명		사업자등록번호	
	설립일		표준산업분류코드	
	상시 종업원 수		주요 생산품명	
	주 소	본사		
		사업장		
	연락처	담당자명	직위	
		전화번호	FAX	
		홈페이지	E-mail	

피해사실	피해 품목				HS CODE	
	구분	피해 발생 내용(최근 6개월, 단위: 백만원, 천KG)				
		년 상반기	년 하반기	년 상반기	년 하반기	년 월
	매출액					
	생산량					

신청내용	상담 희망분야	세부 내용
	영업·마케팅	
	구매·자재	
	R&D	
	생산관리	
	인사·조직	
	재무관리	
	경영전략	
	정보시스템	
	기타	

「자유무역협정 체결에 따른 무역조정 지원에 관한 법률」 제5조의2, 같은 법 시행령 제4조의3제1항 및 같은 법 시행규칙 제1조의2에 따라 위와 같이 상담 지원을 신청합니다.

년 월 일

신청인(대표) (서명 또는 인)

중소기업진흥공단 귀하

첨부서류	무역피해사실 증명서	수수료
중소기업진흥공단 확인사항	1. 법인 등기사항증명서(법인인 경우만 해당합니다) 2. 사업자등록증	없 음

행정정보 공동이용 동의서

본인은 이 건 업무처리와 관련하여 중소기업공단이 「전자정부법」 제36조제1항에 따른 행정정보의 공동이용을 통하여 위의 중소기업진흥공단 확인사항 중 사업자등록증을 확인하는 데에 동의합니다. *동의하지 아니하는 경우에는 신청인이 직접 사업자등록증 사본을 제출하여야 합니다.

신청인 (서명 또는 인)

210mm×297mm[백상지 80g/㎡]

(뒤 쪽)

처 리 절 차

이 신청서는 아래와 같이 처리됩니다.

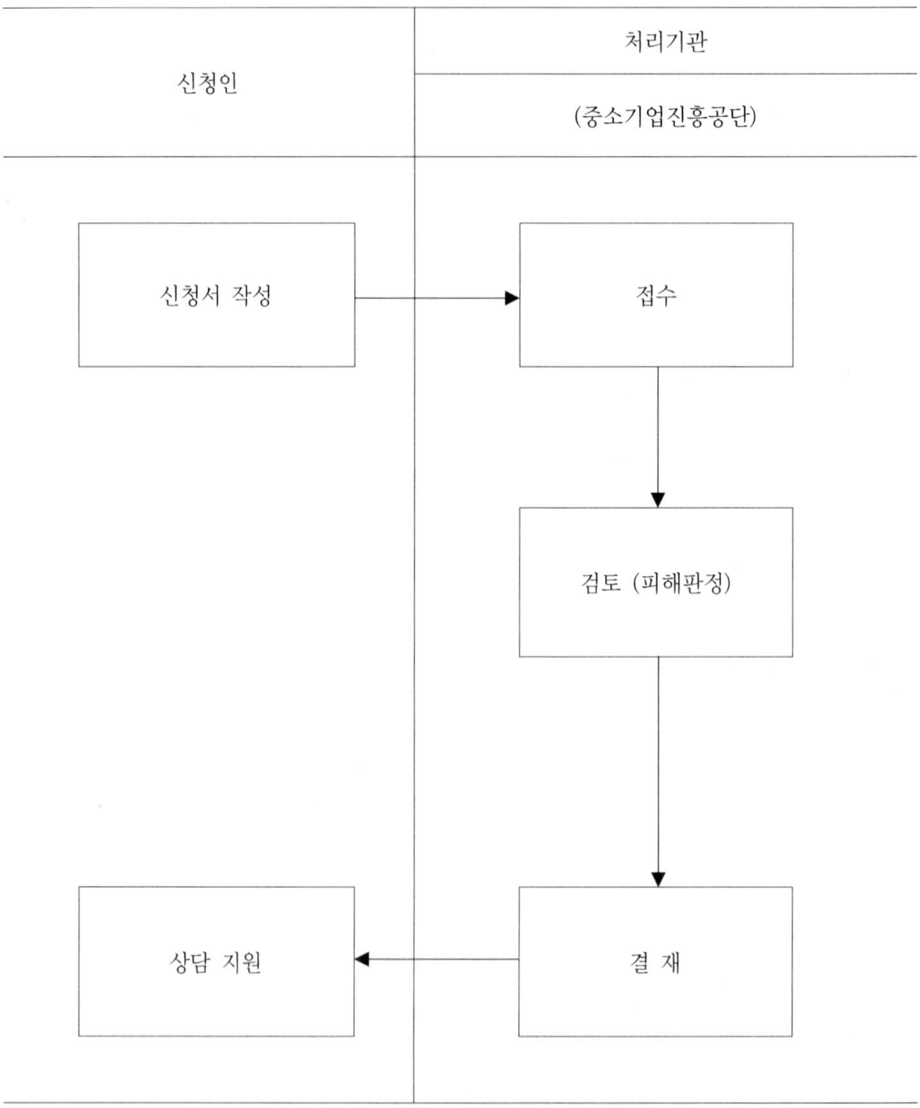

2) 확인

신청을 받은 산업통상자원부장관은 「전자정부법」에 따른 행정정보 공동이용을 통하여 법인 등기사항증명서와 사업자등록증을 확인하여야 한다. 다만, 신청인이 사업자등록증의 확인에 동의하지 아니한 경우에는 사업자등록증 사본을 첨부하게 하여야 한다. 그 외에 경영안정 및 경쟁력 확보를 위한 상담 지원의 방법 등에 관하여 필요한 사항은 산업통상자원부장관이 정하여 고시한다.

Ⅱ. 무역조정지원기업

1. 무역조정지원기업의 지정 등

(1) 신청

무역조정지원 대상 업종을 무역조정지원기업의 지정 신청일 현재 2년을 이상 경영한 기업이 무역피해를 입은 경우 해당 기업은 무역조정의 지원을 받는 기업(무역조정지원기업)으로 지정하여 줄 것을 산업통상자원부장관에게 신청할 수 있다.

(2) 지정

1) 요건

산업통상자원부장관은 신청을 받은 경우 해당 기업이 다음 요건에 모두 해당하면 무역조정지원기업으로 지정할 수 있다.

① 기업이 심각한 피해(6개월(기업의 결산 사정 등을 고려하여 산업통상자원부장관이 필요하다고 인정하는 경우에는 1년) 이내에 해당 기업의 전체 매출액 또는 생산량이 100분의 10 이상 감소하거나 해당 기업의 영업이익, 고용인원, 가동률, 재고 등을 종합적으로 고려한 피해가 전체 매출액 또는 생산량이 100분의 10 이상 감소된 것에 해당하여야 한다)를 입었거나 입을 것이 확실할 것

② 기업이 생산하는 상품 및 서비스와 같은 종류의 상품 및 서비스(㉠ 물리적 특성(구성요소를 포함한다), 품질, 용도 및 유통경로가 동일하고, 「관세법 시행령」의 관세·통계통합품목분류표에 따른 품목번호가 동일한 상품이거나 이에 준하는 상품으로서 산업통상자원부장관이 인정하는 상품, ㉡ 제공 수단, 목적·용도, 품질, 수요자의 범위 및 규제 법령이 동일한 서비스나 이에 준하는 서비스로서 산업통상자원부장관이 인정하는 서비스)의 수입이나 그와 직접적으로 경쟁하는 상품 및 서비스(같은 종류의 상품 및 서비스에 해당하지 않아도 그 용도 및 소비자의 평가가 같거나 상업적인 용도에서 상호 대체사용이 가능한 상품 및 서비스)의 수입(자유무역협

정의 상대국으로부터의 수입으로 한정한다)의 증가가 ①에 따른 피해의 주된 원인일 것

③ 해당 기업이 수립한 무역조정을 위한 계획(무역조정계획)이 기업의 경쟁력 확보에 적합한 것일 것

2) 심의

이 경우 ①과 ②에 해당하는지에 대하여는 「불공정무역행위 조사 및 산업피해구제에 관한 법률」에 따른 무역위원회의 심의를 거쳐야 한다.

3) 심각한 피해 판단기준

① 해당 기업이 무역피해를 입은 경우에는 해당 무역피해가 무역조정지원기업의 지정 신청일 이전 2년 이내에 발생하였고, 다음 요건 중 어느 하나를 충족할 것

㉠ 신청일 이전 2년 이내 기간에 전체 매출액 또는 생산량이 그 직전 연도 동일 기간의 전체 매출액 또는 생산량과 비교하여 100분의 10 이상 감소하였을 것

㉡ 해당 기업의 영업이익, 고용인원, 가동률, 재고 등을 종합적으로 고려한 피해가 ㉠에 상당하는 것으로 인정될 수 있을 것

② 해당 기업이 무역피해를 입을 것으로 예상되는 경우에는 다음 요건을 모두 충족할 것

㉠ 해당 무역피해가 무역조정지원기업의 지정 신청일 이후 1년 이내에 발생할 것으로 예상될 것

㉡ 영업이익·고용·가동률·재고 등의 변화를 종합적으로 고려하여 전체 매출액 또는 생산량의 예상 피해가 전체 매출액 또는 생산량이 그 직전 연도 동일 기간의 전체 매출액 또는 생산량과 비교하여 100분의 10 이상 감소할 것으로 인정될 수 있을 것

(3) 통보

산업통상자원부장관은 무역조정지원기업의 지정 신청을 한 기업이 제출한 무역조정계획 중 근로자와 관련된 부분이 포함된 경우에는 고용노동부장관에게 통보하여야 한다.

(4) 자료제출 요청

산업통상자원부장관이나 무역위원회는 심의를 위하여 필요하다고 인정하면 관계 행정기관 또는 기업 등에 관계 자료의 제출 등 필요한 협조를 요청할 수 있다. 이 경우 요청을 받은 관계 행정기관의 장은 정당한 사유가 없으면 요청에 따라야 한다.

(5) 무역조정지원기업의 지정 절차

1) 신청

무역조정지원기업으로 지정받으려는 자는 다음의 무역조정지원기업 지정신청서에 지정요건에 해당하는 사실을 입증하는 서류와 무역조정계획에 관한 서류를 첨부하여 산업통상자원부장관에게 제출하여야 한다. 이 경우 무역조정계획의 이행기간은 5년 이내로 한다.

[별지 제2호서식] (앞쪽)

무역조정지원기업지정신청서	처리기간 60일

①정리번호		②관리번호		③접수번호	

신청인	상호(명 칭)	④한글		⑥법인등록번호		
		⑤영문				
	성명(대표자)	⑦한글		⑨주민등록번호		
		⑧영문				
	⑩사업자등록번호			⑪공장등록번호		
	⑫설립 연월일			업종	⑬업종명	
					⑭업종코드	
	소 재 지	⑮본사				
		〈16〉사업장				
	연 락 처	〈17〉전화번호		〈18〉E-mail		
		〈19〉홈페이지주소		〈20〉FAX		
신청현황	근로자수	〈21〉사무직	명	〈23〉자산총액	백만원	〈24〉자본금 백만원
		〈22〉생산직	명			
	주생산품목	〈25〉한글				
		〈26〉영문				
	무역피해품목	〈27〉한글				
		〈28〉영문				

「자유무역협정 체결에 따른 무역조정 지원에 관한 법률」 제6조, 같은 법 시행령 제6조제1항 및 같은 법 시행규칙 제2조제1항·제2항에 따라 무역조정지원기업지정을 위와 같이 신청합니다.

년 월 일

신청인 (서명 또는 인)

산업통상자원부장관 귀하

첨부서류	신청인 제출서류	담당자 확인사항(담당 공무원의 확인에 동의하지 아니하는 경우 신청인이 직접 제출하여야 하는 서류)	수수료
	1. 법 제6조제2항제1호 및 제2호에 해당하는 사실을 입증하는 서류 1부 2. 법 제6조제2항제3호의 무역조정계획에 관한 서류 1부	1. 법인 등기사항증명서(1부)(법인이 아닌 경우에는 대표자의 주민등록표 등본을 말합니다) 2. 사업자등록증(1부)(신청인이 확인에 동의하지 아니하는 경우에는 사업자등록증 사본을 제출하여야 합니다)	없 음

본인은 이 건 업무처리와 관련하여 「전자정부법」 제36조제1항에 따른 행정정보의 공동이용을 통하여 담당자가 위의 담당자 확인사항을 확인하는 것에 동의합니다.

신청인 (서명 또는 인)

210㎜×297㎜(일반용지 60g/㎡(재활용품))

(뒤 쪽)

기재요령

1. ①란부터 ③란까지는 기재하지 아니합니다.
2. ⑫란은 법인인 경우에는 법인 등기사항증명서상의 법인 설립일을, 개인사업자인 경우에는 사업자등록증상의 개업 연월일을, 개인사업자가 법인으로 전환한 경우에는 사업자등록증상의 개업 연월일을 기재합니다.
3. ⑬란은 사업자등록증상의 종목을 기재합니다.
4. ⑭란은 한국표준산업분류표(통계청 고시 제2007-53호)의 세세분류 5자리를 기재합니다.
5. 〈21〉과 〈22〉란은 최근 3개월 간 매월 말일 현재의 상시근로자(일용근로자와 3월 이내의 기간을 정하여 근로하는 자를 제외합니다)의 수를 합하여 3으로 나눈 값을 기재합니다.

이 신청서는 아래와 같이 처리됩니다.

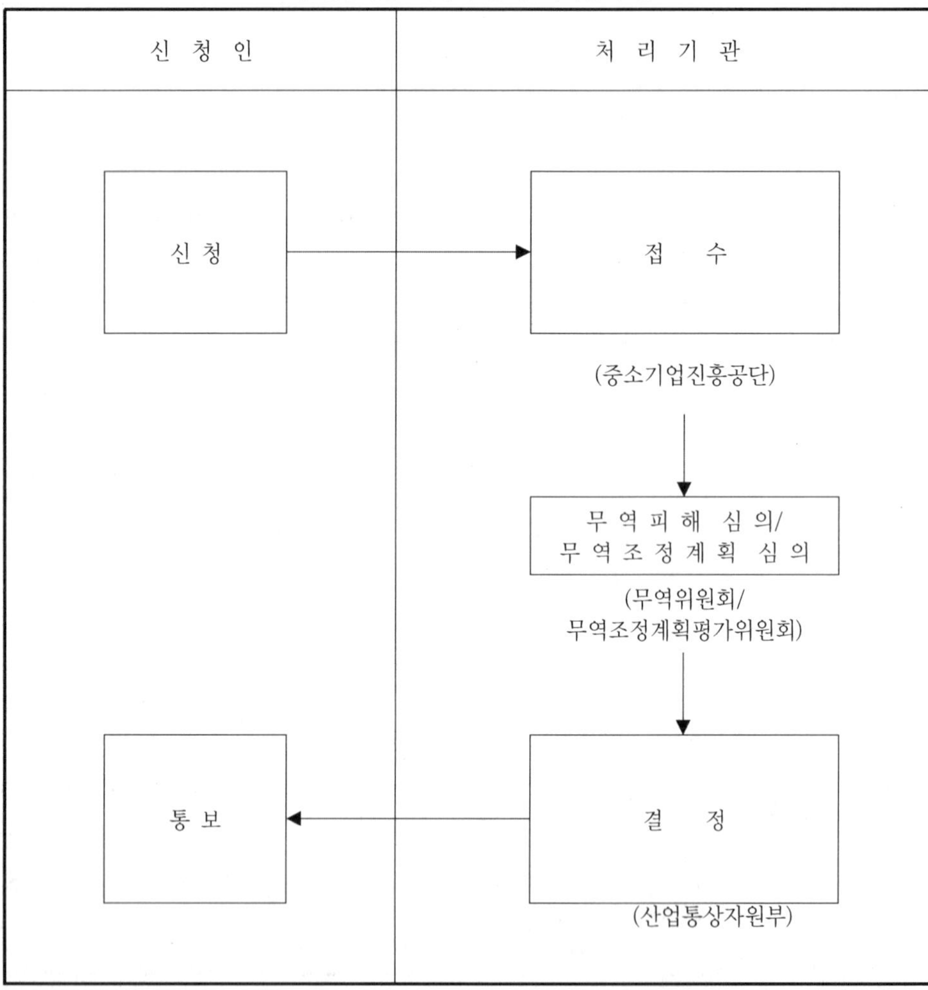

210㎜×297㎜(일반용지 60g/㎡(재활용품))

2) 심의

산업통상자원부장관은 무역조정지원기업의 지정 신청을 받은 경우에는 지정 요건에 관한 서류는 지체 없이 따른 무역위원회에 송부하여야 한다. 무역위원회는 송부 받은 서류를 검토하여 신청인이 지정 요건에 해당하는지를 심의하고, 송부받은 날부터 1월 이내에 그 심의결과를 산업통상자원부장관에게 알려야 한다. 다만, 심의내용이 복잡하거나 신청인이 정당한 사유를 제시하여 심의기간의 연장을 요청하는 등 심의기간의 연장이 필요하다고 인정되는 경우에는 1월의 범위에서 그 기간을 연장할 수 있다.

3) 지정

산업통상자원부장관은 심의결과를 통보받은 때에는 무역조정지원기업의 지정 여부를 결정하고, 그 내용을 신청인 및 고용노동부장관에게 지체 없이 서면으로 알려야 한다. 산업통상자원부장관은 무역조정지원기업의 지정 여부를 결정하면 다음 서식의 무역조정지원기업지정(부지정)통지서를 신청인에게 내주어야 한다.

[별지 제3호서식]

무역조정지원기업	□ 지정 □ 부지정	통지서
① 지 정 번 호	제	호
② 상 호(명 칭)		
③ 성 명(대 표 자)		
④ 법 인 등 록 번 호		
⑤ 사 업 자 등 록 번 호		
⑥ 소 재 지		
⑦ 지정 또는 부지정 사유		
⑧ 신 청 일		

「자유무역협정 체결에 따른 무역조정 지원에 관한 법률」 제6조, 같은 법 시행령 제6조제6항 및 같은 법 시행규칙 제2조제3항에 따라 위와 같이 통지합니다.

년 월 일

산업통상자원부장관 (인)

210㎜×297㎜(일반용지60g/㎡(재활용품))

4) 세부절차

지정요건에 관한 사항을 심의하기 위하여 필요한 세부사항은 무역위원회가 정하여 고시하고, 무역조정계획의 적합성에 대한 평가 기준 등에 관하여 필요한 세부사항은 산업통상자원부장관이 정하여 고시한다.

2. 무역조정에 필요한 정보제공

산업통상자원부장관은 무역조정지원 기업에 대하여 무역조정에 필요한 자금·인력·기술·판로(販路) 및 입지(立地) 등에 관한 정보를 제공하여야 한다. 산업통상자원부장관은 정보의 제공에 필요한 시책을 마련하여야 한다. 산업통상자원부장관은 관계 중앙행정기관·지방자치단체 및 「공공기관의 운영에 관한 법률」에 따른 공공기관(관계행정기관 등)의 장에게 정보제공에 필요한 자료의 제출을 요청할 수 있다.

3. 단기경영안정 및 경쟁력 확보를 위한 융자지원

(1) 융자대상

정부는 무역조정지원 기업에 대하여 「중소기업진흥에 관한 법률」에 따른 중소기업창업 및 진흥기금에서 다음 자금을 융자할 수 있다.

- 생산시설의 가동・유지에 필요한 원자재 및 부자재(副資材)의 구입 자금
- 사업전환 등 무역조정계획의 이행에 필요한 기술개발, 설비투자, 입지확보 및 인력훈련 등에 드는 자금
- 그 밖에 단기 경영 안정 또는 경쟁력 확보를 위하여 필요한 다음 자금
  - 구조조정 등으로 인한 일시적 자금수급 불균형을 해소하기 위한 경영안정화 자금
  - 정보화 관련 시스템 및 설비의 구입 또는 대체에 필요한 자금
  - 기술 사업화에 필요한 자금
  - 국내외 판로 개척에 필요한 자금

(2) 융자신청

따라 무역조정지원 기업으로 지정받은 자가 자금을 융자 받으려는 경우에는 무역조정지원 기업으로 지정받은 후 3년 이내에 다음 융자지원신청서를 산업통상자원부장관에게 제출하여야 한다.

[별지 제4호서식] 〈개정 2012.7.10〉 (앞 쪽)

<table>
<tr><td colspan="6">융자지원신청서 (□신규 □추가)</td><td colspan="2">처리기간
30일</td></tr>
<tr><td colspan="2">①정리번호</td><td></td><td>②관리번호</td><td></td><td>③접수번호</td><td colspan="2"></td></tr>
<tr><td rowspan="10">신청인</td><td rowspan="2">상호(명 칭)</td><td>④한글</td><td></td><td rowspan="2" colspan="2">⑥법인등록번호</td><td rowspan="2" colspan="2"></td></tr>
<tr><td>⑤영문</td><td></td></tr>
<tr><td rowspan="2">성명(대표자)</td><td>⑦한글</td><td></td><td rowspan="2" colspan="2">⑨주민등록번호</td><td rowspan="2" colspan="2"></td></tr>
<tr><td>⑧영문</td><td></td></tr>
<tr><td colspan="3">⑩사업자등록번호</td><td colspan="2">⑪공장등록번호</td><td colspan="2"></td></tr>
<tr><td colspan="3" rowspan="2">⑫설립 연월일</td><td rowspan="2">업종</td><td>⑬업종명</td><td colspan="2"></td></tr>
<tr><td>⑭업종코드</td><td colspan="2"></td></tr>
<tr><td rowspan="2">소재지</td><td>⑮본사</td><td colspan="5"></td></tr>
<tr><td>〈16〉사업장</td><td colspan="5"></td></tr>
<tr><td rowspan="2">연락처</td><td>〈17〉전화번호</td><td></td><td>〈18〉E-mail</td><td colspan="3"></td></tr>
<tr><td></td><td>〈19〉홈페이지주소</td><td></td><td>〈20〉FAX</td><td colspan="3"></td></tr>
<tr><td rowspan="6">신청현황</td><td rowspan="2">종업원수</td><td>〈21〉사무직</td><td>명</td><td rowspan="2">〈23〉자산총액</td><td rowspan="2">백만원</td><td rowspan="2">〈24〉자본금</td><td rowspan="2">백만원</td></tr>
<tr><td>〈22〉생산직</td><td>명</td></tr>
<tr><td rowspan="2">신청금액</td><td>〈25〉시설자금</td><td>백만원</td><td rowspan="2">소요금액</td><td>〈27〉시설자금</td><td colspan="2">백만원</td></tr>
<tr><td>〈26〉운전자금</td><td>백만원</td><td>〈28〉운전자금</td><td colspan="2">백만원</td></tr>
<tr><td colspan="2">〈29〉담보 또는 보증</td><td colspan="5">□ 신용 □ 부동산 □ 기타
□ 보증 [□ 신용보증기금 ( )지점
□기술신용보증기금 ( )지점]</td></tr>
<tr><td colspan="2">〈30〉희망대출기관</td><td colspan="5">□ 중소기업진흥공단 □ 은행 지점</td></tr>
<tr><td colspan="8">「자유무역협정 체결에 따른 무역조정 지원에 관한 법률」 제8조, 같은 법 시행령 제7조제2항 및 같은 법 시행규칙 제3조에 따라 위와 같이 융자 지원을 신청합니다.

년 월 일

신청인 (서명 또는 인)

중소기업진흥공단이사장 귀하</td></tr>
<tr><td colspan="6">신청인 제출서류</td><td colspan="2" rowspan="2">수수료
없 음</td></tr>
<tr><td colspan="6">1. 조직·인사·재무현황 등 기업현황에 관한 자료 1부
2. 최근 3년 간의 재무제표(「공인회계사법」 제7조에 따라 등록한 공인회계사, 같은 법 제24조에 따라 등록한 회계법인 또는 「세무사법」 제6조에 따라 등록한 세무사가 확인한 것을 말합니다) 1부
3. 융자금의 사용계획서 1부</td></tr>
</table>

210㎜×297㎜(일반용지 60g/㎡(재활용품))

(뒤 쪽)

◀ 기재요령 ▶

1. ①란부터 ③란까지는 기재하지 아니합니다.
2. ⑫란은 법인인 경우에는 법인등기부 등본상의 법인 설립일을, 개인사업자인 경우에는 사업자등록증상의 개업 연월일을, 개인사업자가 법인으로 전환한 경우에는 사업자등록증상의 개업 연월일을 기재합니다.
3. ⑬란은 사업자등록증상의 종목을 기재합니다.
4. ⑭란은 한국표준산업분류표(통계청 고시 제2007-53호)의 세세분류 5자리를 기재합니다.
5. 〈21〉과 〈22〉란은 최근 3개월 간 매월 말일 현재의 상시근로자(일용근로자와 3월 이내의 기간을 정하여 근로하는 자를 제외합니다)의 수를 합하여 3으로 나눈 값을 기재합니다.

이 신청서는 아래와 같이 처리됩니다.

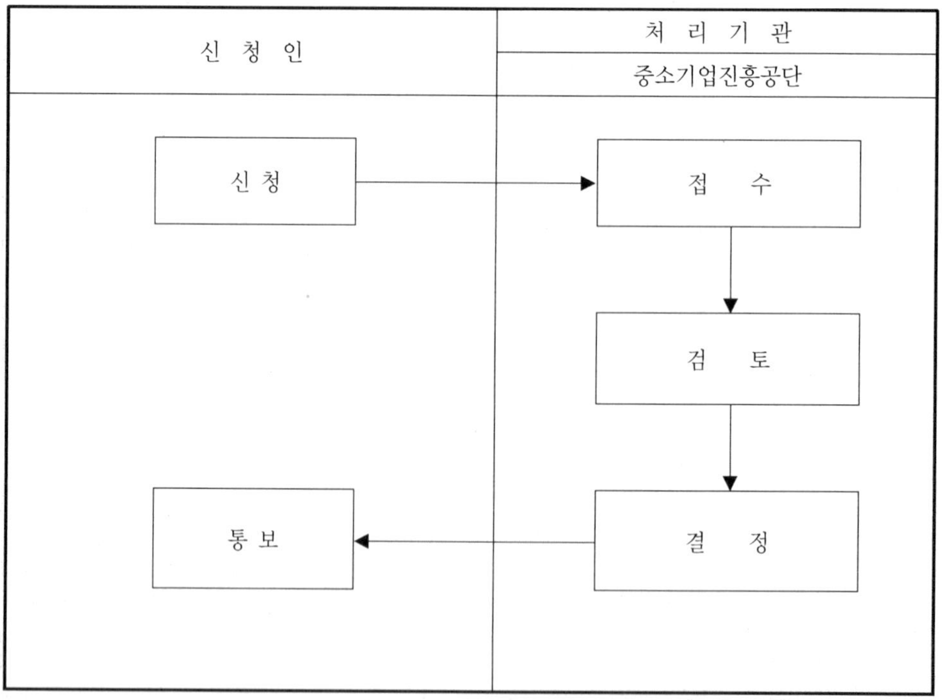

210㎜×297㎜(일반용지 60g/㎡(재활용품))

(3) 융자결정

산업통상자원부장관은 신청을 받은 경우에는 자금소요계획의 적정성, 기존의 융자자금 규모 및 상환 능력 등을 고려하여 융자여부를 결정한다.

(4) 지원기준 및 절차

융자 지원의 기준, 방법 및 절차 등에 관하여 필요한 세부 사항은 산업통상자원부장관이 정하여 고시한다.

4. 무역조정계획의 이행에 필요한 상담 지원

산업통상자원부장관은 무역조정지원 기업이 해당 기업의 사업전환 등 무역조정계획을 이행하는 데에 필요한 경영·회계·법률·기술 및 생산 등의 상담에 관한 지원을 할 수 있다.

무역조정지원 기업으로 지정받은 자가 상담 지원을 받으려는 경우에는 무역조정지원 기업으로 지정받은 후 3년 이내에 다음 상담지원신청서를 산업통상자원부장관에게 제출하여야 한다. 상담 지원의 방법 및 절차 등에 관하여 필요한 세부사항은 산업통상자원부장관이 정하여 고시한다.

[별지 제5호서식] (앞 쪽)

<table>
<tr><td colspan="5" rowspan="2">상담지원신청서</td><td colspan="2">처리기간</td></tr>
<tr><td colspan="2">60일</td></tr>
<tr><td colspan="2">①정리번호</td><td></td><td>②관리번호</td><td></td><td>③접수번호</td><td></td></tr>
<tr><td rowspan="11">신청인</td><td rowspan="2">상호(명 칭)</td><td>④한글</td><td></td><td colspan="2" rowspan="2">⑥법인등록번호</td><td rowspan="2"></td></tr>
<tr><td>⑤영문</td><td></td></tr>
<tr><td rowspan="2">성명(대표자)</td><td>⑦한글</td><td></td><td colspan="2" rowspan="2">⑨주민등록번호</td><td rowspan="2"></td></tr>
<tr><td>⑧영문</td><td></td></tr>
<tr><td colspan="2">⑩사업자등록번호</td><td></td><td colspan="2">⑪공장등록번호</td><td></td></tr>
<tr><td colspan="2" rowspan="2">⑫설립 연월일</td><td rowspan="2"></td><td rowspan="2">업종</td><td>⑬업종명</td><td></td></tr>
<tr><td>⑭업종코드</td><td></td></tr>
<tr><td rowspan="2">소 재 지</td><td>⑮본사</td><td colspan="4"></td></tr>
<tr><td>〈16〉사업장</td><td colspan="4"></td></tr>
<tr><td rowspan="2">연 락 처</td><td>〈17〉전화번호</td><td></td><td colspan="2">〈18〉E-mail</td><td></td></tr>
<tr><td>〈19〉홈페이지주소</td><td></td><td colspan="2">〈20〉FAX</td><td></td></tr>
<tr><td rowspan="4">신청현황</td><td rowspan="2">종업원수</td><td>〈21〉사무직</td><td>명</td><td colspan="2" rowspan="2">〈23〉주생산품목</td><td rowspan="2"></td></tr>
<tr><td>〈22〉생산직</td><td>명</td></tr>
<tr><td colspan="2">〈24〉상담지원 희망분야</td><td colspan="4"></td></tr>
<tr><td colspan="2">〈25〉상담지원 희망전문가</td><td colspan="4"></td></tr>
</table>

「자유무역협정 체결에 따른 무역조정 지원에 관한 법률」 제9조 및 제9조의2, 같은 법 시행령 제8조제1항, 같은 법 시행규칙 제4조에 따라 위와 같이 상담 지원을 신청합니다.

년 월 일

신청인 (서명 또는 인)

중소기업진흥공단이사장 귀하

수수료
없 음

210㎜×297㎜(일반용지 60g/㎡(재활용품))

(뒤 쪽)

◀ 기재요령 ▶

1. ①란부터 ③란까지는 기재하지 아니합니다.
2. ⑫란은 법인인 경우에는 법인등기부 등본상의 법인 설립일을, 개인사업자인 경우에는 사업자등록증상의 개업 연월일을, 개인사업자가 법인으로 전환한 경우에는 사업자등록증상의 개업 연월일을 기재합니다.
3. ⑬란은 사업자등록증상의 종목을 기재합니다.
4. ⑭란은 한국표준산업분류표(통계청 고시 제2007-53호)의 세세분류 5자리를 기재합니다.
5. 〈21〉과 〈22〉란은 최근 3개월 간 매월 말일 현재의 상시근로자(일용근로자와 3월 이내의 기간을 정하여 근로하는 자를 제외합니다)의 수를 합하여 3으로 나눈 값을 기재합니다.
6. 〈24〉란은 신청인이 희망하는 상담지원 분야를 자세하게 기재합니다.
7. 〈25〉란은 신청인이 희망하는 상담지원 전문가가 있는 경우에만 기재합니다.

이 신청서는 아래와 같이 처리됩니다.

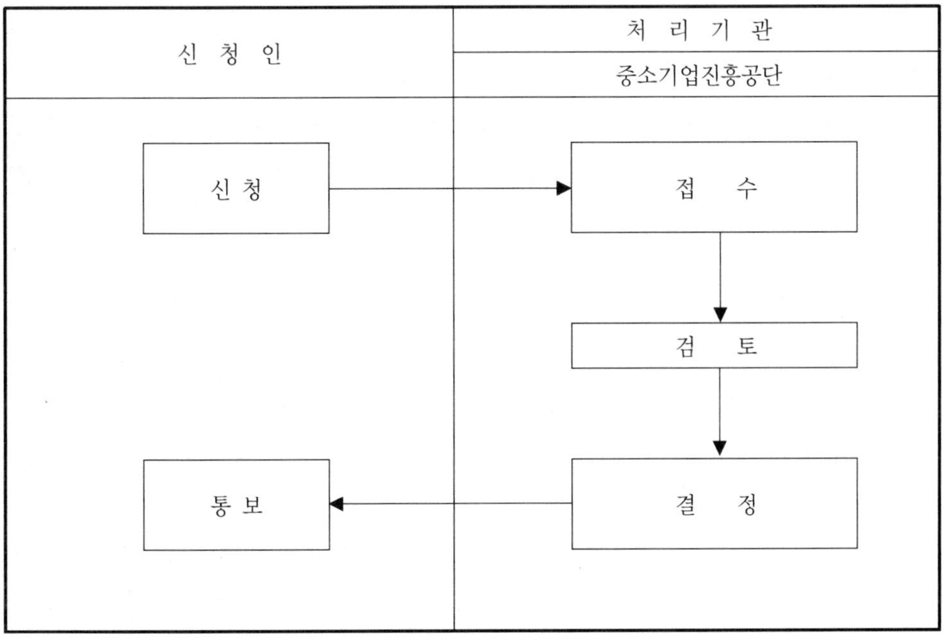

210㎜×297㎜(일반용지 60g/㎡(재활용품))

5. 지정취소 및 지원 중단

산업통상자원부장관은 무역조정지원 기업이 다음 어느 하나에 해당하면 지정을 취소하거나 지원을 중단할 수 있다. 다만, ①이나 ②에 해당하는 경우에는 지정을 취소하여야 한다.

① 거짓이나 그 밖의 부정한 방법으로 무역조정지원 기업으로 지정을 받은 경우
② 지정 요건에 적합하지 아니하게 된 경우
③ 무역조정지원 기업으로 지정받은 후 6월내에 무역조정계획을 실행하지 아니하는 경우
④ 3월 이상 영업을 하지 아니하는 경우
⑤ 정당한 사유 없이 보고서를 제출하지 아니하거나 보고를 이행하지 아니하는 경우

6. 기업구조조정조합에의 출자

(1) 출자

정부는 「산업발전법」에 따라 등록된 기업구조조정조합 및 기업구조개선 사모투자전문회사가 무역조정지원 기업에 투자하려는 경우에는 기업구조조정조합 및 기업구조개선 사모투자전문회사 출자금의 100분의 50 이내에서 다음 비율의 자금을 출자할 수 있다.

- 기업구조조정조합 및 기업구조개선 사모투자전문회사의 출자금 중 무역조정지원기업에 대한 투자비율이 100분의 50 이상인 경우 : 출자금의 100분의 50 이내
- 투자비율이 100분의 30 이상 100분의 50 미만인 경우 : 출자금의 100분의 30 이내
- 투자비율이 100분의 30 미만인 경우 : 출자금의 100분의 10 이내

(2) 절차

「산업발전법」에 따라 등록된 기업구조조정전문회사가 기업구조조정조합에 대하여 정부의 출자를 받거나 「자본시장과 금융투자업에 관한 법률」에 따른 업무집행사원이 기업구조개선 사모투자전문회사에 대하여 정부의 출자를 받으려는 경우에는 해당 조합이 투자하려는 기업이 무역조정지원 기업으로 지정받은 후 5년 이내에 다음 출자지원신청서를 산업통상자원부장관에게 제출하여야 한다.

[별지 제6호서식] (앞 쪽)

<table>
<tr><td colspan="6" rowspan="2">출자지원신청서</td><td>처리기간</td></tr>
<tr><td>60일</td></tr>
<tr><td colspan="2">①정리번호</td><td colspan="1"></td><td>②관리번호</td><td></td><td>③접수번호</td><td></td></tr>
<tr><td rowspan="10">신청인</td><td rowspan="2">상호(명 칭)</td><td>④한글</td><td></td><td colspan="2" rowspan="2">⑥법인등록번호</td><td rowspan="2"></td></tr>
<tr><td>⑤영문</td><td></td></tr>
<tr><td rowspan="2">성명(대표자)</td><td>⑦한글</td><td></td><td colspan="2" rowspan="2">⑨주민등록번호</td><td rowspan="2"></td></tr>
<tr><td>⑧영문</td><td></td></tr>
<tr><td colspan="2">⑩기업구조조정
전문회사 등록일</td><td></td><td colspan="2">⑪기업구조조정
전문회사 등록번호</td><td></td></tr>
<tr><td colspan="2">⑫납입자본금</td><td></td><td colspan="2">⑬구조조정전문인력수</td><td></td></tr>
<tr><td colspan="2">⑭소 재 지</td><td colspan="4"></td></tr>
<tr><td rowspan="2">연 락 처</td><td>⑮전화번호</td><td></td><td colspan="2">〈16〉E-mail</td><td></td></tr>
<tr><td>〈17〉홈페이지주소</td><td></td><td colspan="2">〈18〉FAX</td><td></td></tr>
<tr><td rowspan="4">신청현황</td><td colspan="2">〈19〉기업구조조정조합
(예정)명칭</td><td colspan="4"></td></tr>
<tr><td colspan="2">〈20〉기업구조조정조합
(예정)결성일</td><td></td><td colspan="2">〈21〉기업구조조정조합
(예정)존속기간</td><td></td></tr>
<tr><td colspan="2">〈22〉기업구조조정조합
(예정)출자금규모</td><td colspan="4"></td></tr>
<tr><td colspan="2">〈23〉출자신청액</td><td colspan="4"></td></tr>
<tr><td colspan="7">「자유무역협정 체결에 따른 무역조정 지원에 관한 법률」 제10조, 같은 법 시행령 제9조제2항 및 같은 법 시행규칙 제5조에 따라 위와 같이 출자 지원을 신청합니다.

년 월 일
신청인 (서명 또는 인)

중소기업진흥공단이사장 귀하</td></tr>
<tr><td colspan="6">신청인 제출서류</td><td rowspan="2">수수료
없 음</td></tr>
<tr><td colspan="6">1. 조직·인사·재무현황 등 회사현황에 관한 자료 1부
2. 신청인이 결성하려는 기업구조조정조합의 구성 및 운영에 관한 자료 1부
3. 무역조정지원기업에 대한 투자계획서 1부</td></tr>
<tr><td colspan="7">비 고 : ①란부터 ③란까지는 기재하지 아니합니다.</td></tr>
</table>

210㎜×297㎜(일반용지 60g/㎡(재활용품))

이 신청서는 아래와 같이 처리됩니다. (뒤 쪽)

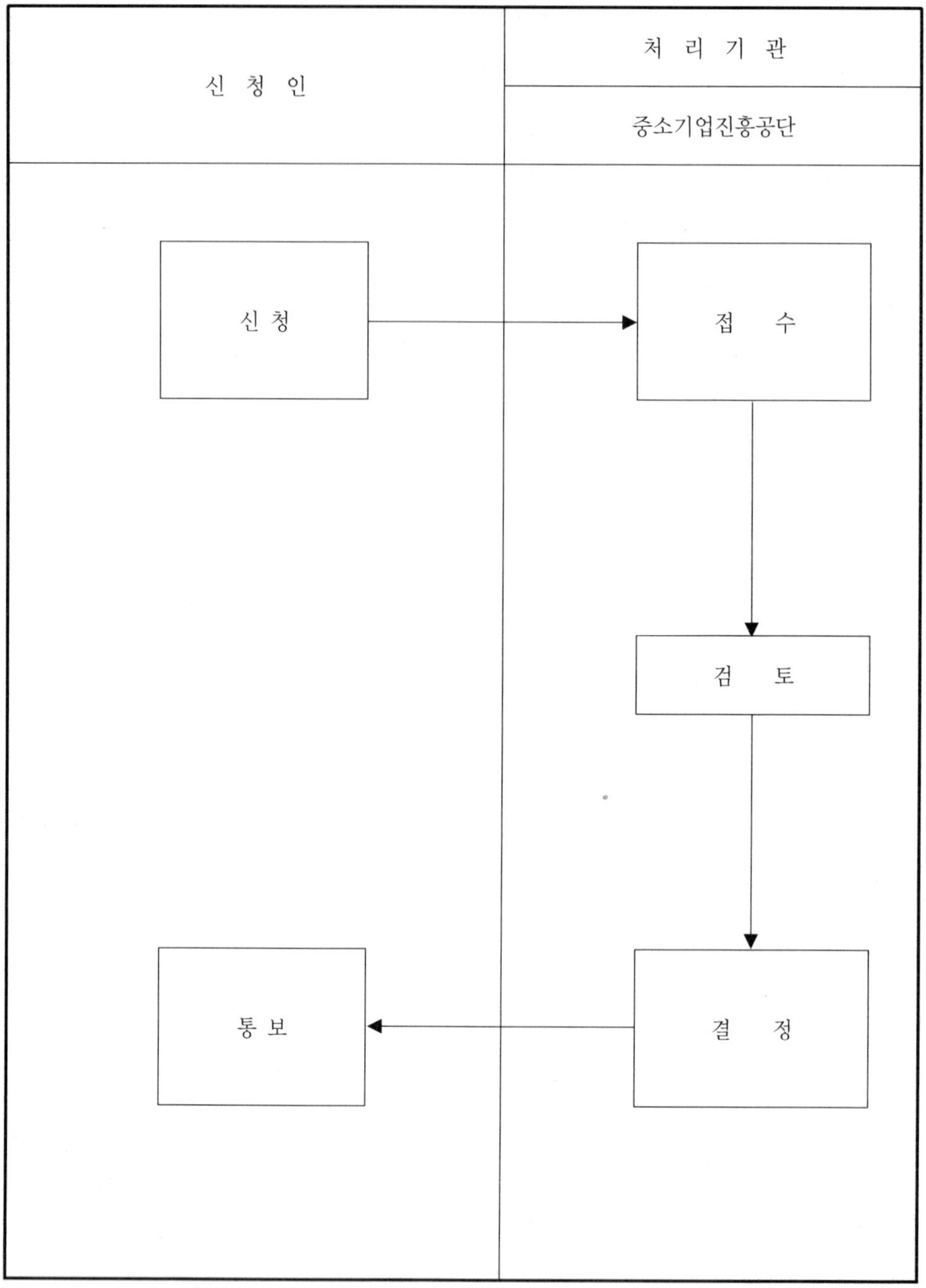

210㎜×297㎜(일반용지 60g/㎡(재활용품))

산업통상자원부장관은 신청을 받은 경우에는 투자계획 등에 대한 타당성을 검토한 후, 출자 여부를 결정하여 그 결과를 신청인에게 서면으로 알려야 한다. 출자를 받은 기업구조조정조합의 출자자 중 「산업발전법」에 따른 업무집행조합원 및 기업구조개선 사모투자전문회사의 업무집행사원은 해당 조합의 매 회계연도 결산서를 매 회계연도 종료 후 3월 이내에 공인회계사가 작성한 감사의견서를 첨부하여 산업통상자원부장관에게 제출하여야 한다. 그 외에 출자의 방법 및 절차 등에 관하여 필요한 세부사항은 산업통상자원부장관이 정하여 고시한다.

7. 무역조정지원센터의 설치

(1) 설치

산업통상자원부장관은 무역조정의 지원과 관련된 다음 업무를 종합적으로 수행하기 위하여 「중소기업진흥에 관한 법률」에 따른 중소기업진흥공단에 무역조정지원센터를 둔다.

- 무역조정의 지원과 관련된 상담, 안내, 홍보 및 조사
- 무역피해를 입은 기업이 무역조정지원 기업의 지정을 신청하기 위하여 필요한 서류의 작성에 대한 지원 및 신청의 대행
- 그 밖에 무역조정지원 기업에 대한 지원업무

(2) 무역조정지원센터의 구성 및 운영

산업통상자원부장관은 무역조정지원 기업에 대한 지원업무를 효율적으로 추진하기 위하여 무역조정지원센터(지원센터)에 센터장과 중소기업진흥공단 소속 임직원을 중심으로 구성하는 무역조정지원전담팀 및 파견자를 중심으로 구성하는 종합상담실을 둘 수 있다.

(3) 파견요청

산업통상자원부장관은 무역조정지원 기업에 대한 지원업무를 수행하기 위하여 필요한 경우에는 무역조정의 지원과 관련된 법인 또는 단체에 대하여 그 소속 기관의 임직원을 지원센터에 파견 근무하도록 요청할 수 있다.

(4) 보고

지원센터의 장은 매년 2월 말까지 전년도의 무역조정지원 업무추진실적

및 해당 연도의 무역조정지원 업무추진계획을 작성하여 산업통상자원부장관에게 보고하고, 매 분기 종료 후 1월 이내에 분기별 업무추진 실적을 산업통상자원부장관에게 보고하여야 한다.

(5) 지원

산업통상자원부장관은 무역조정지원 기업에 대한 지원 업무를 효율적으로 수행하는 데 필요한 경비를 지원센터에 지원할 수 있다.

(6) 기타

그 외에 지원센터의 구성 및 운영에 관하여 필요한 사항은 지원센터의 장이 지원위원회의 심의를 거쳐 정한다.

Ⅲ. 무역조정지원과 근로자

1. 무역조정지원근로자의 지정

(1) 지원신청

무역피해를 입은 무역조정 지원 대상 업종을 경영하는 기업의 다음 근로자 대표나 사업주는 요건을 갖춘 근로자를 무역조정의 지원을 받는 근로자(무역조정지원근로자)로 지정하여 줄 것을 고용노동부장관에게 신청할 수 있다.

① 근로자의 과반수로 조직된 노동조합이 있는 경우에는 그 노동조합의 대표자
② 근로자의 과반수로 조직된 노동조합이 없는 경우에는 해당 기업 근로자의 과반수를 대표하는 자
③ 폐업한 기업의 경우에는 폐업 이전에 ① 또는 ②에 해당하는 자
④ 폐업한 기업의 경우로서 폐업 이전에 ① 또는 ②에 해당하는 자가 없는 경우에는 고용노동부장관이 정하여 고시하는 기준에 적합한 자

(2) 요건

고용노동부장관은 근로자가 다음 요건에 모두 해당하는 경우에는 직권으로 또는 신청에 따라 그를 무역조정지원근로자로 지정할 수 있다.

① 실직하거나 실직할 가능성이 높은 경우「근로기준법」에 따른 해고의 예고를 통지받거나 그 밖에 이에 준하는 방식으로 해고의 예고의 통지를 받은 경우를 말한다) 또는 근로시간이 월 이상의 기간 동안 주당 평균 근로시간이「근로기준법」에 따른 소정근로시간 미만이고, 그 직전 6월의 주당 평균 근로시간에 비하여 100분의 30 이상 단축되거나 단축될 가능성이 높은 경우(근로시간 단축이 포함된「노동조합 및 노동관계조정법」에 따른 단체협약 또는「근로기준법」에 따른 근로계약이 체결되거나「근로기준법」에 따른 취업규칙, 그 밖에 이에 준하는 방식에 의하여 근로시간의 단축이 예정된 경우를 말한다)
② 다음 어느 하나에 해당되는 기업의 소속 근로자(실직 중인 자를 포함한다)인 경우

㉠ 무역조정지원 기업

㉡ 무역조정지원 기업에 납품을 하는 기업(무역조정지원 기업이 생산하는 상품의 제조를 위하여 공급한 원료 또는 중간재 또는 무역조정지원 기업이 생산하는 상품에 대하여 행하여지는 조립, 포장 등의 추가적·부가가치적 업무에 해당하는 매출액 또는 생산량이 해당 기업의 전체 매출액 또는 생산량 중 100분의 20 이상을 차지하는 기업을 말한다).

㉢ 자유무역협정의 체결에 따른 수입상품의 증가로 인하여 해당 수입상품과 같은 종류이거나 직접적으로 경쟁하는 상품의 제조시설을 해외로 이전한 기업

㉣ 무역조정 지원기업(법제6조 제2항 제1호 및 제2호)의 요건에 모두 해당함에도 불구하고 무역조정지원 기업의 지정신청을 하지 아니하거나 제출한 무역조정계획이 적합하지 아니하여 무역조정 지원기업으로 지정되지 아니한 기업

(3) 지정 절차

해당 근로자를 무역조정지원근로자로 지정하여 줄 것을 신청하는 자는 해당 근로자가 나의 ② ㉠에 해당하는 경우에는 그 근로자가 소속된 기업이 무역조정지원 기업으로 지정받은 날부터 2년 이내에, 나의 ② ㉡ 내지 ㉣에 해당하는 경우에는 나의 ①에 해당하는 날부터 2년 이내에 공동부령으로 정하는 바에 따라 무역조정지원근로자지정신청서를 고용노동부장관에게 제출하여야 한다.

[별지 제7호서식] (앞 쪽)

<table>
<tr><td colspan="6">무역조정지원근로자지정신청서</td><td>처리기간
30일</td></tr>
<tr><td colspan="2">①관리번호</td><td colspan="5"></td></tr>
<tr><td rowspan="4">신청인</td><td>②자 격</td><td colspan="5">□ 근로자 대표 □ 사업주</td></tr>
<tr><td>③성 명</td><td colspan="3"></td><td>④주민등록번호</td><td></td></tr>
<tr><td>⑤주 소</td><td colspan="5"></td></tr>
<tr><td>⑥전화번호</td><td colspan="5">(H.P :)</td></tr>
<tr><td rowspan="7">기업개요</td><td>⑦상호(명 칭)</td><td colspan="3"></td><td>⑧사업장관리번호</td><td></td></tr>
<tr><td>⑨사업자등록번호</td><td colspan="3"></td><td>⑩설립 연월일</td><td></td></tr>
<tr><td>⑪소재지</td><td colspan="5"></td></tr>
<tr><td>연 락 처</td><td>⑫전화번호</td><td colspan="2"></td><td>⑬FAX</td><td></td></tr>
<tr><td>⑭성명(대표자)</td><td colspan="3"></td><td>⑮근로자수</td><td></td></tr>
<tr><td rowspan="2">업 종</td><td>〈16〉업종명</td><td colspan="2"></td><td rowspan="2">〈18〉주생산품목</td><td rowspan="2"></td></tr>
<tr><td>〈17〉업종코드</td><td colspan="2"></td></tr>
<tr><td colspan="2">〈19〉기업피해유형</td><td colspan="5">□ 무역조정지원기업
□ 무역조정지원기업에 납품을 하는 기업
□ 상품의 제조시설을 해외로 이전한 기업
□ 무역조정지원기업의 지정신청을 하지 아니하거나 무역조정지원기업으로 지정되지 아니한 기업</td></tr>
<tr><td rowspan="5">신청내용</td><td>〈20〉성명</td><td>〈21〉주민등록번호</td><td>〈22〉직종코드</td><td>〈23〉근무기간</td><td colspan="2">〈24〉피해유형
(1.실직, 2.실직예정, 3.근로시간 단축, 4.근로시간단축예정)</td></tr>
<tr><td></td><td></td><td></td><td></td><td colspan="2">1. 2. 3. 4</td></tr>
<tr><td></td><td></td><td></td><td></td><td colspan="2">1. 2. 3. 4</td></tr>
<tr><td></td><td></td><td></td><td></td><td colspan="2">1. 2. 3. 4</td></tr>
<tr><td></td><td></td><td></td><td></td><td colspan="2">1. 2. 3. 4</td></tr>
<tr><td colspan="7">「자유무역협정 체결에 따른 무역조정 지원에 관한 법률」 제11조제1항, 같은 법 시행령 제11조제1항 및 같은 법 시행규칙 제6조제1항·제2항에 따라 무역조정지원근로자지정을 위와 같이 신청합니다.
년 월 일
신청인 (서명 또는 인)
○○지방노동청(○○○○지청)장 귀하</td></tr>
<tr><td rowspan="2">첨부서류</td><td colspan="4">신청인 제출서류</td><td>담당자 확인사항
(담당 공무원의 확인에 동의하지 아니하는 경우 신청인이 직접 제출하여야 하는 서류)</td><td rowspan="2">수수료
없 음</td></tr>
<tr><td colspan="4">1. 법 제11조제2항제1호에 해당하는 사실을 입증하는 서류 1부
2. 다음 각 목의 구분에 따른 서류 각 1부
가. 무역조정지원기업 : 무역조정지원기업지정통지서
나. 법 제11조제2항제2호나목 및 다목의 기업 : 법 제11조제2항제2호나목 또는 다목에 해당하는 사실을 입증하는 서류
다. 법 제11조제2항제2호라목의 기업 : 법 제6조제2항제1호 및 제2호에 모두 해당하는 사실을 입증하는 서류</td><td>1. 법인 등기사항증명서(1부)(법인이 아닌 경우에는 대표자의 주민등록표 등본을 말합니다)
2. 사업자등록증(1부)(신청인이 확인에 동의하지 아니하는 경우에는 사업자등록증 사본을 제출하여야 합니다)</td></tr>
<tr><td colspan="7">본인은 이 건 업무처리와 관련하여 「전자정부법」 제36조제1항에 따른 행정정보의 공동이용을 통하여 담당자가 위의 담당자 확인사항을 확인하는 것에 동의합니다.
신청인 (서명 또는 인)</td></tr>
</table>

210㎜×297㎜(일반용지 60g/㎡(재활용품))

(뒤 쪽)

◀ 기재요령 ▶

1. ①란은 기재하지 아니합니다.
2. ⑩란은 법인인 경우에는 법인 등기사항증명서상의 법인 설립일을, 개인사업자인 경우에는 사업자등록증상의 개업 연월일을, 개인사업자가 법인으로 전환한 경우에는 사업자등록증상의 개업 연월일을 기재합니다.
3. 〈16〉란은 사업자등록증상의 종목을 기재합니다.
4. 〈17〉란은 한국표준산업분류표(통계청 고시 제2007-53호)의 세세분류 5자리를 기재합니다.
5. 〈20〉란부터 〈24〉란까지의 기재란이 부족한 경우에는 별지를 사용할 수 있습니다.
6. 〈22〉란은 부표[한국고용직업분류 중 소분류(119개) 직종현황]를 참고하여 기재합니다.
7. 〈24〉란은 해당하는 피해유형의 번호에 표시를 합니다.

이 신청서는 아래와 같이 처리됩니다.

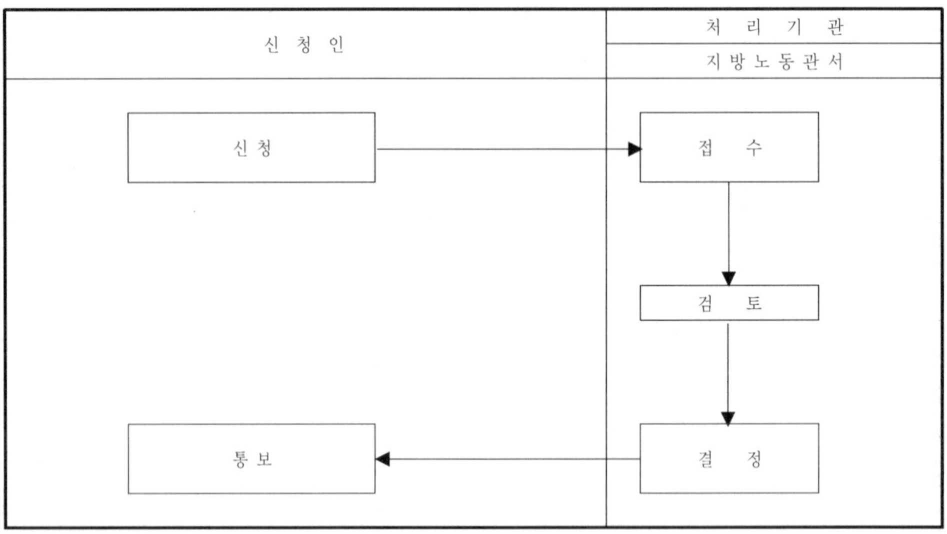

※ 표시란은 기입하지 아니합니다.

※ 처리내용									
※ 결재	담당		팀장		과장		청 (지청)장		결재연월일 . . .

210㎜×297㎜ (일반용지 60g/㎡(재활용품))

고용노동부장관은 신청서를 제출한 자에게 접수일부터 1월 이내에 무역조정지원근로자의 지정 여부를 서면으로 알려야 한다. 신청을 받은 지방노동관서의 장은 무역조정지원근로자의 지정 여부를 결정하면 다음 무역조정지원근로자지정(부지정)통지서를 신청인에게 내주어야 한다.

[별지 제8호서식]

무역조정지원근로자	□ 지정 □ 부지정	통지서

①지 정 번 호		제 호
신청인	②성 명	
	③생 년 월 일	
	④주 소	
기업	⑤상호(명 칭)	
	⑥사업자등록번호	
	⑦소 재 지	
⑧지정 또는 부지정 사유		

⑨지 정 인 원		⑩신 청 일		
일련번호	무역조정지원근로자		⑬근무기간	⑭피해유형 (1. 실직, 2. 실직 예정, 3. 근로시간 단축, 4. 근로시간 단축 예정)
	⑪성 명	⑫생년월일		
1				
2				
3				
4				
5				
6				
7				
8				
9				
10				

「자유무역협정 체결에 따른 무역조정 지원에 관한 법률」 제11조, 같은 법 시행령 제11조 제2항 및 같은 법 시행규칙 제6조제3항에 따라 위와 같이 통지합니다.

년 월 일

○○지방노동청(○○○○지청)장 (인)

210㎜×297㎜ (일반용지 60g/㎡(재활용품))

(4) 지정취소

고용노동부장관은 무역조정지원근로자가 거짓이나 그 밖의 부정한 방법으로 무역조정지원근로자로 지정을 받은 경우나 지정 요건에 적합하지 아니하게 된 경우에는 지정을 취소하여야 한다.

2. 전직 등에 필요한 정보제공 등

(1) 정보제공

고용노동부장관은 무역조정지원근로자에게 전직이나 재취업에 필요한 산업동향·인력수요·직업교육·창업 등에 관한 정보를 제공하여야 하며, 무역조정지원근로자가 전직이나 재취업에 필요한 상담을 받을 수 있도록 하여야 한다.

(2) 시책마련

고용노동부장관은 정보제공과 상담에 필요한 시책을 마련하여야 한다.

(3) 자료제출 요청

고용노동부장관은 관계행정기관 등의 장에게 전직이나 재취업 관련 자료의 제출을 요청할 수 있다.

(4) 전직 등에 대한 지원시책

고용노동부장관은 「고용정책기본법」 또는 「고용보험법」에 따른 각종 지원시책을 활용하여 무역조정지원근로자가 신속하게 전직하거나 재취업을 하도록 지원할 수 있다.

(5) 비용지원

고용노동부장관은 무역조정지원근로자의 신속한 전직이나 재취업과 관련된 사업을 시행하는 자에게 예산의 범위에서 필요한 비용을 지원할 수 있다.

(6) 1인 사업주 지원에 관한 특례

고용노동부장관은 무역피해로 인하여 폐업한 1인 사업주(「부가가치세법」에 따른 사업자로서 1인이 상시근로자 없이 무역조정지원 대상 업종을 영위하는 자를 말한다)에 대하여 지원을 할 수 있다.

Ⅳ. 보칙

1. 지원금의 환수

산업통상자원부장관과 고용노동부장관은 거짓이나 그 밖의 부정한 방법으로 이 법에 따른 지원을 받은 자에게 이미 지원된 금액의 전부 또는 일부의 반환을 명할 수 있고, 이에 추가하여 대통령령으로 정하는 기준에 따라 그 거짓이나 그 밖의 부정한 방법으로 지원받은 금액에 상당하는 금액 이하의 금액을 징수할 수 있다.

산업통상자원부장관 및 고용노동부장관은 거짓 그 밖의 부정한 방법으로 법에 따른 지원을 받은 자에 대하여 거짓 또는 부정한 방법에 의하여 지원받은 금액의 100분의 10 이하의 금액을 추가로 징수한다. 반환 또는 징수의 절차 및 추가징수금의 부과 기준에 관한 세부사항은 산업통상자원부장관 및 고용노동부장관이 각각 정하여 고시한다.

반환 또는 추가징수의 명령을 받은 자가 정하여진 기간에 그 반환금이나 추가징수금을 내지 아니하면 국세 체납처분의 예에 따라 징수한다.

2. 보고

(1) 보고서 제출

무역조정지원 기업은 무역조정지원 기업으로 지정을 받은 날부터 1년이 지난 후부터 3개월 이내에 산업통상자원부장관에게 무역조정계획의 착수보고서를 제출하여야 하고, 무역조정계획의 이행기간이 끝난 후 3개월 이내에 무역조정계획의 완료보고서를 제출하여야 한다.

무역조정지원 기업으로 지정받은 자는 무역조정계획의 이행기간 동안 무역조정계획 이행상황에 관한 보고서를 매 회계연도 종료 후 3월 이내에 산업통상자원부장관에게 제출하여야 한다.

(2) 부역조정지원 관련 보고

산업통상자원부장관은 무역조정지원에 관한 시책을 수행하기 위하여 필요하면 무역조정지원 기업 및 기업구조조정조합 및 기업구조개선 사모투자전문회사에 다음 사항을 보고하게 할 수 있다.

- 무역조정지원 기업의 무역조정계획 이행상황
- 기업구조조정조합 및 기업구조개선 사모투자전문회사의 투자이행 및 성과
- 그 밖에 무역조정지원시책을 수행하기 위하여 필요한 사항

(3) 고용관련 보고

고용노동부장관은 지원을 받아 무역조정지원근로자의 신속한 전직 또는 재취업과 관련된 사업을 시행하는 자에게 무역조정지원근로자의 신속한 전직 또는 재취업과 관련된 사업의 이행상황, 그 밖에 무역조정지원근로자 지원시책을 수행하기 위하여 필요한 사항을 보고하게 할 수 있다.

3. 출입 · 검사

산업통상자원부장관은 무역조정계획의 이행상황을 확인하기 위하여 필요하면 소속 공무원으로 하여금 무역조정지원기업의 사무소, 영업소, 사업장, 공장, 창고, 그 밖에 필요한 장소에 출입하여 무역조정에 관한 서류, 장부, 그 밖의 물건을 검사하게 하거나 관계인에게 질문을 하게 할 수 있다. 고용노동부장관은 필요한 경우에는 소속 공무원으로 하여금 지원을 받은 자의 사무소에 출입하여 지원과 관련된 서류, 장부, 그 밖의 물건을 검사하게 하거나 관계인에게 질문을 하게 할 수 있다.

출입·검사 등을 할 때에는 검사일 7일 전까지 검사일시·검사이유 및 검사내용 등을 포함한 검사계획서를 검사대상자에게 알려야 한다. 다만, 사전 통지를 할 경우 그 목적을 달성할 수 없거나 긴급한 사정이 있다고 인정되는 경우에는 그러하지 아니하다. 출입·검사 또는 질문을 하는 공무원은 관계인에게 자신의 권한을 나타내는 증표를 내보이고 성명과 출입·검사·질문의 시간 및 목적 등이 적힌 문서를 내주어야 한다.

4. 청문

산업통상자원부장관이나 고용노동부장관은 무역조정지원 기업이나 무역조정지원근로자의 지정을 취소하려는 경우에는 청문을 하여야 한다.

5. 권한의 위임

산업통상자원부장관의 권한은 그 일부를 소속 기관의 장, 특별시장 · 광역

시장·도지사 또는 특별자치도지사에게 위임할 수 있다.

고용노동부장관의 권한은 그 일부를 지방고용노동관서의 장에게 위임할 수 있다. 고용노동부장관은 다음 사항에 관한 권한을 지방고용노동관서의 장에게 위임한다.

- 무역조정지원근로자의 지정
- 전직 등에 필요한 정보제공 및 상담
- 전직 또는 재취업에 대한 지원
- 지정 취소
- 지원을 받은 자에게 이미 지원된 금액의 전부 또는 일부의 반환을 명하거나 추가징수금의 부과
- 지원을 받아 무역조정지원근로자의 신속한 전직 또는 재취업과 관련된 사업을 시행하는 자에게 그 사업에 관한 사항을 보고 요구
- 출입·검사 및 질문
- 청문
- 과태료의 부과·징수

6. 업무의 위탁

산업통상자원부장관은 다음 사항에 관한 업무를 「중소기업진흥에 관한 법률」에 따른 중소기업진흥공단에 위탁한다.

- 무역조정에 필요한 경영·회계·법률·기술 및 생산 등의 상담에 관한 지원
- 무역조정지원기업의 지정 신청의 접수
- 무역조정계획의 적합성 여부에 관한 확인
- 무역조정지원기업의 지정 신청을 한 기업이 제출한 무역조정계획 중 근로자와 관련된 부분이 포함된 경우 고용노동부장관에 대한 통보
- 무역조정에 필요한 정보제공
- 무역조정지원기업에 대한 융자 지원
- 무역조정지원기업에 대한 상담 지원
- 반환금 및 추가징수금의 수납
- 무역조정계획의 착수보고서·완료보고서 및 보고사항의 접수
- 출자지원 신청의 접수
- 투자계획의 타당성 검토 및 결과 통보
- 회계연도 결산서의 접수

7. 과태료

(1) 부과

과태료 부과대상 위반행위와 과태료 금액은 다음과 같다.

위반행위	과태료 금액		
	1차 위반	2차 위반	3차 이상
가. 무역조정계획의 착수보고서 또는 완료보고서를 제출하지 않은 경우			
1) 지연기간이 1개월 미만인 경우	50		
2) 지연기간이 1개월 이상 6개월 미만인 경우	100		
3) 지연기간이 6개월 이상 12개월 미만인 경우	200		
4) 12개월 이상 보고를 하지 않은 경우	300		
나. 무역조정계획의 착수보고서 또는 완료보고서를 거짓으로 작성하여 제출한 경우	100	200	300
다. 보고하여야 하는 자가 보고를 하지 않거나 거짓으로 보고를 한 경우	100	200	300
라. 보고하여야 하는 자가 보고를 하지 않거나 허위의 보고를 한 경우	100	200	300
마. 검사를 거부・방해 또는 기피한 경우	100	200	300
바. 검사를 거부・방해 또는 기피한 경우	100	200	300

(2) 부과징수

과태료는 산업통상자원부장관 또는 고용노동부장관(지방고용노동관서의 장에게 위임)이 부과·징수한다.

제6장

자유무역협정 체결에 따른 농어업인 등의 지원에 관한 특별법

Ⅰ. 총칙

1. 목적 및 기본원칙

(1) 목적

「자유무역협정 체결에 따른 농어업인 등의 지원에 관한 특별법」은 자유무역협정을 이행할 때에 농어업 등의 경쟁력을 높이고 피해를 입거나 입을 우려가 있는 농어업인 등에 대한 효과적인 지원 대책을 마련함으로써 농어업인등의 경영 및 생활의 안정에 기여하는 것을 목적으로 한다.

(2) 농어업인 등 지원의 기본원칙

정부는 자유무역협정(협정)의 이행으로 발생하는 농어업인 등의 피해를 최소화하기 위하여 농어업 등의 경쟁력을 높이고 원활한 구조조정과 경영안정을 도모하는 등 「세계무역기구 설립을 위한 마라케쉬협정」이 허용하는 범위에서 필요한 조치를 하여야 한다.

2. 농어업인 지원 종합대책의 수립

(1) 종합대책 수립 의무

정부는 협정의 이행으로 피해를 입거나 입을 우려가 있는 농어업인등을 효과적으로 지원하기 위하여 자유무역협정 이행에 따른 농어업인 등 지원에 관한 종합대책(농어업인 지원 종합대책)을 수립하여야 한다.

(2) 포함 내용

농어업인 지원 종합대책에는 다음 사항이 포함되어야 한다.

- 농어업인 등의 피해에 대한 보전 대책
- 농어업인 등의 지원을 위한 관련 제도의 개선 방안
- 그 밖에 농어업인 지원 종합대책을 추진하기 위하여 필요한 사항

(3) 심의 및 보고

정부는 농어업인 지원 종합대책을 수립하거나 변경하는 경우에는 자유무역협정 이행에 따른 농어업인 등 지원위원회의 심의를 거쳐 국회 소관 상임위원회에 보고하여야 한다.

(4) 영향 조사 · 분석

정부는 농어업인 지원 종합대책을 수립할 때에는 협정의 이행이 농어업 생산감소 및 농어가 소득감소 등 농어업 분야에 미치는 영향을 미리 조사·분석하여 그 결과를 충분히 반영하여야 한다. 농림축산식품부장관 또는 해양수산부장관은 조사·분석을 관련 전문기관에 의뢰하여 실시할 수 있다.

(5) 대책 수립 및 변경의 절차

1) 수립

농림축산식품부장관 또는 해양수산부장관은 협정이 체결되는 경우 6개월 이내에 「자유무역협정 체결에 따른 농어업인 등의 지원에 관한 특별법」에 따른 조사·분석을 실시하고, 자유무역협정 이행에 따른 농어업인등 지원위원회(위원회)의 심의를 거쳐 협정 관련 기존의 대책, 조사·분석의 결과, 농어업인 등에 대한 지원의 효과성 등을 감안하여 농어업인 지원 종합대책을 수립하여야 한다.

2) 변경

농림축산식품부장관 또는 해양수산부장관은 농어업인 지원 종합대책 수립 후 협정의 비준 지연 등 여건의 변화가 있어 필요한 경우에는 협정의 이행이 농어업분야에 미치는 영향을 다시 분석하고 위원회의 심의를 거쳐 농어업인 지원 종합대책을 변경할 수 있다.

3) 의견수렴

농림축산식품부장관 또는 해양수산부장관은 농어업인 지원 종합대책을 수립하거나 변경할 때에 이해관계인 및 관련 전문가로부터 수립 또는 변경의 타당성에 관한 의견 등을 들을 수 있다.

(6) 농어업인등지원위원회

1) 설치

협정의 이행으로 인한 농어업 등의 경쟁력을 높이고 피해를 최소화하는 데에 필요한 사항 등을 심의하기 위하여 농림축산식품부장관 또는 해양수산부장관 소속으로 각각 자유무역협정 이행에 따른 농업인등지원위원회(농업인등지원위원회)와 자유무역협정 이행에 따른 어업인등지원위원회(어업인등지원위원회)를 둔다.

2) 농어업인등지원위원회의 조직 및 임기

농업인등지원위원회와 어업인등지원위원회의 위원장은 각각 농림축산식품부장관과 해양수산부장관으로 한다.

농업인등지원위원회와 어업인등지원위원회는 각각 위원장 1명을 포함하여 기획재정부차관, 산업통상자원부차관, 관련 분야에 관하여 학식과 경험이 풍부한 사람으로서 국회 소관 상임위원회에서 추천하여 위원장이 위촉한 사람과 다음에 해당하는 사람 등 20명 이내의 위원으로 구성한다.

- 농업인 등 지원위원회: 농림축산식품부차관, 농림축산식품부장관이 위촉하는 농업인단체 및 소비자단체의 대표, 감정평가사, 학계전문가, 관련 분야에 관하여 학식과 경험이 풍부한 사람
- 어업인등 지원위원회: 해양수산부차관, 해양수산부장관이 위촉하는 어업인단체 및 소비자단체의 대표, 감정평가사, 학계전문가, 관련 분야에 관하여 학식과 경험이 풍부한 사람

공무원이 아닌 위원의 임기는 2년으로 하되, 농어업인단체 및 소비자단체의 대표인 위원은 제외한 위원은 한 번만 연임할 수 있다. 다만, 위원의 위촉 해제 등으로 새로 위촉되는 보궐위원의 임기는 전임자 임기의 남은 기간으로 한다.

3) 회의

위원회의 회의는 재적위원 과반수의 출석으로 개의(改議)하고, 출석위원 과반수의 찬성으로 의결한다.

4) 간사

위원회의 사무를 처리하기 위하여 위원회에 간사 1명을 두며, 간사는 농림축산식품부장관 또는 해양수산부장관이 그 소속 공무원 중에서 지명한다.

5) 운영

위원장은 이해관계인 등에게 위원회에 출석하여 의견을 진술하거나 청취할 수 있는 기회를 줄 수 있다. 기타 위원회의 운영에 필요한 사항은 위원회의 의결을 거쳐 위원장이 정한다.

6) 심의사항

농업인등지원위원회와 어업인등지원위원회는 다음 사항 중 각각 농업 등에 관련된 사항과 어업 등에 관련된 사항을 심의한다.

- 농어업인 등의 지원에 대한 기본방침
- 농어업인지원 종합대책
- 농어업인 등의 지원을 위한 재원마련대책
- 농어업 등 분야 협정 이행 상황의 점검에 관한 사항
- 농어업 등의 경쟁력 향상 지원에 관한 사항
- 농어업인 등의 피해보전에 관한 사항
- 농어업인 등의 폐업 지원에 관한 사항
- 생산자단체에 대한 지원에 관한 사항
- 농산물 또는 수산물 가공업의 지원에 관한 사항

7) 위원의 제척 · 회피

위원이 해당 심의 대상 안건에 용역·자문·연구 또는 그 밖의 방법으로 직접 관여한 경우나 그 밖에 심의안건과 직접적인 이해관계가 있다고 인정되는 경우 에는 해당 심의 대상 안건의 심의에서 제척(除斥)된다.

위원은 제척사유에 해당하면 스스로 해당 심의 대상 안건의 심의를 회피하여야 한다.

8) 위원의 위촉 해제

위원이 다음에 해당하는 경우에는 해당 위원을 위촉 해제할 수 있다.

- 심신장애로 인하여 직무를 수행할 수 없게 된 경우
- 직무태만, 품위손상 또는 그 밖의 사유로 인하여 위원으로 적합하지 아니하다고 인정된 경우
- 직무와 관련된 형사사건으로 기소된 경우
- 회피 사유에 해당함에도 불구하고 회피 신청을 하지 아니하여 심의의 공정성을 해친 경우

9) 수당의 지급

위원회의 회의에 출석한 위원에게는 예산의 범위에서 수당과 여비를 지급할 수 있다. 다만, 공무원인 위원이 그 소관 업무와 직접적으로 관련되어 출석하는 경우에는 그러하지 아니하다.

Ⅱ. 경쟁력 향상 및 피해 보전 지원

1. 농어업 등의 경쟁력 향상을 위한 지원

(1) 보조 · 융자 대상

정부는 협정의 이행으로 피해를 입거나 입을 우려가 있는 농어업등의 경쟁력을 높이기 위하여 다음 사항에 대하여 보조 또는 융자로 특별 지원할 수 있다.

- 농지의 구입・임차 등 농업경영・어업경영 규모의 확대
- 용수 공급 및 배수로, 경작로 등 생산기반시설의 정비
- 우량종자・우량종축의 공급 및 농자재 지원 등을 통한 고품질 농산물 또는 수산물의 생산 촉진
- 친환경 농산물 또는 수산물의 생산・유통 촉진
- 농산물 또는 수산물 가공・유통 시설의 설치 및 운영
- 농산물 또는 수산물의 품종 개발, 품질 향상, 가공 촉진 등을 위한 연구・개발 및 보급
- 농어업 등의 생산시설 현대화 및 규모 확대 촉진
- 농어업 등의 경영・기획・유통・광고・회계・기술개발・작목전환 등을 위한 상담 및 기법개발 촉진
- 그 밖에 농어업 등의 경쟁력을 높이기 위하여 농림축산식품부장관 또는 해양수산부장관이 필요하다고 인정하는 사업

(2) 농어업 등의 피해산정 기준과 방식

농어업 등의 피해산정 기준은 생산액 감소 추정치로 하고, 피해산정 방식은 협정이 체결되지 않은 상황과 협정의 체결에 따른 이행상황을 비교하는 방식으로 한다.

(3) 보조 또는 융자의 구체적인 기준과 기간 및 절차

보조 또는 융자의 구체적인 기준과 기간 및 절차 등은 「보조금 관리에 관한 법률」을 참고하여 농림축산식품부장관 또는 해양수산부장관이 기획재정부장관과 협의하여 정한다.

(4) 생산자단체에 대한 지원

정부는 협정의 이행으로 수입량이 급격히 증가하여 가격 하락, 생산액 감소 등의 피해를 입거나 입을 우려가 있는 농산물 또는 수산물에 대하여 생산자단체의 수매·비축 및 가공을 지원할 수 있다.

(5) 농산물 또는 수산물 가공업에 대한 지원

정부는 농산물 또는 수산물의 가공업이 협정의 이행으로 매출이 급격히 감소하는 등 피해를 입는 경우에는 경영정상화에 필요한 자금을 지원할 수 있다.

(6) 지원금의 환수

농림축산식품부장관 또는 해양수산부장관 또는 지방자치단체의 장은 지원금을 받은 자가 다음 어느 하나에 해당하는 경우에는 그가 받은 지원금의 전부 또는 일부를 환수할 수 있다.

- 거짓이나 그 밖의 부정한 방법으로 지급을 받은 경우
- 과오지급된 경우
- 폐업을 한 농어업인등이 폐업지원금을 받은 후 5년 이내에 폐업지원금 지급대상품목을 다시 재배・사육・포획・채취 또는 양식하는 경우

농림축산식품부장관 또는 해양수산부장관 또는 지방자치단체의 장은 지원금을 환수하는 경우에는 국세 징수 또는 지방세 징수의 예에 따른다.

2. 자유무역협정의 이행에 따른 피해보전

(1) 피해보전직접지불금

정부는 협정의 이행으로 수입량이 급격히 증가하여 가격 하락의 피해를 입은 품목에 대하여 해당 협정의 발효일 이전부터 해당 품목을 생산한 농어업인등에게 협정의 이행에 따른 피해보전직접지불금(피해보전직접지불금)을 지원하는 시책을 「대한민국과 유럽연합 및 그 회원국 간의 자유무역협정」의 발효일부터 10년간 시행한다.

(2) 피해보전직접지불금 지원대상품목의 선정기준

1) 지원대상품목 선정 신청

농어업인 등 및 「농어업·농어촌 및 식품산업 기본법」에 따른 생산자

단체 등은 농림축산식품부장관 또는 해양수산부장관이 정하는 기간 내에 협정의 이행으로 수입량이 급격히 증가하여 가격 하락의 피해를 입은 품목을 피해보전직접지불금 지원 대상 품목으로 선정해 줄 것을 농림축산식품부장관 또는 해양수산부장관에게 신청할 수 있다.

2) 선정요건

농림축산식품부장관 또는 해양수산부장관은 신청을 받은 경우 해당 품목이 다음 요건에 모두 해당하면 피해보전직접지불금 지원대상품목으로 선정하여야 한다.

① 협정에 따라 관세가 감축 또는 철폐되거나, 관세할당물량이 증가하는 농산물 또는 수산물

② 피해보전직접지불금의 지급기준 모두에 해당하는 농산물 또는 수산물

3) 조사, 분석, 심의

이 경우 해당 품목이 피해보전직접지불금의 지급기준에 해당하는지에 대해서는 자유무역협정 이행에 따른 농업인등 지원센터 또는 어업인 등 지원센터의 조사·분석과 위원회의 심의를 거쳐야 한다.

4) 직권 선정

농림축산식품부장관 또는 해양수산부장관은 신청이 없는 경우에도 필요하다고 판단되면 지원센터의 조사·분석과 위원회의 심의를 거쳐 선정여건 모두에 해당하는 품목을 피해보전직접지불금 지원 대상품목으로 선정할 수 있다.

(3) 피해보전직접지불금의 지급기준

1) 지급요건

농림축산식품부장관 또는 해양수산부장관은 피해보전직접지불금 지원대상품목이 다음 모두에 해당하는 경우에는 「세계무역기구 설립을 위한 마라케쉬협정」에서 허용하는 범위에서 피해보전직접지불금을 매년 지급한다.

① 협정의 이행에 따라 피해보전직접지불금 지원 대상 품목의 해당 연도 평균가격이 기준가격(해당 연도 직전 5년간의 평균가격 중 최고치와 최저치를 제외한 3년간의 평균가격에 100분의 90을 곱

하여 산출한 가격을 말한다. 이하 같다) 미만으로 하락한 경우. 다만, 협정의 발효연도의 경우에는 협정의 발효일부터 해당 연도 말일까지 피해보전직접지불금 지원 대상 품목의 평균가격이 기준가격 미만으로 하락한 경우

② 협정의 이행에 따라 피해보전직접지불금 지원대상품목의 해당 연도 총수입량이 기준총수입량(해당 연도 직전 5년간의 연간 총수입량 중 최고치와 최저치를 제외한 3년간의 평균총수입량을 말한다)을 초과하고 협정상대국으로부터의 해당 연도 수입량이 기준수입량을 초과하는 경우. 다만, 협정의 발효연도의 경우 해당 연도 총수입량과 협정상대국으로부터의 해당 연도 수입량은 협정의 발효일부터 해당 연도 말일까지의 기간 동안 수입된 물량으로 산출하고 기준총수입량과 기준수입량은 연간 기준총수입량과 기준수입량에 협정의 발효일부터 해당 연도 말일까지의 일수를 1년으로 나눈 비율을 곱하여 산출한다.

2) 조사, 분석, 심의

농림축산식품부장관 또는 해양수산부장관은 요건을 충족하였는지의 여부를 판단할 때에 자유무역협정 이행에 따른 농업인 등 지원센터 또는 어업인 등 지원센터의 조사·분석과 농업인 등 지원위원회 또는 어업인 등 지원위원회의 심의를 거쳐야 한다.

3) 피해보전직접지불금의 산출방법

피해보전직접지불금은 다음 산식에 따라 산출한다.

① 농업 등: 지원 대상 품목의 생산면적 × 단위면적당 전국평균생산량 × 피해보전직접지불금의 지급단가(지급단가) × 조정계수

② 어업 등: 지원 대상 품목의 생산량 × 지급단가 × 조정계수

다만, 농림축산식품부장관은 축산업 등 생산면적 또는 생산량을 기준으로 피해보전직접지불금을 산출하는 것이 적절하지 아니하다고 인정되는 경우에는 농업인 등 지원위원회 또는 어업인 등 지원위원회의 심의를 거쳐 품목별 산출방법을 달리 정할 수 있다.

4) 평균가격 조사방법

피해보전직접지불금 지원대상품목의 평균가격 조사방법과 총수입량,

기준총수입량, 협정상대국으로부터의 해당 연도 수입량, 기준수입량 등의 산출방법은 다음과 같다.

피해보전직접지불금 지원 대상 품목의 평균가격 조사방법과 총수입량의 산출방법

1. 평균가격: 지원대상품목별 해당 연도 평균가격은 아래의 기준에 따라 조사한다.

가. 농업 등(축산업은 제외한다)

1) 「농수산물 유통 및 가격안정에 관한 법률 시행규칙」 제3조제1호에 따른 서울특별시 가락동 농수산물도매시장(이하 "가락시장"이라 한다)에서 거래된 피해보전직접지불금 지원대상품목의 연간 거래금액을 연간 거래물량으로 나누어 산출한 단위중량당 가격. 이 경우 거래금액 및 거래물량은 가락시장을 관리하기 위하여 「농수산물 유통 및 가격안정에 관한 법률」 제21조에 따라 지정된 시장관리자가 집계한 품목별 거래금액 및 거래물량으로 한다.

2) 가락시장에서 판매되지 않거나, 거래규모가 적어 가락시장에서 산출된 단위중량당 가격을 사용하는 것이 적절하지 않다고 인정되는 품목의 경우 품목의 특성을 고려하여 농림축산식품부장관이 지정한 별도의 도매시장, 공판장 등에서 거래된 피해보전직접지불금 지원대상품목의 연간 거래금액을 연간 거래물량으로 나누어 산출한 단위중량당 가격으로 한다.

나. 축산업: 「축산법」 제36조에 따른 축산물품질평가원이 농수축산물 유통정보에 대해 수집한 농가수취가격(農家受取價格)의 연간 평균값. 농가수취가격이 산출되지 않는 품목은 「농업협동조합법」에 따른 농업협동조합중앙회가 조사・발표하는 축산물가격과 수요・공급 자료상의 산지가격(産地價格)의 연간 평균값을 말한다.

다. 어업 등: 「통계법」 제17조 및 같은 법 시행령 제22조에 따라 통계청장이 매월 조사・발표하는 어업생산의 동향(이하 "어업생산동향조사"라 한다)에 따른 피해보전직접지불금 지원대상품목의 해당 연도 생산금액을 생산량으로 나누어 산출한 단위중량당 평균가격으로 한다.

라. 가목부터 다목까지의 기준으로 평균가격을 산출할 수 없는 품목의 경우 법 제20조에 따라 지정된 농업인등 지원센터 또는 어업인 등 지원센터가 현장조사 등을 통해 조사한 평균가격으로 한다.

2. 총수입량: 피해보전직접지불금 지원대상품목이 수입되는 모든 국가로부터의 수입량의 연간 총계. 이 경우 수입량은 「관세법」 제322조 및 「통계법」 등에 따른 무역통계에 따라 집계된 품목별 수입량을 의미하며, 무역통계에 따라 수입량이 집계된 품목과 피해보전직접지불금 지원대상품목의 동일 여부의 판단은 농림축산식품부장관 또는 해양수산부장관이 정하는 바에 따른다.

3. 기준총수입량: 해당 연도 직전 5년간의 연간 총수입량 중 최고치와 최저치를 제외한 3년간의 평균총수입량을 말한다.

4. 협정상대국으로부터의 수입량: 피해보전직접지불금 지원대상품목의 「관세법」 제322조 및 「통계법」 등에 따른 무역통계에 따라 집계된 협정상대국으로부터의 품목별 수입량. 이 경우 무역통계에 따라 수입량이 집계된 품목과 피해보전직접지불금 지원대상품목의 동일 여부의 판단은 농림축산식품부장관 또는 해양수산부장관이 정하는 바에 따른다.

5. 기준수입량: 해당 연도 직전 5년간 협정상대국으로부터의 연간 수입량 중 최고치와 최저치를 제외한 3년간의 평균수입량에 수입피해발동계수를 곱하여 계산한 양. 이 경우 수입피해발동계수는 시장점유율($\frac{\text{수입량}}{\text{국내생산량} + \text{수입량} - \text{수출량}}$)에 따라 농림축산식품부장관 또는 해양수산부장관이 정하는 값으로 한다.

5) 생산면적 등의 산출방법

피해보전직접지불금 지원 대상 품목의 생산면적, 농업 등 분야의 단위면적당 전국평균생산량 및 어업 등 분야의 지원 대상 품목의 생산량의 산출방법은 다음과 같다.

피해보전직접지불금 지원 대상 품목의 생산면적 등의 산출방법

1. 농업 등(축산업은 제외한다)
 가. 지원대상품목의 생산면적: 피해보전직접지불금 지원대상품목별 단위면적당 표준재식주수(標準栽植株數) 등의 기준에 따라 시장·군수 또는 구청장이 확인한 실제 생산에 이용된 면적. 이 경우 단위면적당 표준재식주수는 농촌진흥청장의 현지 또는 서면조사 결과 등을 참고하여 농림축산식품부장관이 정한다.
 나. 단위면적당 전국평균생산량: 해당 연도 직전 5년간의 단위면적당 전국평균생산량 중 최고치와 최저치를 제외한 3년간의 평균생산량으로 다음 방법에 따라 산출한 생산량
  1) 「통계법」 제17조 및 같은 법 시행령 제22조에 따라 통계청장이 매년 조사ㆍ발표하는 농작물의 생산(이하 "농작물생산조사"라 한다)에 따른 해당 품목의 생산량을 재배면적으로 나누어 산출한 단위면적당 생산량
  2) 농작물생산조사의 대상이 아닌 품목의 경우에는 농촌진흥청장이 매년 조사·발표하는 농산물의 소득(이하 "농산물소득조사"라 한다)에 따른 단위면적당 생산량
  3) 농작물생산조사 또는 농산물소득조사 대상 품목이 아닌 경우로서 1) 및 2)의 기준으로 단위면적당 생산량을 구할 수 없는 품목의 경우에는 법 제20조에 따라 지정된 농어업인 등 지원센터가 조사·산출한 값을 단위면적당 생산량으로 한다.
2. 어업 등의 지원대상품목의 생산량: 「통계법」 제17조 및 같은 법 시행령 제22조에 따라 통계청장이 조사ㆍ발표하는 어업생산동향조사에 따라 다음 각 목의 구분에 따른 계산식으로 산출하되, 해당 연도 직전 5년간의 어업(업종)별·어종별 어선 톤당 또는 단위면적당 평균생산량의 최고치와 최저치를 제외한 3년간의 평균생산량을 기준으로 한다.
 가. 어선을 이용하는 어업: 어선 톤당 평균생산량 × 신청인이 소유한 어선의 톤수
 나. 양식어업: 단위면적당 평균생산량 × 신청인이 면허 또는 허가를 받거나 신고한 어업시설의 면적 중 실제 양식에 이용된 것으로 시장·군수 또는 구청장이 확인한 면적
 다. 어업생산동향조사 대상 품목이 아닌 경우로서 가목 또는 나목의 기준으로 생산량을 구할 수 없는 경우에는 농어업인등 지원센터가 조사·산출한 값을 단위면적당 생산량으로 한다.

6) 지급단가

지급단가는 기준가격과 해당 연도 평균가격의 차액에 100분의 90을 곱하여 산출한다. 다만, 협정의 발효연도의 경우 지급단가는 기준가격과 협정의 발효일부터 해당 연도 말일까지 평균가격의 차액에 100분의 90을 곱하여 산출한다.

7) 조정계수

조정계수는 「세계무역기구 설립을 위한 마라케쉬협정」에서 허용하는 범위에서 피해보전직접지불금이 지급될 수 있도록 농업인 등 지원위원회 또는 어업인 등 지원위원회의 심의를 거쳐 농림축산식품부장관 또는 해양수산부장관이 정한다.

8) 상한액

피해보전직접지불금의 품목별 상한액은 「농어업경영체 육성 및 지원에 관한 법률」에 따른 농업법인과 어업법인은 5천만 원, 「농어업·농어촌 및 식품산업 기본법」에 따른 농업인과 「수산업법」에 따른 어업자는 3천500만 원으로 한다.

(4) 피해보전직접지불금의 지급절차

1) 신청

「자유무역협정 체결에 따른 농어업인 등의 지원에 관한 특별법 시행령」에 따라 피해보전직접지불금을 지급받으려는 자는 다음 피해보전직접지불금 지급신청서를 피해보전직접지불금 지원 대상 품목의 생산지를 관할하는 시장·군수 또는 구청장(자치구의 구청장을 말하며, 「어선법」에 따라 어선을 등록하여 어업을 하는 자의 경우에는 해당 어선을 등록한 시장·군수 또는 구청장을 말한다)에게 제출하여야 한다.

피해보전직접지불금 지급신청서

[ ]농업등(축산업 제외) [ ]축산업 [ ]어업 등

※ 뒤쪽의 작성방법을 읽고 작성하시기 바라며, [ ]에는 해당되는 곳에 √ 표시를 합니다.

(앞쪽)

접수번호	접수일	처리기간 30일

신청인	성명(법인인 경우 명칭 및 대표자 성명)	생년월일(법인등록번호)
	주소(소재지)	전화번호

신청내용	신청품목	소재지(시·군, 읍·면, 리·동)	지번	지목	면적(㎡)	생산기간	생산규모 (㎡, 마리) 또는 업종·톤수(톤)
	면허등 번호						

생산현황	생산품목
	생산규모(㎡, 마리) 또는 업종·톤수(톤)

입금계좌	예금주	예금기관
	계좌번호	

「자유무역협정 체결에 따른 농어업인 등의 지원에 관한 특별법 시행령」 제5조제1항 및 같은 법 시행규칙 제2조제1항에 따라 위와 같이 피해보전직접지불금의 지급을 신청합니다.

년 월 일

신청인 (서명 또는 인)

시장·군수·구청장 귀하

첨부서류	없음	수수료 없음

(210mm×297mm[백상지 80g/㎡])

작 성 방 법

1. 신청인란은 신청품목 생산자의 성명 등을 적되, 생산자가 법인인 경우에는 그 명칭 및 대표자의 성명, 법인의 등록번호 및 소재지 등을 각각 적습니다.
2. 신청내용란은 피해보전직접지불금 지원대상품목으로 선정된 품목 중 신청인이 신청하는 품목별로 생산에 이용하는 토지 등의 공부(公簿)상 소재지와 지목·면적 등을 적습니다.
3. 생산기간란은 신청품목을 실제 생산한 기간(년·월·일)을 적습니다.
4. 생산규모 또는 업종·톤수란은 신청품목의 실제 생산에 이용하는 면적(축산업의 경우에는 사육 마릿수, 어선을 이용하는 어업의 경우에는 어업 종류 및 어선의 톤수, 양식어업의 경우에는 어업시설의 면적)을 적습니다.
5. 면허등 번호란은 어업등의 신청의 경우에만 적으며, 해당 어업의 면허·허가 또는 신고 번호를 적습니다.
6. 생산현황란은 농업등(축산업은 제외한다) 또는 축산업의 신청의 경우에만 적으며 신청일 현재 신청품목 외에 신청인이 생산하고 있는 품목명과 그 생산규모를 적습니다.

처리절차

신청서 작성 → 접 수 → 조사·확인 → 검 토 → 지급결정 → 통지

신청인 / 처리기관 : 시·군·구(피해보전직접지불금 담당부서)

2) 조사 · 확인

시장·군수 또는 구청장은 피해보전직접지불금의 지급신청을 받으면 농림축산식품부장관 또는 해양수산부장관이 정하는 조사 방법 및 절차 등에 따라 다음 사항을 조사·확인하여야 한다.

- 법에 따라 농어업인등이 해당 협정의 발효일 이전부터 피해보전직접지불금 지원 대상품목을 생산하였는지 여부
- 피해보전직접지불금의 지급기준에 적합한지 여부
- 피해보전직접지불금 지원대상품목의 생산지역·생산기간·생산면적 또는 어업의 종류 및 어선 톤수 등 신청내용이 사실인지 여부

3) 지급

시장·군수 또는 구청장은 조사·확인 결과 신청인이 피해보전직접지불금 지급대상자로 적합하다고 인정되는 경우에는 신청인에게 다음의 피해보전직접지불금 지급결정서를 보내고, 신청인이 지정한 예금계좌에 피해보전직접지불금을 입금하여야 한다.

피해보전직접지불금 지급결정서

1. 성명 :
2. 생년월일 :
3. 주소 :
4. 피해보전직접지불금 지급결정액 : 원(금 원)
5. 지급내용

품목	생산규모(㎡, 마리) 또는 어선 톤수	단위면적(마리)당 또는 어선 톤당 평균생산량	지급단가(원)	조정계수	지급액 (원)

6. 지급방법 : 신청인이 지정한 예금계좌에 입금
7. 입금계좌(예금기관명, 계좌번호, 예금주)
8. 입금예정일자 :

「자유무역협정 체결에 따른 농어업인 등의 지원에 관한 특별법 시행령」 제5조제3항 및 같은 법 시행규칙 제2조제3항에 따라 위와 같이 피해보전직접지불금을 지급하기로 결정하였음을 통지합니다.

년 월 일

시장 · 군수 · 구청장 직인

3. 폐업지원

(1) 시책 시행

정부는 협정의 이행으로 과수·시설원예·축산·수산 등의 품목을 재배·사육 또는 포획·채취·양식하는 사업을 계속하는 것이 곤란하다고 인정되는 품목에 대하여 농어업인 등이 폐업하는 경우에는 폐업지원금을 지급하는 시책을 일정 기간 시행할 수 있다.

(2) 폐업지원금 지급대상품목의 선정기준

폐업지원금 지급대상품목의 선정에 관하여는 피해보전직접지불금 지원대상품목의 선정기준을 준용한다. 이 경우 “피해보전직접지불금”은 “폐업지원금”으로 본다.

(3) 폐업지원금의 지급기준

1) 지급하는 경우

농림축산식품부장관 또는 해양수산부장관은 해당 협정의 발효일 이전부터 폐업지원금 지급대상품목의 생산에 이용하고 있던 사업장·토지·입목(立木) 또는 어선·어구(漁具)·시설 등(사업장 또는 어선 등)을 철거·폐기(어선·어구의 경우에는 어업인 등이 행정기관에 인도하는 경우를 말한다)하는 경우 해당 협정의 발효일 이전부터 해당 사업장 또는 어선 등을 계속하여 소유하고 있는 농어업인 등에게 「세계무역기구 설립을 위한 마라케쉬협정」에서 허용하는 범위에서 폐업지원금을 지급한다.

2) 지급하지 아니하는 경우

다음 어느 하나에 해당하는 경우에는 지급하지 아니한다.

- 해당 협정의 발효일 직전 1년 이상의 기간 동안 폐업지원금 지급대상품목을 생산하지 아니한 사업장 또는 어선 등(「수산업법」 등 관계 법령에 따라 신고 등을 하고 일정 기간 휴업한 경우는 제외한다)을 철거·폐기하는 경우
- 건축·도로개설 그 밖의 시설물의 설치 등 농어업 외의 목적으로 사용하기 위하여 사업장 또는 어선 등을 철거·폐기하는 경우
- 그 밖에 다른 법령에 따른 보상이 확정된 경우 등 농림축산식품부장관 또는 해양수산부장관이 필요하다고 인정하는 경우

3) 세부사항

폐업지원금 지급대상자의 자격요건에 필요한 세부사항은 위원회의 심의를 거쳐 농림축산식품부장관 또는 해양수산부장관이 정하여 고시한다.

(4) 폐업지원금의 산출방법

1) 산출 산식

폐업지원금은 다음 산식에 따라 산출한다.

① 농업 등(축산업은 제외한다): 철거·폐기 면적 × 연간 단위면적당 순수익액 × 3년
② 축산업: 출하 마릿수 × 연간 마리당 순수익액 × 3년
③ 어업 등: 「수산업법 시행령」 별표 4에 따른 어업권 또는 허가어업·신고어업이 취소된 경우의 손실액 산출방법 및 산출기준에 따른 금액

다만, 농림축산식품부장관 또는 해양수산부장관은 다음 산식으로 폐업지원금을 산출하는 것이 적절하지 아니하다고 인정되는 경우에는 위원회의 심의를 거쳐 품목별 산출방법을 달리 정할 수 있다.

2) 철거면적 등의 산출방법

철거·폐기 면적, 출하 마릿수, 연간 단위면적당 순수익액 및 연간 마리당 순수익액의 산출방법은 다음과 같다.

철거 · 폐기 면적 등의 산출방법

1. 농업 등(축산업은 제외한다)

가. 철거 · 폐기 면적: 폐업지원금 지급대상품목별 표준재식주수(標準栽植株數) 등의 기준에 따라 시장 · 군수 또는 구청장이 확인한 실제 생산에 이용된 면적 중 철거 · 폐기한 면적. 이 경우 단위면적당 표준재식주수는 농촌진흥청장의 현지 또는 서면조사 결과 등을 참고하여 농림축산식품부장관 또는 해양수산부장관이 정한다.

나. 연간 단위면적당 순수익액

1) 해당 연도 직전 5년 중 단위면적당 순수익액이 0 또는 음의 값인 연도가 없는 경우: 최고치와 최저치를 제외한 3년간의 평균 순수익액. 이 경우 연도별 단위면적당 순수익액은 다음 기준에 따라 산출한다.

가) 「통계법」 제17조 및 같은 법 시행령 제22조에 따라 통계청장이 매년 조사 · 발표하는 농 · 축산물의 생산비(이하 "농 · 축산물생산비조사"라 한다)에 따른 단위면적당 소득에서 자가노력비 및 토지용역비와 자본용역비를 뺀 금액

나) 농 · 축산물생산비조사의 조사대상이 아닌 품목의 경우에는 농산물소득조사에 따른 단위면적당 소득에서 자가노력비 및 임차료를 뺀 금액

2) 해당 연도 직전 5년 중 단위면적당 순수익액이 0 또는 음의 값인 연도가 있는 경우: 직전 10년간의 단위면적당 순수익액을 기준으로 다음 방법에 따라 산출한 연간 단위면적당 순수익액. 이 경우 단위면적당 순수익액이 0 또는 음의 값인 연도는 자료가 없는 것으로 본다.

구 분	연간 순수익액
① 직전 10년간 5개 이상의 연간 단위면적당 순수익액 자료가 있는 경우	최근 5개 연도의 연간 단위면적당 순수익액 중 최고치와 최저치를 제외한 3개의 평균
② 직전 10년간 4개의 연간 단위면적당 순수익액 자료가 있는 경우	최고치와 최저치를 제외한 2개의 평균
③ 직전 10년간 3개의 연간 단위면적당 순수익액 자료가 있는 경우	3개의 평균
④ 직전 10년간 2개의 연간 단위면적당 순수익액 자료가 있는 경우	2개의 평균
⑤ 직전 10년간 1개의 연간 단위면적당 순수익액 자료가 있는 경우	해당 연도의 단위면적당 순수익액

3) 농 · 축산물생산비조사 또는 농산물소득조사 대상이 아닌 경우에는 법 제20조에 따라 지정된 농어업인등 지원센터가 조사 · 산출한 값을 단위면적당 순수익액으로 사용한다.

2. 축산업

가. 출하 마릿수: 시장 · 군수 또는 구청장이 확인한 실제 사육 마릿수를 기준으로 축종별 회전율 등 농림축산식품부장관 또는 해양수산부장관이 정하는 기준을 적용하여 산출하는 출하 마릿수

나. 연간 마리당 순수익액

1) 해당 연도 직전 5년 중 마리당 순수익액이 0 또는 음의 값인 연도가 없는 경우: 최고치와 최저치를 제외한 3년간의 평균 마리당 순수익액. 이 경우 마리당 순수익액은 다음 기준에 따라 산출한다.

가) 사육규모별 농 · 축산물생산비조사에 따른 마리당 조수입(粗收入)에서 일반비, 자가노력비, 고정자본이자, 유동자본이자 및 토지자본이자를 뺀 금액

2) 해당 연도 직전 5년 중 연간 마리당 순수익액이 0 또는 음의 값인 연도가 있는 경우: 직전 10년간의 연간 마리당 순수익액을 기준으로 다음 방법에 따라 산출한 순수익액. 이 경우 마리당 순수익액이 0 또는 음의 값인 연도는 자료가 없는 것으로 본다.

구 분	연간 순수익액
① 직전 10년간 5개 이상의 연간 마리당 순수익액 자료가 있는 경우	최근 5개 연도의 연간 마리당 순수익액 중 최고치와 최저치를 제외한 3개의 평균
② 직전 10년간 4개의 연간 마리당 순수익액 자료가 있는 경우	최고치와 최저치를 제외한 2개의 평균
③ 직전 10년간 3개의 연간 마리당 순수익액 자료가 있는 경우	3개의 평균
④ 직전 10년간 2개의 연간 마리당 순수익액 자료가 있는 경우	2개의 평균
⑤ 직전 10년간 1개의 연간 마리당 순수익액 자료가 있는 경우	해당 연도의 마리당 순수익액

3) 농 · 축산물생산비조사 대상이 아닌 경우에는 법 제20조에 따라 지정된 농어업인등 지원센터가 조사 ·]산출한 값을 마리당 순수익액으로 사용한다.

3. 어업 등

가. 철거 · 폐기 면적: 시장 · 군수 또는 구청장이 확인한 실제 생산에 이용된 면적 중 철거 · 폐기한 면적

나. 연간 단위면적당 순수익액: 「수산업법 시행령」 별표 4에 따라 산출한 평년수익액을 신청인이 면허 또는 허가를 받거나 신고한 어업시설의 면적으로 나누어 산출한 금액

2) 상한 설정

농림축산식품부장관 또는 해양수산부장관은 폐업지원금을 산출할 때 위원회의 심의를 거쳐 품목별, 농가별로 지급 상한을 설정할 수 있다.

(5) 폐업지원금의 지급절차

폐업지원금의 지급절차에 관하여는 피해보전직접지불금의 지급절차(법 제5조)를 준용한다. 이 경우 "피해보전직접지불금"은 "폐업지원금"으로 본다.

(6) 폐업 어선 · 어구의 처리

어업인 등의 폐업으로 행정기관에 인도된 어선·어구의 처리에 관하여는 「연근해어업의 구조개선 및 지원에 관한 법률 시행령」 제8조 및 제9조를 준용한다.

(7) 폐업지원금 지급시책의 시행기간

폐업지원금의 지급시책은 「대한민국과 유럽연합 및 그 회원국 간의 자유무역협정」의 발효일부터 5년간 시행한다.

(8) 폐업지원금의 지급절차

1) 농업 등의 폐업지원금 신청

농업 등의 폐업지원금을 지급받으려는 자는 다음 농업 등의 폐업지원금 지급신청서에 철거·폐기하는 사업장·토지·입목(立木) 등의 소유자임을 증명할 수 있는 서류(건물등기부등본 또는 토지등기부등본으로 확인할 수 없는 경우만 해당한다)를 첨부하여 철거·폐기하려는 사업장·토지·입목 등의 소재지를 관할하는 시장·군수 또는 구청장(자치구의 구청장을 말한다)에게 제출하여야 한다.

이 경우 폐업지원금 지급신청을 받은 시장·군수 또는 구청장은 「전자정부법」에 따른 행정정보의 공동이용을 통하여 건물등기부 등본 또는 토지등기부 등본(신청인이 건물 또는 토지의 소유자인 경우만 해당한다)을 확인하여야 한다.

농업 등의 폐업지원금 지급신청서

[ ]농업 등(축산업 제외) [ ]축산업

※ 뒤쪽의 작성방법을 읽고 작성하시기 바랍니다.

(앞쪽)

접수번호	접수일	처리기간 30일

신청인	성명(법인인 경우 명칭 및 대표자 성명)	생년월일(법인등록번호)
	주소(소재지)	전화번호

신청내용	폐업품목	소재지(시·군, 읍·면, 리·동)	지번	지목	면적(㎡)	생산기간	철거·폐기 면적(㎡) 및 사육 마릿수

품목전환 계획	채소(㎡)	화훼(㎡)	축산(㎡, 마릿수)	일반작물(㎡)	기타(품목명)(㎡)

입금계좌	예금주	예금기관
	계좌번호	

「자유무역협정 체결에 따른 농어업인 등의 지원에 관한 특별법 시행령」 제9조 및 같은 법 시행규칙 제5조제1항에 따라 위와 같이 폐업지원금의 지급을 신청합니다.

년 월 일

신청인 (서명 또는 인)

시장·군수·구청장 귀하

첨부서류	철거·폐기하는 사업장·토지·입목(입목(立木)) 등의 소유자임을 증명할 수 있는 서류 1부(건물등기사항증명서 또는 토지등기사항증명서로 확인할 수 없는 경우에만 제출합니다)	수수료 없음
담당 공무원 확인사항	신청인이 건물 또는 토지의 소유자인 경우 다음의 서류 1.건물등기사항증명서 2.토지등기사항증명서	

210mm×297mm[백상지 80g/㎡]

(뒤쪽)

작 성 방 법

1. 신청인란은 토지 등 소유자의 성명 등을 적되, 소유자가 법인인 경우에는 그 명칭 및 대표자의 성명, 법인의 등록번호 및 소재지 등을 각각 적습니다.
2. 신청내용란은 폐업지원금 지급대상품목으로 선정된 품목 중 신청인이 신청하는 품목별로 생산에 이용하는 토지 등의 공부(公簿)상 소재지와 지목·면적 등을 적습니다.
3. 생산기간란은 폐업하려는 품목을 실제로 생산한 기간(년·월·일)을 적습니다.
4. 철거·폐기 면적 및 사육 마릿수란은 토지대장·농지원부(農地原簿) 등 공부상의 면적이 아닌 실제 해당 품목의 생산에 이용하는 면적 중 철거·폐기 면적(축산업의 경우에는 실제 해당 가축 종류의 사육 마릿수를 추가로 적습니다)을 적습니다.
5. 품목전환계획란은 폐업 후 품목전환계획이 있는 경우에 채소·화훼·축산 및 그 밖의 업종 등 전환하려는 업종 및 그 면적을 적되, 축산업의 경우에는 사육 마릿수를 추가로 적습니다.

처리절차

신청서 작성 → 접 수 → 조사·확인 → 검 토 → 지급결정 → 통지

신청인 / 처리기관 : 시·군·구(폐업지원금 담당부서)

2) 어업 등의 폐업지원금 신청

어업 등의 폐업지원금을 지급받으려는 자는 시행규칙 별지 제4호서식의 어업등의 폐업지원금 지급신청서에 다음 서류를 첨부하여 연안어업 또는 근해어업의 허가를 받은 자의 경우에는 관할 광역시장·도지사·특별자치도지사에게, 그 밖의 어업등 분야의 경우에는 폐업지원금 지급대상품목의 생산지를 관할하는 시장·군수 또는 구청장(「어선법」에 따라 어선을 등록하여 어업을 하는 자의 경우에는 해당 어선을 등록한 시장·군수 또는 구청장을 말한다. 이하 같다)에게 각각 제출하여야 한다.

- 어업허가증 또는 어업신고필증 사본(어업허가증을 확인할 수 없는 경우만 제출한다)
- 선박등기부 등본 사본(어선을 이용한 어업의 허가를 받은 경우만 해당하며, 선박국적증서·선박증서 또는 등록필증을 확인할 수 없는 경우만 제출한다)
- 연간 생산량을 증명할 수 있는 서류

3) 조사 · 확인

광역시장·도지사·특별자치도지사 또는 시장·군수·구청장은 폐업지원금의 지급신청을 받으면 농림축산식품부장관 또는 해양수산부장관이 정하는 조사 방법 및 절차 등에 따라 폐업지원금의 지급기준에 적합한지 여부와 폐업지원금 지급대상품목의 생산지역, 생산기간, 철거·폐기 면적 등 신청내용이 사실인지 여부를 조사·확인하여야 한다.

4) 지급결정

광역시장·도지사·특별자치도지사 또는 시장·군수·구청장은 조사·확인 결과 신청인이 폐업지원금 지급대상자로 적합하다고 인정되는 경우에는 신청인에게 별지 제5호서식의 폐업지원금 지급대상자결정서를 보내야 한다.

5) 철거 · 폐기 통보

폐업지원금 지급대상자결정서를 받은 신청인은 해당 사업장·토지·입목 또는 어선·어구(漁具)·시설 등(사업장 또는 어선 등)을 철거·폐기한 후 말이나 서면(전자문서를 포함한다)으로 광역시장·도지사·특별자치도지사 또는 시장·군수·구청장에게 그 결과를 통보하여야 한다.

6) 입금

광역시장·도지사·특별자치도지사 또는 시장·군수·구청장은 통보를 받으면 신청인이 사업장 또는 어선 등을 철거·폐기하였는지를 확인한 후 신청인에게 다음 폐업지원금 지급결정서를 보내고, 신청인이 지정한 예금계좌에 폐업지원금을 입금하여야 한다.

폐업지원금 지급결정서

1. 성명 :
2. 생년월일 :
3. 주소 :
4. 폐업지원금 지급결정액 : 원(금 원)
5. 폐업지원금 지급내용

폐업종류	품목	지급면적 (㎡) 또는 규모	지급단가(원)	지급액(원)

6. 지급방법 : 신청인이 지정한 예금계좌에 입금
7. 입금계좌(예금기관명, 계좌번호, 예금주)
8. 입금예정일 :

「자유무역협정 체결에 따른 농어업인 등의 지원에 관한 특별법 시행령」 제9조 및 같은 법 시행규칙 제5조제6항에 따라 위와 같이 폐업지원금을 지급하기로 결정하였음을 통지합니다.

년 월 일

농림축산식품부장관 또는 해양수산부장관
광역시장·도지사·특별자치도지사
시장·군수·구청장

직인

4. 지방자치단체의 지원

지방자치단체는 협정의 이행으로 수입량이 급격히 증가하여 관할구역에 생산이 집중되어 있는 농산물 또는 수산물의 가격이 하락하거나 생산액이 감소하는 등 피해가 발생하여 지역경제의 안정을 해칠 우려가 있다고 판단하는 경우에는 해당품목에 대한 지원계획을 수립하여 농어업 등의 경쟁력 향상을 위한 지원(법 제5조), 자유무역협정의 이행에 따른 피해보전(법 제6조), 폐업 지원(법 제9조), 생산자단체에 대한 지원(법 제10조), 농산물 또는 수산물 가공업에 대한 지원(법 제11조)을 할 수 있다.

Ⅲ. 지원수단

1. 자유무역협정 이행지원기금

(1) 설치

정부는 협정의 이행으로 피해를 입거나 입을 우려가 있는 농어업인 등에 대한 지원대책에 필요한 재원을 확보하기 위하여 자유무역협정 이행지원기금(기금)을 설치한다.

(2) 기금계정 설치

농림축산식품부장관은 기금의 수입과 지출을 명확히 하기 위하여 한국은행에 기금계정을 설치하여야 한다.

(3) 기금의 조성

1) 규모

정부는 「대한민국 정부와 칠레공화국 정부간의 자유무역협정」의 발효일부터 시작하여 7년간 총 1조2천억 원의 기금지원계획을 수립하여야 하며, 계획의 시행에 필요한 기금을 조성하여야 한다.

2) 신규 계획 수립

정부는 새로운 협정의 이행으로 제4조에 따라 농어업인 지원 종합대책을 수립한 경우에는 이미 수립된 기금지원계획을 포함하는 새로운 기금지원계획을 수립하여야 한다.

(4) 재원

기금은 다음 재원으로 조성한다.

- 정부의 출연금
- 정부 외의 자의 출연금 또는 기부금
- 「한국마사회법」에 따른 특별적립금으로부터의 출연금
- 차입금
- 공매납입금 또는 수입이익금

- 기금의 운용수익금
- 「농어촌구조개선특별회계법」 제4조제2항제3호의3에 따른 전입금

(5) 차입금

농림축산식품부장관은 기금 운용에 필요하다고 인정하는 경우에는 기금의 부담으로 한국은행, 「농림수산업자 신용보증법」에 따른 금융기관, 다른 기금 또는 다른 회계로부터 자금을 차입할 수 있다.

(6) 기금의 용도

기금은 다음 용도에 사용한다.

- 농어업 등의 경쟁력 향상 지원
- 농어업인 등의 피해보전
- 농어업인 등의 폐업 지원
- 생산자단체에 대한 지원
- 농산물 또는 수산물 가공업의 지원
- 차입금의 원리금 상환
- 농산물 수입이익금 등의 부과 · 징수에 필요한 지출
- 기금의 관리 · 운용에 필요한 경비의 지출
- 그 밖에 협정의 이행에 따른 농어업인 등에 대한 지원을 위하여 필요한 사업으로서 농림축산식품부장관 또는 해양수산부장관이 정하는 사업

(7) 기금의 운용 · 관리

1) 운용 · 관리권자

기금은 농림축산식품부장관이 운용·관리한다.

2) 여유자금의 운용

농림축산식품부장관은 기금의 여유자금을 금융회사 등에의 예치하거나 「자본시장과 금융투자업에 관한 법률」에 따른 증권 매입의 방법으로 운용할 수 있다.

3) 기금의 운용 · 관리 사무의 위탁

농림축산식품부장관은 기금의 운용·관리에 관한 사무 중 다음 사무를 「한국농수산식품유통공사법」에 따른 한국농수산식품유통공사(기금수탁관리자)에 위탁한다.

- 기금의 수입 · 지출
- 기금재산의 취득 · 운영 · 처분
- 여유자금의 운용
- 그 밖에 기금의 운용 · 관리에 관한 사항으로서 농림축산식품부장관이 정하는 업무

(8) 기금운용계획안

농림축산식품부장관은 기금에 대하여 회계연도마다 「국가재정법」에 따라 기금운용계획안을 수립하여야 한다.

(9) 기금의 회계기관

농림축산식품부장관은 기금의 수입과 지출에 관한 사무를 수행하기 위하여 소속 공무원 중에서 기금수입징수관·기금재무관·기금지출관 및 기금출납공무원을 임명한다. 농림축산식품부장관은 기금의 운용·관리에 관한 사무를 위탁한 경우에는 위탁받은 기관의 임원 중에서 기금수입 담당 임원과 기금지출원인행위 담당 임원을 임명하고, 그 직원 중에서 기금지출원과 기금출납원을 임명하여야 한다. 이 경우 기금수입 담당 임원은 기금수입징수관의 업무를, 기금지출원인행위 담당 임원은 기금재무관의 업무를, 기금지출원은 기금지출관의 업무를, 기금출납원은 기금출납공무원의 업무를 한다.

(10) 자유무역협정 이행지원기금의 손비처리

기금 용도에 따른 사업을 실시할 때에 농림축산식품부장관이 인정하는 자연재해나 그 밖에 사업시행자의 귀책사유 없이 부득이한 사유로 발생하는 결손금은 기금의 부담으로 손비처리(損費處理)할 수 있다.

(11) 기금의 결산

기금수탁관리자는 회계연도마다 기금결산 보고서를 작성하여 다음 회계연도 2월 15일까지 농림축산식품부장관에게 제출하여야 한다. 농림축산식품부장관은 기금수탁관리자로부터 받은 기금결산 보고서를 검토한 후 다음 회계연도 2월 말일까지 기획재정부장관에게 제출하여야 한다.

기금결산보고서에는 다음 서류를 첨부하여야 한다.

- 사업계획 및 사업실적

- 대차대조표
- 손익계산서
- 이익잉여금 처분계산서 또는 결손금처리계산서
- 그 밖에 결산의 내용을 명백하게 하기 위하여 필요한 서류

2. 농어업인지원 투자 · 융자계획 및 성과분석보고서

(1) 투자 · 융자계획 보고서 제출

정부는 농어업인지원 종합대책에 따른 재정지원의 다음 회계연도 계획금액을 기능별·성질별로 분석한 보고서(농어업인지원 투자·융자계획)를 작성하여 매 회계연도 개시 90일 전까지 국회 소관 상임위원회에 제출하여야 한다. 이 경우 농어업인지원 투자·융자계획에는 성과목표, 기대효과, 재원조달계획 및 연차별 재정지원계획 등이 포함되어야 한다.

(2) 성과분석보고서

정부는 농어업인지원 종합대책에 따른 재정지원의 직전 회계연도 집행실적, 성과 및 효과를 분석하여 정부의 재정지원이 농어업 등의 경쟁력을 높이고 농어업인 등의 경영 및 생활안정에 기여하였는지를 평가하는 보고서(농어업인지원 성과분석보고서)를 작성하여 매년 5월 31일까지 국회 소관 상임위원회에 제출하여야 한다.

(3) 작성방법

농어업인지원 투자·융자계획과 농어업인지원 성과분석보고서의 구체적인 작성방법 및 제출에 필요한 사항은 대통령령으로 정한다.

3. 공매납입금 등의 징수

(1) 공매납입금

농림축산식품부장관 또는 해양수산부장관은 협정에 따른 관세할당물량이 적용되는 농산물 또는 수산물을 협정에서 정한 양허관세로 수입하는 자(수입자)에 대하여 농림축산식품부장관 또는 해양수산부장관이 정하는 바에 따라 공매납입금을 납부하게 하거나 국내가격과 수입가격 간의 차액의 범위에서 수입이익금을 부과할 수 있다. 공매납입금 또는 수입이익금

은 농림축산식품부장관 또는 해양수산부장관이 정하는 바에 따라 기금 또는 「수산업법」에 따른 수산발전기금에 납입하여야 하며, 정하여진 날까지 이를 납부하지 아니한 때에는 국세 체납처분의 예에 따라 징수할 수 있다. 농산물 또는 수산물의 품목별 수입자 결정 등 수입 관리에 필요한 사항은 협정 및 「관세법」 등 관계 법령에서 정하는 바에 따라 농림축산식품부장관 또는 해양수산부장관이 각각 정하여 고시한다.

(2) 수납대행

농림축산식품부장관 또는 해양수산부장관은 공매납입금 등의 징수에 관한 수납 업무를 기금수탁관리자로 하여금 대행하게 한다. 농림축산식품부장관 또는 해양수산부장관은 공매납입금 등의 징수에 관한 수납업무를 대행하게 한 경우에는 그에 드는 경비를 기금 또는 「수산업법」에 따른 수산발전기금에서 지급하여야 한다.

4. 농어업인 등 지원센터

(1) 지정

농림축산식품부장관 또는 해양수산부장관은 협정의 이행이 농산물 또는 수산물의 수입량과 가격에 미치는 영향 등을 조사·분석하고 협정과 관련된 상담·안내 등 농어업인 등에 대한 지원 업무를 효율적으로 수행하도록 하기 위하여 위원회의 심의를 거쳐 농어업 등에 관련된 연구기관 또는 단체를 자유무역협정 이행에 따른 농업인 등 지원센터 또는 어업인 등 지원센터(지원센터)로 지정하여야 한다.

(2) 보조금 교부

농림축산식품부장관 또는 해양수산부장관은 지원센터의 운영에 소요되는 경비를 충당하기 위하여 예산의 범위에서 지원센터에 출연금 또는 보조금을 교부할 수 있다.

(3) 지원센터의 지정

농림축산식품부장관 또는 해양수산부장관은 위원회의 심의를 거쳐 「정부출연연구기관 등의 설립·운영 및 육성에 관한 법률」 제8조제1항 및 별표에 따른 정부출연연구기관 중에서 지원센터를 지정하여야 한다.

(4) 보고

지원센터는 농림축산식품부장관 또는 해양수산부장관이 정하는 주요 농산물 또는 수산물의 매월 국내 평균 가격 및 협정상대국으로부터의 수입량을 농림축산식품부장관 또는 해양수산부장관에게 다음 달 말일까지 보고하여야 하며, 국내 주요 농산물 또는 수산물 품목이 피해보전직접지불금의 지급기준(법 제7조제1항 각 호)에 해당하는지를 매년 3월 31일까지 보고하여야 한다.

(5) 업무범위 등

지원센터의 그 밖의 업무 범위와 지원센터에 필요한 지원 등에 관한 세부사항은 농림축산식품부장관 또는 해양수산부장관이 정한다.

5. 권한의 위임

해양수산부장관은 「수산업법」에 따른 연안어업 또는 근해어업의 허가를 받은 자에 대한 폐업지원금의 지급에 관한 권한을 광역시장·도지사·특별자치도지사에게 위임한다.

해양수산부장관은 피해보전직접지불금의 지급에 관한 권한, 폐업지원금의 지급에 관한 권한(「수산업법」에 따른 연안어업 또는 근해어업의 허가를 받은 자에 대한 폐업지원금의 지급에 관한 권한은 제외한다), 지원금의 환수에 관한 권한을 시장·군수 또는 구청장(자치구의 구청장을 말한다)에게 위임한다.

6. 고유식별정보의 처리

농림축산식품부장관 또는 해양수산부장관은 다음 어느 하나에 해당하는 업무를 수행하는 경우에는 「개인정보 보호법 시행령」에 따른 주민등록번호가 포함된 자료를 수집·사용할 수 있다.

- 농어업인등 및 생산자단체에 대한 지원 업무
- 지원금 환수에 관한 업무
- 공매납입금의 징수 업무

제2편

대외무역법

제1장

대외무역법 개요

Ⅰ. 총설

1. 대외무역법의 목적 및 성격

(1) 대외무역법 목적

대외무역법의 목적은 1986년 법을 제정할 당시부터 변함없이 ㉠ 대외무역의 진흥 ㉡ 공정한 거래질서를 확립 ㉢ 국제수지의 균형 ㉣ 통상의 확대 ㉤ 국민경제의 발전에 이바지하는 것이다(법 제1조). 이러한 목적 가운데 국제수지의 균형과 통상의 확대는 서로 상충되는 측면이 있다. 국제수지의 균형을 위해 통상을 제한하는 경우도 있을 수 있기 때문이다. 오늘날 글로벌화 된 세계경제에서 국제수지의 균형은 의미가 크지 않기 때문에 수정하거나 삭제되어도 무방할 것으로 보인다.

(2) 대외무역법의 성격

1) 통상(무역)에 관한 기본법[1)]

무역에 관하여 다른 법이 대외무역법의 적용 배제를 명시하고 있지 않는 한 모든 무역거래에 대하여 대외무역법이 일반적으로 적용된다.

---

1) 서헌제, 「국제경제법」, 율곡출판사, 1998, 190쪽. 서헌제 교수님은 대외무역법, 관세법, 외국환관리법을 통상에 관한 기본법으로 규정하고 있다.

대외무역법 제6조 제1항에서는 「무역에 관하여는 이 법이 정하는 바에 의한다」고 규정하여 무역에 관한 기본법임을 밝히고 있다. 또한 대외무역법 제50조에서는 「산업통상자원부장관의 조정명령의 이행에 대하여는 독점규제 및 공정거래에 관한 법률을 적용하지 아니 한다」라고 규정하고 있으며, 제51조에서는 「물품의 수출·수입행위에 대하여는 그 행위가 업무수행상 정당하다고 인정되는 범위 안에서 국가보안법을 적용하지 아니 한다」라고 규정하여 무역에 관하여 대외무역법이 우선함을 규정하고 있다.

WTO의 2004년 한국에 대한 통상정책검토 보고서에 의하면 한국의 국제무역에 관한 기본 법률(main trade law)은 대외무역법이라고 소개하고 있으며[2] 2003년의 개정내용과 통합공고에 대하여도 소개하고 있다. WTO 보고서는 대외무역법이 한국이 체결한 무역 협정과 일반적으로 인정된 국제법규에 따라 자유롭고 공정한 무역 원칙(the principle of 'free and fair trade') 천명하고 있다는 것을 명확히 하고 있다.

2) 무역 및 통상에 관한 진흥법

대외무역법 제1조에서 밝히고 있듯이 법의 최우선의 목적은 대외무역을 진흥하는 것이다. 대외무역법 제4조에서는 산업통상자원부장관은 무역의 진흥을 위하여 필요한 조치 및 지원을 할 수 있다고 규정하고 있으며, 제2장에서는 무역 및 통상진흥을 위하여 통상진흥시책을 수립하고 민간협력활동을 지원할 수 있도록 규정하고 있다. 통상에 관한 진흥시책으로서 수출실적 인정제도, 외화획득 규정, 구매확인서, 전자무역 등이 있다.

이와 관련하여 대외무역 진흥을 위한 다른 법률들의 규정을 살펴보면, 먼저 대외무역법에 따른 무역으로 인정될 경우 외환거래 제한이 완화되어 특별한 허가절차가 없이 자유로운 대금 지급·영수가 가능하고, 부가가치세법 제11조 제1항 제1호에 의하면 '재화를 수출하거나 국외에서 용역을 제공하는 경우'에 영세율을 적용받는다. 그리고 한국은행의 총액한도대출관련 무역금융취급세칙은 물품, 건설, 용역 등을 수출하는 경우에 무역금융을 허용하며, 특허권·실용신안권에 의해 생산된 제품의 수출액이 총매출액의 25%이상인 기업은 벤처기업으로 인정받을 수 있어 여러 가지 세제 및 제도상의 혜택을 받을 수 있다.

2) WTO, Trade Policy Review Republic of Korea WT/TPR/S/137, 18 August 2004, p 16.

3) 무역에 관한 통합조정법

대외무역법 제6조 제2항에 의하면 관계행정기관의 장은 물품의 수출·수입요령을 제정·개정하고자 할 때에는 산업통상자원부장관과 미리 협의하여야 하며, 이 경우 산업통상자원부장관은 관계행정기관의 장에게 수출·수입요령의 조정을 요청할 수 있도록 하고 있다. 이 규정에 의거 통합공고의 대상이 아닌 경우에도 통합공고에 수출입요령을 정할 수 있다. 또한 대외무역법 제12조는 관계행정기관의 장이 수출·수입요령을 제정·개정하는 경우에는 그 시행일 전에 공고될 수 있도록 산업통상자원부장관에게 제출하여야 하며, 산업통상자원부장관은 이를 통합하여 공고토록 하고 있는데 이 조항에 근거하여 통합공고가 시행되고 있다.

(3) 대외무역법 운용의 기본원칙

1) 자유무역의 조장

자유무역(free trade), 공정한 무역(fair trade), 차별금지(nondiscrimination)는 WTO의 주요 원칙이다. 대외무역법 제1조에서는 「자유롭고 공정한 무역 원칙」의 목적을 명시하고 있고, 법 제3조 제1항에서는 우리나라의 무역은 헌법에 의하여 체결·공포된 무역에 관한 조약과 일반적으로 승인된 국제법규가 정하는 바에 따라 자유롭고 공정한 무역을 조장함을 원칙으로 하고 있음을 규정하고 있어 무역에 관한 기본법인 대외무역법에 WTO의 주요 원칙을 수용하고 있다.

자유무역에 대하여는 대외무역법 제10조에서 '물품 등의 수출입과 이에 따른 대금을 받거나 지급하는 것은 대외무역법의 목적의 범위에서 자유롭게 이루어져야 함'을 규정하고 있다. 무역거래자는 대외신용도 확보 등 자유무역질서를 유지하기 위해 자기 책임으로 그 거래를 성실히 이행해야 한다. 그러나 이러한 무역의 자유는 무제한의 자유가 아니라 제한이 가능하다. 자유무역의 제한에 대하여는 다음 장에서 구체적으로 살펴본다.

2) 공정한 무역의 보장

대외무역법 제4장에서는 수출입 질서유지에 대하여 규정하고 있는데 제42조는 불공정한 수출입행위의 금지에 대하여 규정하고 있고 제43조는 수출입 물품 등의 가격 조작을 금지하고 있다.

대외무역법에서는 공정한 무역을 위해 반덤핑이나 정부가 부당하게 보조금을 지급하는 것을 금지하고 이를 위반한 경우 조치를 취할 수 있도록 하고 있었으나 무역위원회가 설치되고 「불공정무역행위 조사 및 산업피해구제에 관한 법률」이 제정되어 대외무역법에서 공정한 무역을 위한 정부의 반덤핑과 보조금 조사 등의 조치에 관한 부분이 삭제되었다.

3) 무역에 대한 최소한의 제한

정부는 대외무역법이나 다른 법률 또는 헌법에 의하여 체결·공포된 무역에 관한 조약과 일반적으로 승인된 국제법규에서 무역에 대한 제한을 정한 규정이 있는 경우에는 그 제한을 정한 목적을 달성하기 위하여 필요한 최소한의 범위 안에서 이를 운영하여야 한다. 국가가 국내 기업을 보호하기 위해 무역에 관한 제한을 하는 경우 상대 기업은 피해를 입게 되며 앞에서 언급한 공정한 무역 원칙에 위배된다. 무역의존도가 높은 우리나라의 입장세서는 세계 각국의 무역에 대한 제한을 철폐되는 것이 바람직하며 우리나라도 국민의 생명과 안전을 위한 불가피한 경우를 제외하고 무역에 관한 제한을 설정해서는 안 된다.[3)]

4) 대외무역법의 구성

장 별	조 목 록
제1장 총칙	제1조 목적 제2조 정의 제3조 자유롭고 공정한 무역의 원칙 등 제4조 무역의 진흥을 위한 조치 제5조 무역에 관한 제한 등 특별 조치 제6조 무역에 관한 법령 등의 협의 등
제2장 통상의 진흥	제7조 통상진흥 시책의 수립 제8조 민간 협력 활동의 지원 등 제9조 무역에 관한 조약의 이행을 위한 자료제출
제3장 수출입거래	**제1절 수출입 거래 총칙** 제10조 수출입의 원칙

3) 우리나라의 무역의존도는 1993년 48.1%로 바닥을 찍고 이후 상승 추세를 지속해 2001년 69.1%, 2002년 57.5%에서 2004년에는 70.3%까지 높아졌으며, 2005년에는 69.3%를 기록하여 OECD 회원국 중 9위를 기록하였다. 무역규모가 6,000억 달러를 넘어선 2006년 무역의존도는 70%를 넘어 OECD 회원국 중 1-2단계 상승하여 7-8위를 차지할 것으로 전망된다. OECD 회원국 가운데 무역의존도가 가장 높은 나라는 벨기에로 166.2%, 슬로바키아, 체코, 아일랜드 등도 100%를 넘는 수준이다. OECD 국가 중 무역의존도가 가장 낮은 나라는 미국으로 18.2%, 일본도 18.9%로 낮다.

	제11조 수출입의 제한 등 제12조 통합 공고 제13조 특정 거래 형태의 인정 등 제14조 수출입 승인 면제의 확인 제15조 과학적 무역업무의 처리기반 구축 **제2절 외화획득용 원료 · 기재의 수입과 구매 등** 제16조 외화획득용 원료·기재의 수입 승인 등 제17조 외화획득용 원료·기재의 목적을 벗어난 사용 등 제18조 구매확인서의 발급 등 **제3절 전략물자의 수출입** 제19조 전략물자의 고시 및 수출허가 등 제20조 전략물자의 판정 등 제21조 〈삭제〉 제22조 수입목적확인서의 발급 제23조 전략물자등에 대한 이동중지명령 등 제24조 전략물자의 중개 제25조 자율준수무역거래자 제26조 전략물자 수출입고시 제27조 비밀 준수 의무 제28조 전략물자 수출입관리 정보시스템의 구축·운영 제29조 전략물자관리원의 설립 등 제30조 전략물자 수출입통제 협의회 제31조 전략물자의 수출입 제한 등 **제4절 플랜트수출** 제32조 플랜트수출의 승인 등 **제5절 원산지의 표시 등** 제33조 수출입 물품등의 원산지의 표시 제34조 원산지 판정 등 제35조 수입원료를 사용한 국내생산 물품등의 원산지 판정 기준 제36조 수입 물품등의 원산지증명서의 제출 제37조 수출 물품의 원산지증명서의 발급 등 제38조 외국산 물품등을 국산 물품등으로 가장하는 행위의 금지
제4장 수입수량 제한조치	제39조 수입수량 제한조치 제40조 수입수량제한조치에 대한 연장 등 제41조 특정국 물품에 대한 특별 수입수량 제한조치의 시행 등
제5장 수출입의 질서유지	제42조 〈삭제〉 제43조 수출입 물품등의 가격 조작 금지 제44조 무역거래자간 무역분쟁의 신속한 해결 제45조 선적 전 검사와 관련한 분쟁 조정 등 제46조 조정명령
제6장 보칙	제47조 청문 제48조 보고와 검사 등 제49조 교육명령 제50조 「독점규제 및 공정거래에 관한 법률」과의 관계 제51조 「국가보안법」과의 관계 제52조 권한의 위임·위탁
제7장 벌칙	제53조-제54조 벌칙 제55조 미수범 제56조 과실범 제57조 양벌규정 제58조 벌칙 적용 시의 공무원 의제 제59조 과태료

대외무역법은 7개의 장과 59개의 조문으로 구성되어 있다. 제1장은 총칙이며, 제2장은 통상의 진흥에 관하여 규정하고 있다. 제3장은 대외무역법에서 가장 중요하며 많은 부분을 차지하고 있는데 수출입거래에 대하여 규정하고 있다. 제4장과 제5장은 수입수량제한과 수출입질서의 유지에 대하여 규정하고 있는데 공정한 무역과 관련된다. 제6장과 제7장은 모든 법률에 있는 보칙과 벌칙에 관한 사항이다.

5) 대외무역법의 체계

대외무역법은 시행령은 있으나 다른 법률과는 달리 시행규칙이 없다. 시행규칙에 해당하는 것으로 산업통상자원부 고시인 대외무역관리규정이 있으며 이 외에도 수출입공고 등 4개의 고시로 이루어져 있다. 대외무역법이 시행규칙 대신에 고시로 이루어져 있다는 것은 대외 통상환경에 신속하게 대처할 수 있다는 장점이 있으나, 행정법에서 논의되고 있는 행정규칙의 법규성과 관련된 문제와 개정이 빈번하게 되어 국민의 권리를 침해할 우려도 있다. 최근 대외무역과 관련된 고시는 6개월 또는 1년마다 개정이 이루어지고 있으므로 실무자 및 수험자들은 주의를 기울이는 것이 필요하다.

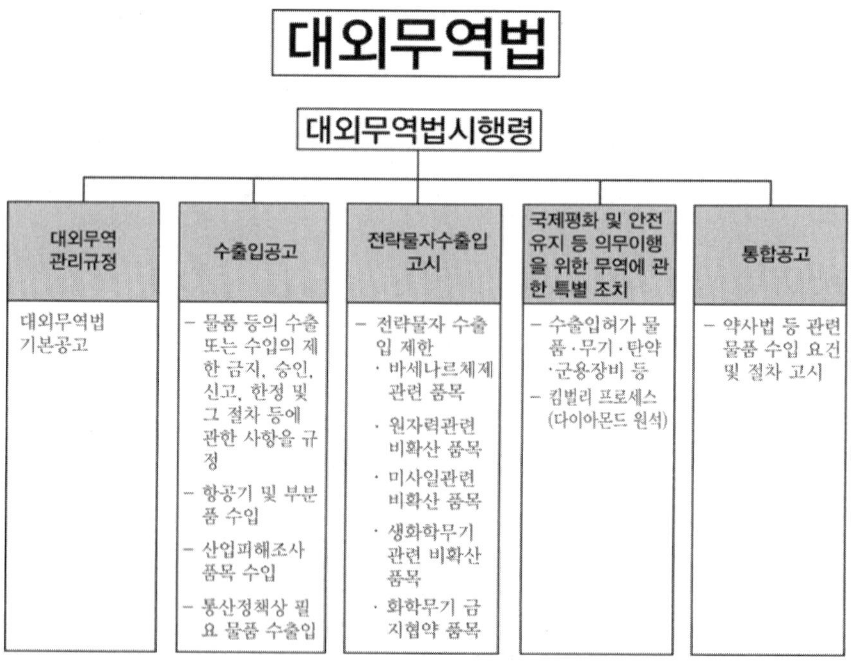

2. 대외무역법의 변천

(1) 대외무역법 제정이전의 대외무역관리[4)]

1) 고시 · 공고에 의한 무역관리

해방 후부터 정부수립 이전에는 모든 대외무역거래에 대하여 군정장관 또는 그 대행기관의 허가를 얻어 거래토록 하는 대외무역규칙(군정법령 제39호)이 대외무역에 관한 법규의 효시이다. 제헌헌법 제87조는 「대외무역은 법률이 정하는 바에 의하여 국가의 통제 하에 둔다」고 규정하였으나 1957년 무역법이 제정되기 전까지 상공부 고시인 「대외무역수속에 관한 건」이 제정되어 무역관리를 하게 되었다. 1956년 12월에는 예산의 범위 내에서 수출로 인한 결손액 및 경비의 일부를 보조해 줄 수 있도록 하는 「수출장려금교부규칙」이 제정되었다.

2) 무역법과 관련 법령의 제정

6. 25 전쟁에 따른 혼란을 극복하고 무역신장 및 무역관리 체계의 확립을 위해 「무역법」이 법률 제460호로 1957년 12월에 제정되었다. 제헌헌법에서 무역에 관한 사항을 법으로 정하도록 규정한지 약 10년이 지나서야 무역에 관한 사항을 규율하기 위한 법이 제정된 것이다.

「무역법」은 수출을 진흥하고 수입을 조정하면서 건전한 무역 거래를 촉진함으로써 국제수지의 균형과 국민경제의 지속적인 발전을 도모함을 목적으로 하고 있다. 이 법에는 무역위원회의 설치, 수출입업의 등록, 무역계획의 공고, 특정수출물품의 표준화와 검사명령, 수출장려금의 교부, 수출조합의 설립 등에 관한 규정을 두고 있다.

무역법이 제정된 지 4년이 지난 1961년에는 무역법 제12조에서 규정하고 있던 수출조합에 관한 사항을 따로 규정하여 「수출조합법」을 제정하였으며, 역시 무역법에서 규정하고 있던 수출장려금의 교부절차를 정하기 위해 「수출장려금교부에 관한 임시조치법」을 제정하였다.

1962년에는 수출물품 제조용 원료수입에 있어서 외화사용의 특례·수입업자의 수출실적에 의한 수입허가의 제한·해외무역활동의 보장·연대보증에 의한 무역금융의 대출 등을 규정한 「수출진흥법」을 제정하였다. 같은 해에 수출품의 품질향상을 위한 「수출검사법」이 제정되었다.

---

4) 안세영·이병학, 「대외무역법개론」, 서울경제경영(1999), 24쪽.

3) 무역거래법 제정

법의 목적과 내용이 유사한 무역관련 법령들을 통합·정비하기 위하여 무역관리의 기본법인 「무역법」·수출진흥에 관한 「수출진흥법」·수출장려금의 교부에 관한 「수출장려보조금교부에 관한 임시조치법」 등 3개 법률을 통합하여 「무역거래법」을 1967년에 제정하였다. 그러나 통합법인 무역거래법을 제정한 후인 1968년 수출무역거래에서 발생하는 손실보상 및 수출진흥을 도모하기 위해 「수출진흥법」을 제정했으며, 1970년에는 「수출자유지역설치법」을 제정하여 임해의 특정지역에 수출자유지역을 설치하여 외국인 투자유치를 통한 수출확대·고용증대·기술향상 등을 도모하고자 하였다. 또한 산업설비 수출 촉진 및 수출구조를 고도화하기 위한 「산업설비수출촉진법」을 제정하였다.

(2) 대외무역법의 제정

현재의 「대외무역법」은 1986년 12월 31일 제정(법률 제3895호)되었는데 기존의 「무역거래법」·「산업설비수출촉진법」 및 「수출조합법」을 폐지하여 수출 진흥과 수입조정 등을 기조로 하는 기존의 관리무역체제를 대외개방정책과 경제 및 무역의 국제화에 부응하는 체제로 전환하기 위하여, 무역거래법상의 각종 규제를 완화하고 수출입절차의 간소화를 기하여 무역업계의 비용을 절감할 수 있도록 하였다. 또한 무역업체수의 증가와 선진국의 수입규제 등 대외무역의 여건 변화에 적절히 대응하여 수출입 질서의 유지와 공정무역의 구현 등 선진무역제도를 도입하였으며 아울러 수입개방에 따른 국내산업의 피해를 신속히 구제하기 위한 제도와 절차를 마련하였다.

주요 내용은 대통령령이 정하는 물품·거래형태 또는 대금결제방법 등에 대하여는 수출입의 승인을 면제할 수 있도록 하고 물품의 수출 등을 위한 외화획득용 원료·기재의 수입에 대하여는 이를 우선적으로 승인할 수 있도록 하되, 국산의 원료·기재의 사용을 촉진하기 위하여 필요한 경우에는 예외로 하도록 하였다. 수입 개방에 따른 국내산업의 피해를 구제하기 위하여 선진무역국의 제도와 같은 산업영향조사제도를 신설하였고, 우리 상품의 이미지를 높여 내실 있는 수출을 추구하기 위하여 수출물품의 디자인 보호제도를 신설하였다.

무역업자 및 물품의 수출입을 위탁하는 자는 장관의 인가를 받아 수출조합 및 수입조합을 설립할 수 있도록 하고, 무역정책에 관한 중요사항을 심의하기 위하여 무역정책심의회를 설치하였다.

(3) 제1차 개정

대외무역법은 1989년 12월 21일에 제1차 개정(법률 제4145호)을 하였는데 무역규모의 증대 및 수입개방의 확대 등 경제의 국제화추세에 따라 수입으로 인한 산업피해구제제도를 국제경제여건에 부합되도록 하기 위하여 관세 및 무역에 관한 일반협정(GATT)에 따라 조정하고 무역위원회의 기능 확대 등 현행규정의 일부 미비점을 보완하였다. 세부 개정사항은 특정 물품 등의 수입급증으로 인한 산업피해에 대한 조사의 신청 및 조사개시의 요건을 국내 산업발전이 저해되거나 저해될 우려가 있을 때로 하던 것을 실질적인 피해를 받거나 받을 우려가 있을 때로 하였고, 무역위원회가 산업피해조사를 하는 경우 공청회를 거치도록 하고 조사개시일로부터 120일 이내에 산업피해의 유무를 결정하도록 하였다.

또한 상공부장관이 부의하는 산업피해에 대한 구제조치의 필요성 여부에 대한 심의 및 의결을 하던 무역위원회의 기능을 산업피해의 조사 및 결정과 구제조치의 건의 등으로 확대·강화하여 독립성과 전문성을 제고하였고 덤핑 또는 보조금을 지급받은 물품의 수입으로 인한 실질적인 피해 등의 조사를 무역위원회가 행할 수 있도록 하였다.

(4) 제2차 개정

대외무역법은 국제무역환경 변화에 부응하여 우리의 무역제도를 선진화하고 무역과 산업의 국제경쟁력을 높일 수 있는 기틀을 마련하기 위해 1992년에 개정되었는데, 주요내용은 물품의 수출·수입의 제한 또는 금지에 관한 특별조치사유에 무역에 관한 조약 및 국제법규에서 정한 국제평화와 안전유지 등의 의무의 이행을 위하여 필요한 때 및 환경보전 등을 위하여 필요한 때를 추가하였다(법 제5조). 또한 통상의 확대를 도모하고 국내시장 개방·수입자유화에 대비하기 위하여 상공부장관은 매년 다음 연도의 통상진흥시책을 수립하도록 하였고 무역업허가제를 등록제로 전환하고 무역업에 대한 연도별 효력확인제를 폐지하되 대통령령이 정하는 바에 따라 일정기간마다 등록갱신을 할 수 있도록 하였다. 그리고 물품의 수출·수입의 절차간소화를 위하여 필요한 경우에는 대통령령으로 수출입승인에 관한 사항을 따로 정할 수 있도록 하였다.

(5) 제3차 개정

무역업계의 자율성을 제고함으로써 국제경쟁력을 강화할 수 있는 기반을 조성하고, 개방화시대에 맞게 국내 무역제도를 개선하기 위해 1994년 12월 31일 개정을 하였는데 등록제이던 무역대리업을 행정규제완화차원에서 무역거래의 자율성을 높이고 무역 분야의 저변을 확대하기 위하여 신고제로 전환하고, 산업설비수출계약을 체결하고자 하는 경우 사전에 그 수주계획을 상공자원부장관에게 신고하도록 하였으나 산업설비수출업체의 자유로운 국제입찰 경쟁을 통한 국제경쟁력을 높이기 위하여 신고 제도를 폐지하였다. 산업설비수출업체의 출연 등으로 산업설비수출기금을 조성하도록 되어 있으나 기금의 조성실적이 미미하여 동 기금제도를 폐지하고 개방화 추세에 따라 산업피해구제제도 관련사항을 보완하고 섬유 및 의류의 수입 증가로 인한 국내산업의 피해를 구제하기 위하여 수입제한조치를 할 수 있는 근거규정을 마련하였다.

(6) 제4차 개정

대외무역법은 1996년 12월 30일에 전문개정(법률 제5211호)을 하였는데 수출입거래에 있어서 민간의 창의와 자율성이 최대한 발휘될 수 있도록 무역관리체제를 대폭 개편하는 한편, 개방의 확대에 대비하여 산업피해구제제도를 보완함과 아울러 기업의 국제적 영업활동을 원활하게 하기 위한 통상지원을 구체화하였다.

주요 개정내용으로 통상산업부장관은 무역 및 통상을 진흥하기 위하여 시·도지사의 의견을 들어 통상진흥시책의 기본방향등이 포함된 통상진흥시책을 수립·시행하도록 하고, 시·도지사는 통상진흥시책에 따라 그 관할구역의 실정에 맞게 지역별 진흥시책을 수립·시행하도록 하였다. 등록제였던 무역업을 무역대리업과 같이 신고제로 전환하였다. 그리고 통상산업부장관의 승인을 얻도록 하던 물품의 수출입을 원칙적으로 자유롭게 하도록 하되, 예외적으로 조약과 일반적으로 승인된 국제법규에 의한 의무의 이행, 생물자원의 보호, 무역의 균형화 등을 위하여 필요하다고 인정하여 통상산업부장관이 지정하는 물품에 대하여는 승인을 얻어 수출입하도록 하였다.

그리고 통상산업부 장관은 수출입거래가 효율적으로 이루어질 수 있도록 전자문서교환체제 등 과학적 무역업무 처리기반을 구축하도록 하였다. 통상산업부장관이 필요하다고 인정하는 경우 또는 무역거래자나 판매업자의 요청에 따라 수출·수입물품의 원산지의 판정을 하도록 하고, 그 원산지의 판정에 불복하는 자는 이의를 제기할 수 있도록 하였고, 수입국 정부의 위임으로 선적 전에 우리 기업의 수출품의 검사를 실시하는 경우 세계무역기구(WTO) 선적전검사에 관한 협정에 부합하도록 하고, 그 선적전검사가 우리 기업의 수출에 대한 무역장벽으로 작용하여서는 안 되도록 하였다. 또한 원산지의 표시를 손상·변경하는 등 불공정수출입행위를 한 자에 대하여는 시정조치명령을 하거나 과징금을 부과하도록 하고, 이 경우의 시정조치명령을 불이행한 자는 형사 처벌하도록 하였다.

(7) 제5차 개정

1999년 2월 개정에서는 무역의 균형을 도모하기 위하여 지정하는 물품의 수출입승인제도를 폐지하고, 대외무역법에 의한 수출입관련 조합의 설립 및 활동의 자율성제고를 위하여 설립인가제를 폐지하는 등 대외무역관련 규제를 정비하여 무역절차를 간소화하였다.

(8) 제6차 개정

대외무역법은 2000.12.29 일부 개정(법률 제6316호)을 하였는데 정보통신기술의 발달로 정보통신망을 통한 온라인거래 등에 의한 수출과 수입이 크게 증가함에 따라 무역의 범위에 정보통신망을 통한 온라인거래 등을 추가하고, 전자무역중개기관을 지정하여 전자적으로 지원하고 육성할 수 있도록 하는 한편, 원산지표시제도에 대한 개정이 있었다.

주요 개정 내용은 경제적 가치가 있는 전자적 형태의 무체물을 정보통신망을 통하여 수출·수입하는 것도 무역으로 보도록 하고, 산업통상자원부장관은 정보통신망을 통한 거래의 알선 및 전자무역문서의 중계나 전자무역에 대한 교육·홍보 등 전자무역에 필요한 서비스를 종합적으로 제공하는 기관·법인 또는 단체 중에서 전자무역중개기관을 지정하고 이를 지원함으로써 전자무역을 촉진시킬 수 있도록 하였다. 또한 2000년 1월 1일부터 무역법 및 무역대리업의 신고제도가 실효됨에 따라 관련 조항을 정비하였고 원산지표시제도의 실효성 확보를 위하여 원산지를 허위로 표시하거나 원산지 표시를 손상하는 행위 등을 한 판매업자에 대하여도 시정조치 등을 명할 수 있도록 하였다.

(9) 제7차 개정

대외무역법은 2003년 9월 29일에 개정(법률 제06977호)을 하였는데 무역의 범위를 확대하여 용역의 수출을 지원하고, 특정 물품의 수입 증가로 인한 국내산업의 피해를 구제하기 위하여 수입수량제한조치제도를 도입하였다. 주요 개정 내용은 물품과 전자적 형태의 무체물의 수출·수입으로 한정하고 있는 무역의 범위에 용역의 수출·수입도 포함함으로써 차세대 주력 수출의 대상으로 부상하고 있는 용역에 대하여 물품 등과 동일하게 무역금융·수출보험 등의 지원이 가능하도록 하였다. 또한 외화획득을 목적으로 원료 또는 물품 등을 구매하는 자가 부가가치세법상의 영세율적용 등을 받기 위하여 그 확인을 신청하는 경우 산업통상자원부장관은 구매확인서를 발급할 수 있도록 하고, 구매확인서를 발급받은 자에 대하여는 그 원료 또는 물품 등의 구매여부에 대한 사후관리를 하도록 하였다. 산업통상자원부장관은 수입 원료를 사용하여 국내에서 생산되어 유통·판매되는 물품 등에 대한 원산지 판정에 관한 기준을 정할 수 있도록 함으로써 공정한 거래질서를 확립하고, 소비자 보호의 기반을 확충하도록 하였다.

특정 물품의 수입 증가로 인하여 국내 산업이 심각한 피해를 입거나 입을 우려가 있음이 무역위원회의 조사를 통하여 확인되고 이를 구제하기 위한 조치가 건의된 경우 산업통상자원부장관은 물품의 수입 수량을 제한하는 수입수량제한조치를 시행할 수 있도록 하여 국내 산업을 보호할 수 있도록 하고, 산업통상자원부장관은 전략물자 등에 대한 수출허가를 받은 자 또는 수출허가를 받지 아니하고 수출하였거나 수출하려고 한 자에 대하여 전략물자 등의 수입국·수입자 및 최종사용자 등에 관하여 보고 또는 관련 자료의 제출을 명할 수 있도록 함으로써 전략물자 등의 불법적인 확산을 효율적으로 억제할 수 있도록 하였다.

(10) 제8차 개정

대외무역법은 2007년 1월 3일 법률 제8185호로 일부 개정되었다. 개정이유는 대량파괴무기의 확산을 방지하는 전략물자 수출통제제도가 국제적 무역규범으로 정착되어 감에 따라 전략물자에 대한 새로운 국제적 통제규범으로 평가되는 국제연합안전보장이사회 결의문 제1540호(2004. 4. 28. 결의·시행)에서 정하고 있는 국제연합 회원국의 준수사항을 이 법에 반영하고, 그 동안 전략물자 수출통제제도의 운영 과정에서 제기된 불합리한 사항을 개선하여 우리 기업의 수출입 활동을 지원하는 한편, 외국산 물품이 한국산으로 위장되어 수출되는 사례가 빈번하게 발생함으로써 우리나라 제품에 대한 평가가 저하되는 현상을 방지하기 위하여 이러한 행위의 금지규정 및 위반시 처벌규정을 신설하였다.

주요 개정 내용은 먼저 전략물자의 범위 정비이다. 지금까지 수출허가를 반드시 받아야 하는 전략물자의 범위가 광범위한 것으로 인식되어 전략물자 수출통제제도가 오히려 제대로 운영되지 못하는 문제점이 있었다. 이에 따라 국제평화 및 안전유지와 국가안보와 관련된 물품 등을 전략물자로 지정·고시하여 이를 수출하는 경우에는 산업통상자원부장관 또는 관계 행정기관의 장의 허가를 받도록 하고, 전략물자로 고시되지 아니한 물품 등은 수입자가 해당 물품 등의 최종 용도에 관한 정보제공을 꺼리는 경우이거나 수출하려는 물품 등이 최종 사용자의 사업 분야에 해당되지 않은 경우 등 그 상황에 따라 수출허가를 받도록 하였다.

둘째, 전략물자의 국내유통 관리와 관련하여 전략물자의 국내유통을 관리할 수 있는 근거가 없어 전략물자의 관리에 대한 국제적인 요구사항을 충족하지 못하는 문제점이 있었다. 개정 법률에서는 물품 등의 제조자 및 무역거래자는 전략물자의 확인 또는 판정에 관한 서류 등을 5년간 보관하도록 하고, 제조자 및 수입자가 전략물자를 제조하거나 수입하는 경우에는 출고일 또는 수입신고 수리일부터 30일 이내에 반드시 관계 행정기관의 장에게 신고하도록 하며, 제조자 및 수입자가 국내에서 전략물자를 다른 사람에게 인도하는 경우 상대방에게 그 물품이 전략물자임을 통보하도록 하였다.

셋째, 전략물자의 이동중지 및 중개허가로 대량파괴무기의 제조 등을 위한 전략물자의 획득경로가 복잡·교묘하여짐에 따라 국제사회는 국제연합안전보장이사회 결의문 등을 통하여 각 국가에 대하여 기존의 직접적 수출에 대한 통제뿐만 아니라 경유·환적 및 중개 등에 대하여도 효율적으로 통제하도록 요구하고 있다. 이에 따라 국내 물품이 불법적으로 수출된 경우와 국내 항만 및 공항을 경유하거나 국내에서 옮겨 싣는 외국 물품에 대한 국제기구 및 외국정부의 협조요청 등이 있는 경우에는 당해 전략물자의 이동을 일시적으로 중지시킬 수 있도록 하고, 내국인이 제3국에서 다른 제3국으로 전략물자를 중개하려는 경우에도 중개할 때마다 허가를 받도록 하였다.

넷째, 전략물자관리원의 설립이다. 전략물자 수출통제제도가 보완 및 강화됨에 따라 증가되는 업무량에 대처할 수 있는 인력 및 조직이 필요하여 전략물자관리원을 설립하여 전략물자의 사전확인, 전략물자 수출입관리 정보시스템의 운영, 전략물자의 수출입자에 대한 교육 등의 업무를 하도록 하였다.

다섯째, 외국산 물품의 국내산으로의 가장 수출·판매 행위 금지이다. 외국산 물품을 한국산인 것처럼 가장하여 수출하는 경우가 늘어나고 있어 한

국산 제품보호를 위하여 이들 행위를 처벌할 필요가 있었다. 이에 따라 외국산 물품을 한국산 물품으로 가장하여 외국에 수출하거나 판매하는 것을 금지하고, 이를 위반하거나 미수에 그친 자에 대하여 5년 이하의 징역 또는 수출물품 가격의 3배에 상당하는 금액 이하의 벌금에 처하도록 하였다.

(11) 제9차 개정

대외무역법은 2008년 2월 29일 정부조직 개편에 따라 담당 부처가 산업자원부에서 지식경제부로 바뀌어 이에 필요한 개정이 이루어졌다.

(12) 제10차 개정

그리고 2008년 12월 19일 「대외무역법」의 '특허권 등 다른 사람의 지식재산권을 침해하는 물품이나 원산지를 거짓으로 표시한 물품 등을 수출·수입하는 행위인 불공정무역행위를 금지하는 규정'과 「불공정무역행위 조사 및 산업피해구제에 관한 법률」이 사실상 동일하게 규정되어 있어 중복규제라가 되어 해당 내용을 삭제하고, 「불공정무역행위 조사 및 산업피해구제에 관한 법률」에서 관련 내용을 정비함으로써 규제를 간소화하고 규제기관을 일원화하였다.

(13) 제11차 개정

양벌규정에 대한 헌법재판소의 위헌결정에 따라 대외무역법 개정이 2008년 12월 26일 이루어 졌다. 개정내용은 기존의 양벌규정 내용에다 '다만, 법인 또는 개인이 그 위반행위를 방지하기 위하여 해당 업무에 관하여 상당한 주의와 감독을 게을리하지 아니한 경우에는 그러하지 아니하다'라는 단서를 추가하였다.

(14) 제12차 개정

대외무역법은 2009년 4월 22일 개정되어 2009년 10월 23일부터 시행되었다. 주요 개정 이유는 선진 무역환경을 조성하기 위하여 종합무역상사 지정제도 및 전략물자에 대한 신고·통보 의무 등을 폐지하였다. 그리고 기업의 해외 진출과 관련된 상담·안내 등 기업의 해외 진출에 대한 지원 업무를 종합적으로 수행하기 위하여 해외진출지원센터를 두는 등 기업의 해외진출 기반을 마련하며, 전략물자에 대한 수출허가 등에 대한 면제·취소 등의 사유를 정하는 등 전략물자에 대한 수출통제 제도를 정비하였다.

주요 개정 내용은 먼저, 산업통상자원부장관은 원자재 가격 상승 등에 적극적으로 대응하기 위하여 원자재의 원활한 수급을 위한 국내외 협력 추진 방안을 마련하도록 하였다.

둘째, 기업의 해외 진출과 관련된 상담·안내 등 기업의 해외 진출에 대한 지원 업무를 종합적으로 수행하기 위하여 해외진출지원센터설치 하였다.

셋째, 산업통상자원부장관이 무역거래자 중에서 종합무역상사나 전문무역상사를 지정할 수 있도록 하던 것을 폐지하여 기업의 부담을 완화하고, 산업통상자원부장관이 무역에 관한 조약의 이행을 위하여 필요한 때에는 관련 공공기관, 기업 및 단체 등으로부터 필요한 자료의 제출을 요구할 수 있도록 하였다.

넷째, 산업통상자원부장관이나 관계 행정기관의 장은 재외공관에서 사용될 공용물품을 수출하는 등의 경우에는 수출허가 등을 면제할 수 있도록 하고, 국제정세의 변화 등의 사유가 있는 때에는 수출허가 등을 취소할 수 있도록 하였다.

다섯째, 물품 등이 전략물자에 해당하는지에 대한 사전 확인의무 및 전략물자에 대한 신고·통보 의무를 폐지하여 기업의 부담을 완화하도록 하였다.

여섯째, 공정한 거래 질서를 확립하고, 소비자 보호를 위한 원산지표시제의 올바른 정착 및 법 집행의 실효성을 확보하기 위하여 수출입 물품 등의 원산지 표시방법 위반에 대하여 3천만 원 이하의 과징금을 부과하도록 하던 것을 3억 원 이하의 과징금을 부과하도록 강화하였다.

(15) 제13차 개정

대외무역법은 2010년 4월 플랜트수출의 수출환경 변화를 반영하기 위하여 '산업설비수출'이라는 용어를 '플랜트수출'로 변경하며, 사실상 사문화되어 있는 국외 취업자 모집에 대한 노동부장관의 동의 규정을 삭제하고, 정부의 플랜트수출 촉진 정책에 관한 근거를 규정하였다. 수입물품을 단순 가공처리한 자에 대해서도 당초의 원산지를 표시하도록 의무를 부과하고, 수입물품에 대한 소비자의 알 권리를 보장하기 위하여 원산지 표시 의무 위반자에 대한 벌칙을 강화하였다.

〈대외무역법 주요 개정 내용〉

개(제)정일	주요 개(제)정 내용
제 정 (1986.12.31)	- 산업피해조사제도/디자인보호제도/무역정책심의회 설치 - 국산원료·기재의 사용촉진을 위한 수입승인 - 수입조합 설립
제1차 개정 (1989.12.21)	- 관세및무역에관한일반협정에 부합하도록 산업피해구제 제도 개선 - 무역위원회가 산업피해조사를 하는 경우 공청회 실시 - 조사개시일로부터 120일 이내에 산업피해의 유무를 결정
제2차 개정 (1992.12. 8)	- 무역에 관한 특별조치 사유로 조약 및 국제법규에서 정한 국제평화와 안전유지 등 의무이행, 인간·동·식물의 건강 및 환경보전을 위해 필요한 경우를 추가 - 무역업이 허가제에서 등록제로 전환 - 원산지증명서 제출, 원산지판정기준 신설 - 덤핑방지관세 및 상계관세의 부과를 위한 산업피해조사 및 판정
제3차 개정 (1994.12.31)	- 무역대리업 등록제에서 신고제로 전환 - 산업설비수주계획 신고 및 산업설비수출기금 폐지 - 섬유 및 의류에 대한 수입제한조치 신설
제4차 개정 (1996.12.30)	- 무역업 등록제에서 신고제로 전환 - 수출입승인제도가 Positive System에서 Negative System으로 전환 - 전자문서교환체계 등 과학적 무역업무 처리기반 구축조항 신설 - 원산지표시의 사전확인 및 이의제기 - 선적전검사제 도입
제5차 개정 (1999. 2. 5)	- 수입선다변화제도 폐지/수출입이행사항 확인 폐지 - 수출입조합 설립인가제 폐지 - 무역정책심의회 폐지 - 무역거래자에 대한 보고명령제 폐지
제6차 개정 (2000.12.29)	- 전자무역을 수출입의 범위에 포함 - 전자무역중개기관 지정 및 취소 제도 - 무역업 및 무역대리업의 신고제도 폐지 - 산업피해조사제도 「불공정무역행위조사 및 산업피해구제에 관한 법률(2001.2.3 제정)」로 이관
제7차 개정 (2003. 9.29)	- 무역의 범위를 용역으로 확대 - 수입수량제한조치제도를 도입 - 수입원료 사용 국내 생산 물품에 대한 원산지판정기준 도입
제8차 개정 (2007. 1. 3)	- 전략물자의 범위 정비, 전략물자의 국내유통 관리 등 - 외국산 물품의 국내산으로의 가장(가장) 수출·판매 행위 금지
제9, 10, 11차 개정	- 정부조직 개편에 따른 명칭 개정 - 「불공정무역행위조사 및 산업피해구제에 관한 법률」중복 규정 삭제
제12차 개정	- 해외진출지원센터설치 - 종합무역상사, 전문무역상사 지정제도 폐지 - 전략물자에 해당하는지에 대한 사전 확인의무 및 전략물자에 대한 신고・통보 의무 폐지
제13차 개정	- '산업설비수출'이라는 용어를 '플랜트수출'로 변경 - 정부의 플랜트수출 촉진 정책에 관한 근거를 규정

3. 대외무역법의 관리대상

(1) 무역주체

1) 연혁

1986년 12월 31일 제정된 대외무역법에서는 무역업이 허가제 (무역대리업은 등록제)로서 납입자본금이 5천만 원 이상인 등의 자격요건을 갖추어야 하였으나, 1993년 3월 6일 개정된 대외무역법에서는 무역업이 등록제로 완화되었으며, 1994년 12월 31일 개정된 대외무역법에서는 무역대리업이 신고제로, 1996년 12월 30일 개정된 대외무역법에서는 무역업을 신고제로 바꾸면서 동법 부칙 제2조에 무역(대리)업 신고제도는 1999년 12월 31까지 효력을 가진다고 명시하였다. 결과적으로 2000년부터 모든 국민은 무역업 및 무역대리업을 자유롭게 영위할 수 있게 되었다.

〈무역업의 개시 요건 변천〉

법 개(제)정일	무역업	무역대리업
1986.12.31	허가제	등록제
1993.03.06	등록제	등록제
1994.12.31	등록제	신고제
1996.12.30	신고제(1999.12.31폐지)	신고제(1999.12.31폐지)
2000.01.01	무역업고유번호부여	-

2) 무역거래자

대외무역법령상「무역거래자」라 함은 수출 또는 수입을 하는 자, 외국의 수입자 또는 수출자의 위임을 받은 자 및 수출·수입을 위임하는 자 등 물품 등의 수출·수입행위의 전부 또는 일부를 위임하거나 행하는 자를 말한다. 대외무역법에서는 무역주체와 관련하여 무역업에 대한 정부의 인·허가를 철폐함에 따라 무역거래자에 대한 정의만을 두고 있다.

3) 무역업고유번호제도

① 목적 및 의의 : 무역업을 영위할 수 있는 자격을 철폐하여 누구나 자유롭게 무역업을 할 수 있지만, 국가의 수출입통계관리를 목적으로 무역거래자에 대하여 고유번호를 부여한다.

② 관련규정 : 산업통상자원부장관은 전산관리체제의 개발·운영을 위하여 무역거래자별 무역업고유번호를 부여할 수 있다

③ 무역거래자는 관세법 제241조의 규정에 의한 수출입 신고 시 무역업고유번호를 수출입자 상호명과 함께 기재하여야 한다.

④ 발급자 : 한국무역협회장

⑤ 신청방법 : 무역업고유번호 신청서 및 사업자등록증을 팩스, 우편, 전자메일, EDI 등의 방법으로 한국무역협회에 신청 시 무역협회는 접수 즉시 신청자에게 고유번호를 부여한다. 고유번호 필증은 신청하는 경우에만 발급한다.

⑥ 무역업고유번호를 부여받은 자가 상호, 대표자, 주소, 전화번호 등의 변동사항이 발생한 경우에는 무역업고유번호신청사항 변경통보서에 따라 변동사항이 발생한 날부터 20일 이내에 한국무역협회장에게 알리거나 한국무역협회에서 운영하고 있는 무역업 데이터베이스에 변동사항을 수정입력하여야 한다.

⑦ 무역업고유번호를 부여받은 자가 합병, 상속, 영업의 양수도 등 지위의 변동이 발생하여 기존의 무역업고유번호를 유지 또는 수출입 실적 등의 승계를 받으려는 경우에는 변동사항에 대한 증빙서류를 갖추어 무역업고유번호의 승계 등을 한국무역협회장에게 신청할 수 있다.[5)]

⑧ 한국무역협회장은 무역업고유번호의 부여 및 변경사항을 확인하고 무역업고유번호관리대장 또는 무역업 데이터베이스에 이를 기록 및 관리하여야 한다.

5) 수출실적도 다른 권리·의무와 마찬가지로 승계의 대상이며 승계받은 무역업자의 수출실적으로 합산이 가능하다.

무역업고유번호신청서

APPLICATION FOR TRADE BUSINESS CODE

처리기간(Handling Time)
즉 시(Immediately)

① 상 호 (Name of Company)			② 무역업고유번호 (Trade Business Code)	
③ 주 소 (Address)				
④	전화번호 (Phone Number)		⑤ 이메일주소 (E-mail Address)	
	팩스번호 (Fax Number)		⑥ 사업자등록번호 (Business Registry Number)	
⑦ 대표자 성명 (Name of Rep.)				

「대외무역법 시행령」 제21조 제1항 및 대외무역관리규정 제24조에 따라 무역업고유번호를 위와 같이 신청합니다.

I hereby apply for the above-mentioned trade business code in accordance with Article 24 of the Foreign Trade Management Regulation.

신청일 : 년 월 일
Date of Application Year Month Day
신청인 : (서명)
Applicant Signature

사단법인 한국무역협회 회장
Chairman of Korea International Trade Association

유의사항 : 상호, 대표자, 주소, 전화번호 등 변동사항이 발생하는 경우 변동일로부터 20일 이내에 통보하거나 무역업데이타베이스에 수정입력하여야 함.

Ⅱ. 대외무역법의 임무와 규제수단

대외무역법은 일반 행정법이 가진 모든 행위방식을 동원하여 대외무역을 진흥하고 공정한 거래질서를 확립하여 국민의 공공복리 및 국민경제의 발전을 달성하려고 한다. 대외무역 행정의 수단과 관련하여서는 행정의 목적을 달성하기 위하여 국가·지방자치단체 등의 행정주체는 어떠한 수단들을 사용할 수 있는가, 그러한 수단들은 어떠한 내용과 효과가 있고, 그 한계는 어떠한 것인가 등의 문제가 제기된다. 대외무역관련 행정에 있어서는 그 목적달성을 위하여 내용적으로 매우 다양한 수단이 사용되고 있는데, 이러한 행정의 수단은 여러 기준에 따라 분류될 수 있다.

1. 대외무역법의 임무

(1) 임무에 따른 분류

행정의 수단은 그 임무의 내용에 따라 분류될 수 있다. 그에 따라 행정의 수단은 대외무역 영역에 있어서의 위험의 방지 및 제거를 위한 감시·감독수단, 무역활동을 일정한 방향으로 유도하는 지도·향도수단 및 기업에 대하여 보조금의 제공 또는 의무의 면제 등을 통하여 그 경제활동을 조장·촉진하는 무역조장수단 등으로 대별할 수 있다.[6] 이러한 수단들은 개별적으로 사용될 수도 있고 여러 수단이 복합적으로 사용될 수도 있다. 대외무역법에서 감시·감독을 하는 분야는 법 제5조에 의한 수출 또는 수입의 제한이나 금지, 법 제21조 제1항의 허위 기타 부정한 방법으로 전략물자의 수출허가를 받도록 하는 것 등이 이에 해당한다. 법 제50조에 의한 수출이 제한되거나 금지된 물품 또는 21조 규정에 의하여 공고된 전략물자에 대한 수출허가를 받은 자 등에 대하여 보고 또는 자료의 제출을 명하는 것은 감시·감독의 수단으로 사용된다. 지도·향도하기 위한 수단은 지적재산권의 침해나 원산지 표시 등 불공정한 수출입행위의 금지를 통하여 세계 무역질서의 유지에 기여를 하도록 하고 있으며 법 제50조의 보고·검사는 지도를 하기 위해서 사용될 수 있다. 대외무역법에서는 조장·촉진하는 수단이 많이 사용되고 있는데 대외무역법 제1조에서 통상의

---

6) 김동희 행정법 Ⅱ 박영사(1992), 521쪽.

확대를 도모하는 것을 목적으로 선언하고 있으며, 법 제4조에서는 무역의 진흥을 위한 조치를 할 수 있도록 하고 있으며, 법 제16조의 특정거래형태의 인정, 외화획득용 원료·기재와 관련한 제3절도 무역활동을 조장·촉진하기 위해 운영되는 제도이다.

(2) 행정개입의 내용에 따른 분류－권력적 규제와 비권력적 규제

무역활동에 대한 행정개입은 그 형식에 따라 권력적 수단에 의한 개입과 비권력적 수단에 의한 개입으로 구분할 수 있다. 행정은 일정한 정책에 따른 무역과정에의 개입을 통하여 사적 자치에 기초한 경제질서에 대하여 제한·수정을 가하기도 하는데, 경제에 대한 국가의 개입은 권력적 수단에 의하는 경우가 많다. 이러한 권력적 수단에 의한 개입은 하명, 금지, 인·허가, 등록, 신고 등의 형식으로 행하여진다. 대외무역법 제5조의 수출입제한 또는 금지, 제14조에 의한 수출입 승인·변경승인 및 신고, 외화획득용 원료·기재의 목적 외사용 승인, 법 제22조의 산업설비의 수출승인, 법 제26조의 수입수량제한 조치, 법제39조의 불공정한 수출입행위의 금지 등은 권력적 수단에 의한 행정개입이라고 할 수 있다.

비권력적 수단에 의한 개입은 국가 등이 공권력의 발동, 즉 권력적 수단 이외의 방법에 의하여 경제활동에 개입하여 국민경제를 일정한 방향으로 향도하는 것을 말한다. 이러한 비권력적 행정개입의 수단으로서는 공기업의 형식에 의한 경제활동에의 직접참여, 공법상 계약, 행정사법적 활동, 일정한 행정계획, 행정지도를 비롯한 사실행위 등을 들 수 있다. 대외무역법상 비권력적 수단에 의한 개입은 민간협력활동의 지원 등을 들 수 있다.

(3) 행위형식에 따른 분류

행정의 수단은 행정의 행위형식의 관점에서도 분류할 수 있다. 이러한 관점에서의 행정수단의 분류방식은 행정의 목적이나 내용에 구애되지 아니하고, 행정을 위하여 사용될 수 있는 각종의 법적 수단들을 총체적·체계적으로 분석하고 정리할 수 있다는 점에서 그 기본적 유용성이 있다. 행정의 행위형식은 먼저 이를 법률과 행정작용으로 대별할 수 있다. 행정에 있어서의 행정작용형식에 관하여는 일반행정작용론이 원칙적으로 그대로 타당하게 적용된다.

행정작용 일반을 체계적으로 분류하는 것은 그 내용의 다양성과 특히

현재에도 새로운 행위유형이 계속 등장하고 있다는 사실 등으로 인하여, 그에 있어서는 여러 가지 어려움이 있다. 그러나 대체로 행정작용은 그것이 귀속되는 법영역을 기준으로 하여 공법행위와 사법행위로 나누고, 공법행위는 다시 법적 효과의 발생 여부 및 양태에 따라 법적 행위와 사실행위로 구분하고, 법적 행위는 그것이 외부관계에 대한 것인가에 따라 구체적으로 분류할 수 있을 것이다.

2. 행정작용의 행위형식 및 그 구체적 내용

대외무역법은 직접 법률 또는 법규명령에 의하여 일정한 의무를 부과하는 경우도 있지만, 그보다는 법률 또는 법규명령에 근거한 행정기관의 행위에 의하여 의무가 부과되거나 해제되고 권리가 창설되거나 소멸되는 등의 효과가 발생하는 것이 보통이다. 이러한 행정기관의 행위(행정작용)는 권력적 작용인 경우가 많지만 비권력적 작용인 경우도 있다. 즉 행정의 주요 수단은 명령(행정입법), 행정행위(처분), 제재(행정벌) 등의 권력적 행정작용이다. 그러나 계획 등 사실행위, 사법적 작용 등의 행위형식은 다양해지고 있다.

(1) 법령 · 자치법규에 의한 직접적 규제

1) 법령 및 행정입법

무역행위에 대한 국가 또는 지방자치단체의 개입은 행정의 구체적 조치를 통하지 않고 법령에 의하여 직접 행하여질 수도 있다. 법령이 직접 일정한 행위를 금지 또는 명하는 경우 등이 그것이다. 여기서 법령이란 법률과 법규명령을 말한다. 법규명령이란 국가의 행정권이 정립하는 일반·추상적인 규정으로서 법규적 효력, 즉 행정내부적 효력뿐만 아니라 국민에 대하여도 구속력을 가지는 것을 말한다.[7] 행정권(행정기관)은 일반적·추상적 규율을 제정하기도 하는데 이렇게 행정기관이 제정한 규범으로서의 명령(법규명령과 행정규칙)을 행정입법이라고 한다. 행정입법은 일반적, 추상적 규율의 성질을 가진다는 점에서 행정권의 개별적, 구체적 규율로서의 성질을 갖는 행정행위와 구분되는 행위형식이다. 이러한 행정입법은 형식적으로는 행정작용에 속한다.

---

7) 법규명령은 대통령령, 총리령, 부령, 중앙선거관리위원회규칙, 감사원규칙, 때때로 국무총리 훈령, 국세청 훈령 등 법률이 아닌 명령으로서 재판규범으로 인정되는 것들을 말한다.

대외무역의 규제수단인 대통령령, 부령 등 법규명령은 일반 국민도 쉽게 인지가 가능하므로 국민의 문제의 소지가 적으나, 행정기관이 법조의 형식으로 정립하는 일반적·추상적 규범으로서 법규의 성질을 가지지 않는 행정규칙은 많은 문제점을 내포하고 있다. 행정규칙의 법규성에 대하여는 논란이 있다. 그 일정 유형(재량준칙·법률대위적 규칙)에 대하여는 평등원칙 또는 신뢰보호원칙과의 관계에서 법규에 준하는 효력이 인정되는 경우도 있으나, 그 자체에 법규적 효력을 인정할 수는 없다고 보는 견해가 많다.[8] 행정규칙은 훈령, 고시, 예규 등의 형식으로 존재하며 오늘날 실질적 기능면에서 법령에 못지않은 중요한 비중을 차지한다.

2) 자치법규

자치법규란 지방자치단체가 그 자치입법권에 의하여 법령의 범위 안에서 제정하는 자치에 관한 법규(헌법 117①,지방자치법 15)로서, 지방의회가 제정하는 조례와 자치단체의 장이 제정하는 규칙이 있다. 자치법규는 국회에서 제정하는 법형식이 아니라는 점에서 행정입법으로 분류되기도 하고, 직접 법률의 위임을 받아 제정되는 경우를 제외하고는 행정입법에 포함시키는 것이 자연스럽지 못하다는 견해도 있다. 자치법규는 독립적으로 헌법에 근거를 두고 있는 지방자치단체의 행위형식이라고 봄이 타당하다고 주장하는 학자들도 있다. 자치법규도 행정법관계를 변동시키는 법률요건·법률사실이다. 자치법규에는 조례, 규칙, 교육규칙 등이 있다. 지방자치단체도 대외무역행정의 주체로서 이러한 조례·규칙에 의하여 무역에 대한 규제와 조정을 행할 수 있음은 물론이다.

3) 법령 등에 의한 직접적 규제의 내용

① 무역활동에 관한 의무부과

법령에 의하여 사경제주체에 대하여 작위·부작위(금지)·수인의 의무가 부과되는 경우가 있다.

② 신고제·등록제 등

인·허가제보다는 그 개입의 정도가 약한 것이나, 법령이 신고 또는 등록·표시 등의 의무를 부과하는 경우가 있다.

8) 김동희 행정법 Ⅰ, Ⅱ

특정한 사실 또는 법률관계의 존부에 관하여 행정관청에 이를 알리는 것이 필요한 경우 또는 일정한 영업이나 사업에 있어서 단순히 자료파악을 위하여 영업자 등의 협조가 필요한 경우 등에 신고제로 규정한다. 법령 등에서 행정청에 대하여 일정한 사항을 통지함으로써 의무가 끝나는 신고를 규정하고 있는 경우 신고를 관장하는 행정청은 신고서의 기재사항에 하자가 없고 필요한 구비서류를 갖춘 경우 또는 법령 등에 규정된 형식상의 요건을 갖춘 경우에는 신고서가 접수기관에 도달된 때에 신고의 의무가 이행된 것으로 보도록 되어 있다.[9] 따라서 신고가 소정의 형식적 요건을 갖춘 경우에는 일단 이를 수리(수리)하여야 하고, 원칙적으로 내용상의 문제를 가지고 신고수리를 거부하여서는 아니 된다.[10]

---

9) 행정절차법 제40조(신고) ①법령 등에서 행정청에 대하여 일정한 사항을 통지함으로써 의무가 끝나는 신고를 규정하고 있는 경우 신고를 관장하는 행정청은 신고에 필요한 구비서류와 접수기관 기타 법령 등에 의한 신고에 필요한 사항을 게시(인터넷 등을 통한 게시를 포함한다)하거나 이에 대한 편람을 비치하여 누구나 열람할 수 있도록 하여야 한다.
② 제1항의 규정에 의한 신고가 다음 각호의 요건을 갖춘 경우에는 신고서가 접수기관에 도달된 때에 신고의 의무가 이행된 것으로 본다.
1. 신고서의 기재사항에 흠이 없을 것
2. 필요한 구비서류가 첨부되어 있을 것
3. 기타 법령 등에 규정된 형식상의 요건에 적합할 것
③ 행정청은 제2항 각호의 요건을 갖추지 못한 신고서가 제출된 경우 지체없이 상당한 기간을 정하여 신고인에게 보완을 요구하여야 한다.
④ 행정청은 신고인이 제3항의 규정에 의한 기간 내에 보완을 하지 아니한 때에는 그 이유를 명시하여 당해 신고서를 되돌려 보내야 한다.

10) ◇ 관계 법령 소정의 형식적 요건을 갖춘 공장설립신고의 수리를 거부할 수는 없다고 한 대법원 판례
공장설립신고가 관계 법령 소정의 형식적 요건을 갖추었다면 시장·군수·구청장은 일단 이를 수리하여야 하는 것이고, 만일 신고한 사항이 법령상 규정된 입지기준에 적합하지 아니하다고 판단된다면 법령에서 규정된 바에 따라 공장입지의 변경을 권고하거나 입지기준에 적합하도록 시설의 설치를 권고할 수 있고, 이러한 권고를 받은 자가 권고응낙의 통보를 하면 시장·군수·구청장은 공장설립신고확인서를 교부하고, 이에 응하지 아니한다면 공장입지의 변경 또는 공장설립계획의 조정을 명할 수 있을 뿐이지 공장설립신고서의 수리 자체를 거부할 수는 없다. (1994. 6. 28. 선고 93누15922판결)
◇ 신고에 형식적 하자가 없는 경우 실체적 이유를 들어 신고의 수리를 거부할 수는 없다고 한 판례
토지거래신고가 국토이용관리법 소정의 형식적 요건을 모두 갖춘 것이라면 행정청은 일단 이를 수리하여야 하는 것이고, 만일 신고된 토지의 이용목적이 국토이용계획이나 자연환경보전 등의 공익적 기준에 적합하지 아니하다고 판단되거나 신고된 토지가 공익사업용 토지에 해당하여 국가 등이 매수를 원하는 경우이면 국토이용관리법의 규정이 정하는 바에 따라 토지거래계약체결의 중지 등을 권고하거나 선매자를 지정하여 당해 토지를 협의매수 하도록 알선을 할 수 있을 뿐이지, 위와 같이 공익적 기준에 적합하지 않는다는 등의 실체적 사유를 들어 토지거래신고의 수리 자체를 거부할 수 없다. (1997. 8. 29. 선고. 96누6646판결)

신고제의 기능은 기본적으로 다음의 두 가지로 요약될 수 있다. 신고제는 먼저 경제활동에 대한 사전적 통제기능을 수행한다. 즉 신고제에 있어서도 관계법령상의 요건이 충족되어 있지 않음을 이유로 그 수리거부가 인정되는 경우가 있는데, 이러한 경우에는 신고제는 허가제와 같은 의미를 가진다. 다만 이러한 내용의 신고제는 그 대상 업종의 영세성을 고려한 규제완화의 취지에서, 일종의 완화된 인·허가제로서 활용되고 있는 경우가 적지 않다. 다음에 신고제는 그 대상인 행위에 대한 지속적 통제수단으로서의 의미를 가진다. 각종의 허가사항에 대한 변경 등에 있어서의 신고의무부과가 그 예이다.

등록제는 일정한 법률사실이나 법률관계의 존부를 공적으로 표시·증명할 필요가 있는 경우 또는 일정한 영업이나 사업에 있어서의 인·허가가 단순히 업무의 개시요건에 불과하거나 인·허가의 여부에 관한 처분요건이 없고 또한 행정관청의 재량의 여지가 없는 경우에 규정한다. 등록은 원래 행정기관의 관련 장부에 일정한 법률관계 또는 법률사실을 기록하여 올려서 그 존부 또는 진위를 공적으로 표시 또는 증명하는 것으로 강학상 공증의 의미로 사용된 것이나, 영업허가와 관련하여서는 영업·사업 및 업무 등에 대한 허가의 의미로 사용되고 있다. 실정법상 등록제를 두고 있는 많은 입법례를 보면, 등록의 기준, 결격사유, 지위승계, 등록취소(말소) 및 사업정지의 행정처분 등 허가와 유사한 규제내용을 규정하면서 등록신청의 수리·거부와 관련하여 행정기관의 재량여지를 둠으로써 강학상의 허가와 유사하게 운영할 수 있도록 하고 있다.

3. 행정행위

「행정청이 법 아래에서 구체적 사실에 대한 법 집행으로서 행하는 권력적 단독행위인 공법행위」이다. 행정행위는 「행정청」의 행위라는 점에서 입법행위나 재판행위와 구별되고, 법 아래의 행위인 점에서 통치행위와 구별되며, 구체적 사실에 대한 법 집행 행위인 점에서 일반·추상적 명령이나 행정계획과 구별된다. 행정행위는 「법적 행위」인 점에서 의사표시 및 기타 정신작용을 필수적인 요소로 하며, 대 국민적 행위이고, 국민의 권리나 이익에 영향을 미치게 되는 행위이다. 행정행위는 법적 행위 중에서도 공법행위인 점에서 국고행위(사법행위)와 구별된다. 행정행위는 행정주체의 권력적 단독

행위라는 점에서 관리행위(대등한 지위에서의 행위)와도 구별된다.

(1) 대외무역법상 하명

국가가 개인에 대하여 작위, 부작위, 급부, 수인 등의 의무를 명하는 행위이다. 부작위의무를 명하는 것을 금지라 하고 그 밖의 경우를 명령이라 한다. 명령은 명령의 내용에 따라 일정한 공법상의 의무를 발생시키는데, 작위명령에 의해서는 일정한 행위를 적극적으로 하여야 할 의무(산자부장관이 공고한 물품 등을 수출입하려고 하는 자는 원산지표시를 하라)가, 부작위명령에 의해서는 일정한 행위를 하지 않아야 할 의무(국제평화·안전유지 등을 위하여 수출입을 하지마라)가, 급부명령에 의해서는 금전적 가치 있는 것의 제공의무(세금을 납부하라)가, 수인명령에 의해서는 행정기관에 의한 실력행사를 감수하고 이에 저항하지 않을 의무(건강진단에 응하라)가 발생한다.

명령행위(명령처분)를 제대로 이행하지 않을 때에는 이를 강제로 이행하게 하는 장치가 있다. 대체적 작위의무를 이행하지 않을 경우의 행정대집행, 부작위의무(전략물자를 허가 없이 수출을 하지 마라) 또는 비대체적 작위의무를 이행하지 않는 경우의 집행벌, 의무자가 작위 또는 부작위의 의무를 이행하지 않을 경우의 직접강제(의무자의 신체 또는 재산에 실력을 가하여 행정상 필요한 상태를 실현하는 작용 : 예방접종을 받아야 할 사람이 그러하지 않을 때 강제로 접종을 시키는 경우), 공법상의 금전 급부 의무를 이행하지 않을 때의 행정상 강제징수 등의 수단이 있으며, 또한 행정법상 의무위반자에 대하여 일반 통치권에 의하여 행정벌(행정형벌, 행정 질서벌, 조례에 의한 과태료)을 과할 수 있다. 위법한 명령에 의하여 권리, 이익을 침해받은 자는 행정쟁송 절차에 의하여 그 취소, 변경을 구하거나 손해가 발생했을 경우에는 그 배상을 청구할 수 있다.

(2) 허가

부작위명령(금지명령)을, 특정한 경우 특정의 상대방에 대해 해제해 줌으로써, 그 특정인이 적법하게 일정한 행위를 행할 수 있게 해 주는 처분(행위)이다(전략물자의 수출허가). 허가는 금지되었던 자연의 자유를 특정의 경우에 회복시켜 주는 행위이다. 이 점에서 권리 또는 능력을 새로이 창설해 주는 특허와 구분된다. 그러나 허가와 특허의 구별은 매우 어려운 과제이다. 허가는 학문상의 개념이다. 실정법령에서는 허가·면허·인가·특허·승인 등의 여러 가지 용어가 사용되고 있다. 당해 행위가 학문상의 허가에 해당하는지의 여부는 관계법령의 구체적인 규정이나 취지 등에 비추어 구체적으로 판단되어야 한다.[11]

전통적 견해에 의하면 허가는 인간의 자연적 자유를 대상으로 이를 회복시켜 주는 행위로서, 권리 기타의 법률상 능력을 좌우하는 행위는 아니라는 점에서 명령적 행정행위이다. 최근에는 실정법과 관련해서 허가를 관계법상의 구체적 공익목적을 위한 제한규정에 배치되지 않는다고 판단되는 경우에, 헌법상의 자유권을 적법하게 행사할 수 있게 해 주는 행위로 형성적 행정행위로서의 성질을 가진다는 견해가 있다.[12]

허가는 법령에 특별한 규정이 없는 한 기속행위로 허가요건을 충족했는데도 허가를 거부하는 것은 정당한 사유 없이 헌법상의 자유권을 제한하는 것이므로 허용되지 않는다. 무허가행위의 효과(허가 받아야 할 행위를 허가 받지 않고 행했을 경우의 효과)는 그 행위의 효력이 당연히 부정되지는 않고 원칙적으로 행정상 강제징수나 행정벌의 대상이 된다.

(3) 특허

특허란 기존의 권리의 범위를 확대하거나 새로운 권리를 설정하여 주는 행위를 말한다. 실정법상으로는 허가·면허·인가 등의 용어도 사용되고 있다. 도시가스사업법에 의한 도시가스사업의 허가(제3조), 전기사업법에 의한 일반 전기사업 또는 발전사업의 허가(제5조), 여객자동차운수사업법에 의한 여객자동차운수사업의 면허(제5조) 등이 그 예이다.

특허는 그 상대방에게 권리 기타 법률상의 힘을 부여하는 설권행위이다. 특허는 수익적 행위라는 점에서 이를 재량행위라고 보는 것이 보통이다. 특허는 그 내용에 있어 헌법상의 영업의 자유를 적법하게 행사할 수 있게 하여 주는 데 그치지 않고, 새로운 권리 기타 법률상의 힘을 설정하여 그 상대방에 특별한 법적 지위를 설정하여 주는 행위인 바, 이러한 특별한 권리를 부여하는 것은 기본적으로는 당해 특허대상인 사업이 공익성이 특히 부각되는 것을 감안하면, 특허를 할 것인지 여부의 결정에 있어서는 행정청에 일단 독자적 판단권을 인정할 수 있는 소지가 있다. 특히 경

11) 최정일, 行政法(上), 박영사(2000), p 464.
12) 앞의 책.

제행정에 있어서 특허제도는 많은 경우 경제정책과 관련된 것이라는 점에서는 더욱 그러하다. 그러나 특허도 영업의 자유에 관련된 것임을 간과하여서는 안 되며, 그러한 점에서는 특허를 일률적으로 재량행위로 보는 것은 타당하지 않다고 본다. 이와 관련하여 하나의 일반적 판단기준을 제시하여 보면, 관계법상 특허요건의 내용에 있어 행정청에 의한 그 해석·적용에 있어서는 기술적·전문적 판단을 요하는 성질의 것이고, 또한 그에 있어서는 행정청의 경제정책과 관련된 공익적 고려가 부각되는 때에는 그러한 한도에서 행정청에는 독자적 판단권, 즉 재량권이 인정된다고 본다. 따라서 특허행위가 재량행위인지의 여부는 원칙적으로 개별적·구체적으로 판단되어야 할 문제이다.

(4) 인가

법률상 행정청의 승인이 다른 법률관계 당사자의 법률행위의 유효요건으로 되어 있는 경우에 행정청이 그 법률행위를 승인함으로써 그 법적 효력을 완성시켜 주는 행정행위이다. 이러한 인가제도는 특히 경제행정에 있어서는 사경제주체의 경제활동에 대한 감독 또는 규제수단으로서 다른 행정영역에 비하여 그 중요성이 부각되고 있다. 인가를 받아야 할 경우에 인가를 받지 않고 한 행위의 효력은 무효라고 함이 통설적 견해이다.

(5) 인 · 허가의 부관

인·허가와 같은 재량행위에 있어서는 당해 인·허가의 효과를 제한하기 위하여 필요한 때에는 조건, 기한, 부담 또는 철회권유보 등의 부관을 붙일 수 있다. 다만, 이 경우 행정행위에 붙이는 부관은 그 내용이 관계법령에 위반되지 아니하고 그 이행이 가능하여야 하며, 비례원칙 및 평등원칙에 적합하고 그 행정처분의 본질적인 효력을 해치는 것이 아니어야 그 효력이 인정된다.

(6) 인 · 허가의 취소

행정청이 일단 행정처분을 한 경우에는 행정처분을 한 행정청이라도 법령에 규정이 있는 경우, 행정처분에 하자가 있는 경우 또는 상대방의 동의가 있는 경우와 같은 특별한 사유가 없으면 그 행정처분을 자의로 취소할 수 없다(행정행위의 공정력). 인·허가의 취소는 일단 유효한 행정행위로서 완전하게 성립한 허가처분의 효력을 그 후 새로이 발생한 사실에 기하여 장래에 향하여 소멸시키는 행정기관의 행위이다. 따라서 실정법상 규정되어 있는 인·허가의 취소는 일반적으로 성립에 흠이 있는 행정행위에 대하여 행위 당시로 소급하여 그 효력을 상실시키는 강학상의 취소와는 구별되는 것으로 강학상 철회 또는 폐지를 말한다.

취소는 인·허가로 인하여 받은 권리·이익 등을 행정기관의 자유재량에 의하여 박탈·변경 또는 정지되어 법률생활의 안정을 해하게 되므로 일반적으로 법률에 그 구체적인 근거를 두고 이 제도를 운용하고 있다. 그런데 법률에 그 근거를 두는 경우에도 가능한 한 개선명령·시정명령 또는 영업정지 등 가벼운 제재수단을 함께 규정하도록 하여 구체적인 사안에 따라 행정처분을 탄력적으로 운용할 수 있도록 하는 방향으로 규정되어 있다.

인·허가 취소의 사유는 대상 영업 등의 성질이나 감독의 필요성 등에 따라 일정하지 않다. 먼저 가장 일반적인 사유는 허가를 받은 자가 결격사유에 해당하게 되는 경우 당초의 허가를 하는 때에 결격사유에 해당하였더라면 허가를 하지 아니하였을 것으로 보고 인·허가를 취소하는 경우이다. 결격사유에 해당하는 경우에는 필요적인 취소사유로 하되, 법인의 임원이 결격사유에 해당하게 된 때에는 그 임원을 개임할 수 있도록 일정한 기간의 시간적인 여유를 주는 것이 보통이다.

다음으로 허가사항에 대한 각종의 제한 또는 금지에 대하여 행정벌을 과할 수도 있으나, 처분권자가 인·허가의 취소나 영업정지를 선택할 수 있도록 하는 경우이다. 또 인·허가 처분시 인·허가 본래의 목적을 유지하기 위한 부관을 붙이고 있는 경우 그 부관에 위반되는 경우를 인·허가의 취소사유로 하여 그 조건 등의 이행을 강제하도록 하는 경우가 있고, 인·허가를 받은 업무를 일정한 기간 내에 행하지 아니하는 경우를 인·허가의 취소사유로 하는 경우도 있다.

그런데 행정청은 취소의 사유를 규정한 별도의 법적 근거가 없다고 하더라도 그가 행한 처분에 잘못이 있음을 발견할 경우에는 일반적으로 당해 처분에 대한 불복신청이 없다고 하더라도 그 잘못을 시정하기 위하여 직권으로 그 처분을 취소하거나 변경할 수가 있으며, 원래의 처분을 존속시킬 필요가 없게 된 사정변경이 생겼거나 중대한 공익상의 필요가 발생한 경우에는 그 효력을 상실하게 하는 별개의 행정행위로 이를 취소할 수 있다.

다만, 그 행정처분이 절차상 확인판단적·준사법적 성질을 가지거나 법률의 규정에 의하여 소송법적 확정력을 가지는 경우 등과 같은 예외적인 경우에는 그 취소가 곤란하며, 상대방의 권리·이익 또는 공공복리가 침해될 수 있는 수익적 처분을 취소하는 경우에는 비록 취소 등의 사유가 있다고 하더라도 이를 취소하여야 할 공익상의 필요가 그 취소로 인하여 당사자가 입게 될 기득권과 신뢰보호의 상실과 법률생활 안정의 침해 등을 비교·교량한 후 공익상의 필요가 당사자가 입을 불이익이 보다 큰 경우에 한하여 취소할 수 있다.

4. 사실행위

(1) 서

최근 행정에서 행정지도나 행정조사 등의 비권력적 행정작용이 보편화되면서 더욱 주목을 받고 있는 것이 사실행위에 해당하는 법률사실이다. 사실행위는「정신작용의 유무 또는 그 내용과 관계없이 단지 객관적으로 행위가 행하여진 사실 또는 그 결과에 대하여 법률효과가 부여된 행위」이며 효과의사 기타의 정신작용을 요소로 하여 그 내용에 따른 또는 법률의 규정에 따른 법률효과를 발생하는 법률적 행위와 구별되는 것이다. 사실행위는 그 행위에 의하여 표시되는 의식내용이 무엇이냐에 관계없이 다만, 행위가 그 어디를 향하여 있다는 것 또는 그 행위에 의하여 생긴 결과만이 법률에 의하여 법률상 의미가 있는 것으로 인정되는 행위이다. 사실행위를 비표현행위라고 하는 까닭은 여기에 있다.

(2) 행정지도

"행정지도"라 함은 행정기관이 그 소관사무의 범위 안에서 일정한 행정목적을 실현하기 위하여 특정인에게 일정한 행위를 하거나 하지 아니하도록 지도·권고·조언 등을 하는 행정작용을 말한다(행정절차법 제2조제3호). 즉 행정지도란 행정주체가 그 의도하는 바를 달성하기 위하여 상대방의 임의적 협력을 기대하여 조언·권고·요망 등의 형식으로 행하는 비권력적 행정작용을 말한다. 행정지도는 그에 대한 법적 근거가 있는 경우도 있으나, 그것이 비권력적 작용이라는 점에서 법적 근거가 없는 경우에도 허용된다고 보는 것이 통설적 견해이다. 이러한 행정지도는 대외무역행정에 있어서는 경제정책·계획목표의 달성을 위한 수단으로, 인·허가의 보조수단으로, 경제 감독의 예비적 수단으로, 기업 사이의 이해관계를 조정하기 위한 수단으로, 그리고 산업구조개편이나 기업합리화촉진 등 기업의 보호·조장 등을 위한 적절한 수단으로서 실제 널리 활용되고 있다.

그러나 행정지도라는 명목 하에서 법이 무시되거나 법령의 규정을 위반하는 행정지도가 자행되는 경우도 적지 않은 것으로 보인다. 예컨대 허가신청에 대하여 행정지도라는 형식에 의하여 그 허가를 유보 내지는 사실상 거부하는 것이나, 등록제가 행정지도에 의하여 사실상 허가제처럼 운영되는 등의 사례가 그것이다. 행정지도가 수행하고 있는 기능이나 역할의 중요성에 비추어, 행정지도에 대하여도 절차적 측면에서의 법적 규율이나, 그에 대한 쟁송법상의 구제수단의 강구 등 일정한 법적 규제가 필요하다고 본다. 행정절차에 관한 일반법인 행정절차법은 제6장에서 행정지도에 관하여 그 원칙, 방식 등에 관한 기본원칙을 규정하고 있다.

(3) 행정조사

행정기관이 필요한 정보나 자료를 수집하는 일체의 행정 활동을 말한다. 행정조사는 법적 행위를 하기 위한 준비적, 보조적 활동으로 많이 활용된다. 대외무역법상 행정조사는 법 제8조의 통상진흥시책의 수립을 위한 기초자료 조사가 있으며, 법 제26조·제28조·제31조에 의하여 특정물품 또는 특정국가 물품, 섬유·의류의 수입 증가로 인하여 동종 물품 또는 직접적인 경쟁관계에 있는 물품을 생산하는 국내산업이 심각한 피해를 입고 있거나 입을 우려가 있을 경우 불공정무역행위조사및산업피해구제에관한법률에 의한 무역위원회가 행하는 조사가 있다. 그 외에 법 제41조에서도 무역분쟁에 관한 행정조사를 규정하고 있다.

제2장

통상의 진흥

1. 무역의 진흥을 위한 조치

(1) 조치

산업통상자원부장관은 무역의 진흥을 위하여 필요하다고 인정되는 때에는 물품 등의 수출·수입을 지속적으로 증대하기 위하여 다음의 조치를 하거나 관계행정기관의 장에게 필요한 조치를 하여 줄 것을 요청할 수 있다.

- 수출산업의 국제경쟁력을 높이기 위한 여건의 조성 및 설비투자의 촉진
- 외화가득률을 높이기 위한 품질향상 및 국내에서 생산되는 외화획득용 원료·기재의 사용촉진
- 통상협력증진을 위한 수출·수입에 대한 조정
- 지역별 무역균형을 달성하기 위한 수출·수입의 연계
- 민간의 통상활동 및 산업협력의 지원
- 무역관련 시설에 대한 조세 등의 감면
- 과학적인 무역업무 처리기반을 효율적으로 구축·운영하기 위한 여건의 조성 및 무역업계 등 유관기관의 과학적인 무역업무 처리기반 이용촉진
- 국내기업의 해외진출 지원
- 해외에 진출한 국내기업의 애로사항의 조사와 그 해결을 위한 지원
- 기타 수출·수입을 지속적으로 증대하기 위하여 필요하다고 인정하는 조치

(2) 지원

산업통상자원부장관은 무역의 진흥을 위하여 필요하다고 인정되는 때에는 ① 무역의 진흥을 위한 자문·지도·대외홍보·전시·연수·상담알선

등을 업으로 하는 자, ② 무역전시장·무역연수원 등의 무역관련 시설을 설치·운영하는 자, ③ 과학적인 무역업무 처리기반을 구축·운영하는 자(무역업무자동화촉진에관한법률 제5조의 규정에 의한 지정사업자 중에서 과학적인 무역업무 처리기반을 구축·운영하고 있는 사업자)에게 필요한 지원을 할 수 있다.

(3) 시설기준

지원대상이 되는 무역관련 시설은 무역전시장의 경우 옥내 전시 연면적이 2천 제곱미터 이상인 무역견본품의 전시시설과 50명 이상을 수용할 수 있는 회의실을 갖추어야 하고, 무역연수원의 경우 무역 전문 인력의 양성이 가능한 시설로서 연면적이 2천 제곱미터이상이고 최대 수용 인원이 500명 이상이어야 하며 컨벤션센터는 회의용 시설로서 연면적이 4천 제곱미터이상이고 최대 수용 인원이 2천명 이상이여야 한다.

(4) 무역관련 시설의 지정

무역관련 시설로 지정받으려는 자는 사업계획서 1부와 건축물등기부등본, 건축물관리대장 및 토지대장 등본 각 1부 또는 건축허가서 사본 1부를 첨부하여 산업통상자원부장관에게 신청하여야 한다. 사업계획서에는 시설 및 부속토지의 면적 등 시설계획, 조직, 사업운영 기본방향 등 향후 2개년의 사업계획 등이 포함되어야 한다. 산업통상자원부장관은 신청을 받은 경우 기준과 무역진흥 관련 사업타당성 등을 검토하여 무역 관련 시설로 지정하여야 한다. 건축허가서 사본을 제출하여 지정을 받은 자는 건축물 등기부등본, 건축물 관리대장 및 토지대장 등본을 산업통상자원부장관에게 따로 제출하여야 한다.

지정된 무역관련 시설은 다음과 같다.

무역관련 시설

시설명	소재지
한국종합전시장	서울 강남구 삼성동 159
국제무역연수원	서울 강남구 삼성동 159

2. 통상진흥시책의 수립

산업통상자원부장관은 무역 및 통상을 진흥하기 위하여 매년 다음 연도의 통상진흥시책을 수립하여야 한다. 통상진흥시책에는 다음의 사항이 포함되어야 한다.

통상진흥시책 포함사항

- 통상진흥시책의 기본방향
- 국제통상여건의 분석과 전망
- 무역·통상 협상 추진 방안과 기업의 해외 진출 지원 방안
- 통상진흥을 위한 자문·지도·대외홍보·전시·상담알선·전문 인력 양성 등 해외시장개척 지원방안
- 통상관련 정보수집·분석 및 활용방안
- 원자재의 원활한 수급을 위한 국내외 협력 추진 방안
- 주요 지역별, 경제권별 또는 업종별 통상진흥 시책
- 무역·통상의 진흥과 관련되는 기관 또는 단체의 통상활동 계획
- 그 밖에 산업통상자원부장관이 무역·통상의 진흥과 관련하여 필요하다고 인정하는 통상진흥시책

(1) 협조요청

산업통상자원부장관은 통상진흥 시책을 세우려면 다음 기관이나 단체에 필요한 협조를 요청할 수 있다.

- 관계 행정기관
- 지방자치단체
- 「대한무역투자진흥공사법」에 따른 대한무역투자진흥공사
- 「민법」에 따라 산업통상자원부장관의 허가를 받아 설립된 한국무역협회
- 그 밖에 무역・통상과 관련되는 기관 또는 단체

(2) 통상관련제도 조사

산업통상자원부장관은 통상진흥 시책의 수립을 위한 기초 자료를 수집하기 위하여 교역상대국의 통상 관련 제도·관행 등과 기업이 해외에서 겪는 고충 사항을 조사할 수 있다. 산업통상자원부장관은 통상진흥 시책을 수립하기 위하여 필요한 경우에는 관계 행정기관이나 단체에 해당 분야나 특정 사안에 대한 조사 또는 사실 확인을 요청할 수 있다.

산업통상자원부장관은 해외에 진출한 기업에게 통상진흥시책의 수립에 필요한 자료를 요청하고, 필요한 경우 지원조치를 할 수 있다.

(3) 수립절차

산업통상자원부장관은 통상진흥시책을 수립하는 경우에는 미리 시·도

지사의 의견을 들어야 하고, 통상진흥시책을 수립한 때에는 이를 시·도지사에게 통보하여야 한다. 이를 변경한 때에도 또한 같다. 통상진흥시책의 통보를 받은 시·도지사는 그 관할구역의 실정에 맞는 지역별 통상진흥시책을 수립·시행하여야 한다. 시·도지사는 지역별 통상진흥시책을 수립한 때에는 이를 산업통상자원부장관에게 통보하여야 한다. 이를 변경한 때에도 또한 같다.

3. 민간협력활동의 지원

산업통상자원부장관은 무역·통상 관련기관 또는 단체가 교역상대국의 정부·지방정부·기관 또는 단체와 통상·산업·기술·에너지 등 협력 활동을 추진하는 경우 필요한 지원을 할 수 있다. 지원을 받고자 하는 무역 및 통상관련 기관 또는 단체는 신청서에 사업내역·사업성과 등이 포함된 사업계획서를 첨부하여 산업통상자원부장관에게 제출하여야 한다. 산업통상자원부장관은 제출받은 사업계획서를 검토하여 통상·산업·기술 또는 에너지 등 협력활동을 효율적으로 추진하기 위하여 필요하다고 인정되는 경우 자금·인력 및 정보 등을 지원할 수 있다. 지원기준 등에 관하여 필요한 사항은 산업통상자원부장관이 정한다. 산업통상자원부장관은 지원과 관련하여 필요한 경우에는 관계행정기관의 장에게 협조를 요청할 수 있다. 지원을 받은 관련단체는 당해 지원 사업이 완료된 후 3개월 이내에 사업결과보고서를 산업통상자원부장관에게 제출하여야 한다.

4. 무역 · 통상관련 정보의 수집 · 분석

(1) 정보의 수집 및 제공

산업통상자원부장관은 기업의 해외 진출을 지원하기 위하여 무역·통상 관련 기관 또는 단체로부터 정보를 체계적으로 수집하고 분석하여 지방자치단체와 기업에 필요한 정보를 제공할 수 있다. 산업통상자원부장관은 정보의 수집·분석 및 제공을 위하여 필요한 경우 관계 중앙행정기관의 장, 시·도지사, 무역·통상 및 기업의 해외 진출과 관련한 기관 또는 단체에 자료 및 통계의 제출을 요청할 수 있다.

(2) 해외진출지원센터 설치

산업통상자원부장관은 기업의 해외 진출과 관련된 상담·안내·홍보·

조사와 그 밖에 기업의 해외 진출에 대한 지원 업무를 종합적으로 수행하기 위하여 「대한무역투자진흥공사법」에 따른 대한무역투자진흥공사에 해외진출지원센터를 둔다.

(3) 해외진출지원센터의 구성 · 운영 및 감독

해외진출지원센터는 대한무역투자진흥공사 소속 임직원과 파견자로 구성한다. 대한무역투자진흥공사의 장은 기업의 해외진출 지원 업무를 수행하기 위하여 필요한 경우에는 관계 행정기관의 장 및 해외진출과 관련된 기관 또는 단체(해외진출 유관기관)의 장에게 소속 공무원 또는 그 임직원의 파견을 요청할 수 있다. 공무원 또는 임직원의 파견을 요청받은 관계 행정기관의 장 및 해외진출 유관기관의 장은 업무수행에 적합한 자를 선발하여 해외진출지원센터에 파견하여야 하며, 파견기간 중 파견근무를 해제하려는 경우에는 대한무역투자진흥공사의 장과 미리 협의하여야 한다. 해외진출지원센터에 파견된 공무원 또는 임직원의 복무에 관해서는 대한무역투자진흥공사의 장의 지휘·감독을 받는다. 대한무역투자진흥공사의 장은 파견된 공무원에게는 「공무원 성과평가 등에 관한 규정」 또는 「지방공무원 임용령」에 따라 근무성적평정에 관한 의견서를 작성하여 그 공무원을 파견한 관계 행정기관의 장에게 이를 송부하여야 하며, 그 의견서를 송부받은 관계 행정기관의 장은 근무성적을 평정할 때 이를 참작하여야 한다.

대한무역투자진흥공사의 장은 매년 1월 31일까지 전년도의 해외진출 지원업무 추진실적 및 해당 연도의 해외진출지원 업무추진계획을 작성하여 산업통상자원부장관에게 보고하고, 매 분기 종료 후 1개월 이내에 분기별 업무추진실적을 산업통상자원부장관에게 보고하여야 한다. 이 경우 산업통상자원부장관은 보고받은 사항 중 관계 행정기관의 협조가 필요한 사항에 대하여는 해당 행정기관의 장에게 통보하여야 한다.

산업통상자원부장관은 해외진출지원센터의 운영에 필요한 경비를 지원할 수 있다.

해외진출지원센터의 구성·운영 등에 필요한 세부 사항은 대한무역투자진흥공사의 장이 산업통상자원부장관과 협의하여 정한다.

5. 무역에 관한 조약의 이행을 위한 자료제출

산업통상자원부장관은 우리나라가 체결한 무역에 관한 조약의 이행을 위하여 필요한 때에는 대통령령으로 정하는 바에 따라 관련 공공기관, 기업 및 단체 등으로부터 필요한 자료의 제출을 요구할 수 있다. 산업통상자원부장관은 자료제출을 요구하려면 제출대상 자료 및 제출기한 등을 적은 문서(전자문서를 포함한다)로 하여야 한다.

무역에 관한 조약의 이행을 위하여 필요한 자료를 직무상 습득한 자는 자료 제공자의 동의 없이 그 습득한 자료 중 기업의 영업비밀 등 비밀유지가 필요하다고 인정되는 기업정보를 타인에게 제공 또는 누설(漏泄)하거나 사용 목적 외의 용도로 사용하여서는 아니 된다.

6. 과학적 무역업무의 처리기반 구축

산업통상자원부장관은 물품 등의 수출입 거래가 질서 있고 효율적으로 이루어질 수 있도록 대외무역통계시스템 및 전자문서 교환체계 등 과학적 무역업무의 처리기반을 구축하기 위하여 노력하여야 한다.

(1) 전산관리체제의 개발 · 운영

산업통상자원부장관은 수출입 거래가 질서 있고 효율적으로 이루어질 수 있도록 다음의 전산관리체제를 개발·운영하여야 한다.

① 무역거래자별 고유번호(이하 "무역업고유번호"라 한다)의 부여 및 관리 등 수출입통계 데이터베이스를 구축하기 위한 전산관리체제

② 「불공정무역행위 조사 및 산업피해구제에 관한 법률」 제4조에 따른 불공정무역행위를 방지하기 위한 전산관리체제

③ 효율적인 수출입 거래를 위한 부문별 무역전산관리체제를 유기적으로 연계하기 위한 전산관리체제와 관계 행정기관의 장이 필요하다고 인정하여 산업통상자원부장관과 협의하여 정한 해당 기관 소관의 무역 관련 전산관리체제

④ 그 밖에 무역업계의 요청에 따라 산업통상자원부장관이 필요하다고 인정하는 전산관리체제

산업통상자원부장관은 전산관리체제를 개발·운영하기 위하여 필요하다고 인정하면 그 경비의 일부를 해당 전산관리체제의 개발·운영에 필요한 정보를 제공한 기관에 지원할 수 있다.

(2) 수출입 거래에 관한 정보의 수집 · 분석

산업통상자원부장관은 과학적 무역업무의 처리기반을 구축하기 위하여 필요하다고 인정되면 관계 행정기관의 장에게 통관기록 등 물품 등의 수출입 거래에 관한 정보를 제공하도록 요청할 수 있다. 이 경우 관계 행정기관의 장은 이에 협조하여야 한다.

1) 통관기록 요청

산업통상자원부장관은 전산관리체제를 개발·운영하는 데에 필요하면 관세청장에게 다음 정보를 요청할 수 있다.

① 「관세법」에 따라 수출·수입 또는 반송의 신고를 한 무역거래자의 상호, 성명 등 무역거래자에 관련된 정보

② 「관세법」에 따른 수출·수입 또는 반송 신고의 각 신고별 신고 수리일, 수출 또는 수입 물품의 품명·수량·금액, 거래 형태 등에 관련된 정보로서 산업통상자원부장관이 정하는 정보

2) 정보의 분석 · 관리

산업통상자원부장관은 전산관리체제를 개발·운영하기 위하여 관세청의 통관기록, 권한의 위임 또는 위탁을 받은 기관의 보고, 법에서 정한 보고를 통해 수집된 관련 정보를 종합적으로 분석·관리하여야 한다. 정보의 제공 시기 및 방법, 정보의 형태, 그 밖에 정보 수집에 관하여 필요한 사항은 산업통상자원부장관이 정한다.

(3) 수출입거래 정보의 제공

관계 행정기관의 장은 대외무역법의 목적의 범위에서 필요하다고 인정되면 산업통상자원부장관에게 구축된 물품 등의 수출입 거래에 관한 정보를 제공하도록 요청할 수 있다. 이 경우 산업통상자원부장관은 이에 협조하여야 한다.

제3장

수출입거래

제1절 수출입거래 총칙

Ⅰ. 총칙

2006년 우리나라의 수출은 1980년대 이후 처음으로 4년 연속 두 자리 수 수출증가율과 5년 연속 무역흑자 100억불 이상 달성으로 우리 경제의 성장을 주도하고 있다. 지난 1964년 수출 1억불을 달성한 우리나라가 2006년에 세계에서 11번째로 '수출 3,000억불'을 달성하였다.

〈1998년 이후의 주요 무역통계〉

단위 : 억불

년도	수 출		수 입		무역수지	경상수지	외환보유고
	금 액	증가율	금 액	증가율			
1998	1,323	△2.8	933	△35.5	390	404	520
1999	1,437	8.6	1,198	28.4	239	245	740
2000	1,723	19.9	1,605	34.0	118	123	962
2001	1,504	△12.7	1,411	△12.1	93	80	1,028
2002	1,625	8.0	1,521	7.8	103	54	1,214
2003	1,938	19.3	1,788	17.6	150	119	1,554
2004	2,538	31.0	2,245	25.5	293	282	1,991
2005	2,844	12.0	2,612	16.4	232	166	2,104
2006	3,259	14.6	3,093	18.4	166	16	2,342

수출은 당초 전망치 3,180억 달러를 80억 달러 상회하였으며 미국, 일본, 독일 등에 이어 세계 11번째로 3천억 달러 달성하였다. 품목별로는 석유제품, 선박, 반도체, 자동차 등 주력 품목들이 고른 증가세를 보였으며 지역별

로는 중남미, 인도, 중동 등 신흥시장 개척이 활발하였다. 수입은 고유가에 따른 원자재 수입 증가와 환율하락 등의 영향으로 당초 전망치 2,950억 달러 보다 크게 증가하였고, 무역수지는 167억불로 2005년의 232억불 보다 65억불이 감소하였다.

1. 수출입(무역)의 정의

(1) 대외무역법상의 수출입 정의

1) 무역의 정의와 범위 확대

「무역」이라 함은 '물품과 용역 또는 전자적 형태의 무체물의 수출·수입'을 말한다. 무역의 범위는 대외무역법을 제정할 당시에는 물품만이 포함되었으나 2000년에 전자적 형태의 무체물이 추가되었고 2003년 개정 시에 용역(서비스)이 추가되었다.

〈무역범위의 변천〉

물품(1986년 법 제정) → 전자적 형태의 무체물(2000년 개정) 추가 → 용역(2003년 개정) 추가

2) 수출의 정의

- 매매[1]·교환[2]·임대차[3),4)]·증여[5] 등을 원인으로 국내(대한민국의 주권이 미치는 지역)에서 외국(국내 이외의 지역)으로 물품을 이동하는 것(우리나라의 선박에 의하여 외국에서 채취 또는 포획한 광물 또는 수산물을 외국에 매도하는 것을 포함한다)과 유상으로 외국에서 외국으로 물품을 인도하는 것으로서 산업통상자원부장관이 정하여 고시하는 기준에 해당하는 것
- 외국환거래법의 규정(제3조제1항 제12호·제13호)에 의한 거주자의 비거주자에 대한 용역(서비스)의 제공으로서 산업통상자원부장관이 정하여 고시

---

1) 매매는 당사자일방이 재산권을 상대방에게 이전할 것을 약정하고 상대방이 그 대금을 지급할 것을 약정함으로써 그 효력이 생긴다(민법 제563조).
2) 교환은 당사자 쌍방이 금전이외의 재산권을 상호 이전할 것을 약정함으로써 그 효력이 생긴다(민법 제596조).
3) 임대차는 당사자일방이 상대방에게 목적물을 사용, 수익하게 할 것을 약정하고 상대방이 이에 대하여 차임을 지급할 것을 약정함으로써 그 효력이 생긴다(민법 제618조).
4) 은 당사자일방이 상대방에게 무상으로 사용, 수익하게 하기 위하여 목적물을 인도할 것을 약정하고 상대방은 이를 사용, 수익한 후 그 물건을 반환할 것을 약정함으로써 그 효력이 생긴다(민법 제609조).
5) 증여는 당사자일방이 무상으로 재산을 상대방에 수여하는 의사를 표시하고 상대방이 이를 승낙함으로써 그 효력이 생긴다(민법 제554조).

하는 방법으로 제공하는 것
- 거주자의 비거주자에 대한 전자적 형태의 무체물을 정보통신망을 통한 전송 그 밖에 산업통상자원부장관이 정하여 고시하는 방법으로 인도하는 것

3) 수입의 정의

- 매매·교환·임대차·증여 등을 원인으로 외국으로부터 국내로 물품을 이동하는 것과 유상으로 외국에서 외국으로 물품을 인수하는 것으로서 산업통상자원부장관이 고시하는 기준에 해당하는 것
- 비거주자의 거주자에 대한 용역의 제공으로서 산업통상자원부장관이 정하여 고시하는 방법으로 제공하는 것
- 비거주자의 거주자에 대한 전자적 형태의 무체물을 정보통신망을 통한 전송 그 밖에 산업통상자원부장관이 정하여 고시하는 방법으로 인도하는 것

4) 거주자(비거주자)가 비거주자(거주자)에게 용역의 제공 또는 전자적형태의 무체물을 정보통신망을 통한 전송 기타 산업통상자원부장관이 정하는 방법으로 인도(인수)하는 것

① 거주자 : 외국환거래법 제3조 제12호의 규정에 의한 거주자를 의미하며, 대한민국 안에 주소 또는 거소를 둔 개인과 대한민국 안에 주된 사무소를 둔 법인을 말한다.

② 비거주자 : 외국환거래법 제3조 제13호의 규정에 의한 비거주자를 의미하며, 거주자외의 개인 및 법인을 말한다. 다만, 비거주자의 대한민국내의 지점·출장소 기타의 사무소는 법률상 대리권의 유무에 불구하고 거주자로 본다.

③ 전자적형태의 무체물 : 전자적 형태의 무체물은 ㉠소프트웨어산업진흥법 제2조제1호의 규정에 의한 소프트웨어, ㉡부호·문자·음성·음향·이미지·영상 등을 디지털방식으로 제작하거나 처리한 자료 또는 정보 등으로서 영상물(영화, 게임, 애니메이션, 만화, 캐릭터를 포함), 음향·음성물, 전자서적, 데이터베이스, ㉢ ㉠과 ㉡의 집합체, 기타 이와 유사한 전자적 형태의 무체물로서 산업통상자원부장관이 정하여 고시하는 것을 말한다. 다시 말하면 「전자적 형태의 무체물」이란 소프트웨어, 영상물, 음반물, 전자서적, DB 등을 지칭하는 용어로서, 디지털형태로 제공되는 컨텐츠를 의미한다. 이러한 컨텐츠가 '물품(재화)'인가 '서비스(용역)'인가에 대한 국제적 합의는 이루어지지 않았으나, IT산업발전 및 전자무

역의 촉진을 위해 대외무역법상의 물품의 개념으로 포함시켰다. 그러나 디지털형태로 제공되어도 명백한 서비스 개념인 경우(회계사, 변호사, 의사 등의 컨설팅 등)에는 '전자적형태의 무체물'로 인정하지 않는다. 전송이라 함은 인터넷상에서 다운로드 하는 행위를 의미하며, 기타 산업통상자원부장관이 정하는 방법이란, 노트북 등 정보처리능력을 가진 장치에 내장한 상태로 반출·반입한 후 인도·인수하는 행위를 말한다.

〈전자적 형태의 무체물과 용역의 비교〉

<table>
<tr><th>용역</th><th>전자적 형태의 무체물</th></tr>
<tr><td rowspan="2">① 다음에 해당하는 업종의 사업을 영위하는 자가 제공하는 용역
- 경영 상담업
- 법무관련 서비스업
- 회계 및 세무관련 서비스업
- 엔지니어링 서비스업
- 디자인
- 컴퓨터시스템 설계 및 자문업
- 문화산업진흥기본법에 의한 문화산업에 해당하는 업종
- 그 밖에 지식기반용역 등 수출유망산업으로서 산업통상자원부장관이 정하여 고시하는 업종</td><td>① 소프트웨어산업진흥법에 의한 소프트웨어</td></tr>
<tr><td>② 부호·문자·음성·음향·이미지·영상 등을 디지털방식으로 제작하거나 처리한 자료 또는 정보인 ㉠ 영상물(영화, 게임, 애니메이션, 만화, 캐릭터를 포함), ㉡ 음향·음성물, ㉢ 전자서적, ㉣ 데이터베이스</td></tr>
<tr><td>② 국내의 법령 또는 대한민국이 당사자인 조약에 의하여 보호되는 특허권·실용신안권·의장권·상표권·저작권·저작인접권·프로그램저작권·반도체집적회로의 배치설계권의 양도, 전용실시권의 설정 또는 통상실시권의 허락</td><td>③ ① 및 ② 집합체 기타 이와 유사한 전자적 형태의 무체물로서 산업통상자원부장관이 정하여 고시하는 것</td></tr>
<tr><td colspan="2">※ 디지털형태로 제공되어도 명백한 서비스 개념인 경우(회계사, 변호사, 의사 등의 컨설팅 등)에는 '전자적형태의 무체물'로 인정하지 않는다.</td></tr>
<tr><th>용역의 제공의 방법</th><th>전자적 형태의 무체물의 인도</th></tr>
<tr><td>- 용역의 국경을 넘은 이동에 의한 제공(외국 은행에 예금, 위성을 통한 뉴스 공급)
- 해외소비에 의한 제공(해외관광, 해외유학)
- 상업적 주재에 의한 제공(자회사, 합작회사)
- 자연인의 주재에 의한 제공(자회사에 임직원 파견, 회계사·변호가 현지에 거주하면서 서비스 제공)</td><td>- 정보통신망을 통한 전송 그 밖에 컴퓨터 등 정보처리능력을 가진 장치에 저장한 상태로 반출반입한 후 인도·인수하는 것</td></tr>
</table>

(2) 「용역(서비스)」

1) 연혁

2003년 대외무역법 개정 이전의 무역의 범위를 "물품과 전자적 형태의 무체물"로 정의하여 "용역거래"에 대해서는 법적 공백 상태여서, 시스템통합(SI: System Integration, 기업내부의 체계적 전산시스템 컨설팅 및 네트워크 구축)·회계·경영컨설팅·물류 등과 같은 고부가가치의 용역 수출이 증가함에도 불구하고, 업체는 "용역" 수출분을 수출실적으로 인정받지 못하였었다.

2003년 대외무역법을 개정하여 무역의 범위를 "용역"까지 확대하여 물품과 동일한 무역지위를 부여하고 수출실적을 인정하여, 대외무역법 및 무역금융·수출보험·부가가치세 영세율[6] 등 다른 법령상의 무역·세제지원을 수혜할 수 있도록 하여 용역수출의 활성화를 유도하였다.

미·영 등 선진국은 새로운 성장엔진으로 서비스산업을 육성하면서 서비스 수출비중 및 서비스수지 흑자가 계속 증가세를 시현하고 있다. 그러나 우리나라의 2009년 기준 서비스 교역 규모는 15위로 우리나라의 세계 GDP 순위나 세계 무역거래액 순위보다 순위가 아래이다.

〈세계 교역규모(서비스)〉

(2009년 기준, 십억달러)

순 위	국가명	교역규모	순 위	국가명	교역규모
1	미 국	805	9	아일랜드	200
2	독 일	480	10	네덜란드	176
3	영 국	394	11	싱가폴	169
4	중 국	287	12	인도	167
5	일 본	273	13	벨기에	153
6	프랑스	269	14	캐나다	136
7	이탈리아	216	15	한 국	132
8	스페인	209		세 계	6495

주 : 상업서비스(국제수지상 서비스 중 정부서비스를 제외) 기준

※ 자료출처 : WTO

최근 지속적인 상품수지 흑자에 비해 서비스수지는 오히려 적자규모가 확대되고 있어, 향후 무역흑자국 달성을 통한 지속적 경제성장을 위

6) 영세율은 물품이나 용역 공급단계마다 창출되는 부가가치에 대한 세율이 영(0)이 된다. 반면 면세의 경우 최종 소비단계에서만 부가가치세가 면제되는 것으로 영세율은 거래 전 단계에 적용된다는 점에서 면세보다 적용범위가 크다.

해서는 서비스교역에 대해서도 물품교역과 동일하게 체계적 지원을 정책적으로 제공할 필요가 있었다.

〈서비스 수 · 출입 수지현황〉

(단위: 십억달러)

구 분	'04년	'05년	'06년	'07년	'08년	'09년
서비스 수출	40 (27.7%)	43.9 (9.75%)	50.4 (14.8%)	61.5 (22%)	74.1 (20.4%)	57 (−23%)
서비스 수입	49.6 (24.6%)	57.7 (16.3%)	69.8 (20.9%)	82.8 (18.6%)	91.8 (10.8%)	75 (−18.3%)
서비스 수지	−9.6	−13.8	−19.4	−21.3	−17.7	−18

"전자적 형태의 무체물"의 경우 2000년 개정 시에 전자무역을 활성화하기 위한 조치로 새로 무역의 범위에 추가되었지만, 그 수출실적 인정대상이 컴퓨터 서버검색 등을 통해서 객관적으로 그 수출사실을 확인할 수 있는 온라인 전송망을 통해서만 이동 가능한 소프트웨어나 게임·영상물에 국한된다는 점에서 일정한 한계를 가지고 있었다.

대외무역법은 전통적 수출기반이었던 물품위주의 거래법으로서 수출실적 및 지원 등이 물품에만 국한되는 상황이었으나, 무역의 범위를 물품과 전자적 형태의 무체물 외에 다음과 같은 서비스에 관한 국제규범인 WTO GATS(General Agreement on Trade in Services)상의 서비스 거래유형 중에서 그 거래가 물품과 전자적 형태의 무체물의 수·출입과 비교적 유사하여 쉽게 파악될 수 있고, 그 수출실적을 객관적으로 확인할 수 있는 서비스(용역)까지 확대하였다.

〈GATS상의 서비스 거래형태〉

공급자의 주재여부	공급형태	정 의
서비스 공급자가 서비스 수입국 영역내에 주재하지 않는 경우	국경간 공급 (Mode 1)	인력이나 자본 등 생산요소의 이동이 수반되지 않고 서비스 자체가 국경을 넘어 이동하는 경우(서비스자체의 이동)
	해외소비 (Mode 2)	서비스 소비자의 본국 이외의 영역에서 소비행위가 완결되는 경우(소비자의 이동)
서비스 공급자가 서비스 수입국 영역내에 주재하는 경우	상업적 주재 (Mode 3)	서비스 수입국 내에 서비스 공급주체를 설립하여 생산 판매하는 경우(자본의 이동)
	자연인의 이동 (Mode 4)	서비스 수입국내에 서비스 공급인력이 주재하는 경우(노동의 이동: 상업적 주재와의 관련 여부는 불문)

이러한 정부의 시책은 차세대 우리나라 수출동력으로 서비스산업을 육성하고 서비스산업의 무한한 고부가가치 창출가능성을 감안한 것이다. 대외무역 관리규정에서는 용역 제공 형태를 WTO GATS의 서비스 거래 형태와 유사하게 규정하고 있다.

〈대외무역법상의 용역(서비스) 제공 형태〉

용역의 수출	용역의 수입
용역의 국경을 넘은 이동에 의한 제공 비거주자의 국내에서의 소비에 의한 제공 거주자의 상업적 해외주재에 의한 제공 거주자의 외국으로의 이동에 의한 제공	용역의 국경을 넘은 이동에 의한 제공 거주자의 외국에서의 소비에 의한 제공 비거주자의 상업적 국내주재에 의한 제공 비거주자의 국내로의 이동에 의한 제공

2) 용역의 정의와 범위

사전적 의미에서 용역이란 '물질적 재화의 생산 이외의 생산이나 소비에 필요한 노무를 제공하는 것'을 말한다. 부가가치세법에서는 용역을 계약상 또는 법률상의 모든 원인에 의하여 역무를 제공하거나 재화·시설물 또는 권리를 사용하게 하는 것을 말한다.[7]

대외무역법에서는 용역의 정의에 대하여 규정하지 않고 용역의 범위에 대하여 규정하고 있다. 용역의 범위는 경영·법무관련 서비스 등 다음에 해당하는 업종의 사업을 영위하는 자가 제공하는 용역과 국내의 법령 또는 대한민국이 당사자인 조약에 의하여 보호되는 특허권·실용신안권·의장권·상표권·저작권·저작인접권·프로그램저작권·반도체 집적회로의 배치설권의 양도, 전용실시권의 설정 또는 통상실시권의 허락을 말한다.

〈용역의 범위〉

①경영 상담업, ②법무관련 서비스업, ③회계 및 세무관련 서비스업, ④엔지니어링 서비스업, ⑤디자인, ⑥컴퓨터시스템 설계 및 자문업, ⑦문화산업진흥기본법 제2조제1호의 규정에 의한 문화산업에 해당하는 업종, ⑧그 밖에 지식기반용역 등 수출유망산업으로서 산업통상자원부장관이 정하여 고시하는 업종

(2) 해설

1) 국내(외국)에서 외국(국내)으로 물품이 이동하는 경우 (유 · 무상 불문)

여기서 국내란 대한민국의 주권이 미치는 지역을 의미하며, 관세법상

7) 부가가치세법 제7조

의 보세창고, 보세판매장, 보세공장 등도 국내로 본다. 즉, 수출신고를 하여 보세구역에 장치하였다 하더라도 대외무역법상으로는 수출로 간주하지 않으며, 물품을 선적하여 외국으로 이동한 경우에만 대외무역법상의 수출로 인정하며, 입항 전 수입신고가 수리된 물품은 관세법(제2조제4항)상 '내국물품'으로 인정되지만, 대외무역법상으로는 수입으로 간주하지 않는다.

공해상의 선박은 국세법상 해당국가의 영토로 간주하므로, '우리나라 선박에 의하여 외국에서 채취 또는 포획한 광물 또는 수산물을 외국에 매도'하는 것도 국내에서 외국으로 수출한 행위로 간주하지만, 우리나라 영해에 정박하고 있는 외국선박에 선용품을 공급하는 행위는 대외무역법상의 외화획득행위로 간주하지만 수출개념에 들어가지 않는다.

2) 외국에서 외국으로 물품을 인도하는 행위 (유상거래만 해당)

국내에서 외국으로 물품이 이동하는 경우는 매매, 교환, 임대차, 증여 등 유·무상 여부와 관계없이 수출·입으로 인정되나, 외국에서 외국으로 물품이 이동하는 경우에는 유상거래만이 대외무역법상의 수출로 인정된다는 점을 유의해야 하며, 외국에서 외국으로 물품이 이동하는 경우의 예시는 다음과 같다.

〈외국에서 외국으로 이동〉

- 외국인도수출 : 수출대금은 국내에서 영수하지만 국내에서 통관되지 아니한 수출물품 등을 외국으로 인도하는 수출
- 외국인수수입 : 수입대금은 국내에서 지급되지만 수입물품 등은 외국에서 인수하는 수입
- 중계무역 : 수출할 것을 목적으로 물품 등을 수입하여 관세법 제154조의 규정에 의한 보세구역 및 동법 제156조의 규정에 의하여 보세구역외 장치의 허가를 받은 장소 또는 자유무역지역의 지정 등에 관한 법률 제4조의 규정에 의한 자유무역지역 이외의 국내에 반입하지 아니하고 수출하는 수출입
- 무환수출입 : 외국환 거래가 수반되지 아니하는 물품 등의 수출·수입

3) 유의사항

대외무역법상의 무역거래란 물품의 이동만을 의미한다. 계약 당사자, 대금수령 형태 등은 대외무역법상의 무역거래로 인정하는 경우에 고려사항으로 영향을 미치지 못한다. 다음의 예시를 보며 설명하면,

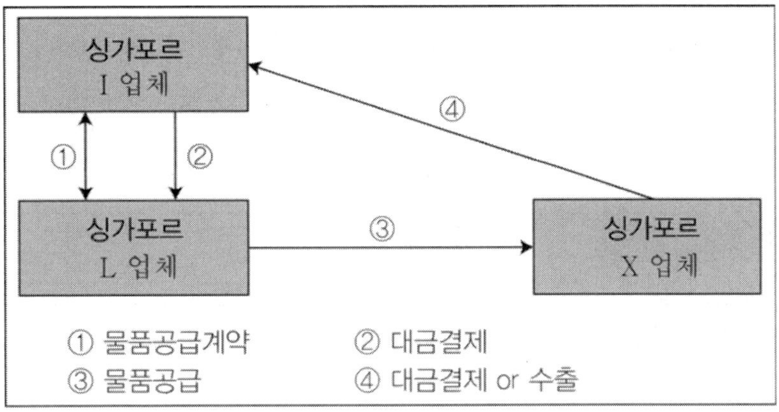

- 국내 L업체는 싱가포르 업체와의 물품공급계약에 따라 국내 X업체에 물품을 공급하고 외화를 영수하였으나, 물품의 이동은 국내에서 이루어졌으므로 대외무역법상의 수출로 인정받지 못한다.
- 국내 X업체가 물품공급 대가를 싱가포르 업체에 지급하는 것은 외국환거래법에 의하여 이루어지며, 지급행위에 아무런 제약이 없다. 외국환거래규정 제4-3조(한국은행총재의 확인)에 의하면 거주자의 대외무역법이 정하는 수입에 의하지 않은 물품대금의 지급은 한국은행총재의 확인을 받아야 하지만, 거주자와 비거주자간에 납품계약을 체결한 후, 국내에서 생산한 물품을 다른 거주자에게 판매함에 따라 동 물품을 구입한 거주자가 당해 비거주자에게 대가를 지급하는 경우에는 그러하지 아니한다.

2. 수출입 물품

(1) 물품

대외무역법상 「물품」이라 함은 외국환거래법에서 정하는 지급수단·증권 및 채권을 화체한 서류외의 동산을 말하므로(법 제2조 제2호), 용역(서비스)은 대외무역법상 물품이 아니다. 그러나 앞에서 설명한 것과 같이 용역과 전자적 형태의 무체물은 무역의 대상이 된다.

(2) 수출입 대상 물품

대외무역법 제3조에서는 우리나라의 무역은 자유무역을 원칙으로 하고, 국제법규의 이행 등을 위하여 제한이 필요한 경우에는 최소한의 범위이어야 함을 명시하고 있다. 국제법규의 이행·생물자원보호 등을 위하여 수출입 물품의 제한이 필요한 경우에는 무역에 관한 특별조치고시, 수출입공고, 전략물자수출입고시 등에서 지정·고시하고 있으며, 이 이외의 품목은 자유롭게 수출입을 할 수 있다.

〈수출입물품 관리체계〉

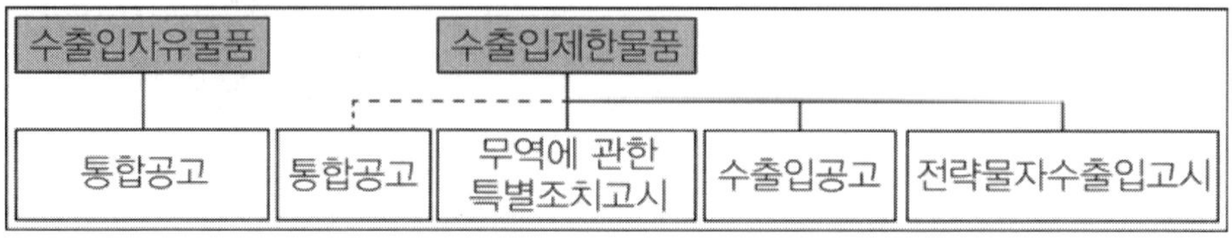

Ⅱ. 수출 · 수입 실적

1. 의의

수출실적이라 함은 산업통상자원부장관이 정하여 고시하는 기준에 해당하는 수출통관액 · 입금액, 가득액과 수출에 제공되는 외화획득용 원료 · 기재의 국내공급액을 말한다. 수입실적이라 함은 산업통상자원부장관이 정하여 고시하는 기준에 해당하는 수입통관액 및 지급액을 말한다.

대외무역법규상 물품의 수출입은 국내외간에 물품의 이동을 의미하나, 수출입실적은 국내외간의 물품이동은 물론 내국신용장, 구매확인서 등에 의해 국내에서 일어나는 물품이동도 수출실적으로 인정하고 있다. 그러나 국내에서 외국으로 무상수출입하는 거래는 수출입의 범위에는 포함되지만, 수출입실적으로는 인정되지 않는다.

수출실적은 수출입의 개념과는 다소 상이하지만 국가무역정책의 목표달성 및 원활한 무역거래 촉진 등을 위해 무역금융 한도결정 및 자금지원, 해외시장개척기금 지원, 무역의 날 포상 등의 기초자료로 활용되고 있다.

2. 인정범위

(1) 수출실적

1) 유상으로 거래되는 수출

국내외간 또는 외국에서 외국으로의 물품이동이 이루어지는 대외무역법에 의한 수출 중 유상거래는 수출실적으로 인정된다. 여기서 주의하여야 할 것은 수출실적에 북한에 대한 유상반출실적이 포함된다는 것이다. 대한민국 헌법에 의하면 대한민국의 영토는 '한반도와 부속도서'로 북한도 국내이므로 북한으로 물품을 반출하는 것은 대외무역법상 수출에 해당하지 않는다. 「남북교류협력에 관한 법률」[8] 제2조에서는 '무역'이라는 용어 대신에 '교역'이라는 용어를 사용하고 있으며,[9] '수출입'이란 용어 대신에 '반입'과 '반출'이라는 용어를 사용한다.[10] 그러나 동법

---

8) 법률 제06316호

9) "교역"이라 함은 남한과 북한간의 물품의 반출 · 반입을 말한다.

第26조 제1항에서는 '교역에 관하여 이 법에 특별히 규정되지 아니한 사항에 대하여는 대외무역법 등 무역에 관한 법률을 준용한다'고 되어 있고 제2항에서는 '물품의 반출·반입에 대하여는 조세의 부과·징수·감면 및 환급 등에 관한 법률을 준용한다'고 되어 있다.[11] 제3항에서는 '남한과 북한간의 투자, 물품의 반출·반입 기타 경제에 관한 협력사업 및 이에 수반되는 거래에 대하여는 조세감면법 등의 법률을 준용한다'고 하여 남북한 교역물품에 대하여 사실상 대외무역법 등에 의한 수출입과 동일하게 취급하고 있다.

「남북교류 협력에 관한 법률」 시행령 제50조제4항에서는 '이 법의 규정에 의한 물품의 반출은 수출용원재료에대한관세등환급에관한특례법 제2조 규정에 의한 "(수출용원재료에 대한 관세 등을 환급받을 수 있는) 수출 등"으로 본다'[12]고 규정하여 관세환급을 받을 수 있도록 하고 있다. 이러한 상황을 반영하여 대외무역법에서도 북한으로의 반출을 수출실적에 포함하고 있다.

2) 승인이 면제되는 수출 중 다음에 해당하는 수출

① 외국에서 개최되는 박람회, 전람회, 견본시, 영화제 등에 출품하기 위하여 무상으로 반출하는 물품 중 외국현지에서 매각된 것은 수출실적으로 인정된다.

② 해외건설공사에 직접 공하여지는 원료·기재, 공사용 장비 또는 기계류의 수출 가운데 수출신고필증에 재반입하지 않는다는 조건이 명시된 분에 한하여 수출로 인정한다. 해외건설공사에 종사하고 있는 우리나라 업자(현지합작법인 포함)에게 무상으로 송부하기 위하여 반출하는 원료·기재, 공사용 장비 또는 기계류로서 주무부장관 등이 확인한 물품은 수출실적으로 인정된다. 무상수출은 원칙적으로 수출실적으로 인정되지 않으나 위 경우와 같이 국내업체가 해외건설공사를 수행하기 위해서는 일반적으로 국내기자재의 반출사용이 자주 발생하므로 효율적인 건설공

10) "반출·반입"이라 함은 매매·교환·임대차·증여 등을 원인으로 하는 남한과 북한간의 물품의 이동(단순히 제삼국을 경유하는 물품의 이동을 포함한다)을 말한다.

11) 다만, 물품의 반입에 있어서는 관세법에 의한 과세규정 및 다른 법률에 의한 수입부과금에 관한 규정은 이를 준용하지 아니한다. 즉 원산지가 북한인 반입물품에 대하여는 관세를 부과하지 않는다.

12) 반출되는 물품이 북한에서 제조·가공 등의 공정을 거쳐 남한으로 다시 반입되는 경우에는 그러하지 아니하다.

사 수행을 지원하기 위해 수출실적으로 인정하고 있는 것이다.

3) 외화획득용 원료 또는 물품 등의 공급 중 수출에 공하여 지는 것

① 내국신용장(Local L/C)에 의한 공급, ② 구매확인서에 의한 공급, ③ 산업통상자원부장관이 지정하는 생산자의 수출물품 포장용 골판지상자의 공급은 국내거래로 수출의 범위에 포함되지는 않으나 수출물품등의 제조공정에서 국내 원료 및 물품 등의 사용을 촉진토록 함으로서 외화가득율을 높이기 위해 수출실적으로 인정하고 있다.

4) 외국인으로부터 외화를 영수하고 외화획득용 시설기재를 외국인과 임대차계약을 맺은 국내업체에 인도하는 경우

이 경우 물품의 이동이 국내에서 이루어지므로 수출에는 해당하지 않으나 외국인으로부터 외화(「외국환거래법」령에 따른 대외지급수단)를 영수하고 수출이행을 위한 물품의 생산에 사용될 시설기재를 조달하는 점 등을 고려하여 수출실적으로 인정하고 있다.

5) 외국인으로부터 외화를 영수하고 「자유무역지역의 지정 및 운영에 관한 법률」의 자유무역지역으로 반입신고한 물품 등을 공급하는 경우

이 경우 물품의 이동이 국내에서 이루어지므로 수출이 아니지만 자유무역지역의 물품 이동은 엄격히 통제가 되므로 자유무역지역에 물품을 공급한 경우 수출실적으로 인정해주고 있다.

(2) 수입실적

수입실적의 인정범위는 대외무법 시행령 제2조제4호의 규정에 의한 수입 중 유상으로 거래되는 수입으로 한다. 국내외간 또는 외국에서 외국으로의 물품이동이 이루어지는 대외무역법에 의한 수입 중 유상거래는 수입실적으로 인정된다.

3. 인정금액

(1) 수출실적

1) 원칙

수출실적 인정금액은 수출통관액(FOB가격기준)을 기준으로 한다.

2) 예외

① 중계무역에 의한 수출의 경우에는 수출금액(FOB가격)에서 수입금액(CIF가격)을 공제한 가득액. 중계무역에 의한 수출·수입금액을 각각 수출입실적으로 인정하는 경우에는 실제 외화가득금액에 비해 수출입실적 계상이 과다하게 계상되는 등 불합리한 점이 있어 가득액만을 수출금액으로 인정하고 있는 것이다.

② 외국인도수출의 경우에는 외국환은행의 입금액(위탁가공된 물품을 외국에 판매하는 경우에는 판매액에서 원자재 수출금액 및 가공임을 공제한 가득액)

③ 외국에서 개최되는 박람회, 전람회, 견본시, 영화제 등에 출품하기 위하여 무상으로 반출하는 물품으로서 외국현지에서 매각된 것은 외국환은행의 입금액

④ 원양어로에 의한 수출 중 현지경비 사용분은 외국환은행의 확인분(원양어로에 의한 수출금액의 범위 내에서 원양어로작업을 하기위해 현지에서 사용한 유류비, 원양어선 유지수선비, 소모품비 등의 경비는 관련 증빙서류 등에 의해 외국환은행이 확인한 금액을 수출금액으로 인정).

⑤ 내국신용장(Local L/C), 구매확인서 등에 의해 국내공급하는 경우는 외국환은행의 결제액 또는 확인액

⑥ 외국인으로부터 외화를 영수하고 외화획득용 시설기재를 외국인과 임대차계약을 맺은 국내업체에 인도하는 경우는 외국환은행의 입금액

⑦ 용역 수출의 경우에는 한국무역협회장이 발급한 수출입확인서에 의해 외국환은행이 입금확인한 금액

⑧ 전자적 형태의 무체물의 수출의 경우에는 한국무역협회장 또는 한국소프트웨어산업협회장이 발급한 수출입확인서에 의해 외국환은행이 입금 확인한 금액

(2) 수입실적

수입실적의 인정금액은 수입통관액(CIF가격기준)으로 한다. 다만, 용역 또는 전자적형태의 무체물의 수입은 외국환은행의 지급액으로 한다.

4. 인정시점

(1) 수출실적

1) 수출신고수리일 기준

유상거래 및 해외건설공사 관련 수출실적의 인정시점은 수출신고수리일로 한다.

2) 입금일 기준

용역 또는 전자적형태의 무체물 수출, 전람회 등 현지매각 관련 수출, 중계무역, 외국인도수출 및 외화획득용 시설기재 인도 수출의 경우에는 입금일로 한다.

3) 내국신용장/구매확인서에 의한 공급

내국신용장/구매확인서에 의한 공급의 경우에는 ①외국환은행을 통하여 대금을 결제한 경우에는 결제일, ②외국환은행을 통하여 대금을 결제하지 아니한 경우에는 당사자 간의 대금결제일로 한다.

(2) 수입실적

수입실적의 인정시점은 수입신고수리일로 한다. 다만, 용역 또는 전자적형태의 무체물 수입의 경우에는 지급일로 한다.

5. 실적확인 및 증명발급기관

수출입 통관물품에 대한 수출입 실적의 확인 및 증명 발급기관은 원칙적으로 한국무역협회장 또는 산업통상자원부장관이 지정하는 기관의 장이다. 그러나 예외적으로 통관물품일지라도 외국에서 개최되는 박람회·전람회 등에 출품하기 위하여 무상으로 반출하는 물품으로서 외국현지에서 매각된 것은 세관에서 대금결제내용을 알 수 없기 때문에 외국환은행의 장을 실적확인 및 증명 발급기관으로 정하고 있다.

수출·수입 실적의 확인 및 증명 발급기관은 다음과 같다.

① 물품의 외국인수수입의 경우에는 외국환은행의 장(다만, 구매확인서에 의한 공급에 대한 수출실적 인정금액의 확인 및 증명 발급기관은 대금을 영수한 외국환은행의 장으로 하며, 당사자간에 대금을 결제한 경우에는 그 구

매확인서를 발급한 외국환은행의 장 또는 전자무역기반사업자로 하며, 이 경우 외국환은행의 장 또는 전자무역기반사업자는 당사자간에 대금 결제가 이루어졌음을 증빙하는 서류를 확인하여야 한다)

② 그 외의 경우에는 한국무역협회장 또는 산업통상자원부장관이 지정하는 기관의 장

6. 실적확인 및 증명발급기관 지정신청

수출·수입 실적의 확인 및 증명 발급기관으로 지정받고자 하는 자는 규정에 따라 증명서 발급에 필요한 인력 및 시설 등을 갖추고 있음을 입증할 수 있는 서류를 첨부하여 산업통상자원부장관에게 신청하여야 한다. 산업통상자원부장관은 신청을 받은 경우 필요한 인력 및 시설 등을 갖추고 있는지를 확인하여 수출·수입실적 확인 및 증명 발급기관으로 지정하여야 한다.

7. 실적확인 및 증명신청

수출·수입실적의 확인 및 증명발급을 받고자 하는 자는 수출·수입실적의 확인 및 증명발급 신청서에 필요한 서류를 첨부하여 발급기관에 신청하여야 한다. 발급기관은 수출·수입실적 확인 및 증명서를 발급한 때에는 발급대장을 각각 비치하고 발급 상황을 기록하여야 한다.

8. 용역 또는 전자적 형태의 무체물의 수출입확인

산업통상자원부장관은 용역이나 전자적 형태의 무체물을 수출입한 자가 수출입에 관한 지원을 받기 위하여 수출입 사실의 확인을 신청하면 수출입 확인을 할 수 있다. 용역의 수출입 사실의 확인을 받고자 하는 자는 대외무역관리규정에 의한 수출입확인신청서에 거래 사실을 증명할 수 있는 서류를 첨부하여 한국무역협회장에게 신청하여야 한다. 이 경우 한국무역협회장은 수출입 사실의 확인이 가능하고 신청 사실에 하자가 없다고 인정하는 경우에 한하여 대외무역관리규정에 의한 수출입 확인 서류를 발급하여야 한다.

용역 중 해운업의 수출입 확인은 수출입 사실 확인은 시행령에 있는 위탁 규정에 의해 한국선주협회, 용역 중 관광사업의 수출입 확인은 한국관광협회중앙회가 하며 해운업과 관광사업을 제외한 용역의 수출입 확인은 한국무역협회가 한다. 전자적 형태의 무체물의 수출입 확인은 한국소프트웨어산업협회가 한다.

수출입 사실의 확인을 받고자 하는 자는 대외무역관리규정에 의한 수출입 확인신청서에 거래 사실을 증명할 수 있는 서류를 첨부하여 수출입 확인을 하는 기관의 장에게 신청하여야 한다. 이 경우 수출입 확인을 하는 기관의 장은 수출입 사실의 확인이 가능하고 신청 사실에 하자가 없다고 인정하는 경우에 한하여 대외무역관리규정에 의한 수출입 확인 서류를 발급하여야 한다.

수출입 확인을 하는 기관의 장은 신청인에게 수출입확인서의 발급심사를 위해 필요한 자료의 제출을 요구할 수 있다. 수출입 확인을 하는 기관의 장은 수출입확인서를 발급한 경우에는 수출입확인서의 발급현황 등을 매월 20일까지 산업통상자원부장관과 관세청장에게 보고하여야 한다.

〈수출 · 입 실적 인정〉

수출실적 인정범위	수출실적 인정금액	수출실적 인정시점
유상거래 수출 (대북한 유상반출 포함)	원칙 : 수출통관액(FOB) 기준 예외 1. 중계무역 : 수출금액 – 수입금액 2. 외국인도수출 : 외국환은행의 입금액 3. 위탁가공물품을 외국에 판매시 : 판매액 – 원자재수출금액 – 가공임 4. 원양어로에 의한 수출중 현지경비사용분은 외국환은행의 확인분 5. 전자적 형태의 무체물 : 무역협회 등이 발급한 수출입확인서에 의해 외국환은행이 입금 확인한 금액	원칙:수출신고수리일 예외 1. 외국박람회 현지매각 : 입금일 2. 전자무역, 중계무역, 외국인도수출 : 입금일
수출승인 면제품 中 가. 외국에서 개최되는 박람회 등에 출품위해 무상반출 중 현지 매각분 나. 해외건설, 투자목적으로 우리업자(현지법인 포함)에게 무상반출 중 해외건설공사에 직접 공하여지는 원료, 기재, 공사용 장비 또는 기계류의 수출 (단, 수출신고필증에 재반입 않는다는 조건 명시분)		
국내공급 中 가. 내국신용장에 의한 공급 나. 구매확인서에 의한 공급 다. 지식경제장관이 지정하는 생산자의 수출물품 포장용 골판지 상자 공급	외국환은행의 결제액/확인액	1. 외국환은행을 통한 결제시 : 결제일 2. 외국환은행을 통하지 않은 결제 : 당사자간의 대금결제일
외국인에게 외화를 영수하고 외화획득용 시설기재를 외국인과 임대차계약을 맺은 국내업체에게 인도시	외국환은행의 입금액	입금일
수입실적 인정범위	**수입실적 인정 금액**	**시점**
유상으로 거래되는 수입	수입통관액 (CIF)기준 전자무역·외국인수수입 : 외국환은행의 지급액	수입신고수리일 외국인수수입:지급일

〈 수출실적의 용도 〉

무역금융 한도결정 및 자금지원, 해외시장개척기금 지원, 무역의 날 포상, 소요량 자체관리기업 지정 및 자율기업 선정 등의 기초자료로서 활용

〈 수출실적발급기관 〉

- 외국환은행장 : 통관되지 않은 경우 (중계무역, 원양어로, 국내공급, 전자무역)
- 기타 : 무역협회

Ⅲ. 수출입의 자유와 제한

1. 수출입 자유의 원칙

수출입행위는 대외무역법, 외국환거래법, 관세법 등 무역관련 법규에서 별도로 정하고 있지 않은 사항에 대하여는 자유무역질서를 저해하지 않는 범위 내에서 수출입 당사자 간의 계약에 따라 자기의 책임 하에 자유롭게 이루어짐을 기본원칙으로 한다. 대외무역법 제10조 제1항에서는 물품 등의 수출입 및 이에 따른 대금의 영수 또는 지급은 대외무역법의 목적의 범위 내에서 자유롭게 이루어져야 함을 규정하고 있다. 제2항에서는 '무역거래자가 대외신용도 확보 등 자유무역질서의 유지를 위하여 자기책임 하에 당해 거래를 성실히 이행하여야 한다'는 것을 규정하고 있다.

2. 수출입 자유의 제한

(1) 무역에 관한 제한 등 특별조치

모든 국민은 수출입을 자유롭게 할 수 있지만, 산업통상자원부장관은 직권으로 또는 이해관계자의 신청에 의하여 우리나라 또는 우리나라의 무역 상대국("교역상대국")에 전쟁·사변 또는 천재지변이 있을 경우, 교역상대국이 조약과 일반적으로 승인된 국제법규에서 정한 우리나라의 권익을 인정하지 않을 경우, 교역상대국이 우리나라의 무역에 대하여 부당하거나 차별적인 부담 또는 제한을 가할 경우, 헌법에 따라 체결·공포된 무역에 관한 조약과 일반적으로 승인된 국제법규에서 정한 국제평화와 안전유지 등의 의무를 이행하기 위해 필요할 경우, 인간의 생명·건강 및 안전, 동물·식물의 생명 및 건강, 환경보전 또는 국내 자원보호를 위하여 필요할 경우 등 교역상대국에 대하여 물품 등의 수출·수입의 제한 또는 금지("특별조치")를 할 수 있다.

우리나라 또는 교역상대국에 전쟁·사변 또는 천재지변이 있을 경우와 헌법에 따라 체결·공포된 무역에 관한 조약과 일반적으로 승인된 국제법규에서 정한 국제평화와 안전유지 등의 의무를 이행하기 위해 필요할 경우에 특별조치를 할 경우에는 특별한 절차 없이 조치를 취할 수 있다.

〈특별조치 사유〉

- 우리나라 또는 우리나라의 무역 상대국에 전쟁・사변 또는 천재지변이 있을 경우
- 교역상대국이 조약과 일반적으로 승인된 국제법규에서 정한 우리나라의 권익을 인정하지 않을 경우
- 교역상대국이 우리나라의 무역에 대해 부당하거나 차별적인 부담 또는 제한을 가할 경우
- 헌법에 따라 체결・공포된 무역에 관한 조약과 일반적으로 승인된 국제법규에서 정한 국제평화와 안전유지 등의 의무를 이행하기 위해 필요할 경우
- 인간의 생명・건강 및 안전, 동물과 식물의 생명 및 건강, 환경보전 또는 국내 자원보호를 위해 필요할 경우

교역상대국이 조약과 일반적으로 승인된 국제법규에서 정한 우리나라의 권익을 인정하지 않을 경우, 교역상대국이 우리나라의 무역에 대해 부당하거나 차별적인 부담 또는 제한을 가할 경우, 인간의 생명·건강 및 안전, 동물과 식물의 생명 및 건강, 환경보전 또는 국내 자원보호를 위해 필요할 경우 등 3개 사유로 특별조치를 하고자 할 때에는 미리 그 사실에 관하여 조사를 하여야 한다. 이해관계가 있는 자는 산업통상자원부장관에게 특별조치를 하여 줄 것을 신청할 수 있으며, 산업통상자원부장관은 이해관계자의 신청이 있을 때에는 신청일로부터 30일 이내에 그 사실관계에 대한 조사여부를 결정하고 그 내용을 신청인에게 통지하여야 한다. 산업통상자원부장관은 조사를 함에 있어서 필요하다고 인정하는 때에는 미리 당해 교역상대국과 협의를 하여야 한다. 산업통상자원부장관은 조사를 개시한 때에는 지체 없이 그 사실을 공고하고, 조사를 개시한 날부터 1년 이내에 이를 종료하여야 한다. 산업통상자원부장관은 특별조치를 하고자 할 때에는 미리 관계중앙행정기관의 장과 협의하여야 한다. 산업통상자원부장관은 특별조치를 하고자 할 때에는 그 특별조치의 내용을 공고하고 당해 특별조치가 이해관계자의 신청에 의한 것일 때에는 당해 신청인에게 그 사실을 통지하여야 한다. 당해 특별조치를 해제할 때에도 또한 같다.

교역상대국이 조약과 일반적으로 승인된 국제법규에서 정한 우리나라의 권익을 인정하지 않을 경우와 교역상대국이 우리나라의 무역에 대해 부당하거나 차별적인 부담 또는 제한을 가할 경우는 무역보복을 위한 조항이지만 현재 이러한 사유로 인하여 특별조치를 하고 있는 교역상대국은 없다. 산업통상자원부에서는 헌법에 의하여 체결·공포된 무역에 관한 조약과 일반적으로 승인된 국제법규에서 정한 국제평화와 안전유지 등의 의무의 이행을 위하여(법 제5조 제4호) 『국제평화 및 안전유지 등 의무이행을 위한 무역에 관한 특별조치』[13]가 있으며 이라크·라이베리아 등 8개 국가

에 대하여 석유류·무기·탄약 등의 물품 수출입을 제한하고 있다. 또한, 아프리카 내전지역 반군들의 군비조달원이 되는 다이아몬드 원석의 국제적 수출입을 통제하려는 킴벌리 프로세스(Kimberley Process)를 이 조항에 근거를 두고 도입하여 운영하고 있다. 이 공고에 대하여는 다음에서 구체적으로 살펴본다.

(2) 수출입공고 관련

산업통상자원부장관은 헌법에 의하여 체결·공포된 조약과 일반적으로 승인된 국제법규에 의한 의무의 이행, 생물자원의 보호 등을 위하여 필요하다고 인정하는 경우에는 물품 등의 수출 또는 수입을 제한하거나 금지할 수 있다. 수출·수입을 제한 또는 금지할 수 있는 물품 등은 ① 헌법에 의하여 체결·공포된 조약이나 일반적으로 승인된 국제법규상의 의무이행을 위하여 산업통상자원부장관이 지정·고시하는 물품, ② 생물자원보호를 위하여 산업통상자원부장관이 지정·고시하는 물품, ③ 교역상대국과의 경제협력증진을 위하여 산업통상자원부장관이 지정·고시하는 물품, ④ 방위산업용 원료·기재, 항공기 및 동 부분품 기타 원활한 물자수급·과학기술의 발전 및 통상·산업정책상 필요하다고 인정하여 산업통상자원부장관이 당해 품목을 관장하는 관계행정기관의 장과 협의를 거쳐 지정·고시하는 물품 등이다. 이와 관련된 고시는 「수출입공고」[14]이며 다음에서 자세히 살펴본다.

(3) 통합공고 관련

관계행정기관의 장이 소관품목에 대한 수출입 요령을 제·개정하는 경우 산업통상자원부장관에게 제출하여 그 수출·수입요령이 그 시행일 전에 공고될 수 있도록 산자부장관에게 제출하여야 하며 산자부장관은 제출받은 수출·수입 요령을 통합해서 공고해야 한다(법 제12조). 이는 수출·수입시 받아야 할 요건확인에 관한 사항을 통합하여 공고하는 제도로서, 무역거래자의 편의를 도모하는데 그 목적이 있다. 이와 관련된 고시는 「통합공고」[15]이며, 다음에서 살펴본다.

---

13) 산업통상자원부고시 제2008- 20호(2008. 4.18)
14) 산업통상자원부 고시 제2008 - 26호
15) 산업자원부고시 제07-166호 (2008. 1. 7)

(4) 특정거래 관련

일반적인 수출입거래란 유상거래로서 국내외로 물품이 이동하여 세관 등 관련기관에서 물품이동을 파악할 수 있는 거래를 의미한다. 일반적인 수출입거래 형태가 아닌 것은 모두 특정거래 형태에 해당한다(법 제13조). 이에 대하여는 다음에서 자세히 설명한다.

(5) 전략물자 관련

산업통상자원부장관은 다자간 국제수출통제체제의 원칙에 따라 국제평화 및 안전유지와 국가안보를 위해 수출허가 등 제한이 필요한 물품 등(전략물자)을 지정하여 고시해야 한다. 전략물자란 국제평화 및 안전유지를 위하여 수출통제가 필요하다고 인정되는 것으로서 「전략물자수출입고시」[16]에 나와 있는 일반산업, 방산물자, 원자력관련 미사일, (생)화학무기류 및 시설과 장비, 기술을 의미한다(전략물자수출입고시 제2조). 전략물자에 관해서는 제3절에서 자세히 살펴본다.

3. 품목분류

대외무역법상의 품목분류는 HS(Harmonized Commodity Description and Coding System) 상품분류에 의하며, 분류된 품목의 세분류는 관세·통계통합품목분류표(HSK)에 의한다. HS는 관세협력이사회(World Customs Organization, WCO)에서 기존의 SITC, CCCN 등 여러 가지 품목분류를 관세, 통계 등의 목적에 부합하게 통합한 것으로서, 1988년 1월 1일부터 시행하고 있다. 우리나라의 HS품목분류에서는 세계 공통의 6단위 분류에다 국내의 제반사정을 감안한 자체분류 4단위를 합해 모두 10단위로 품목을 분류하고 있다.

(1) Harmonized System[17]

Harmonized Commodity Description and Coding System을 줄여서 일반적으로 Harmonized System 또는 HS 라고 부르는데 WCO에 의하여 개발된 다목적 국제 상품분류체계이다.[18] HS는 5,000여개의 상품그룹으

16) 산업통상자원부 고시 제2013-002호.

17) HS CODE 관련 웹사이트〈http://www.hs-search.pe.kr/php/whatHS.php〉참조

18) WTO, EC-Customs Classification of Frozen Boneless Chicken Cuts WT/DS286/R(2005. 3).

로 구성되어 있는데 각각의 상품그룹은 6자리의 숫자 코드로 표시되며 법적 논리적 구조로 정리되어 있다. HS 체계는 세계 190여개의 이상의 국가에서 관세와 국제무역 통계 정보를 수집하기 위한 기초로 사용하고 있다. HS는 「통일상품명 및 부호체계에 관한 국제협약, The International Convention on the Harmonized Commodity Description and Coding System」에 근거하여 운영된다.

(2) HS Code의 역사

국제무역을 원활히 하기 위한 공통적인 품목분류를 제정하고자 하는 노력은 1830년대부터 시작되어 1937년에 잠정관세 품목분류안(Draft Customs Nomenclature of the League of Nation)을 작성하였는데, 이것이 이른바 제네바 품목분류표(Geneva Nomenclature, GN)이다. GN은 1959년 「브뤼셀 상품 관세 품목분류 협약」(Brussels Convention on Nomenclature for the Classification of Goods in Customs Tariffs, BTN)으로로 대체되었다. 1948년 유럽경제위원회의 참가국들이 공동 관세율표 작성을 추진하여 제네바 품목분류표를 기초로 하는 관세품목분류표를 작성하였는데, 이것이 관세율표상의 품목분류를 위한 브뤼셀품목분류협약에 합체된 1949년의 초안이었고, 이어서 1950년 관세협력이사회(CCC)의 설립을 위한 협약을 체결하면서 관세율표상의 품목분류를 위한 브뤼셀협약을 체결하고 이 협약의 부속서로 채택된 것이 BTN이다.

이후 BTN은 1974년에 관세 협력 이사회 상품분류(Customs Co-operation Council Nomenclature, CCCN)로 명칭이 변경되었다.[19] 그러나 이러한 CCCN도 ①다목적 품목표 개발 필요성의 증대, ②CCCN 미체약국으로 인한 무역장벽 제거 필요, ③무역상품 구조변화, 과학기술 발전에 따라 CCCN 보정 필요와 같은 문제점이 있었다. 이런 이유로 인하여 CCCN을 모체로 기술발전에 따른 신개발 상품이나 다양화된 상품의 분류에도 대처할 수 있는 새로운 국제통일상품분류체계인 HS품목분류표를 제정하여 1988년 1월 1일부터 CCCN을 대체해서 관세와 무역, 통계, 운송, 보험 분야 등에서 국제통상 품목분류제도로써 사용하게 되었다. HS는 HS 위원회에서 10여 년간의 작업 끝에 제정하여 1983년 6월 CCC총회에서 채택한 HS협약의 부속서로서 작성된 것이다.

19) Ibid.

HS는 무역상품이 수출국 생산자로부터 수입국 소비자에게 인도되기까지 관세·통계·운송 등 모든 분야에 공용하기 위하여 CCCN을 모체로 제정한 것으로서 HS협약의 부속서에 규정된 호와 소호 및 그들의 관련된 code 번호, 부·류·소호의 주와 HS 해석에 관한 통칙(GRI)등으로 구성된 품목분류표이다.

HS는 WCO의 HS위원회에 의하여 관리·운영된다. HS위원회는 HS 체약국의 대표들로 구성되어 있으며, HS의 개정과 해설서 작성, 분류의견과 HS 해석에 관한 권고 등을 한다.[20]

HS는 1988년 이후에 기술 변화와 세계 무역의 패턴의 변화를 수용하기 위해 세 차례 개정되었다. 첫 번째 개정은 1992년에 개정이 되었고 1996년과 2002년에도 개정되었다.

20) HS협약 제5조 및 제6조 참조.

Ⅳ. 국제평화 및 안전유지 등 의무이행을 위한 무역에 관한 특별조치고시

1. 근거 및 목적

『국제평화 및 안전유지 등 의무이행을 위한 무역에 관한 특별조치 고시』는 대외무역법 제5조 제4호의 규정[21]에 의하여 국제평화와 안전유지 등의 의무이행을 위한 수출·수입에 관한 특별조치에 대한 사항을 규정함을 목적으로 한다. 현행 '무역에 관한 특별조치'는 국제평화 및 안전유지 등을 위하여 UN 안전보장이사회에서 결의한 사항을 이행하기 위하여 운용한다.

2. 수출입공고 등과의 관계와 관계부처 협의

『국제평화 및 안전유지 등 의무이행을 위한 무역에 관한 특별조치 고시』에서 정한 수출입 제한 내용과 대외무역법 제12조의 규정에 의한 수출입공고와 제26조의 규정에 의한 전략물자수출입고시의 제한 내용이 동시에 적용될 경우에는『국제평화 및 안전유지 등 의무이행을 위한 무역에 관한 특별조치 고시』에서 정한 제한 내용과 수출입공고 및 전략물자수출입고시 등의 제한내용이 모두 충족되어야만 수출 또는 수입할 수 있다.

산업통상자원부장관은 고시에서 정한 수출입의 허가 시 국가안보 또는 외교정책수행에 중대한 영향을 미칠 수 있다고 판단하는 경우에는 미리 외교부장관 등 관계부처의 장과 협의하여야 한다.

3. 킴벌리프로세스 관련 다이아몬드 원석 무역에 관한 특별조치

(1) 적용범위

이 특별조치는 모든 국가를 도착항(수출물품의 목적지 또는 수출물품을 최종적으로 인수받거나 구매 또는 사용하는 자가 거주하는 지역을 말한다)으로 하는 수출과 모든 국가를 원산지 또는 선적항으로 하는 수입 등

---

21) 고시에서는 시행령 제6조도 근거로 들고 있으나 시행령 제6조는 법 제5조의 제2호·제3호 또는 제5호에 해당하는 사유에 대한 절차를 규정하고 있으므로 삭제하는 것이 타당할 것으로 보인다.

다이아몬드 원석(HS(Harmonized Commodity Description and Coding System) 상품분류에 의하여 HS 7102.10, 7102.21, 7102.31에 해당하는 품목을 말한다)의 수출·수입에 대하여 적용한다.

(2) 특별조치의 내용

다이아몬드 원석을 킴벌리 프로세스 회원국(회원국)에 해당하지 않는 국가에 대한 수출·수입을 금지한다. 여기서 "킴벌리 프로세스(Kimberley Process)"라 함은 WTO에 가입한 다음의 국가들로 구성되어 다이아몬드 원석의 수출입에 관한 사항을 협의·조정하는 국제적인 협의체를 말한다. 킴벌리 프로세스 체제는 아프리카 내 합법적인 정부를 전복하려는 반군들의 군자금으로 활용되고 있는 다이아몬드 원석의 국제적 유통을 통제하기 위해 결성된 국제체제로서 킴벌리 프로세스 회원국가간에만 거래가 가능하며, 수출입시 정부에서 발행한 킴벌리프로세스증명서가 있어야 한다.

〈킴벌리프로세스 회원국〉

앙골라, 아르메니아, 호주, 벨로루시, 보츠나와, 브라질, 불가리아, 캐나다, 중앙아프리카공화국, 중국, 콩고민주공화국, 코트디부와르, 크로아티아, 유럽공동체(the European Community: 벨기에, 체코, 프랑스, 독일, 이탈리아, 헝가리, 룩셈부르크, 네덜란드, 덴마크, 아일랜드, 영국, 그리스, 폴란드, 포르투갈, 슬로베니아, 스페인, 오스트리아, 핀란드, 스웨덴), 가나, 기니, 가이아나, 인도, 인도네시아, 이스라엘, 일본, 대한민국, 라오스, 레바논, 레소토, 말레이시아, 모리셔스, 나미비아, 노르웨이, 루마니아, 러시아, 시에라레온, 싱가포르, 남아프리카공화국, 스리랑카, 스위스, 탄자니아, 태국, 토고, 우크라이나, 아랍에미레이트(UAE), 미국, 베트남, 짐바브웨, 멕시코, 카메룬

(3) 수출입 절차

회원국으로 다이아몬드 원석을 수출하고자 하는 자는 산업통상자원부장관에게 수출허가를 받아야 한다.

다이아몬드 원석의 수출허가를 받고자 하는 자는 다음의 서류를 우편, 방문, 모사전송 또는 인터넷 등의 방법으로 산업통상자원부장관에게 제출하여야 한다.

① 다이아몬드 원석 수출신청서 1부.
② 수출계약서, 수출신용장 등 거래사실을 입증할 수 있는 서류 중 1부.
③ 원산지증명서 등 기타 산업통상자원부장관이 필요하다고 인정하는 서류

수출허가 신청방법 중 인터넷을 이용하여 수출허가를 받고자 하는 자는 대외무역법에 의한 전략물자수출입관리정보시스템을 이용하여 신청할 수 있으며, 이때에는 다이아몬드 원석 수출신청서를 제출한 것으로 본다.

산업통상자원부장관은 수출허가 신청에 대하여 신청일로부터 7일 이내에 수출허가기관용, 선적용, 신청자보관용 증명서 3부를 발급하여야 한다. 다만, 신청 서류의 보완이 필요한 경우 별도의 기간을 정하여 신청인에게 이를 보완하도록 할 수 있으며 이 기간은 처리기간에 산입하지 아니한다. 수출허가의 유효기간은 증명서 발급일로부터 60일 이내로 한다. 다만 물품의 인도조건, 대금결제기간, 기타 거래상의 특성 등에 의하여 필요하다고 인정하는 경우에는 수출자의 요청에 따라 산업통상자원부장관이 필요한 범위 안에서 따로 유효기간을 정할 수 있다. 산업통상자원부장관으로부터 증명서를 발급받은 무역거래자는 다이아몬드 원석과 증명서를 동봉하여 선적하여야 한다. 이 경우, 수출하는 용기 안에 다이아몬드 원석 외 다른 물품 등을 함께 동봉하여서는 아니 된다.

회원국으로부터 다이아몬드 원석을 수입하는 경우에는 상대 회원국에서 발행한 킴벌리프로세스증명서(증명서)가 수입하는 다이아몬드 원석과 함께 동봉되지 않으면 수입할 수 없다. 다만, 중계무역 또는 환적 등을 목적으로 다이아몬드 원석을 수입하여 관세법 규정에 의한 보세구역 및 보세구역외 장치의 허가를 받은 장소 이외의 국내에 반입하지 아니하고 다시 수출하는 경우에는 그러하지 아니하다.

4. 이라크 등에 대한 무역에 관한 특별조치

이라크, 라이베리아, 시에라레온, 아프가니스탄(탈레반 점령지역), 소말리아, 르완다 코트디브아르, 콩고민주공화국, 수단 등 9개국을 도착항으로 하는 무기류 및 전략물자의 수출을 금지하고 있다. 국가별 수출과 수입 금지 내용은 다음과 같다.

(1) 이라크

이라크에 대하여는 ① 무기, 탄약, 군용차량 및 장비의 수출과 준군용장비 및 군용관련 부품 및 이의 제작·보수·사용과 관련한 기술 및 훈련제공과 ② WMD(핵무기, 생물무기, 화학무기 등 대량파괴무기)·미사일 및 이의 제작·보수·사용과 관련한 기술 및 훈련제공을 할 수 없다. 다만,

이라크정부 및 이라크에 주재하는 미·영 등 연합당국에 대한 물품 등은 제외하지만 이라크정부에 WMD·미사일 물품 등을 수출 및 제공할 수 없다. 이라크로부터 예술품·수집품과 골동품(HS 97류)을 수입할 수 없다.

(2) 라이베리아

① 무기, 탄약, 군용차량 및 장비, 준군용 장비 및 군용관련 부품(다만, UN이 인정하는 기관·단체에서 일시적으로 사용하기 위한 방탄복, 군용 헬멧 등의 방어용 의류는 예외적으로 산업통상자원부장관의 허가를 받아 수출할 수 있다)의 수출과 ② 이와 관련된 군용품의 설비, 생산, 유지, 사용과 관련된 기술적 자문, 훈련제공을 할 수 없다.

(3) 시에라리온

무기, 탄약, 군용차량·장비 및 이와 관련된 장비 및 부속품의 수출과 이의 제작·보수·사용과 관련한 기술 및 훈련제공을 할 수 없다.

(4) 아프가니스탄

무기, 탄약, 군용차량 및 장비, 준군용 장비의 수출 및 군용관련 부품의 수출과 이의 제작·보수·사용과 관련한 기술 및 훈련 제공과 acetic anhydride (無水醋酸)의 수출을 아프가니스탄 지역 내에서의 활동을 목적으로 하는 탈레반 및 알-카에다 구성원에게 수출 및 제공할 수 없다.

(5) 기타

특별조치 고시에서는 위의 4개 국가 이외도 소말리아, 르완다 코트디브아르, 콩고민주공화국, 수단 등에 대한 수출입 제한에 관한 내용을 포함하고 있다.

5. 벌칙

수출 또는 수입의 제한이나 금지조치를 위반한 자는 5년 이하의 징역 또는 수출·수입하는 물품 등의 가격의 3배에 상당하는 금액 이하의 벌금에 처한다.

Ⅴ. 수출입 제한과 수출입공고[22]

1. 수출입의 제한 또는 금지

산업통상자원부장관은 헌법에 따라 체결·공포된 조약과 일반적으로 승인된 국제법규에 따른 의무의 이행, 생물자원의 보호 등을 위해 필요하다고 인정하면 물품 등의 수출 또는 수입을 제한하거나 금지할 수 있다(법 제11조 제1항). 수출 또는 수입을 제한하거나 금지할 수 있는 물품 등은 다음과 같다.

- 헌법에 따라 체결·공포된 조약이나 일반적으로 승인된 국제법규에 따른 의무를 이행하기 위하여 산업통상자원부장관이 지정·고시하는 물품 등
- 생물자원을 보호하기 위하여 산업통상자원부장관이 지정·고시하는 물품 등
- 교역상대국과의 경제협력을 증진하기 위하여 산업통상자원부장관이 지정·고시하는 물품 등
- 방위산업용 원료·기재, 항공기 및 그 부분품, 그 밖에 원활한 물자 수급과 과학기술의 발전 및 통상·산업정책상 필요하다고 인정하여 산업통상자원부장관이 해당 품목을 관장하는 관계 행정기관의 장과 협의를 거쳐 지정·고시하는 물품 등

2. 수출입공고

수출입공고는 대외무역법 제11조의 규정에 의하여 물품 등의 수출 또는 수입의 제한·금지, 승인, 신고, 한정 및 그 절차 등에 관한 사항을 규정함을 목적으로 하며, 수출입 품목관리를 위한 기본공고라고 할 수 있다. 2001년 12월까지는 수출입공고와 수출입별도공고를 분리, 운영하였으나, 2002년 1월부터는 두 공고를 통합하여 수출입공고라는 명칭으로 운영 중이다. 수출입공고에는 수출입금지와 수출입승인대상품목, 승인기관이 명시되어 있으며, 대외무역법 시행령과 대외무역관리규정에서 승인신청 및 변경신청 절차에 대하여 규정하고 있다.

(1) 수출입금지 물품

수출입공고에 따르면 다음의 품목은 수출이 금지된다(공고 제4조).

22) 산업통상자원부 고시 제2006-143호

〈수출금지품목〉

H S	품 목	수 출 요 령
0208	기타의 육과 식용설육(신선·냉장 또는 냉동한 것에 한한다)	
40	고래, 돌고래류(고래목의 포유동물) 및 바다소(바다소목의 포유동물)의 것	다음의 것은 수출할 수 없음. ① 고래고기
0210	육과 식용설육(염장·염수장·건조 또는 훈제한 것에 한한다) 및 육 또는 설육의 식용의 분과 조분	
9	기타 (육 또는 설육의 분과 조분을 포함한다)	
92	고래, 돌고래류(고래목의 포유동물) 및 바다소(바다소목의 포유동물)의 것	다음의 것은 수출할 수 없음. ① 고래고기
2516	화강암. 반암. 현무암. 사암과 기타 석비용 또는 건축용의 암석	
	화강암	
11 12 2516. 2 21 22 90	조상의 것 또는 거칠게 다듬은 것 톱질 또는 기타의 방법으로 단순히 절단하여 직사각형(정사각형을 포함한다) 모양의 블록상 또는 슬랩상으로 한 것. 사 암 조상의 것 또는 거칠게 다듬은 것 톱질 또는 기타의 방법으로 단순히 절단하여 직사각형(정사각형을 포함한다) 모양의 블록상 또는 슬랩상으로 한 것. 기타 석비용 또는 건축용의 암석	다음의 것은 수출할 수 없음 ① 자연석
4301	생모피(모피사용에 적합한 머리부분·꼬리부분·발부분 및 기타 조각 또는 절단품을 포함하며, 제4101호, 제4102호 또는 제4103호에 해당하는 원피를 제외한다)	
80 90	기타의 모피(전신의 것에 한하며 머리부분·꼬리부분·발부분의 유무를 불문한다) 머리부분·꼬리부분·발부분 및 기타의 조각 또는 절단품으로서 모피제품으로 사용에 적합한 것	다음의 것은 수출할 수 없음. ① 개의 생모피
4302	모피(유연처리 또는 완성가공한 것으로서 머리부분·꼬리부분·발부분 및 기타조각 또는 절단품을 포함하고 조합하지 아니한 것 또는 기타재료를 가하지 않고 조합한 것에 한하며, 제4303호의 물품은 제외한다)	
1	전신모피(조합하지 아니한 것에 한하며 머리부분·꼬리부분·발부분의 유무를 불문한다)	
19 20 30	기 타 머리부분·꼬리부분·발부분 및 기타조각 또는 절단품(조합하지 아니한 것에 한한다) 전신모피 및 그 조각 또는 절단품 (조합한 것에 한한다)	다음의 것은 수출할 수 없음. ① 개의 모피
4303	모피의류·의류의 부속품 및 기타 모피제품	
90	기타	다음의 것은 수출할 수 없음. ① 개의 모피제품

(2) 수출입제한 물품

산업통상자원부장관이 헌법에 따라 체결·공포된 조약과 일반적으로 승인된 국제법규에 따른 의무의 이행, 생물자원의 보호 등을 위해 지정하는 물품 등을 수출하거나 수입하려는 자는 산업통상자원부장관의 승인을 받아야 한다. 수출입 승인 물품은 산업통상자원부장관이 수출 또는 수입승인 대상으로 지정·고시한 물품으로 수출입공고 수출요령 품목(별표2)과 수입요령의 품목(별표3)을 말한다. 중계무역물품·외국인수수입물품·외국인도수출물품·선용품은 승인대상품목에서 제외된다.

(3) 품목표시방법

수출입승인제도를 운영함에 있어 수출입이 허용되는 품목만을 열거하는 Positive List System 방식과 수출입이 금지되는 품목만을 열거하는 Negative List System 방식이 있다. 우리나라는 1996년 대외무역법을 개정하여 기존의 Positive List System 방식에서 수출입이 제한·금지되는 품목만을 나열하는 Negative List System 방식을 채택하고 있다.

(4) 수출입 승인기관

수출입 승인기관은 수출입공고에서 지정한 당해품목의 관계행정기관 또는 단체의 장이다. 수출입승인에 관한 사항은 산업통상자원부장관의 고유 권한이나 대외무역법에 의하여 당해품목의 관계행정기관 또는 단체의 장에게 위임·위탁하고 있다.

종전에는 수출입승인권한을 외국환은행장에게 위탁하고 있었으나, 1996년 12월 30일 개정된 대외무역법에서는 대금결제에 관한 사항을 승인대상에서 제외함에 따라 각 품목별 관계행정기관 또는 단체의 장으로 변경하여 위탁하고 있다. 수출입승인 할 때 하나의 수출 또는 수입에 대하여 2이상의 승인을 하는 경우 각각의 승인은 상호 독립적으로 하여야 하며, 이 경우 두 번째 이후의 승인기관의 장은 수출입승인서상 여백에 승인사항을 표시하여야 한다.

(5) 수출입 승인절차

물품 등의 수출 또는 수입의 승인을 신청하려는 자는 수출입 승인 신청서에 다음의 서류를 첨부하여 산업통상자원부장관에게 제출하여야 한다.

변경승인을 받으려는 경우에도 같다.

〈수출입 승인신청 서류〉

- 수출입승인 신청서
- 수출신용장·수출계약서 또는 주문서(수출의 경우)
- 수입계약서 또는 물품매도확약서(수입의 경우)
- 수출·수입대행계약서(공급자와 수출자가 다른 경우 및 실수요자와 수입자가 다른 경우)
- 수출입공고 등에서 규정한 요건을 충족하는 서류(단, 당해 승인기관에서 승인요건의 충족여부를 확인할 수 있는 경우 제외)

수출승인(신청)서

Export License(Application)

처리기간 : 1일
Handling Time : 1 Day

<table>
<tr><td>① 수출자 (Exporter) 무역업고유번호 (Trade Business Code)
상호, 주소, 성명
(Name of Firm, Address, Name of Rep.)
(서명 또는 인)
(Signature)</td><td>④ 구매자 또는 계약당사자
(Buyer or Principal of Contract)

⑤ 신용장 또는 계약서 번호(L/C or Contract No.)</td></tr>
<tr><td rowspan="3">② 위탁자 (Requester) 사업자등록번호 (Business No.)
상호, 주소, 성명
(Name of Firm, Address, Name of Rep.)
(서명 또는 인)
(Signature)</td><td>⑥ 금액(Total Amount)</td></tr>
<tr><td>⑦ 결제기간(Period of Payment)</td></tr>
<tr><td>⑧ 가격조건(Terms of Payment)</td></tr>
<tr><td>③ 원산지(Origin)</td><td>⑨ 도착항 (Port of Dispatch)</td></tr>
<tr><td>⑩ HS 부호 (HS Code) ⑪ 품명 및 규격 (Description/Size)</td><td>⑫ 단위 및 수량 (Unit / Quantity) ⑬ 단가 (Unit Price) ⑭ 금액 (Amount)</td></tr>
<tr><td colspan="2">⑮ 승인기관 기재란(Remarks to be filled out by an Approval Agency)</td></tr>
<tr><td colspan="2">⑯ 유효기간(Period of Approval)</td></tr>
<tr><td colspan="2">⑰승인번호(Approval No.)</td></tr>
<tr><td colspan="2">⑱ 승인기관 관리번호(No. of an Approval Agency)</td></tr>
<tr><td colspan="2">⑲ 위의 신청사항을 「대외무역법」 제11조제2항 및 동법 시행령 제18조제1항에 따라 승인합니다.
(The undersigned hereby approves the above-mentioned goods in accordance with Article 11(2) of the Foreign Trade Act and Article 18(1) of the Enforcement Decree of the said Act.)
년 월 일
승인권자 (인)</td></tr>
<tr><td colspan="2">※승인기관이 둘 이상인 경우 ⑮ - ⑱의 기재사항은 이면에 기재하도록 합니다.
※이 서식에 의한 승인과는 별도로 대금결제에 관한 사항에 대하여는 외국환거래법령이 정하는 바에 따라야 합니다.</td></tr>
</table>

수출입승인기관의 장은 수출·수입의 승인을 하고자 할 경우에는 다음의 요건에 합당한지 여부를 확인하여야 한다.

① 수출·수입하고자 하는 자가 승인을 얻을 수 있는 자격이 있는 자일 것
② 수출·수입하고자 하는 물품이 수출입공고 및 대외무역관리규정에 의한 승인요건을 충족한 물품일 것
③ 수출·수입하는 물품의 품목분류번호(HS)의 적용이 적정할 것

수출입 승인신청이 수출입승인 요건에 합당한 경우 수출입승인기관의 장은 수출입승인서를 발급(분할발급 가능)하여야 한다.

산업통상자원부장관은 수출절차의 간소화를 위하여 특히 필요한 경우 수출요령에도 불구하고 수출승인기관을 따로 정하여 승인하게 할 수 있다(공고 제7조). 수출제한품목의 수출요령, 수입제한품목의 수입요령 및 수출절차 간소화를 위한 수출요령에서 정하는 승인기관의 장은 산업통상자원부장관의 합의(승인)를 얻어 동 세부승인요령을 공고하여야 한다. 다만, 단체의 경우에는 관계행정기관의 장을 경유하여야 한다. 수출입승인기관의 장은 연간 수출입승인실적을 당해 연도 경과 후 15일 이내에 산업통상자원부장관에게 보고하여야 한다.

(6) 유효기간

수출 또는 수입 승인의 유효기간은 1년으로 한다. 다만, 산업통상자원부장관은 국내의 물가안정·수급조정·물품의 인도조건 그 밖에 거래상 특성에 따라 필요하다고 인정하면 유효기간을 달리 정할 수 있다. 다음 어느 하나에 해당하는 경우에는 1년 이내 또는 20년의 범위 내에서 유효기간을 단축 또는 초과하여 설정할 수 있다.

〈수출입 승인유효기간 단축 · 초과 설정사유〉

- 산업통상자원부장관이 물가안정 또는 수급조정을 위하여 1년 이내로 유효기간의 단축이 필요하다고 인정하는 경우
- 물품의 제조·가공기간이 1년을 초과하는 경우 등 물품의 선적 또는 도착기일을 감안하여 1년 이내에 물품의 선적이나 도착이 어려울 것으로 수출입승인기관의 장이 인정하는 경우
- 수출·수입이 혼합된 거래로서 수출입승인기관의 장이 부득이하다고 인정하는 경우

(7) 둘 이상의 승인

하나의 수출 또는 수입에 대하여 둘 이상의 승인을 받아야 하는 경우 각

각의 승인은 상호 독립적으로 받아야 한다. 이 경우 두 번째 이후의 승인기관의 장은 수출입승인서상의 여백에 승인 사항을 표시한다.

(8) 수출입대금의 결제

수출·수입대금(가공임, 임대료 및 임차료를 포함한다)은 외국환거래규정 제1-2조제14호에 따른 외국환은행을 통하여 영수 또는 지급하여야 한다. 다만, 외국환거래규정에서 인정하는 경우에는 그러하지 아니하다.

(9) 수출입 변경승인

1) 변경승인 기관 및 대상

승인을 받은 자가 승인을 받은 사항 중 중요한 사항을 변경하려면 산업통상자원부장관의 변경승인을 받아야 하고, 그 밖의 경미한 사항을 변경하려면 산업통상자원부장관에게 신고해야 한다. 중요한 사항은 물품의 수량·가격, 승인의 유효기간, 수출·수입의 당사자(당사자의 변경은 파산 등 불가피한 경우)의 변경을 말한다.[23)]

변경승인은 당초 승인한 기관의 장이 한다. 그 외 다음의 경미한 사항을 변경하고자 하는 자는 당초 승인기관의 장에게 신고하여야 한다.

〈경미한 변경사항으로 신고 사항〉

- 원산지
- 도착항(단, 수출의 경우에 한함)[24)]
- 규격
- 수출입물품의 용도 (단, 수출입승인 용도가 지정된 경우에 한함)
- 승인조건

2) 변경승인 신청절차

당초 승인을 얻은 수출입승인서 또는 수출입승인사항변경승인·신고(신청)서에 변경사실을 증명하는 서류를 첨부하여 변경승인기관의 장에게 신청하여야 한다. 변경은 수출입승인 유효기간 내에 신청하여야 한다. 다만, 수입의 경우로서 수입대금을 지급하고 선적서류를 인수한 후에

23) 동일국 내에서 동일 수입자와의 거래라 할지라도 수출품목이 변경되는 경우에는 당초의 수출승인을 취소하고 새로운 수출승인을 받아야 한다.

24) 수입국의 선적항이 변경된 경우에는 위에서 열거한 사항에 포함되지 않으므로 변경승인·신고를 할 필요가 없다. 안세영, 앞의 책 92쪽.

수입승인사항을 변경하고자 하는 때에는 수입승인 유효기간 경과 후에도 변경승인·신고를 신청할 수 있다. 이 경우 승인기관의 장은 변경승인 또는 신고를 받은 때에는 그 변경승인 또는 신고사실을 해당 세관장에게 통보하여야 한다.

3) 요건확인 사항

수출입승인기관의 장은 변경승인을 하고자 할 경우에는 다음의 요건에 합당한지 여부를 확인하여야 한다.

① 수출입승인을 얻은 후에 수출입공고등에서 수출·수입을 제한하는 사항이 추가된 품목으로서 관계기관의 장의 허가 등을 추가로 요하는 품목일 때에는 그 허가 등을 받았을 것

② 수출물품의 단가를 인하하거나 수입물품의 단가를 인상하는 내용의 수출 또는 수입승인사항의 변경은 다음에 해당하는 경우일 것

㉠ 거래상대방의 파산 또는 지급거절 등이 현지의 거래은행, 상공회의소 또는 공공기관에 의하여 객관적으로 확인되는 경우에 수출물품을 제3자에게 전매하는 경우

㉡ 물품의 성질과 국제거래관행상 승인시점에 단가를 확정할 수 없는 경우

㉢ 기타 급격한 시장상황의 변화 등 변경사유가 불가피하다고 인정되는 경우

③ 변경하고자 하는 내용이 수출신용장, 수출입계약서, 주문서, 물품매도확약서 등에 명시되어 있을 것. 다만, 수출신용장 등에 명시를 요하지 아니하는 경미한 사항일 경우에는 그러하지 아니하다.

④ 수출대상국가의 변경은 수출제한사유 등을 고려할 때 타국으로 변경하여도 지장이 없을 것

3. 수출입 승인면제

대외무역법에 의해 수출입이 제한되는 물품은 원칙적으로 수출입승인기관의 승인을 받아 수출입하여야 하지만 박람회 전시물품, 소액거래물품 등 국민경제 및 수출입물품관리에 영향이 없는 무역거래는 대외무역법의 목적을 저해하지 않는 범위 내에서 수출입절차를 간소화함으로써 원활한 무역거래

촉진 및 국민경제생활의 편의를 제공할 수 있다. 수출입승인 대상인 물품 중 긴급을 요하는 물품, 기타 수출절차를 간소화하기 위한 물품의 수출에 대하여는 수출승인을 면제한다.

수출입 승인 면제 품목은 대외무역관리규정 별표 3과 별표 4에 있다.

면제사유	수출승인면제품목	수입승인면제품목
산업통상자원부장관이 정하여 고시하는 물품등으로서 외교관이나 그 밖에 산업통상자원부장관이 정하는 자가 출국하거나 입국하는 경우에 휴대하거나 세관에 신고하고 송부하는 물품 등	일시적으로 출국하는 자 또는 일시적으로 입국하여 다시 출국하는 자(선박 또는 항공기에 승무하여 출국하는 승무원을 제외한다)가 출국할 때에 휴대하여 반출하는 물품 또는 별송으로 반출하는 물품으로서 출국의 목적, 여행의 기간, 출국자의 직업 그 밖의 사유에 의하여 세관장이 타당하다고 인정하는 물품	일시적으로 입국하는 자 또는 일시적으로 출국하여 다시 입국하는 자(선박 또는 항공기에 승무하여 입국하는 승무원을 제외한다)가 입국할 때에 휴대하여 반입하는 물품이나 별송으로 반입하는 물품으로서 그 입국의 목적, 체류의 기간, 입국자의 직업 등의 사유에 의하여 세관장이 타당하다고 인정하는 물품
	외국에 주거를 이주할 목적으로 출국하는 자(외국에서 2년 이상 체류할 예정으로 출국하는 자와 1년 이상 체류할 예정으로 출국하는 자 중 가족을 동반한 자를 말하며 일시적으로 입국하여 출국하는 자는 제외한다)가 출국할 때에 휴대하여 반출하는 이사물품이나 별송으로 반출하는 이사물품으로서 그 출국의 사유 등에 의하여 세관장이 타당하다고 인정하는 물품	우리나라로 주거를 이전할 목적으로 입국하는 자(우리나라에서 1년 이상 체류할 예정으로 입국하는 자를 말하며 일시적으로 출국하여 다시 입국하는 자를 제외한다)가 입국할 때에 휴대하여 반입하거나 별송으로 반입하는 이사물품으로서 그 입국의 사유 등에 의하여 세관장이 타당하다고 인정하는 물품
	우리나라와 외국간을 왕래하는 선박 또는 항공기의 승무원이 해당 선박 또는 항공기에 승무하여 출국할 때에 휴대하여 반출하는 개인용품으로서 세관장이 타당하다고 인정하는 물품	우리나라와 외국 간을 왕래하는 선박 또는 항공기의 승무원이 해당 선박 또는 항공기에 승무하여 입국할 때에 반입하는 개인용품으로서 세관장이 타당하다고 인정하는 물품
	우리나라에 온 외국의 원수와 그 가족 및 수행원에 속하는 물품으로서 출국시에 반출하는 물품	우리나라에 온 외국의 원수와 그 가족 및 수행원에 속하는 물품으로서 입국시에 반입하는 물품
	외국정부의 초청으로 파견된 고문관·기술단원 그 밖에 이에 준하는 자에게 속하는 물품으로서 주무부장관이 확인한 물품	정부의 초빙이나 국제연합 또는 외국의 정부로부터 우리나라에 파견된 고문관, 사절단원의 업무용 물품
	「해외이주법」에 의한 해외이주자가 해외이주를 위하여 반출하는 시설기재 및 원료 등의 물품으로서 외교부장관 또는 외교부장관이 지정하는 기관의 장이 타당하다고 인정하는 물품	정부와의 사업계약을 수행하기 위하여 외국의 계약자가 계약조건에 의하여 반입하는 업무용품으로서 주무부장관이 확인을 받아 반입하는 물품
무역거래를 원활하게 하기 위하여 주된 수출 또는 수입에 부수된 거래로서 수출·수입하는 물품등	반출하는 상품의 견품 및 광고용 물품으로서 세관장이 타당하다고 인정하는 물품. 다만, 유상으로 반출하는 경우 미화 5만 달러 상당액(신고가격 기준)이하의 물품	반입하는 상품의 견품 또는 광고용 물품으로서 세관장이 타당하다고 인정하는 물품. 다만, 유상으로 반입하는 경우 미화 5만 달러 상당액(과세가격 기준)이하의 물품
	외국에서 개최되는 박람회, 전람회, 견본시, 영화제 등에 출품하기 위하여 무상으로 반출하는 물품	상품의 견품 또는 광고용 물품 제조용 원료로서 세관장이 타당하다고 인정하는 물품
		우리나라에서 수출된 물품으로서 수출할 때의 성질 및 형상을 변경하지 아니하고 다시 반입하는 물품
	수출된 물품이나 수입된 물품이 계약조건과 상이하거나, 하자보증이행 또는 용도변경 등의 부득이한 사유로 대체 또는 반송을 위하여 반출하는 물품 또는 수출된 물품의 누락이나 부족품에 대하여 보충을 위하여 반출하는 물품	수입된 물품이나 수출된 물품이 계약조건과 상이하거나, 하자보증이행 또는 용도변경 등의 부득이한 사유로 대체를 위하여 반입하는 물품 또는 수입된 물품의 누락이나 부족품에 대하여 보충을 위하여 반입하는 물품
		수입물품의 하자보증기간 내에 동 물품의 유지보수 및 성능보장을 위해 해당 물품의 수출자가 무상으로 공급하는 물품
	수출물품의 성능보장기간 내에 해당 물품의 수리 또는 검사를 위하여 반출하는 물품	수출물품의 성능보장기간 내에 해당 물품의 수리 또는 검사를 위하여 반출한 물품으로 다시 반입하는 물품
	–「외국환거래법」에 따른 허가를 받고 주무부장관의 허가 또는 추천을 받아 반입한 나용선 또는 임차항공기의 반입을 위한 반출물품	수출물품의 제조 가공에 공할 일부 외화획득용 원료로서 세관장이 해당 수출계약 이행에 필요하다고 인정하여 무상으로 반입하는 물품
	–「외국인투자촉진법」 및 「외국환거래법」에 따라 기술도입계약신고를 한 자가 신고된 내용에 따라 기술대가를 현물로 지급하기 위하여 반출하는 물품	무상으로 반입하는 라벨(LABEL), 택(TAG) 등 부자재
		「외국환거래법」에 따른 허가를 받고 주무부장관의 허가 또는 추천을 받아 반입하는 나용선과 산업통상자원부장

		관의 추천을 받아 반입하는 임차항공기. 다만, 장래 소유권이 이전되는 국적취득조건부의 것을 제외한
	무환수탁가공무역에 의하여 수입된 원료의 잔량분 또는 수탁판매수입에 의하여 수입된 물품의 판매되지 아니한 잔량분으로서 무상으로 반출하는 물품	위탁가공무역에 의하여 수출된 원료의 잔량분으로서 무상으로 반입하는 물품
	– 해외에서 투자, 건설, 용역, 산업설비수출 그 밖에 이에 준하는 사업에 종사하고 있는 우리나라 업자(현지 합작법인을 포함한다)에게 무상으로 송부하기 위하여 반출하는 시설기재, 원료, 근로자용 생활필수품 및 그 밖에 그 사업에 관련하여 사용하는 물품으로서 주무부장관 또는 주무부장관이 지정한 기관의 장이 확인한 물품	해외에서 투자, 건설, 용역, 산업설비수출 그 밖에 이에 준하는 사업을 행하고 있는 우리나라 업자가 현지에서 사용한 후 무상으로 반입하는 물품으로서 주무부장관 또는 주무부장관이 지정한 기관의 장이 확인한 물품 우리나라의 법령에 따라 설치의 허가나 인가 등을 받은 외국상사의 지사나 출장소 등에 무상으로 송부된 사무용품, 소모품 그 밖에 이에 준하는 물품으로서 세관장이 타당하다고 인정하여 반입하는 물품
	–「수산업법」 제41조 및 제42조에 따라 해양수산부장관 또는 해양수산부장관이 지정한 기관의 장의 허가를 받은 자가 원양어선에 무상으로 송부하기 위하여 반출하는 물품으로서 해양수산부장관 또는 해양수산부장관이 지정한 기관의 장이 확인한 물품	건설용역 그 밖에 이에 준하는 업무에 종사하기 위하여 우리나라에 체류하는 외국인의 자용품으로서 세관장이 타당하다고 인정하여 반입하는 물품
	– 외국정부와의 사업계약을 수행하기 위하여 계약자가 계약조건에 따라 반출하는 업무용품으로서 주무부장관이 확인한 물품	우리나라에서 외국 간을 왕래하는 선박 또는 항공기 안에서 직접 그 선박 또는 항공기용으로 사용될 물품으로서 해당 운항사항업을 행하는 자(당해 사업의 대리인을 포함한다)에게 무상으로 송부되어 오는 물품
	– 우리나라 정부와의 사업계약을 수행하기 위하여 외국의 계약자가 계약조건에 따라 반입한 물품으로서 다시 반출하는 물품	수출계약의 이행을 위하여 무상으로 반입하는 소모성 자재 또는 시료로서 해당 수출물품의 성능, 시험검사를 위하여 필요하다고 세관장이 인정하는 물품
	– 우리나라와 외국 간을 왕래하는 선박 또는 항공기 안에서 직접 그 선박 또는 항공기용으로 사용될 물품으로서 세관장이 타당하다고 인정하는 물품	항공산업용으로 도입하는 중고 치공구
	– 외국업자의 주문으로 제작되어 해당 수출물품의 생산에 사용된 후 반출하려는 금형	그 밖에 무역거래를 원활히 하기 위하여 무상으로 반입하는 물품으로서 산업통상자원부장관이 타당하다고 인정하는 물품
	– 그 밖에 무역거래를 원활히 하기 위하여 무상으로 반출하는 물품으로서 산업통상자원부장관이 타당하다고 인정하는 물품	
무상(無償)으로 수출·수입하여 무상으로 수입·수출하거나, 무상으로 수입·수출할 목적으로 수출·수입하는 것으로서 사업목적을 달성하기 위하여 부득이하다고 인정되는 물품등	– 무상으로 반입하여 다시 무상으로 반출하는 물품으로서 다음에 열거하는 물품	무상으로 반출할 예정으로 무상으로 반입하는 물품 중 다음에 열거하는 물품 외국의 신문사, 통신사 또는 방송국의 특파원으로서 우리나라에 파견된 자가 뉴스의 취재용으로 반입하는 필름 또는 녹음테이프
	· 금속제실린더, 컨테이너, 권사구 등 물품의 운송을 위하여 반복 사용될 용기 또는 기구	금속제 실린더, 컨테이너, 권사구 등 물품의 운송을 위하여 반복 사용되는 용기 또는 기구
	· 우리나라에서 영화를 촬영하기 위하여 입국하는 영화제작자가 반입하는 영화촬영용 기계 및 기구	우리나라에서 영화를 촬영하기 위하여 입국하는 영화제작자가 반입하는 영화촬영용 기계·기구로서 해당 영화촬영을 위하여 필요하다고 세관장이 인정하는 물품
	· 우리나라에 입국한 순회 흥행업자의 흥행용 물품	우리나라에 입국하는 순회 흥행업자의 흥행용 물품
	· 텔레비전 방송국이 텔레비전 방송을 목적으로 반입한 영화필름	텔레비전 방송국이 텔레비전 방송을 목적으로 반입한 영화필름
	· 공사용(수리용을 포함한다)이나 시험용의 기계 또는 기구	공사용(수리용을 포함한다)이나 시험용의 기계 또는 기구
	· 우리나라에서 개최된 박람회 등의 종료 후 반출되는 물품	우리나라에서 개최한 박람회, 전시회, 견본시, 영화제 등에 출품하기 위한 물품
	· 항공기(부분품을 포함한다) 또는 선박	항공기(부분품을 포함한다) 또는 선박
	· 산업설비수출의 이행에 필요하여 반입한 기계 및 장치	산업설비수출의 이행에 필요하여 반입하는 기계 또는 장치로서 한국기계공업진흥회장이 추천하는 물품
	· 대학 및 연구기관이 외국으로부터 품질이나 성능검사 등을 위탁받아 반입한 검사의뢰 물품 및 검사장비	대학 및 연구기관에 외국으로부터 품질이나 성능검사 등을 위탁받아 반입하는 검사의뢰 물품 및 검사장비
	– 무상으로 반입할 예정으로 무상으로 반출하는 물품으로서 다음에 열거하는 물품 · 금속제 실린더, 컨테이너, 권사구 등 물품의 운송을 위하여 반복 사용될 용기 또는 기구	무상으로 반출된 물품을 다시 무상으로 반입하는 물품으로서 다음에 열거하는 물품 1) 금속제 실린더, 컨테이너, 권사구 등 물품의 운송을 위하여 반복 사용되는 용기 또는 기구
	· 항공기(부분품을 포함한다) 또는 선박	2) 항공기(부분품을 포함한다) 또는 선박

<table>
<tr><td></td><td>· 외국에서 영화(뉴스 포함)를 촬영하기 위하여 제작자가 반출하는 영화촬영에 사용되는 기계·기구로서, 해당 영화촬영을 위하여 필요하다고 세관장이 인정하는 물품</td><td>3) 외국에서 영화(뉴스필름을 포함한다)를 촬영하기 위하여 영화제작자가 반출한 영화촬영용의 기계·기구</td></tr>
<tr><td rowspan="4"></td><td rowspan="4">- 외국에서 수리 또는 검사를 받을 목적으로 반출하는 물품이나 국내에서 수리 또는 검사를 받을 목적으로 반입하는 물품으로서 다시 반출하는 물품</td><td>4) 외국에서 개최된 박람회, 전시회, 견본시, 영화제 등에 출품된 물품으로서 반송되어 온 물품</td></tr>
<tr><td>5) 해외에서 투자, 건설, 용역, 산업설비수출 그 밖에 이에 준하는 사업에 종사하고 있는 우리나라 업자(현지합작법인을 포함한다)에게 무상으로 송부하기 위하여 반출한 시설기재, 원료, 근로자용 생활필수품, 그 밖에 그 사업에 관련하여 사용한 물품</td></tr>
<tr><td>6) 「수산업법」[25] 제41조 및 제42조에 따라 국토교통부장관 또는 국토교통부장관이 지정한 기관의 장이 허가를 받은 자가 원양어선에 무상으로 송부하기 위하여 반출한 물품</td></tr>
<tr><td>외국에서 수리 또는 검사를 받을 목적으로 반출한 물품을 반입하거나 국내에서 수리 또는 검사를 받을 목적으로 외국으로부터 반입하는 물품</td></tr>
<tr><td rowspan="2">산업통상자원부장관이 정하여 고시하는 지역에 수출하거나 산업통상자원부장관이 정하여 고시하는 지역으로부터 수입하는 물품등</td><td>- 외국에서 물품을 보세구역에 무상으로 반입하여 가공을 하지 아니하고 다시 무상으로 반출하는 물품</td><td>「관세법」에 따라 보세판매장 설영특허를 받은 자의 판매용 물품으로서 관세청장이 산업통상자원부장관과 협의하여 지정하는 물품</td></tr>
<tr><td>「외국인투자촉진법」에 따라 외국인투자의 인가를 받은 기업체가 「관세법」에 따른 보세공장에서 무상 또는 계정간의 이체방식에 의하여 유상으로 수입한 원료를 가공하여 무상 또는 계정간의 이체방식에 의하여 유상으로 수출하는 물품 및 동 시설보완용 부분품, 소모성 기자재 또는 시설재.(단, 산업통상자원부장관이 지정한 기관의 장이 인정하는 경우에만 해당한다)</td><td>「외국인투자촉진법」에 따라 외국인투자의 인가를 받은 기업체가 「관세법」에 따른 보세공장에서 가공할 것을 목적으로 무상 또는 계정 간의 이체방식에 의하여 유상으로 수입하는 원료 및 동 시설보완용 부분품, 소모성 기자재 또는 시설재(단, 산업통상자원부장관이 지정한 기관의 장이 인정하는 경우에 한함)</td></tr>
<tr><td rowspan="11">공공성을 가지는 물품 등이거나 이에 준하는 용도로 사용하기 위한 물품 등으로서 따로 수출·수입을 관리할 필요가 없는 물품등</td><td>- 우리나라 재외공관(대한무역투자진흥공사의 해외무역관을 포함한다) 또는 외교사절 등에 송부하기 위하여 반출하는 공용물품</td><td>국가원수에게 반입되는 물품</td></tr>
<tr><td>- 외국에 있는 자에게 증여하기 위하여 반출하는 훈장, 기장 그 밖에 이에 준하는 물품</td><td>우리나라에 있는 자에게 증여하기 위하여 반입되는 훈장, 기장 그 밖에 이에 준하는 물품</td></tr>
<tr><td>- 해외에 파견된 우리나라 군대에 송부하기 위하여 반출하는 군공용물품</td><td>외국에 있는 우리나라의 군대, 군함 또는 공관으로부터 반입되는 공용물품</td></tr>
<tr><td>- 국제운동경기대회에 참가하는 우리나라 선수단에 송부하기 위하여 반출하는 경기용 물품 및 이에 준하는 물품</td><td>사원, 교회 등에 기증된 식전용품 및 예배용품으로서 세관장이 타당하다고 인정하여 반입되는 물품</td></tr>
<tr><td>- 무상으로 반출하는 구호품</td><td>자선 또는 구호의 목적으로 기증된 급여품 및 「관세법」 제91조제2호에 따른 기획재정부령에 의하여 지정된 구호시설과 사회복지시설에 기증되어 직접 사회복지용에 공하는 물품으로서 세관장이 타당하다고 인정하여 반입하는 물품</td></tr>
<tr><td></td><td>학교, 박물관, 물품진열소 그 밖에 「관세법」 제90조제1항제2호 및 제4호에 따라 지정한 시설에 표본, 참고품, 학술연구 또는 교육용에 직접 공하는 세관장이 타당하다고 인정하여 반입되는 물품</td></tr>
<tr><td>- 우리나라의 공공기관이 외국의 공공기관에게 우호의 목적으로 기증하기 위하여 반출하는 물품</td><td>외국의 공공기관으로부터 우리나라 공공기관에 우호의 목적으로 기증되어 반입되는 물품</td></tr>
<tr><td rowspan="2">- 산업통상자원부장관이 해외에 반출하는 국내우표와 산업통상자원부장관의 해외우표 판매허가를 받은 자가 산업통상자원부장관의 추천을 받아 반출하는 국내우표</td><td>정부 또는 지방자치단체에 기증된 물품으로서 해당 기관이 직접 사용하는 물품과 해당 기관에서 실시하는 공공사업에 공하기 위하여 반입되는 물품</td></tr>
<tr><td>국제연합교육과학문화기구(유네스코)에서 발행하는 유네스코쿠폰과 교환으로 송부되어 반입하는 물품</td></tr>
<tr><td>- 우리나라에 있는 외국의 대사관, 공사관, 영사관, 통상대표공관 그 밖에 이에 준하는 기관에서 반출하는 공용물품 또는 그 기관에 소속된 외무공무원 및 그 가족이 반출하는 자용물품</td><td>우리나라에 있는 외국의 대사관, 공사관, 영사관, 통상대표기관 그 밖에 이에 준하는 기관에서 반입하는 공영물품 그 밖에 그 기관에 소속 되는 외국공무원 및 그 가족이 반입하는 자용품</td></tr>
</table>

		「박물관 및 미술관진흥법」에 따라 등록된 박물관 또는 미술관(설립자가 법인인 박물관 또는 미술관에만 해당한다)이 같은 박물관 또는 미술관에 전시할 목적으로 수입하는 물품으로서 문화체육관광부장관의 추천을 받은 물품
		국제공동경기에 참가한 우리나라 선수단의 경기용 물품 및 이에 준하는 물품으로 반출하였다가 다시 반입하는 물품
	- 국제협약 등에 의한 조사단 또는 사찰단이 협약 등에 의한 조사 또는 사찰을 위하여 반출하는 장비, 물품 및 그 구성원의 자용물품	국제협약 등에 따른 조사단 또는 사찰단이 협약 등에 따른 조사 또는 사찰을 위하여 반입하는 장비, 물품 및 그 구성원의 자용물품
그 밖에 상행위 이외의 목적으로 수출·수입하는 물품등	- 무상으로 송부하기 위하여 반출하는 기록문서와 그 밖의 서류(사진 및 마이크로필름을 포함한다)	무상으로 반입하는 간행물, 기록문서와 그 밖의 서류(사진 및 마이크로필름을 포함한다)
	- 뉴스를 취재한 필름이나 녹음테이프 등으로서 우리나라의 신문사, 통신사, 방송국 또는 우리나라에 있는 외국의 신문사, 통신사, 방송국의 특파원이 있는 본사, 지사 또는 주재원 등 앞으로 송부하기 위하여 반출하는 물품	해상사고로 인하여 우리나라 선박이 침몰 또는 폐선된 경우에 그 외국가해자로부터 현물배상으로서 제공받아 해외공관장의 확인을 받아 반입하는 선박
		우리나라의 선박 또는 항공기가 조난으로 인하여 해체된 경우에 반입하는 해체물품 및 장비품
		우리나라에서 출항한 선박 또는 항공기로 반출한 물품으로서 해당 선박 또는 항공기의 사고로 인하여 다시 반입하는 물품
		우리나라의 선박 또는 항공기가 국외에서 고장으로 인하여 분리된 부분품(현지 수리 후 반입하는 것을 말한다)
		「관세법」 제144조에 따라 선박 또는 항공기의 전환이 있는 경우에 해당 선박 또는 항공기에 적재되어 있는 선박용 또는 항공기용품으로서 세관장이 타당하다고 인정하는 물품
	- 유골(유체를 포함한다)	유골(유체를 포함한다)
	- 외국환은행으로부터 수입물품을 담보로 자금을 융자받은 무역업자의 파산, 해산, 행방불명 등으로 인하여 그 무역업자에 의한 통관이 불가능한 경우에 해당 외국환은행이 담보권 행사를 위하여 보세구역 내에서 반출하는 물품	외국환은행으로부터 수입물품을 담보로 자금을 융자받은 수출입업자의 파산, 해산, 행방불명 등으로 인하여 그 수출입업자에 의한 통관이 불능한 경우에 해당 외국환은행이 담보권 행사를 위하여 보세구역으로부터 다른 지역으로 반입하는 물품
	- 「외국환거래법」에 따라 인정된 용역계약에 따라 문화체육관광부장관의 추천을 받아 무상으로 반출하는 국산영화	「외국환거래법」 제18조에 따라 기획재정부장관이 정하는 바에 따라 지급을 인정하는 것으로서 다음에 열거된 물품
		1) 외항운송업자가 경상운항경비로 구입하여 그 선박 또는 항공기용으로 사용된 식용품 및 서비스용품
		2) 자기치료를 위한 미화 2천 달러 이하의 의약품으로서 식품의약품안전청장이 추천한 물품. 다만, 일정한 치료주기가 필요한 물품에 한하여 최소 치료주기에 대한 소요량을 명기한 경우와 각 개인에 대한 진단서를 첨부하여 2명 이상에 필요한 의약품을 수입하는 경우 미화 2천 달러 이상의 경우라도 추천할 수 있다
		3) 운송사업자가 외국항공기에 공급하기 위하여 반입하는 식용품 및 「관세법」 제2조제10호에 따른 기용품
	- 국제공동연구를 위하여 반출하는 연구용 기자재·원료 또는 국제공동연구의 결과물로서 산업통상자원부장관이 추천한 물품	국제공동연구를 위하여 반입하는 연구기자재 또는 국제공동연구 결과물로서 산업통상자원부장관이 수입 추천하는 물품
	- 그 밖에 무상으로 반출하는 물품 중 반출의 목적·사유 등에 의하여 세관장이 타당하다고 인정하는 물품	시험·연구를 위하여 반입하는 물품으로서 산업통상자원부장관이 추천한 물품
		신문사, 통신사 또는 방송국의 해외자사에서 구입·사용 후 내용연한이 경과된 방송·촬영장비중 무상으로 반입하는 것으로, 반입목적 등의 사유에 의하여 그 타당성이 인정되어 산업통상자원부장관이 주무부장관과 협의하여 수입추천하는 물품
		국내거주자가 자가사용을 위하여 정보통신망 등을 이용하여 구매신청 후 대금을 지급하는 거래에 의하여 외국으

		로부터 우편 등으로 반입하는 물품으로서, 가격 및 수량 등 그 반입의 목적·사유에 의하여 세관장이 타당하다고 인정하는 경우
긴급히 처리하여야 하는 물품 등으로서 정상적인 수출·수입절차를 밟아 수출·수입하기에 적합하지 아니한 물품 등		조난선박의 수리 또는 구호에 필요한 비용과 해당 선박이 항해를 계속하는 데에 필요한 비용을 조달하기 위하여 매각하는 그 선박의 적재물품으로서 세관장이 부득이하다고 인정하여 반입하는 물품 긴급을 요하는 항공기의 부분품(항공용 유류 및 비상구급용품을 포함한다), 공항 내에서 항공기에 전용되는 지원장비의 부분품, 수리용품 및 수리용 원료를 구매 또는 임차함에 있어서 그 구매절차에 의하여는 적기에 공급이 불가능하다고 국토교통부장관 또는 국토교통부장관이 지정한 항공관계 전문기관의 장이 인정하여 반입하는 물품. 다만, 「항공법」 제112조에 따라 면허를 받아 정기항공운송사업을 영위하는 자가 구매 또는 임차하는 경우에는 세관장이 인정하여 반입하는 물품 긴급을 요하는 국제통신시설의 수리용 부품과 기기를 구매 또는 임차함에 있어서 일반적인 절차에 의하여서는 적기에 공급이 불가능하다고 방송통신위원회위원장이 인정하여 반입하는 물품 긴급을 요하는 해난구조용품으로서 일반적인 절차에 의하여는 적기 공급이 불가능하다고 국토교통부장관 또는 국토교통부장관이 지정한 해난관계 전문기관의 장이 인정하여 반입하는 물품 긴급을 요하는 견품으로서 일반적인 절차에 의하여는 적기 공급이 불가능하다고 세관장이 인정하는 물품
주된 사업 목적을 달성하기 위하여 부수적으로 수출·수입하는 물품 등		
외국환 거래 없이 수입하는 물품 등으로서 산업통상자원부장관이 정하여 고시하는 기준에 해당하는 물품 등	반입의 목적, 사유 등에 의하여 세관장이 타당하다고 인정하는 물품 등을 말한다. 이 경우 세관장은 과세가격이 500만원을 초과하는 수입에 대하여 수입승인서의 제출을 요구할 수 있다.	
「해외이주법」에 따른 해외이주자가 해외이주를 위하여 반출하는 원자재, 시설재 및 장비로서 외교부장관이나 외교부장관이 지정하는 기관의 장이 인정하는 물품 등		

25) 원양산업법으로 개정 필요

Ⅵ. 통합공고

1. 총칙

(1) 목적

관계행정기관의 장이 소관품목에 대한 수출·수입요령을 제정 또는 개정하는 경우에는 이를 산업통상자원부장관에게 제출하여야 하며, 산업통상자원부장관은 제출받은 수출·수입요령을 통합하여 공고한다.

통합공고는 대외무역법 제12조의 규정에 의하여 대외무역법 이외의 다른 법령에서 해당물품의 수출입의 요건 및 절차 등을 정하고 있는 경우에 수출입 요건확인 및 통관 업무의 간소화와 무역질서 유지를 위하여 다른 법령이 정한 물품의 수출입의 요건 및 절차에 관한 사항을 조정하고 이를 통합 규정함을 목적으로 한다. 즉 통합공고는 수출입의 요건·절차에 관한 사항을 조정하고 이를 통합규정 하여, 수입물량 규제보다는 품질검사, 형식승인 등 절차상의 요건확인을 통한 규제가 대부분이다.

〈수출입공고와의 차이〉

이론상으로 수출입공고에서의 수출입제한은 물량의 제한 성격이 강하지만,
통합공고상의 품목은 절차상의 요건확인을 득하면 물량을 제한하지 않는다.

(2) 대상물품

통합공고 제3조에서 규정하고 있는 52개 개별법에서 관장하는 품목이다. 해당법령의 적용을 받는 수출입 물품은 별도규정(통합공고 제8조)을 제외하고는 별표 1의 품목별 수출요령과 별표 2의 품목별 수입요령에서 정한다.

(3) 구성

통합공고는 2장 82개 조문으로 이루어져 있다. 제1장은 1조부터 29조까지로 총칙적인 내용이고, 제2장은 품목별수출입요령으로 30조에서 마지막 조문까지 이다.

(4) 공고절차

법령을 소관하고 있는 부, 처, 청의 장(주무부처의 장)은 당해 법령의 수출입 요령이 대외무역법 제12조의 규정에 의해 통합고시가 시행될 수 있도록 당해 법령의 대상물품 및 동 물품의 수출입요령 등을 정한 자료를 당해 법령의 시행일 전에 산업통상자원부장관에게 제출하여야 한다. 통합공고 제3조에서 정하고 있는 52개 이외의 법령을 소관하고 있는 주무부처의 장이 소관품목에 대한 수출입의 요건 및 절차 등을 제정하고자 할 때에 대외무역법 제6조의 규정에 의해 미리 산업통상자원부장관과 협의를 거쳐 통합공고에 고시가 될 수 있도록 조치를 취하여야 한다.

산업통상자원부장관은 주무부처의 장이 제출한 소관물품의 수출입요령에 관한 자료에 당해 법령의 목적과 해당물품에 대한 규제의 필요성, 당해 법령의 적용범위 및 대상물품의 타당성, 규제 대상물품의 범위지정에 따른 유사물품과의 혼동 또는 다른 용도로의 전용가능성 여부, 규제 대상물품의 수출입의 요건 및 절차에 대한 무역관행의 배치 여부, 기타 무역정책 기조의 일치여부를 검토·조정하여 해당물품의 수출입요령을 정하여야 한다.

2. 품목별 수출입요령

통합공고 별표 1, 2에서 요건확인품목으로 포함되지 아니한 물품 또는 대상품목의 지정이 용도기준으로 된 경우에 당해용도 이외의 물품은 통합공고 제8조에 별도로 정한 물품, 대외무역관리규정 및 수출입공고 등에서 다른 규정이 없는 한 요건확인의 절차를 거치지 아니한다. 다만, 요건확인 대상물품의 지정이 용도기준인지의 여부가 불명확한 경우에는 산업통상자원부장관이 주무부처의 장 및 관세청장과 협의하여 결정한다.

3. 품목분류

통합고시상의 요건확인품목은 수출입공고와 마찬가지로 HS(Harmonized Commodity Description and Coding System)에 따라 분류하여 지정함을 원칙으로 한다. 다만, 무역정책의 목적 및 해당법령의 목적 수행상 필요에 의해 세분류하여 표기할 수 있다.

4. 별도규정 품목

다음의 물품은 수출입요령에 게기되지 않은 경우일지라도 다음의 요건을 갖추어 수출입하여야 한다.

(1) 마약 및 향정신성의약품

마약류관리에 관한 법률 제2조제2호의 규정에 의한 마약은 별표 3에 게기된 품목으로 하고, 동법 제2조제4호의 규정에 의한 향정신성의약품은 별표4에 게기된 품목으로 하며, 그 수출입은 동법 제6조의 규정에 의한 마약류수출입업자가 동법 제18조의 규정에 의해 매 품목마다 식품의약품안전청장의 허가를 받아야 한다. 다만, 마약은 수출할 수 없으며, 향정신성의약품 중 원료인 경우에는 한국의약품수출입협회장의 수입요건확인을 받아 수입할 수 있다.

(2) 대마

마약류관리에 관한 법률 제2조제5호의 규정에 의한 대마는 수출입할 수 없다. 다만, 동법 제2조제6호사목의 규정에 의한 마약류취급학술연구자가 동법 제3조제8호 단서규정에 의하여 식품의약품안전청장의 승인을 받아 수출입할 수 있다.

(3) 원료물질

마약류관리에 관한 법률 제2조제7호의 규정에 의한 원료물질은 별표 4-1에 게기된 품목으로 하며, 원료물질을 수출입하는 자는 수출입할 때마다 식품의약품안전청장의 승인을 얻어야 한다.

(4) 식품류

다음에 해당하는 것은 식품위생법에 의해 수입할 수 없다.

① 썩었거나 상하거나 설익어서 인체의 건강을 해칠 우려가 있는 것
② 유독·유해물질이 들어 있거나 묻어 있는 것 또는 그러할 염려가 있는 것
③ 병을 일으키는 미생물에 의하여 오염되었거나 그러할 염려가 있어 인체의 건강을 해칠 우려가 있는 것
④ 불결하거나 다른 물질이 섞이거나 첨가된 것 또는 그 밖의 사유로 인체의 건강을 해칠 우려가 있는 것
⑤ 식품위생법 제18조에 따른 안전성 평가 대상인 농축수산물 등 가운데 안전성 평가를 받지 아니하였거나 안전성 평가에서 식용으로 부적합하다고 인정된 것

⑥ 수입이 금지된 것
⑦ 보건복지가족부령이 정하는 질병에 걸렸거나 그 우려가 있는 동물 또는 그 질병으로 인하여 죽은 동물의 고기·뼈·젖·장기 또는 혈액
⑧ 기준·규격이 고시되지 아니한 화학적 합성품인 식품첨가물과 이를 함유한 물질을 식품첨가물로 사용하거나 이를 함유한 식품
⑨ 유독·유해물질이 들어 있거나 묻어있어 인체의 건강을 해칠 우려가 있는 기구 및 용기·포장과 식품 또는 식품첨가물에 직접 닿으면 해로운 영향을 끼쳐 인체의 건강을 해칠 우려가 있는 기구 및 용기·포장

(5) 검역물품

검역법 규정에 의하여 다음에 해당하는 것은 수입할 수 없다.

① 묘견(描犬), 원류(猿類)등의 동물로서 입항전 6월 이내에 발행된 광견병 예방접종 증명서와 출항전 10일 이내에 발행된 수의사의 건강 진단서가 없는 것
② 보건복지부장관의 허가가 없는 병원균, 곤충, 기타 검역전염병을 매개할 우려가 있는 동물, 식물 또는 생과물, 야채류 기타 식품으로서 보건복지부령으로 정하는 것

(6) 통관제한 품목

관세법 제146조의 규정에 의하여 다음에 해당하는 물품은 수출입할 수 없다.

① 국헌을 문란하게 하거나 공안 또는 풍속을 해할 서적, 간행물, 도서, 영화, 음반, 조각물 기타 이에 준하는 물품
② 정부의 기밀을 누설하거나 첩보에 공하는 물품
③ 화폐·지폐·은행권·채권 기타 유가증권의 위조품, 변조품 또는 모조품

(6) 보호문화재

문화재보호법 제2조의 규정에 의한 문화재는 동법 제21조 및 제76조 제1항의 규정에 의하여 수출(반출을 포함한다) 할 수 없다. 다만, 동법 제21조 제1항 단서의 규정에 의하여 문화재청장의 허가를 받은 때에는 반출할 수 있고, 동법 제21조제4항의 규정에 의하여 천연기념물 표본·박재의 수출허가를 받은 때에도 수출할 수 있다.

(7) 방산물자

방위산업에관한특별조치법에 의한 방산물자의 수출입과 총포·도검·

화약류 등 단속법에 의한 총포, 도검, 화약류 중에서 군용에 공하는 물자의 수출입은 방위산업에 관한 특별조치법 제14조 및 제21조에 의하여 국방부장관의 허가를 받아야 한다.

(8) 농약 또는 원제

농약관리법에 의한 농약 또는 원제의 수출입은 다음 각목에 의한다.

① 농약관리법 제17조제1항의 규정에 의하여 농촌진흥청장에게 등록된 농약 및 원제에 한하여 동법 제3조제1항의 규정에 의한 수입업등록을 한 자만이 수입할 수 있다. 다만, 시험용 또는 학술연구용의 경우에는 그러하지 아니하며, 위 규정에 의하여 등록된 농약의 품목 또는 원제와 동일한 농약의 품목 또는 원제를 동일한 제조업자로부터 수입하여 판매하고자 하는 자는 등록에 갈음하여 농촌진흥청장에게 신고할 수 있다.
② 제조업자 또는 원제업자가 수출목적으로 농약 또는 원제를 제조하여 이를 수출하는 경우 그 농약 또는 원제에 대하여는 동법의 적용을 받지 아니한다.

(9) 유해성심사대상화학물질

원소 또는 화합물에 인위적으로 반응을 일으켜 얻어진 화학물질과 자연상태에서 생긴 물질을 추출·정제한 화학물질 중 다음 각목의 1에 해당하지 않는 물질은 통관 전에 유해화학물질관리법 제8조의 규정에 의한 유해성 심사를 받은 후 수입하여야 하며, HS 제28류, 제29류, 제32류, 제34류, 제3707호, 제38류, 제3901～3913호에 해당하는 물품은 세관장의 확인을 받아야 한다.

① 유해화학물질관리법 제2조제3호 및 제5호의 규정에 의한 유독물 및 관찰물질
② 유독물 및 관찰물질에 해당되지 아니한다고 국립환경연구원장이 고시한 물질
③ 유해화학물질관리법 제3조의 규정에 의한 다음의 물질
㉠ 원자력안전법에 의한 방사성 물질
㉡ 약사법에 의한 의약품·의약외품과 그 제조용 원료
㉢ 마약류관리에 관한 법률에 의한 마약과 향정신성의약품
㉣ 화장품법에 의한 화장품과 그 제조용 원료
㉤ 농약관리법에 의한 원제 및 농약
㉥ 비료관리법에 의한 비료
㉦ 식품위생법에 의한 식품 및 식품첨가물
㉧ 사료관리법에 의한 사료
㉨ 총포·도검·화약류 등 단속법에 의한 화약류

ⓩ 고압가스안전관리법에 의한 독성가스

④ 유해화학물질관리법시행령 제4조의 규정에 의한 다음의 유해성심사 면제대상 물질

㉠ 수입하고자 하는 화학물질의 양이 연간 100킬로그램 이하인 소량의 화학물질

㉡ 시험·연구 또는 검사용으로 직접 사용할 수 있도록 소포장된 시약

㉢ 기계·장치에 내장되어 있거나 시운전용으로 그 기계·장치류와 함께 수입되는 화학물질

㉣ 완제품상태로 수입된 화학물질로서 별도의 가공 등을 하지 아니하고 일반소비자가 직접 사용할 수 있도록 만들어진 고체 상태의 화학물질(문방용 또는 화방용 화학물질을 포함함)

㉤ 전량 수출하기 위하여 제조 또는 수입하는 화학물질별 누적총량이 10톤 이하인 염료 또는 염료 중간체인 화학물질

㉥ 기타 국립환경연구원장이 고용노동부장관과 협의하여 고시하거나 유해성심사가 필요없다고 인정하는 화학물질

(10) 이식대상 수산물

수산자원관리법 제35조제1항제5호 및 같은 법 시행령 제18조제1항에 따라 국립수산과학원장의 승인을 받은 이식용 수산동식물은 수산동물질병관리법 제27조 및 제31조, 수산물품질관리법 제36조에 따라 농림수산검역검사본부장(검역검사소장 및 사무소장 포함)에게 검역을 받아야 한다.

(11) 축산물류

다음에 해당하는 것은 축산물위생관리법 제33조의 규정에 의하여 수입할 수 없다.

① 썩었거나 상한 것으로서 인체의 건강을 해할 우려가 있는 것

② 유독·유해물질이 들어 있거나 묻어 있는 것 또는 그 우려가 있는 것

③ 병원성 미생물에 의하여 오염되었거나 그 우려가 있는 것

④ 불결하거나 다른 물질의 혼입 또는 첨가 되었거나 그 밖의 사유로 인체의 건강을 해칠 우려가 있는 것

⑤ 수입이 금지된 것을 수입하거나 축산물위생관리법 제15조제1항에 따라 수입신고를 하여야 하는 경우에 신고하지 아니하고 수입한 것

⑥ 해당 축산물에 표시된 유통기한이 지난 축산물

⑦ 축산물위생관리법 제33조제2항에 따라 판매 등이 금지된 것

(12) 중국 · 베트남 · 인도네시아 및 태국에 수출하고자 하는 수산물

수산물품질관리법 제29조제1항제2호 및 동법 시행규칙 제44조의 규정에 의하여 중국(홍콩은 제외)·베트남·인도네시아 및 태국으로 수출하고자 하는 별표15의 수산물·수산물가공품은 농림수산검역검사본부장(검역검사소장 및 사무소장 포함)의 검사를 받아야 한다.(01-157호 신설)

(13) 건강기능식품

다음에 해당하는 것은 건강기능식품에 관한 법률 제23조 및 제24조의 규정에 의하여 수입할 수 없다.

① 썩었거나 상한 것으로서 인체의 건강을 해할 우려가 있는 것
② 유독·유해물질이 들어 있거나 묻어있는 것 또는 그 염려가 있는 것. 다만, 인체의 건강을 해할 우려가 없다고 식품의약품안전청장이 인정하는 것은 예외로 한다.
③ 병원미생물에 오염되었거나 그 염려가 있어 인체의 건강을 해할 우려가 있는 것
④ 불결하거나 다른 물질의 혼입 또는 첨가 그 밖의 사유로 인체의 건강을 해할 우려가 있는 것
⑤ 수입이 금지된 것
⑥ 기준·규격에 맞지 아니하는 건강기능식품
⑦ 의약품의 용도로만 사용되는 원료를 사용하거나 배합·혼합비율·함량이 의약품과 같거나 유사한 건강기능식품

(14) 수입금지 물건 및 수산동물 검역물품

시험·연구조사용 또는 수산동물 질병의 진료와 예방을 위한 의약품의 제조에 사용하기 위하여 수입하는 수산동물 전염성 질병에 감염된 수산동물 및 병원체(이를 포함한 진단액류가 들어 있는 물건)는 수산동물질병관리법 제24조 따라 농림수산검역검사본부장의 수입허가를 받은 후 같은 법 제27조에 따라 농림수산검역검사본부장(검역검사소장 및 사무소장 포함)에게 검역을 받아야 하며, 식용, 관상용, 시험연구조사용 수산동물 중 어류·패류·갑각류는 같은 법 제27조에 따라 국립수산물품질검사원 지원의 장에게 검역을 받아야 한다.

(15) 미국에 수출하고자 하는 패류

수산물품질관리법 제29조제1항제2호 및 같은 법 시행규칙 제44조의 규정에 의하여 미국으로 수출하고자 하는 별표 17의 패류제품은 농림수산검

역검사본부장(검역검사소장 및 사무소장 포함)의 검사를 받아야 한다.

5. 요건확인 절차

(1) 요건확인 세부요령 공고

통합공고에서 요건확인기관으로 규정된 주무부처의 장 또는 관련단체의 장은 대외무역법 제6조의 규정에 의하여 미리 산업통상자원부장관과 협의를 거쳐 소관 물품의 수출입 요건확인 세부요령을 공고할 수 있다. 다만, 단체의 경우에는 소관물품에 대한 주무부처의 장을 경유하여야 한다.

산업통상자원부장관은 요건확인 세부요령에 따라 소관품목의 요건 확인이 이루어지고 있는지 점검을 실시하여 수출입 질서유지 및 무역정책의 기조에 부적합 하다고 판단될 때에는 시정을 명할 수 있고, 필요한 경우 요건확인기관의 장에게 소관 품목에 대한 요건확인서 발급실적 등을 징구할 수 있다.

(2) 요건확인서의 유효기간

요건확인기관이 발행하는 요건확인서의 유효기간은 통합공고 또는 해당 법령에서 별도로 정하지 않는 한 대외무역법시행령상의 수출입 승인 유효기간 관련규정을 준용한다.

요건확인기관의 요건확인서 발급은 대외무역법이 정한 별지서식 또는 통관 업무에 지장을 주지 않는 범위내에서 기타의 서식을 사용할 수 있으며, 이 고시에 의한 수출입 요건 확인임을 명시하여야 한다.

다음에 해당되는 법령과 같이 형식승인, 형식검정, 검사기준 및 시험방법, 안전성, 유효성 검사 등(시험 및 검사)을 수입요건 및 절차로 정하고 있는 경우에는 해당물품의 최초 수입 시 1회에 한하며, 시험 및 검사를 거친 동일규격 물품에 대한 시험 및 검사는 요건확인기관에 신고함으로써 갈음할 수 있다. 다만, 그 시험 및 검사에 대한 유효기간이 법령사항으로 규정된 경우에는 요건확인서에 그 근거규정과 유효기간을 명시하여 실시할 수 있다.

㉠ 전기용품안전관리법
㉡ 품질경영및공산품안전관리법
㉢ 계량에관한법률(00-75호 개정)
㉧ 야생동·식물보호법
㉨ 자동차관리법
㉩ 소음·진동관리법

㉣ 전기통신기본법
㉤ 전파법
㉥ 약사법
㉦ 식품위생법
㉧ 석유및석유대체연료사업법
㉫ 대기환경보전법
㉬ 건설기계관리법
㉭ 산업안전보건법
㉮ 건강기능식품에관한법률
㉯ 의료기기법

시험 및 검사가 신고로 갈음된 물품이 요건확인 과정에서 착오·오류가 발견되거나 그 유통과정에서 최초의 시험 및 검사에서 받았던 기준, 규칙, 함량 등과 상이하다고 주무부처의 장이 판단할 경우에는 동 물품을 지정하여 시험 및 검사를 다시 받게 할 수 있고, 이 경우에는 주무부처의 장은 관세청장에게 통관의 보류 또는 불허를 요청할 수 있다.

(3) 요건확인신청시 구비서류

공 통 구 비 서 류	관련법령에 따른 서류
- 수출입 요건확인 신청서 3부 - 수입계약서 또는 물품매도확약서 사본1부(수입의 경우) - 수출신용장 또는 수출계약서 사본1부(수출의 경우) - 수출입 대행계약서 사본 1부(수출입 대행시에 한함)	- 해당품목에 적용되는 법령 및 통합공고의 품목별 수출입요령에 게기된 요건 및 절차에 관련된 서류 등

한 개의 수출입 요건확인품목에 대해 2개 이상의 법령이 관련되어 2개 이상의 요건확인을 받도록 규정하고 있는 경우에는 당해물품에 부과된 2개 이상의 요건을 각각의 확인기관에서 받아야 한다. 그러나 당해 요건확인품목의 분류가 용도기준으로 된 경우에는 용도와 관련된 기관에서 요건확인을 받으면 된다.

6. 요건확인 면제

통합공고에 의한 요건확인 품목이라도 다음에 해당하는 경우에는 요건확인 절차를 거치지 아니하고 수출입할 수 있다.

(1) 요건확인 면제사유 (통합공고 제12조제1항)

- 외화획득용 원료·기재의 수입물품
- 중계무역, 외국인수수입, 외국인도수출물품, 선용품
- 수출입승인이 면제되는 경우
- 해당 법령에서의 요건확인 면제 사유에 해당하는 경우

(2) 요건확인 면제제외

다음 법령의 적용을 받는 물품은 요건확인 면제가 제외(통합공고 제12조제2항)된다.

- 마약류관리에 관한 법률
- 식물방역법
- 총포·도검·화약류 등 단속법
- 폐기물의 국가간 이동 및 그 처리에 관한 법률
- 오존층 보호를 위한 특정 물질의 제조규제 등에 관한 법률
- 가축전염병예방법
- 조수보호 및 수렵에 관한 법률
- 자연환경보전법
- 양곡관리법
- 약사법(식품의약품안전청장이 지정하는 오·남용우려의약품에 한함. 다만, 자가치료 목적으로 처방전을 세관장에 제출하는 경우에는 그러하지 아니함)
- 유해화학물질관리법(다만, 제1항1호에 해당하는 경우에 한함)(00-173호 신설)
- 식품위생법(다만, 수출된 식품 등으로서 다시 반입(반송)하는 식품 등에 한함
- 전기용품안전관리법(다만, 제1항제1호에 해당하는 경우에 한 함)

(3) 요건면제수입확인의 유효기간과 2 이상의 요건면제

요건면제수입확인의 유효기간은 1년으로 한다. 다만, 물품의 선적·도착기일, 제조·가공기간 및 기타사유를 고려하여 요건면제확인기관의 장이 필요하다고 인정하는 경우에는 1년의 범위 내에서 이를 연장할 수 있다. 하나의 수입에 대하여 2이상의 요건면제확인을 얻어야 하는 경우 각각의 요건면제수입확인은 상호 독립적으로 얻어야 한다.

(4) 요건면제조건의 이행 기간

요건면제물품을 수입한 자 또는 요건면제물품을 양도 받은 자는 2년(다만, 수산물의 경우는 1년 6월)이내에 요건면제조건을 이행하여야 한다. 다만, ①생산에 장기간이 소요되는 경우, ②제품생산을 위탁한 경우 수탁자의 도산 등으로 인하여 제품생산이 지연되는 경우, ③요건면제조건 이행의무자의 책임있는 사유가 없이 신용장 또는 수출계약이 취소된 경우, ④기타 부득이한 사유로 기간 내에 요건면제조건의 이행이 불가능다고 사후관리기관의 장이 인정하는 경우에는 사후관리기관의 장이 1년(다만, 수산물의 경우는 6월)의 범위 내에서 요건면제조건 이행 기간을 연장할 수 있다.

7. 수출입공고와의 관계

하나의 수출입제한 품목이 통합공고에서 정한 수출입 요건확인의 내용과 수출입공고 등의 제한내용이 동시에 적용될 경우에는 통합공고상의 요건확인 내용과 수출입공고 등의 제한내용이 모두 충족되어야만 수출 또는 수입이 가능하다. 다시 말하면 수출입승인 물품은 수출입공고에서 승인대상으로 지정·고시한 물품을 말하므로 통합공고에 의해 수출입이 제한되는 품목은 수출입승인 물품의 범위에는 포함되지 않는다. 대외무역법에 근거하여 수출입이 제한되는 품목이라 하더라도 통합공고 품목은 타법에 의해 별도로 운영되는 품목이므로 수출입승인이라는 용어를 사용하지 않고 수출입요건확인이라는 용어를 사용한다. 통합공고 품목은 대외무역법이외의 다른 법령에서 정한 수출입 요건확인 품목이므로 대외무역법규상의 수출입승인관련 조항의 적용을 받지 않고 개별법규에 따라 요건확인을 받아야 한다.

Ⅶ. 특정거래형태의 수출입

1. 특정거래형태의 무역거래

일반적인 수출입거래란 유상거래로서 국내외로 물품이 이동하여 세관 등 관련기관에서 물품이동을 파악할 수 있는 거래를 의미한다. 일반적인 수출입거래 형태가 아닌 것은 모두 특정거래형태에 해당한다.

2. 특정거래형태의 인정

산업통상자원부장관은 물품 등의 수출 또는 수입이 원활히 이루어질 수 있도록 다음의 물품 등에 대한 수출입거래형태를 인정할 수 있다(법 제13조 제1항 및 영 제20조).

㉠ 수출 또는 수입의 제한을 회피할 우려가 있는 거래
㉡ 산업보호에 지장을 초래할 우려가 있는 거래
㉢ 외국에서 외국으로 물품 등의 이동이 있고, 그 대금의 지급이나 영수(領收)가 국내에서 이루어지는 거래로서 대금 결제 상황의 확인이 곤란하다고 인정되는 거래 영수
㉣ 대금 결제 없이 물품 등의 이동만 이루어지는 거래

산업통상자원부장관은 특정거래형태를 인정함에 있어서 새로운 거래형태의 파악 등을 위하여 필요한 경우에는 관계행정기관의 장에게 협조를 요청할 수 있다.

3. 특정거래형태의 종류

특정거래형태의 수출입은 위탁판매수출·수탁판매수입·위탁가공무역·수탁가공무역·임대수출·임차수입·연계무역·중계무역·외국인수수입·외국인도수출에 해당하는 거래를 말한다. 주의하여야 할 것은 중개무역은 특정거래형태가 아니라는 것이다.

(1) 위탁판매수출

물품 등을 무환으로 수출하여 해당 물품이 판매된 범위 안에서 대금을 결제하는 계약에 의한 수출을 말한다.

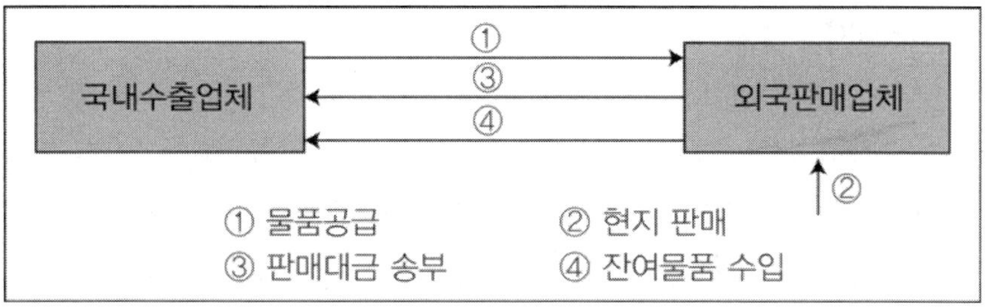

(2) 수탁판매수입

물품 등을 무환으로 수입하여 해당 물품이 판매된 범위 안에서 대금을 결제하는 계약에 의한 수입을 말한다.

(3) 위탁가공무역

가공임을 지급하는 조건으로 외국에서 가공(제조, 조립, 재생, 개조를 포함한다)할 원료의 전부 또는 일부를 거래 상대방에게 수출하거나 외국에서 조달하여 이를 가공한 후 가공물품 등을 수입하거나 외국으로 인도하는 수출입을 말한다.

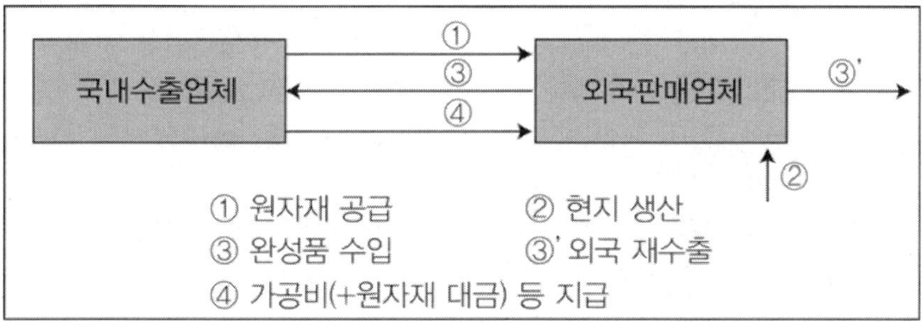

(4) 수탁가공무역

가득액을 영수(領收)하기 위하여 원자재의 전부 또는 일부를 거래 상대방의 위탁에 의하여 수입하여 이를 가공 한 후 위탁자 또는 그가 지정하는 자에게 가공물품 등을 수출하는 수출입을 말한다. 다만, 위탁자가 지정하는 자가 국내에 있음으로써 보세공장 및 자유무역지역에서 가공한 물품 등을 외국으로 수출할 수 없는 경우 「관세법」에 따른 수탁자의 수출·반출과 위탁자가 지정한 자의 수입·반입·사용은 이를 「대외무역법」(법)에 따른 수출·수입으로 본다.

(5) 임대수출(임차수입)

"임대수출"이란 임대(사용대차를 포함한다) 계약에 의하여 물품 등을 수출하여 일정기간 후 다시 수입하거나 그 기간의 만료 전 또는 만료 후 해당 물품 등의 소유권을 이전하는 수출을 말한다.

"임차수입"이란 임차(사용대차를 포함한다) 계약에 의하여 물품 등을 수입하여 일정기간 후 다시 수출하거나 그 기간의 만료 전 또는 만료 후 해당 물품의 소유권을 이전받는 수입을 말한다.

(6) 연계무역

"연계무역"이란 물물교환(Barter Trade), 구상무역(Compensation trade), 대응구매(Counter purchase), 제품환매(Buy Back) 등의 형태에 의하여 수출·수입이 연계되어 이루어지는 수출입을 말한다.

- 물물교환(Barter Trade) : 화폐(신용장, 어음 등)를 개입시키지 않고 직접 물물교환하는 거래
- 구상무역(Compensation Trade) : 환거래가 발생하고 대응수입의무를 제3국에 전가할 수 있다. 하나의 계약서로 거래가 성립
- 대응구매(Counter purchase) : 별도거래 방식으로 쌍방간에 거래가 이루어지는 형태로, 수출과 수입이 각 각 별도의 계약서에 의하여 이루어지며, 두 개의 일반신용장이 개설된다. 즉, 형식상으로는 완전 분리된 두 개의 일반무역거래형태이다.
- 제품환매(Buy Back) : 플랜트(산업설비)를 수출하고 그것에 의하여 생산된 제품을 수입하는 무역거래 형태

(7) 중계무역

"중계무역"이란 수출할 것을 목적으로 물품 등을 수입하여 「관세법」에 따른 보세구역 및 보세구역외 장치의 허가를 받은 장소 또는 「자유무역지역의 지정 등에 관한 법률」에 따른 자유무역지역 이외의 국내에 반입하지 아니하고 수출하는 수출입을 말한다. 물품을 수입한 현지 국가의 다른 업체에 판매하여도 대외무역법상의 중계무역으로 인정한다.

「보세구역·보세구역 외 장치의 허가를 받은 장소·자유무역지역」은 중계무역물품이 이동할 수 있는 최대한의 경로이다. 예를 들어 일본에서 물품을 수입하여 중국으로 수출하는 중계무역의 경우 공해상으로 물품이 이동하는 것은 중계무역이며, 물품이 국내를 거치는 경우에도 「보세구역·

보세구역 외 장치의 허가를 받은 장소·자유무역지역」까지의 물품의 이동은 중계무역으로 허용을 하지만 이 이상의 국내로 이동하는 것은 중계무역이 아니다.26)

당초 국내 판매를 목적으로 물품을 수입하여 보세구역 야적장에 장치하고 있었으나 국내판매가 어려워 제3국에 수출하는 경우에도 전형적인 중계무역의 물품이동 경로와 동일하므로 중계무역으로 볼 수 있다.27)

(8) 외국인수수입

수입대금은 국내에서 지급되지만 수입 물품 등은 외국에서 인수하거나 제공받는 수입을 말한다. 외국에서 건설공사를 하는 우리나라 업체가 현지에서 사용할 목적으로 건설 장비를 외국인수수입하는 경우 등에 해당한다.

(9) 외국인도수출

수출대금은 국내에서 영수하지만 국내에서 통관되지 아니한 수출 물품 등을 외국으로 인도하거나 제공하는 수출을 말한다.

(10) 무환수출입

외국환 거래가 수반되지 아니하는 물품 등의 수출·수입을 말한다.

4. 특정거래형태의 수출입 인정대상 거래의 범위

(1) 인정대상의 축소

2001. 4. 2 이전에는 무역거래형태 가운데서 위탁판매수출·위탁가공무역·임대수출·연계무역·중계무역·외국인수수입·무환수출에 대해서 산업통상자원부장관의 특정거래인정을 받도록 하였으나, 2001. 4. 2 이후에는 무환수출 또는 무환수출이 복합된 거래(무환수출이 중계무역·외국인도수출·외국인수수입과 복합된 거래)에 대해서만 특정거래인정을 받도록 규제가 대폭 완화되었다. 특정거래형태의 거래 중 산업통상자원부장관의 인정을 얻어야 하는 거래(수출승인대상이 아닌 물품 등을 포함)는 중계무역과 무환수출을 말한다.

---

26) 안세영, 앞의 책 134쪽.

27) Ibid. 135쪽.

(2) 중계무역

중계무역으로서 대금의 영수 및 지급을 같은 외국환은행을 통하여 행하지 아니하는 송금방식의 거래와 선적서류를 같은 외국환은행을 통하여 인수 및 송부하지 아니하는 거래는 산업통상자원부 장관의 인정을 받아야 한다.

중계무역거래자가 수입대금 지급은행과 다른 은행을 통해 수출대금을 영수하는 경우로서 수입대금 지급은행이 수출대금 영수은행을 지정하는 경우에는 산업통상자원부장관의 인정 없이 거래를 할 수 있다. 이 경우 중계무역 거래자는 다음 서식의 절취선 이하 부분을 지정된 수출대금 영수은행으로부터 확인받아 수입대금 지급은행에 제출하여야 한다.

수출대금 영수은행 지정 및 수출대금 영수 확인서

지정서 번호 : ___________

수출대금 영수은행 지정서

회사명(주소) :
사업자등록번호 : 성명(대표자) : 전화번호 :

대외무역관리규정 제21조 제3항에 따라, 상기인의 아래의 중계무역 거래에 대한 수출대금 영수은행을 (   )은행 (   )점으로 지정합니다.

수출 계약 명세
(계약서/신용장번호:) (계약금액:) (영수신청금액:)
수입 계약 명세
(계약서/신용장번호:) (계약금액:) (수입결제금액:)

년 월 일
은행 부(점)장 (인)

※ 수입대금 지급은행은 본 지정서 2부를 작성, 1부를 중계무역 거래자에게 교부하여야 합니다.

---------- (간인) --------- 절 취 선 ------ - (간인) - --- - - - - -

수출대금 영수 확인서

______ 은행 부(점)장 귀하

회사명(주소) :
사업자등록번호 : 성명(대표자) : 전화번호 :

대외무역관리규정 제21조 제3항에 따라, 상기인의 중계무역 거래와 관련하여 아래의 수출대금을 영수하였음을 확인합니다.

수출대금 영수 내역
(계약서/신용장번호 :   ) (계약금액 :   )
(영수일자 :   ) (영수금액 :   )

년 월 일
은행 부(점)장 (인)

※ 대외무역관리규정 제21조 제3항에 따라, 중계무역 거래자는 '수출대금 영수확인서'를 수출대금 영수 후 수출대금 영수은행의 확인을 받아 수입대금 지급은행에 제출하여야 합니다.

(3) 무환수출

1) 무환수출

외국환 거래가 수반되지 아니하는 물품의 수출을 말한다.

2) 무환수출의 종류

① 무상무환 : 증여, 상속
② 유상무환 : 위·수탁판매무역, 위·수탁가공무역을 위한 원자재수출입, 임대차수출입, 물물교환 등

3) 인정을 받아야 할 무환수출

외국환 거래가 수반되지 아니하는 물품 등의 수출·수입으로서 신고가격 기준 미화 5만 불 상당액 초과 물품이 대외무역관리규정(수출의 승인)에서 정한 사유(수출승인면제대상)에 해당하지 않고, 매매·교환·임대차·증여 등을 원인으로 국내에서 외국으로 물품을 이동(우리나라의 선박에 의하여 외국에서 채취 또는 포획한 광물 또는 수산물을 외국에 매도하는 것을 포함)하는 경우의 무환수출은 산업통상자원부장관의 인정을 받아야 한다. 다만 위·수탁 판매수출입, 위·수탁가공무역, 임대·차수출입, 연계무역 거래를 위한 무환수출은 제외한다. 결국 무환수출 중에서 외국인수수입과 외국인도수출만 산업통상자원부장관의 승인을 받아야 한다.

5. 특정거래형태의 수출입인정절차

특정거래형태의 수출입인정을 받고자 하는 자는 특정거래인정신청서에 다음의 서류를 첨부하여 산업통상자원부장관에게 신청하여야 한다.

〈특정거래인정신청 서류〉

- 거래요약서
- 계약서등 거래사실을 입증할 수 있는 서류
- 승인대상품목인 경우 승인요건을 충족하였음을 입증할 수 있는 서류
- 다른 법령에 의해 허가·승인 등을 받아야 하는 경우에는 그 허가 등을 받은 사실을 입증할 수 있는 서류
- 기타 산업통상자원부장관이 필요하다고 인정하는 서류

특정거래인정(신청)서

처리기간
7 일

<table>
<tr><td colspan="4" rowspan="2">① 신청인(상호, 주소, 전화번호)　　　무역업고유번호
사업자등록번호
(서명 또는 인)</td><td colspan="3">② 신청일자</td></tr>
<tr><td colspan="3">③ 신용장 또는 계약서번호</td></tr>
<tr><td colspan="7">수출명세</td></tr>
<tr><td colspan="3">④ 수 출 물 품</td><td colspan="2">⑤ 결 제 내 용</td><td colspan="2">⑥ 물 품 이 동</td></tr>
<tr><td>품　　명</td><td>HS No</td><td></td><td>결제금액</td><td></td><td>원 산 지</td><td></td></tr>
<tr><td rowspan="4"></td><td>규 격</td><td></td><td>결제기간</td><td></td><td>선 적 항</td><td></td></tr>
<tr><td>단 위</td><td></td><td>가격조건</td><td></td><td>도 착 항</td><td></td></tr>
<tr><td>수 량</td><td></td><td>결제방법</td><td></td><td>송수하인</td><td></td></tr>
<tr><td colspan="6"></td></tr>
<tr><td colspan="7">수입명세</td></tr>
<tr><td colspan="3">⑦ 수 입 물 품</td><td colspan="2">⑧ 결 제 내 용</td><td colspan="2">⑨ 물 품 이 동</td></tr>
<tr><td>품　　명</td><td>HS No</td><td></td><td>결제금액</td><td></td><td>원 산 지</td><td></td></tr>
<tr><td rowspan="3"></td><td>규 격</td><td></td><td>결제기간</td><td></td><td>선 적 항</td><td></td></tr>
<tr><td>단 위</td><td></td><td>가격조건</td><td></td><td>도 착 항</td><td></td></tr>
<tr><td>수 량</td><td></td><td>결제방법</td><td></td><td>송수하인</td><td></td></tr>
</table>

<table>
<tr><td rowspan="4">신청시 첨부서류

1. 거래요약서
2. 계약서 또는 물품매도확약서 등 동 거래사실 입증서류
3. 「대외무역법」 제11조제2항의 승인대상물품인 경우 승인서
4. 기타</td><td>⑩인정조건</td><td></td></tr>
<tr><td>⑪유효기간</td><td></td></tr>
<tr><td>⑫인정번호</td><td></td></tr>
<tr><td>⑬인정내용</td><td></td></tr>
<tr><td colspan="3">위의 신청사항을 「대외무역법」 제13조에 따라 인정합니다.
년　　월　　일

산업통상자원부장관　　　인</td></tr>
</table>

산업통상자원부장관은 신청이 있는 경우 신청일로부터 7일 이내에 인정여부를 신청자에게 통보하여야 한다. 다만, 신청서 및 입증자료의 보완이 필요한 경우 별도의 기간을 정하여 신청인에게 이를 보완하도록 할 수 있으며 이 기간은 처리기간에 산입하지 아니한다.

6. 특정거래형태의 수출입 인정의 유효기간

특정거래 형태의 수출입 인정의 유효기간은 신고수리(인정)일부터 1년으로 한다.

〈특정거래 인정 없는 무역거래에 대한 제재조치〉

특정거래인정 없이 행한 무역거래행위에 대하여 현행 대외무역법규에는 제재 조항이 없으나, 대외무역법에서 정한 무역거래행위가 아니므로 외환관리법에 따라 대금의 영수·지급이 이루어져야 하며 이를 위반한 경우에는 외환관리법의 제재대상이다.

제2절 외화획득용 원료 · 기재의 수입

Ⅰ. 외화획득의 지원

1. 의의

외화획득용 원료·기재의 수입승인제도는 수출 등 외화획득에 사용될 원료 등의 조달을 원활하게 하여 외화획득의 이행을 촉진하기 위한 제도이다. 이는 같은 승인제도이지만 수출입승인제도는 헌법에 의하여 체결·공포된 조약과 일반적으로 승인된 국제법규의 이행, 생물자원의 보호 등을 위하여 필요하다고 인정하는 경우에는 물품의 수출입을 제한하는 제도로써 그 목적이 다르다고 할 수 있다.

외화획득의 범위는 수출보다 광의의 개념으로서 수출지원제도만으로는 외화획득행위를 적절히 지원하는 데에 한계가 있으며, 외화획득용 원료·기재의 수입승인제도는 외화획득의 이행을 전제로 하는 것이므로 일반수입과는 달리 다음과 같은 지원제도가 있다.

〈외화획득용 원료 · 기재의 지원제도〉

지원사항	내용
수출입공고, 통합공고 등 적용배제	산업통상자원부장관은 원료·시설·기재 등 외화획득을 위하여 사용되는 물품 등("원료·기재")의 수입에 대하여는 수출입 승인을 하지 아니할 수 있음 외화획득용 원료·기재의 수입은 외화획득 이행을 위하여 수입하는 것이므로 수출입공고에 의한 수입제한 품목이라도 수량 등의 제한을 받지 않고 수입할 수 있도록 하고 있음 통합공고에 의한 요건확인 품목이라도 외화획득용 원료·기재의 수입물품은 통합공고에서 정한 요건 및 절차를 거치지 아니하고 수출입
관 세 환 급	외화획득용으로 수입한 원자재 등을 사용하여 생산한 물품을 수출할 경우 당초 수입통관시 납부한 관세 등을 환급
무역금융 지원	원자재수입대금 등을 무역금융에서 융자지원
원산지표시 면제	외화획득용 원료·기재의 수입시 원산지 표시 면제

2. 외화획득용 원료 · 기재의 개념

(1) 외화획득용 시설기재

외화획득에 제공되는 물품 등을 생산하는 데에 사용되는 시설·기계·장치·부품 및 구성품(물품 등의 하자를 보수하거나 물품 등을 유지·보수하는 데에 필요한 부품 및 구성품을 포함)을 말한다. "시설기재"란 시설, 기계, 장치, 부품 및 구성품을 말한다(규정 제2조 제16호).

(2) 외화획득용 원료 · 기재

"원료·기재"란 외화획득용 원료, 외화획득용 시설기재, 외화획득용 제품, 외화획득용 용역 및 외화획득용 전자적 형태의 무체물을 말한다. "기자재"란 기계, 장치 및 자재를 말한다(규정 제2조 제15호).

(3) 외화획득용 제품

수입한 후 생산과정을 거치지 아니한 상태로 외화 획득에 제공되는 물품 등을 말한다.

(4) 외화획득용 용역

외화획득에 제공되는 물품 등을 생산하는 데에 필요한 용역을 말한다.

(5) 외화획득용 전자적 형태의 무체물

외화획득에 제공되는 물품 등을 생산하는 데에 필요한 전자적 형태의 무체물을 말한다.

3. 외화획득의 범위 및 이행

(1) 외화획득의 범위

외화획득의 범위는 ㉮ 수출, ㉯ '군납에 관한 법률'에 의한 주한 국제연합군 기타 외국군 기관에 대한 물품의 매도, ㉰ 관광, ㉱ 용역 및 건설의 해외진출이며, ㉲ 국내에서 물품을 매도하는 경우 ㉠ 외국인으로부터 외화를 받고 국내의 보세지역에 물품을 공급하는 경우, ㉡ 외국인으로부터 외화를 받고 공장건설에 필요한 물품을 국내에서 공급하는 경우, ㉢ 정부·지방자치단체 또는 정부투자기관이 외국으로부터 받은 차관자금에 의한 국제경쟁입찰에 의하여 국내에서 유상으로 물품을 공급하는 경우(대금결제 통화의 종류를 불문한다), ㉣ 외화를 받고 외항선박(항공기)에 선(기)용품을 공급하거나 급유하는 경우, ㉤ 절충교역거래(off set)의 보완거래로서 외국으로부터 외화를 받고 국내에서 제조된 물품을 국가기관에 공급하는 경우[28]로서 산업통상자원부장관이 정하여 고시하는 기준에 해당하는 방법에 따라 외화를 획득하는 것으로 한다. 또한, 무역거래업자가 외국의 수입업자로부터 수수료를 받고 행한 수출알선도 외화획득행위에 준하는 외화획득행위로 본다.

(2) 외화획득이행 의무자

외화획득 이행 의무자는 ① 수입제한품목을 외화획득용 원료·기재 목적으로 수입한 자, ② 수입제한품목을 외화획득용 원료·기재 목적으로 수입을 위탁한 자, ③ 수입제한품목을 외화획득용 원료·기재 또는 그 원료·기재로 제조된 물품을 양수한 자이다.

5. 외화획득용 원료 · 기재의 사용목적변경

(1) 외화획득용 원료 · 기재의 사용 목적 변경승인

외화획득용 원료·기재를 수입한 자는 그 수입한 원료·기재 또는 그 원료·기재로 제조된 물품을 <u>다음과 같은 부득이한 사유</u>로 인하여 당초의 목적 외의 용도로 사용하고자 할 때에는 신청서에 산업통상자원부장관이 정하는 서류를 첨부하여 산업통상자원부장관에게 제출하여 산업통상자원부장관의 승인을 얻어야 한다.

다만, 평균 손모량에 해당하는 외화획득용원료·기재 또는 그 원료·기재로 생산한 물품과 당해품목이 수입승인대상에서 제외되는 경우 등 산업통상자원부장관이 사후관리 할 필요성이 소멸된 것으로 인정하는 경우에 해당하는 외화획득용 원료·기재로 제조된 물품은 목적 외로 사용하는 경우에도 산업통상자원부장관의 승인이 필요 없다.

28) 방위산업, 항공기산업 등 고도의 기술제품을 구매할 경우에 수출국이 수입국으로부터 고도의 기술제품에 소요될 부품의 일부를 대응 구매토록 하는 거래형태를 말한다. 「방위산업에 관한 특별조치법(법률 제06353호)」제21조의2 제1항은 『군사절충교역』이라 제명하에 '국방부장관은 국외로부터 군용물자를 획득할 때에 방위산업의 발전을 위하여 국외계약상대방으로부터 기술을 이전받거나 군용물자의 부품 기타 물자를 수출하는 등 일정한 반대급부를 제공받을 것을 조건으로 하는 군사 절충교역을 추진할 수 있다'고 규정하고 있다.

〈외화획득용 원료 · 기재의 목적외의 용도 사용승인 사유〉

- 우리나라 또는 교역상대국의 전쟁·사변, 천재·지변 또는 제도변경으로 인하여 외화획득의 이행이 불가능하게 된 경우
- 외화획득용 원료·기재로 생산된 물품으로서 그 생산이 고도의 기술을 요하여 외화획득의 이행에 앞서 시제품의 생산이 필요한 경우
- 외화획득이행의무자에게 책임이 없는 사유로 외화획득의 이행을 할 수 없게 된 경우
- 기타 산업통상자원부장관이 불가항력으로 외화획득의 이행이 불가능하다고 인정하는 다음의 경우
  ① 화재나 천재지변으로 인하여 외화획득 이행이 불가능하게 된 경우
  ② 기술혁신이나 유행의 경과로 새로운 제품이 개발되어 수입된 원료로는 외화획득이행물품의 생산에 사용할 수 없는 경우
  ③ 수입된 원료가 형질이 변화되어 외화획득이행물품의 생산에 사용할 수 없게 된 경우
  ④ 기타 수입 또는 구매한 자에게 책임을 돌릴 사유가 없이 외화획득을 이행할 수 없는 경우로서 사용목적 변경승인기관의 장이 인정하는 경우

외화획득용 원료 등의 사용목적 변경승인을 얻고자 하는 자는 외화획득 이행기간 만기일 이전에 관할 시·도지사 또는 당해품목을 관장하는 중앙행정기관(또는 중앙행정기관장이 지정하는 기관의 장)의 장에게 신청을 하여야 한다.

〈외화획득용 원료의 사용목 변경 신청서류〉

- 외화획득용원료 사용목적변경 승인신청서 4부(별지 제4-10호 서식)
- 사용목적 변경신청사유서
- 변경하고자 하는 물량을 확인할 수 있는 서류
- 변경신청하고자 하는 사유를 인정할 수 있는 서류
- 기타 사용목적변경승인기관의 장이 필요하다고 인정하는 서류

사용목적 변경승인을 한 기관의 장은 승인서를 신청자 외화획득용 원료의 사후관리기관의 장, 신청자의 관할세무서장에게 각각 통보하여야 한다.

(2) 양수 및 양도 승인

외화획득용으로 수입한 원료·기재 또는 그 원료·기재로 제조된 물품을 당초의 목적과 동일한 용도로 사용하고자 하거나 수출하고자 하는 자에게 양도하고자 할 때에는 양도하고자 하는 자와 양수하고자 하는 자가 함께 산업통상자원부장관의 승인을 얻어야 한다. 다만, 품목별 외화획득 이행의무의 미이행율이 10퍼센트 이하인 경우 등 외화획득용 원료·기재의 사후관리면제 사유에 해당하는 경우에는 양수도 승인을 얻을 필요가 없다.

외화획득용 원료 등에 대한 양도·양수의 승인을 얻고자 하는 자는 외화획득용원료 등 양도승인신청서 3부에 양수·도계약서 및 수입신고필증

또는 기초원재료 납세증명서 서류를 첨부하여 양도자 또는 양수자의 외화획득용 원료 등의 사후관리기관의 장 또는 원료 등의 사후관리기관의 장에게 신청하여야 한다.

자율관리기업이 다른 자율관리기업에 양도하고자 할 때에는 양도자의 외화획득용 원료의 사후관리기관의 장에게 신청하여야 한다. 양도자 및 양수자의 외화획득용 원료의 사후관리기관의 장은 승인한 원료 등을 공급이행 신고에 준하여 처리하여야 한다.

6. 외화획득 이행 기간

(1) 외화획득의 이행 기간

외화획득의 이행기간은 다음의 구분에 따른 기간의 범위 안에서 산업통상자원부장관이 정하여 고시하는 기간으로 한다.

사 유	이행기간
외화획득용 원료·기재를 수입한 자가 직접 외화획득의 이행을 하는 경우	수입통관일 또는 공급일부터 2년
다른 사람으로부터 외화획득용 원료·기재 또는 그 원료·기재로 제조된 물품을 양수한 자가 외화획득의 이행을 하는 경우	양수일부터 1년
외화획득을 위한 물품을 생산 또는 비축하는데 2년 이상의 기간이 소요되는 경우	생산 또는 비축에 소요되는 기간에 상당하는 기간

이에 근거하여 산업통상자원부 장관이 외화획득 이행 의무기간으로 고시한 기간은 다음과 같다.

〈외화획득 이행 의무기간〉

- 외화획득행위의 경우에는 2년
- 국내공급(양도 포함)인 경우에는 1년
- 외화획득물품의 선적기일이 2년 이상인 경우에는 그 기일까지의 기간
- 수출이 완료된 기계류(HS 84류 내지 90류에 해당하는 품목)의 하자 및 유지보수용 원료인 경우에는 10년

(2) 이행기간의 연장

외화획득이행의무자는 기간 내에 외화획득의 이행이 불가능하다고 인정되는 경우에는 산업통상자원부장관이 정하는 서류를 갖추어 기간의 연장을 신청하여야 한다. 산업통상자원부장관은 신청을 받은 경우 그 신청이 타당하다고 인정할 때에는 외화획득의 이행기간을 연장할 수 있다.

외화획득이행 의무자는 외화획득용 원료의 수입신고수리일, 수입된 외화획득용 원료 또는 당해 원료로 제조된 물품의 구매일 또는 양수일로부터 다음의 기간이 경과한 날까지 외화획득의 이행을 하여야 한다.

1) 연장신청

외화획득 이행의무자는 외화획득 이행 기간 내에 외화획득의 이행이 불가능하다고 인정되는 경우에는 ① 외화획득이행기간 연장신청서 3부, ② 외화획득이행기간 연장 사실을 인정할 수 있는 서류 1부, ③ 사유서 1부 등 서류를 갖추어 그 기간의 종료일 전에 관할 시·도지사에게 연장신청을 하여야 한다.

2) 사유

연장신청을 받은 시·도지사는 다음에 해당하는 경우 1년의 범위 내에서 외화획득이행기간을 연장할 수 있다.

〈외화획득 이행 의무기간 연장사유〉

- 생산에 장기간이 소요되는 경우
- 제품생산을 위탁한 경우 그 공장의 도산 등으로 인하여 제품 생산이 지연되는 경우
- 외화획득이행의무자의 책임 있는 사유가 없음에도 신용장 또는 수출계약이 취소된 경우
- 외화획득이 완료된 물품의 하자보수용 원료로서 장기간 보관이 불가피한 경우
- 부득이한 사유로 외화획득 이행기간 내에 외화획득이행이 불가능하다고 인정되는 경우

3) 통보

시·도지사가 외화획득 이행 기간 연장을 승인한 때에는 그 사실을 신청자와 외화획득용원료 사후관리기관의 장에게 통보하여야 한다. 농림수산물에 대한 외화획득용 원료의 외화획득이행기간 및 그 연장에 대하여는 외화획득의 이행 기간의 규정에도 불구하고 농림수산물에 의한 중앙행정기관의 장이 정한다.

7. 양도 · 양수 승인

수입한 원료·기재 또는 그 원료·기재로 제조된 물품 등을 당초의 목적과 동일한 용도로 사용하고자 하거나 수출하고자 하는 자에게 양도하고자 할 때에는 양도하고자 하는 자와 양수하고자 하는 자가 함께 산업통상자원부장관의 승인을 얻어야 한다. 외화획득용 원료에 대한 양도·양수의 승인

을 얻고자 하는 자는 ① 외화획득용원료 양도승인신청서 3부, ② 양수·도 계약서, ③ 수입신고필증 또는 기초원재료 납세증명서를 첨부하여 양도자 또는 양수자의 외화획득용 원료의 사후관리기관의 장에게 신청을 하고 농림수산물은 당해품목을 관장하는 중앙행정기관의 장(또는 중앙행정기관의장이 지정하는 기관의 장)에게 신청하여야 한다. 그러나 시행령 제37조의 규정에 의하여 사후관리가 면제되는 원료·기재 또는 그 원료·기재로 제조된 물품 등에 대하여는 승인을 요하지 않는다.

8. 외화획득용 원료 · 기재의 사후관리

산업통상자원부장관은 승인을 얻어 수입한 외화획득용 원료·기재 및 그 원료·기재로 제조된 물품 등에 대하여는 외화획득이행의무자의 외화획득의 이행여부에 대한 사후관리를 하여야 한다.

(1) 사후관리의 필요성

외화획득용 원료·기재의 수입에 대하여는 수입제한품목임에도 불구하고 국제수지의 균형 및 국민경제의 발전을 위하여 수입시 우대조치를 취하고 있다. 이것은 외화획득용으로 수입된 원자재를 제조·가공하고 일정기간 내에 외화획득 행위를 이행할 것을 전제로 한 것이므로 외화획득용 원료·기재를 수입한 자가 의무이행을 제대로 하였는지에 대한 사후관리를 할 필요성이 있다.

(2) 원료 등의 사후관리

승인을 얻어 수입한 외화획득용 원료·기재 및 그 원료·기재로 제조된 물품에 대하여는 산업통상자원부장관은 외화획득이행의무자의 외화획득의 이행여부에 대한 사후관리를 하여야 한다. 사후관리는 외화획득 이행의무자별 및 품목별로 매분기에 수입한 총량을 대상으로 하여 행하되, 사후관리의 방법 등에 관하여 필요한 사항은 산업통상자원부장관이 정하여 고시한다.

(3) 사후관리 면제

외화획득용 원료 등에 대하여 산업통상자원부장관은 사후관리를 해야 하지만 ㉮ 품목별 외화획득 이행의무의 미이행률이 10퍼센트 이하인 경우, ㉯ 외화획득 이행의무자의 분기별 미이행률이 10퍼센트 이하이고 그 미이행금액이 미화 2만 달러 상당액 이하인 경우, ㉰ 외화획득 이행의무자에게 책임이 없는 사유로 외화획득의 이행을 하지 못한 경우로서 산업통상자원부장관이 인정하는 경우, ㉱ 수입승인을 얻어 수입한 품목이 수입승인대상에서 제외되는 원료 등과 외화획득의 이행을 위해 보세공장 및 보세창고 또는 자유무역지역에 반입되는 원료 등 산업통상자원부장관이 사후관리를 할 필요성이 소멸된 것으로 인정하는 경우에는 사후관리를 하지 아니할 수 있다.

(4) 사후관리기관

"사후관리기관의 장"이란 각종 수출 또는 수입승인의 이행상황을 확인하고 그 결과에 따라 필요한 조치를 하는 업무를 담당하도록 산업통상자원부장관이 지정·고시한 기관·단체의 장을 말한다(규정 제2조 제27호).

외화획득용 원료의 사후관리기관은 수입승인대상인 농림수산물은 당해 품목을 관장하는 중앙행정기관의 장 또는 중앙행정기관의 장이 지정하는 기관의 장이고 농림수산물을 제외한 원료 등의 사후관리는 당해 외화획득 원료의 승인기관의 장이다.

(5) 자율관리기업

산업통상자원부장관은 산업통상자원부장관이 정하여 고시한 요건을 갖춘 자가 수입승인을 얻어 수입한 외화획득용 원료·기재에 대하여는 당해 자가 이를 사후관리하도록 할 수 있다. 외화획득용 원료·기재를 양수한 자로서 산업통상자원부장관이 정하여 고시한 요건을 갖춘 자의 경우에도 또한 같다.

1) 선정요건

자율적으로 사후관리를 할 수 있는 기업의 선정요건은 ① 전년도 수출실적이 미화 50만 달러 상당액 이상인 업체, 수출 유공으로 포상(훈·포장 및 대통령표창을 말한다)을 받은 업체(84년도 이후 포상받은 업체에 한한다)또는 중견수출기업과 ② 과거 2년간 미화 5천 달러 상당액 이상 외화획득 미이행으로 보고된 사실이 없는 업체이다.

2) 선정절차

자율관리기업은 기술표준원장이 수시로 해당업체를 선정한다. 자율관리기업으로 선정받고자 하는 자는 수출실적증명서, 외화획득원료의 승인기관의 장의 외화획득의무 성실이행확인서, 자율관리규정, 원료 등을 용도 외에 사용하지 아니할 것임을 약속하는 각서를 첨부하여 기술표준원장에게 신청하여야 한다. 기술표준원장이 자율관리기업을 선정한 때에는 산업통상자원부장관, 세관장에게 동 사실을 통보하여야 한다.

3) 사후관리

자율관리기업으로 선정 받은 자는 자율관리규정에 따라 사후관리를 하여야 한다. 자율관리기업은 매 반기 종료 익월 말일까지 대응외화획득이행내역을 기술표준원장에게 보고하여야 한다.

4) 선정취소

기술표준원장은 자율관리기업으로 선정 받은 자가 다음에 해당하는 경우에는 그 선정을 취소할 수 있다. 이때 취소된 기업은 취소한 날로부터 3년 이내에는 재선정될 수 없다.

① 원료 등을 타 상사에 공급하고 공급이행내역을 통보하지 아니하거나 승인 없이 원료 등을 사용목적이외의 용도에 사용하거나 양도 또는 양수한 때
② 파산 등으로 사후관리가 불가능할 때
③ 법 또는 법에 의한 명령이나 처분에 위반한 때

(6) 사후관리대상 원료의 분류

외화획득용 원료 등의 사후관리는 외화획득이행의무자별로 원료 등의 품목분류번호(HS 10단위)별로 분기마다 수입 및 구매한 총량을 대상으로 한다. 그러나 ① 품목분류번호(HS 10단위)가 다르더라도 원료 등의 성질상 동일품목이거나 유사한 품목은 품명단위별로 분기마다 수입 및 구매한 총량을 대상으로 관리하고, ② 의류 및 가방 등의 부재료로 사용되는 지퍼는 품목분류번호(HS 10단위)별로 분기마다 수입 및 구매한 양의 총길이로 관리한다.

(7) 구매내역 신고

사후관리대상품목을 구매한 자는 분기별로 구매한 원료 등을 분류기준에 의거 외화획득용 원료 구매내역 신고서를 작성하여 분기종료 후 다음

달 20일까지 외화획득용 원료의 사후관리기관의 장에게 신고하여야 한다.

(8) 사후관리카드 정리

외화획득용 원료의 사후관리기관의 장은 구매내역신고서 및 공급이행신고서에 의하여 품목분류번호(HS 10단위)별로 분기마다 수입 또는 구매한 총량과 금액 등을 외화획득원료 사후관리이행 정리카드(별지 제4-7호 서식)에 기재하고, 외화획득이행 의무자별로 수입신고수리일(또는 물품인수일)순으로 관리하여야 한다.

(9) 외화획득 이행신고

외화획득 이행의무자는 외화획득을 이행하고 외화획득이행신고서(별지 제4-8호 서식)에 ① 수출신고필증(또는 외화입금증명서)원본과 ② 자율소요량계산서를 첨부하여 수출선적일 또는 외화입금일로부터 3월 이내에 외화획득용원료의 사후관리기관의 장에게 신고하여야 한다.

외화획득 이행신고자와 수출신고필증의 명의가 상이한 경우에는 내국신용장, 구매확인서, 수출대행계약서 또는 물품 등의 구매계약서 등 거래관계를 입증하는 서류를 제출하여야 한다.

외화획득용 원료의 사후관리기관의 장은 외화획득 이행신고가 있을 때에는 지체없이 외화획득 이행신고서에 표시된 원료량을 외화획득용원료 사후관리이행 정리카드에서 차감하여 정리하고 당해 수출신고필증(또는 외화입금증명서)의 뒷면에 사후관리 사실을 확인 표시하여야 한다.

(10) 공급이행 신고

사후관리대상품목을 원료 등으로 공급한자는 외화획득용원료공급이행신고서(별지 제4-9호 서식) 3부(공급자 외화획득용 원료의 사후관리기관용, 인수자 외화획득용 원료의 사후관리기관용 및 인수자용)에 인수자의 날인 또는 물품수령증을 받아 ① 내국신용장 또는 구매확인서와 ② 자율소요량계산서를 첨부하여 공급대금 결제일로부터 3월 이내에 외화획득용원료의 사후관리기관의 장에게 신고하여야 한다. 다만, 공급자가 유통업자인 경우에는 자율소요량계산서류를 면제한다.

공급자 외화획득용 원료의 사후관리기관의 장은 공급이행정리(내국신용장등의 뒷면에 사후관리 사실을 확인 표시)를 하여야 하며, 외화획득용원료공급이행신고서에 확인날인한 후 1부는 인수자 외화획득용 원료의 사후관리기관의 장, 1부는 인수자에게 통보하여야 한다.

원료 등을 보세공장에 반입한 자는 세관장이 발행한 반입확인서를 외화획득용 원료의 사후관리기관의 장에게 제출하여야 하며, 반입확인서를 외화획득용 원료의 사후관리기관의 장은 외화획득용원료 사후관리이행 정리카드에 공급이행정리를 하여야 한다.

9. 지도감독 · 보고 및 제재

(1) 지도 · 감독

기술표준원장은 시·도지사, 외화획득용 원료의 사후관리기관의 장 및 자율관리기업의 장에 대하여 ① 사후관리업무담당자의 교육, ② 사후관리대장 정리실태, ③ 공급이행신고서 통보실태, ④ 미이행 보고실태, ⑤ 기타 제규정 이행실태를 지도·감독을 하여야 한다.

(2) 보고

외화획득용 원료의 사후관리기관의 장은 원료 등을 수입 또는 구매한 후 외화획득이행 만기일까지 외화획득을 미이행한 자에 대하여 대응 외화획득 미이행 내역을 해당 만기일 경과 후 20일 까지 미이행자에게 통보하여야 한다. 외화획득 미이행자에게 통보한 날부터 30일 이내에 외화획득이행신고가 없는 경우 외화획득용 원료의 사후관리기관의 장은 대응 외화획득 미이행 내역을 기술표준원장에게 보고하여야 한다. 다만, 수입승인된 농림수산물은 당해 중앙행정기관의 장에게 보고하여야 한다.

외화획득용 원료의 사후관리기관의 장은 위 정기보고 이외에 사후관리대상 업체의 파산 등으로 사후관리가 불가능하다고 판단되는 경우에는 즉시 그 내역을 기술표준원장에게 보고하여야 한다. 다만, 수입승인 된 농림수산물은 당해 중앙행정기관의 장에게 보고하여야 한다.

(3) 제재조치

중앙행정기관의 장(농림수산물 이외의 품목은 기술표준원장)은 외화획득 미이행자에 대하여 3년 이하의 징역 또는 3천만 원 이하의 벌금에 의한 제재에 필요한 조치를 하여야 한다.

Ⅱ. 외화획득용 원료 및 기재의 수입

1. 외화획득용 원료 · 기재의 수입승인

수출입공고등에 의하여 수입승인대상으로 지정된 물품 등을 외화획득용 원료·기재로 수입하고자 하는 자는 산업통상자원부장관이 정하여 고시하는 기준에 따라 산업통상자원부장관의 승인을 얻어야 한다. 여기에서 "산업통상자원부 장관이 정하여 고시하는 기준"은 대외무역관리규정(외화획득용 원료·기재의 수입)을 의미하며, 승인기관은 수출입공고 등에서 지정·고시한 관계행정기관 및 단체의 장을 말한다.

그러나 국산의 원료·기재의 사용을 촉진하기 위하여 외화획득용 원료·기재의 수입을 제한하고자 할 때에는 그 제한하고자 하는 품목 및 수입에 필요한 절차를 따로 정하여 고시하여야 한다. 이에 따라 종전에는 규정에 소금·실리콘웨이퍼·생사·견사 등을 고시하고 있었으나 모두 삭제되어 1999년 11월부터는 국산 원료·기재의 사용을 촉진하기 위하여 별도로 고시하고 있는 품목은 없다. 다만 농림수산물 중 당해 품목을 관장하는 중앙행정기관의 장 또는 그 중앙행정기관의 장이 지정하는 기관의 장이 정하는 품목은 당해 기관의 장이 정하는 수입승인요령에 따라 승인을 받아야 수입할 수 있다.

2. 외화획득용 원료 수입

(1) 범위

"외화획득용 원료"란 외화획득에 제공되는 물품과 용역 및 전자적 형태의 무체물을 생산(제조·가공·조립·수리·재생 또는 개조)하는 데에 필요한 원자재·부자재·부품 및 구성품을 말한다. 외화획득용 원료의 범위는 다음과 같다.

〈외화획득용 원료의 범위〉

- 수출실적으로 인정되는 수출물품 등을 생산하는데 소요되는 원료(포장재 포함)
- 외화가득율(외화획득액에서 외화획득용원료 수입금액을 공제한 금액이 외화획득액에서 차지하는 비율)이 30%이상인 군납용 물품 등을 생산하는데 소요되는 원료
- 해외에서의 건설 및 용역사업용 원료
- 외화획득용 물품 등을 생산하는 데 소요되는 원료
- 원료로 생산되어 외화획득이 완료된 물품 등의 하자 및 유지보수용 원료

(2) 외화획득용 원료의 수입승인

외화획득용 원료의 승인기관의 장은 외화획득용 원료의 수입에 대하여는 수량제한을 받지 아니하고 승인할 수 있으며, 유통업자가 구매확인서 또는 내국신용장을 근거로 수출품생산자에게 직접 공급하기 위하여 외화획득용 원료를 수입하고자 할 경우에도 그 수입을 승인할 수 있다. 외화획득용 원료의 승인기관의 장이 외화획득용 원료의 수입승인을 할 때에는 외화획득용 원료 수입승인신청서에 외화획득이행의무자의 사후관리기관(수입대행의 경우에는 실수요자의 사후관리기관)과 농림수산물 수입승인의 규정에 의한 수입승인 여부에 대한 기재사항이 적정한지의 여부를 확인하여야 한다.

외화획득용원료수입승인(신청)서
Import for Re-Export License(Application)

처리기간 : 1일 Handling Time : 1 Day

<table>
<tr><td colspan="2">① 수입자 (Exporter)
무역업고유번호 (Trade Business Code)

상호, 주소, 성명
(Name of Firm, Address, Name of Rep.)

(서명 또는 인)
(Signature)</td><td colspan="3">⑥ 송하인 (Consignor)

상호, 주소, 성명
(Name of Firm, Address, Name of Rep.)</td></tr>
<tr><td colspan="2" rowspan="2">② 위탁자 (Requester)
사업자등록번호 (Business No.)

상호, 주소, 성명

(Name of Firm, Address, Name of Rep.)

(서명 또는 인)
(Signature)</td><td colspan="3">⑦ 금액 (Total Amount)</td></tr>
<tr><td colspan="3">⑧ 결제기간(Period of Payment)</td></tr>
<tr><td>③ 원산지(Origin)</td><td>④ 선적항(Port of Loading)</td><td colspan="3">⑨ 가격조건(Terms of Payment)</td></tr>
<tr><td>⑤ 사후관리 기관명</td><td colspan="4"></td></tr>
<tr><td>⑩ HS부호
(HS Code)</td><td>⑪ 품명 및 규격
(Description/Size)</td><td>⑫ 단위 및 수량
(Unit/Quantity)</td><td>⑬ 단 가
(Unit Price)</td><td>⑭ 금 액
(Amount)</td></tr>
<tr><td colspan="5">⑮ 승인기관 기재란(Remarks to be filled out by an Approval Agency)</td></tr>
<tr><td colspan="5">⑯ 유효기간(Period of Approval)</td></tr>
<tr><td colspan="5">⑰ 승인번호(Approval No.)</td></tr>
<tr><td colspan="5">⑱ 승인기관 관리번호(No. of an Approval Agency)</td></tr>
<tr><td colspan="5">위의 신청사항을 「대외무역법」 제11조제2항 및 동법 시행령 제24조제1항에 따라 승인합니다.
(The undersigned hereby approves the above-mentioned goods in accordance with Article 11(2) of the Foreign Trade Act and Article 24(1) of the Enforcement Decree of the said Act.)

년 월 일

승 인 권 자 (인)</td></tr>
<tr><td colspan="5">※이 서식에 의한 승인과는 별도로 대금결제에 관한 사항에 대하여는 외국환거래법령이 정하는 바에 따라야 합니다.</td></tr>
</table>

3. 외화획득용 제품의 수입

(1) 외화획득용 제품의 범위

외화획득용 원료·기재는 외화획득용 원료·외화획득용시설기재 및 외화획득용 제품으로 제품의 범위를 산업통상자원부장관이 정하여 공고토록 하고 있다. 이에 따라 대외무역관리규정에서는 외화획득용 제품의 범위를 ① 주식회사 한국관광용품센터가 수입하는 식자재 및 부대용품, ② 항만운송사업법에 의하여 수입물품공급업의 등록을 하고 세관장에 등록한 자(수입물품 공급업자)가 수입하는 선용품, ③ 군납업자가 수입하는 군납용 물품으로 정하고 있다. 대외무역 관리규정에서는 관광호텔용 식자재 및 부대용품과 수입물품 공급업자의 선용품 공급 물품의 세부 내용을 정하고 있다.

〈관광호텔용 식자재 및 부대용품〉

HS	품 명
0201, 0202	쇠고기
기타	법 제14조제2항의 규정에 의한 승인대상물품으로서 주방용품, 소모성기계, 기자재류 및 객실 또는 부대업장용 소모성 물품

〈수입물품공급업자의 선용품 공급물품〉

HS	품 명
0201, 0202	쇠고기
기타	신조선 및 수리선박에 공급하기 위한 물품은 선용품 공급계약을 맺고 관세청장의 추천을 받은 품목

2. 외화획득용 제품의 수입승인기관

외화획득용 제품(수출입공고 등에 의하여 제한되는 품목에 한함)의 승인기관은 다음과 같다.

대상물품	승인기관
관광용품센터가 관광호텔 등에 공급하기 위하여 수입하는 물품 중 승인대상물품으로서 주방용품, 소모성기계, 기자재류 및 객실 또는 부대업장용 소모성 물품	문화체육관광부장관
군납업자가 주한 국제연합군 기타 외국군기관에 공급하는 군납용 물품	수출입공고등에서 정한 당해물품의 수출입승인기관의 장

3. 외화획득용 제품의 공급 및 사후관리

(1) 관광호텔용 물품

1) 물품의 공급

관광용품센터는 관광호텔용 물품을 다음에 해당하는 자에 한하여 공급할 수 있다.

〈관광호텔용 물품 공급대상〉

- 관광숙박업 중 관광진흥법에 의하여 등록된 호텔업 및 명의이용허가를 취득한 식음료업장
- 문화관광부장관의 허가를 받아 설립된 외신기자클럽, 서울클럽 및 한국언론회관 내 멤버스 클럽과 기자클럽
- 외화획득 및 관광진흥에 기여도가 높은 관광시설 중 문화체육관광부장관의 추천에 의하여 산업통상자원부장관이 지정한 시설
- 청소년기본법에 의하여 문화관광부장관에 신고 된 서울올림픽파크텔
- 올림픽, 아시안 게임 등 대규모 국제대회의 선수촌, 기자촌, 프레스센터 등 관련시설로서 산업통상자원부장관의 협의를 거쳐 문화관광부장관이 기간을 정하여 지정하는 급식장
- 관세법에 의하여 설영특허를 받은 외교관 면세매점

관광용품센터는 위에 열거된 업체에 한하여 물품을 공급할 수 있으며 관광호텔용 물품을 공급시에는 당해 구매자가 시설규모 및 식자재 구입실적 등을 감안하여 적정량을 공급하여야 한다.

〈관광업소〉

업 소 명	주 소
철도그릴 및 열차식당	철도청장이 지정하는 철도그릴 및 열차식당
세종문화회관 및 그릴	서울특별시 종로구 세종로 81-2
한국무역협회 회원식당	서울특별시 강남구 삼성동 159-1 부산광역시 중구 중앙동 4가 87-7
김포공항 국제그릴(4층) 김포국제공항식당(4층)	서울특별시 강서구 공항동 150 서울특별시 강서구 공항동 150
(주)조선호텔 공항외식사업부	서울특별시 강서구 방화동 712-1
코엑스 컨벤션센터내 (주)조선호텔 운영식당	서울특별시 강남구 삼성동 159
(주)세종호텔 공항외식사업부	서울특별시 강서구 방화동 712-1
전국경제인연합회관	서울특별시 영등포구 여의도동 28-1
대한생명 63빌딩(국제회의장 및 특급전문식당)	서울특별시 영등포구 여의도동 60
한국의 집	서울특별시 중구 필동 2가 80-2
관광식당	관광진흥법 제3조제1항제5호의 규정에 의거 관광편의시설의 일종으로서 문화체육관광부장관이 지정하는 관광식당

2) 물품의 용도 외 사용금지

관광용품센터로부터 관광호텔용 물품을 구매한 자는 당해 사업이외의 용도에 사용하거나 유출하여서는 안 되며, 관광용품센터는 관광호텔용 물품을 용도 외에 사용하거나 유출한 자에 대하여는 문화관광부장관에게 이를 보고하여야 한다.

3) 물품의 사후관리

관광용품센터가 수입한 식자재 및 부대용품(관광호텔용 물품)에 대하여는 승인권자의 사후관리를 받아야 한다. 승인권자가 사후관리에 필요한 세부지침을 정하고자 할 때에는 산업통상자원부장관과 협의하여야 한다.

관광용품센터는 다음과 같이 관광호텔용 물품의 관리를 하여야 한다.

① 관광용품센터는 보관중인 관광호텔 물품에 대하여 년 2회이상 정기재고조사를 실시하여야 하며, 그 결과를 승인권자에게 보고하여야 한다.
② 관광용품센터는 관광호텔용 물품의 운송, 보관 및 공급과정에서 파손 등으로 당해물품의 용도에 사용하기가 곤란한 물품은 손망실품대장에 기재하고 그 사실을 입증할 수 있는 서류 등을 첨부하여 보관하여야 한다.
③ 관광용품센터는 관광호텔용 물품의 수입, 재고 및 판매현황에 대한 대장을 비치하고 기록·보관하여야 하며, 관광용품센터로부터 관광호텔용 물품을 구매한 자는 구매 및 소비현황에 대한 대장을 비치하고 기록 보관하여야 한다.
④ 관광용품센터는 분기별 관광호텔용 물품의 수입 및 판매현황을 작성하여 분기종료 후 10일 이내에 승인권자에게 보고하여야 한다.
⑤ 관광용품센터로부터 관광호텔용 물품을 구매한 자는 월별 구입 및 소비현황을 익월 10일까지 관광용품센터에 제출하여야 한다.

관광호텔용 물품의 승인권자는 승인 없이 물품을 용도외 사용(외화획득 불이행, 승인 없이 양도한 경우 포함)한 자에 대하여 대외무역법에 의한 제재조치를 요청하거나 관광진흥법 제18조의 규정에 의한 행정처분(또는 문화체육부장관에게 행정처분 요청)을 하여야 한다.

(2) 선용품

1) 선용품의 관리

수입물품공급업자는 선용품의 수입, 재고 및 공급현황에 대한 대장을 비치하고 기록·보관하여야 하며, 선용품의 수입, 공급(외화 및 국내통화 구분) 및 재고현황을 작성하여 매분기 종료 후 10일 이내에 관세청장에게 제출하여야 한다.

2) 선용품의 사후관리 및 제재

수입물품공급업자가 수입하는 선용품의 사후관리는 관세청장이 행하며, 수입물품공급업자는 수입선용품을 ① 국내항에 정박 중인 외항선박(원양어선을 포함한다), ② 신조선박 및 수리선박에 해당하는 자 이외의 자에게 공급하거나 유출해서는 아니 된다. 관세청장은 위에서 정한 공급대상자 이외의 자에게 공급(외화획득 불이행, 승인 없이 양도한 경우 포함)한 자에 대하여는 제재를 요청하여야 한다.

(3) 군납용 물품

1) 용도 외 사용금지 및 제재

군납업자는 수입되는 물품을 군납외의 용도에 사용하거나 유출하여서는 안 되며, 수입되는 물품을 양도 또는 폐기하고자 할 경우에는 미리 승인기관의 장의 승인을 얻어야 한다. 승인기관의 장은 군납외의 용도에 사용하거나 유출(외화획득 불이행, 승인 없이 양도한 경우 포함)한 자에 대하여는 제재를 요청한다.

2) 군납이행 보고

수입된 군납용 물품에 대하여 군납계약 이행 후 15일 이내에 외화획득 상황을 군납대금회수증명서를 첨부하여 승인기관의 장에게 보고하여야 한다.

Ⅳ. 외화획득용 원료 또는 물품 등의 국내구매

국내에서 외화획득용 원료 또는 물품 등을 구매하려는 자는 외국환 은행의 장에게 내국신용장의 개설을 의뢰하거나 외국환 은행의 장 또는 전자무역기반 사업자에게 구매확인서의 발급을 신청할 수 있다. 국내에서 외화획득용 원료 또는 물품 등을 구매한 자도 「부가가치세법시행규칙」에서 정한 기한 내에 전자세금계산서 또는 세금계산서 사본(전자세금계산서를 발행하지 않은 경우에만 해당한다. 이하 "세금계산서"라 한다)을 「전자무역촉진에 관한 법률」에서 정하는 바에 따라 제출하는 경우에는 구매확인서의 발급을 신청할 수 있다.

1. 구매확인서의 정의

구매확인서는 외화획득용 원료·기재를 구매하고자 하는 자가 부가가치세법에 의한 영의 세율의 적용을 받기 위하여 확인을 신청하는 경우 외화획득용 원료·기재를 구매하는 것임을 확인하기 위해 산업통상자원부장관(외국환은행 장에게 위탁) 또는 전자무역기반사업자가 발급하는 서류를 말한다.

대외무역관리규정에서는 "구매확인서"를 '외화획득용 원료·기재를 구매하려는 경우 또는 구매한 경우 외국환은행의 장 또는 「전자무역 촉진에 관한 법률」에 따라 산업통상자원부장관이 지정한 전자무역기반사업자가 내국신용장에 준하여 발급하는 증서(구매한 경우에는 구매확인서 신청인이 세금계산서를 발급받아 「부가가치세법 시행규칙」에서 정한 기한 내에 신청하여 발급받은 증서에 한한다)를 말한다.

"내국신용장"은 한국은행총재가 정하는 바에 의하여 외국환은행의 장이 발급하여 국내에서 통용되는 신용장을 말한다. 내국신용장은 수출용 수입원자재와 국내에서 생산된 수출용 원자재 또는 수출용 완제품을 구매(임가공위탁 포함)하고자 하는 업체의 신청에 의하여 외국환은행장이 개설(한국은행 총액한도대출관련 무역금융 취급세칙 제12조제1항)하고, 구매확인서는 내국신용장의 발행이 어려울 경우에 주로 사용된다.

2. 구매확인서의 발급 목적

구매확인서는 외화획득(수출, 군납, 관광, 용역 및 건설의 해외진출, 대외무역관리규정에 해당하는 국내물품공급) 이행에 필요한 물품을 원활히 조달토록 하여 외화획득에 기여함을 목적으로 한다.

3. 연혁

외화획득행위에 대한 유인(incentive)중 가장 수혜범위가 넓고 실질적 혜택을 주는 제도의 하나인, "구매확인서"는 1970년도부터 시작된 제도로서 내국신용장(Local L/C)을 개설하기 어려운 상황(송금방식의 수출, 무역금융한도 부족 등)에서 국내에서 생산된 물품 등이나 수입된 물품을 외화획득용으로 국내에서 구매하는 것을 원활히 하고자 하는데 그 목적을 두고 있다. 산업통상자원부장관의 위임을 받은 외국환은행의 장이 수출 등 외화획득행위를 위한 물품구매사실을 확인해 주는 내국신용장에 준하는 서류로서, 이를 통해 업체는 수출실적 인정, 관세환급, 부가가치세 영세율적용 등의 지원을 받을 수 있다.

1990년대 말 이후 수입자유화로 인해 수입제한품목이 줄어들게 됨에 따라 대외무역법상 외화획득 행위와 관련하여 외화획득용 원료·기재의 수입승인 및 사후관리제도 등 다른 제도는 사실상 축소되거나 폐지된 것에 비해, "구매확인서" 제도는 연간 270,000건 정도가 발급되고 있는 등 여전히 업체들에 실질적인 혜택을 제공하고 있다. 이와 같이 무역거래자에 대한 실질적 혜택에도 불구하고 2003년 이전 「대외무역법」에서는 구매확인서의 발급근거를 "구매확인서" 제도에 관한 규정을 명시하고 있지 않고, 「대외무역법시행령」에서 외화획득행위와 관련된 하나의 제도로서 구매확인서 신청절차 및 발급 등에 대해 규정하고 있었다.

2003년 대외무역법 개정 시에 구매확인서의 근거를 법률에 상향 규정함으로써 수출 등 외화획득행위에 대한 지원근거를 견고히 하였고 향후 구매확인서 발급과 사후관리상에 발생할 수 있는 문제점을 보다 실효성 있게 해결할 수 있는 근거를 마련하였다.

4. 구매확인서와 내국신용장과의 차이점

내국신용장은 외국환은행이 물품대금에 대한 지급보증을 하지만 구매확인서는 외국환은행의 지급보증이 없이 당사자간에 대금결제가 이루어진다. 구매확인서에 의해 구매할 수 있는 물품은 국내에서 생산되거나 수입된 물품 및 원자재를 대상으로 한다. 그러나 내국신용장은 국내에서 생산된 수출용 원자재·완제품과 수출용 수입원자재에 한정하여 구매할 수 있다는 점에서 차이가 있다. 내국신용장은 수출용 물품의 구매에 한정하나, 구매확인서는 수출보다 광의의 개념인 외화획득용 물품을 구매하는 경우에도 발급된다.

내국신용장의 발급규정에 맞추어 물품공급이 이미 이루어진 경우에는 구매확인서의 발급이 금지되었으나, 2003년 2월부터는 부가가치세법시행규칙 제9조의2에서 정한 부가가치세 신고기한 내에는 물품수령확인서를 제출하는 경우에는 구매확인서의 발급을 신청할 수 있도록 하여 구매확인서의 사후발급이 가능하게 하였다.

〈구매확인서와 내국신용장 비교〉29)

구　분	내국신용장	구매확인서
관련법규	무역금융관련규정 (한국은행 총액한도대출관련 무역금융 취급세칙 및 절차)	대외무역법
개설(발급)기관	외국환은행	외국환은행
수출실적	공급업체의 수출실적 인정	공급업체의 수출실적 인정
부가세	영세율 적용	영세율 적용
지급확약	개설은행이 지급확약	발급은행의 지급확약 없음
개설(발급)조건	원자재금융 한도 내에서 개설 (무역금융 수혜대상)	제한없이 발급(발급근거 확인) (무역금융수혜대상 아님)
개설(발급)근거	수출신용장 수출계약서(D/A, D/P 등) 외화표시물품 공급계약서 외화표시건설·용역공급계약서 내국신용장 당해업체의 과거 수출실적	- 수출신용장 - 수출계약서(품목·수량·가격 등에 합의하여 서명한 수출계약 입증서류) - 외화매입(예치)증명서(외화획득 이행 관련 대금임이 관계 서류에 의해 확인되는 경우만 해당) - 내국신용장 - 구매확인서 - 수출신고필증(구매한 자가 신청한 경우만 해당) - 외화획득에 제공되는 물품 등을 생산하기 위한 경우임을 입증할 수 있는 서류

5. 구매확인서 발급신청 당사자

국내에서 외화획득용 원료 또는 물품을 구매하고자 하는 자가 외국환은행의 장에게 구매확인서의 발급을 신청할 수 있으며, 구매확인서의 발급을 신청할 수 있는 자는 물품을 공급받고자 하는 자이다.

6. 구매확인서의 발급방법 및 절차

구매확인서는 「한국은행 총액한도대출관련 무역금융 취급세칙」 및 「한국은행 총액한도대출관련 무역금융 취급절차」에 따라 내국신용장에 준하여 외

29) 송선욱, 「대외무역법」 두남(2004), 167쪽.

국환은행의 장 또는 전자무역기반사업자가 발급토록 하고 있다. 따라서 대외무역관리규정에서 구매확인서의 발급과 관련하여 별도로 정한 규정이 없는 경우에는 내국신용장에 관한 규정이 준용된다. 예를 들어 임가공위탁의 경우 구매확인서의 발급과 관련하여 대외무역관리규정에서는 명문의 규정이 없으나, 「한국은행 총액한도대출관련 무역금융 취급세칙」 제12조 제1항에서는 임가공위탁을 내국신용장의 개설대상으로 명시하고 있으므로 내국신용장 발급에 준하여 구매확인서도 발급할 수 있다.

〈구매확인서 발급절차(사전발급 기준)〉

구매자와 공급자 사이에 물품공급계약(공급물품명세, 공기시기, 대금결제방법, 결제통화, 결제시기 등) 체결
⬇
구매자가 외국환은행의 장 또는 전자무역기반사업자에게 구매확인서 발급신청
⬇
구매확인서 발급을 신청 받은 외국환은행의 장 또는 전자무역기반사업자는 발급근거, 발급신청서류, 공급자(수혜자)의 자격 등을 확인한 후 구매확인서를 구매자와 공급자에 발급
⬇
구매확인서를 발급한 외국환은행 또는 전자무역기반사업자는 구매확인서 발급 사실을 공급자에게 통지하고, 공급자가 달리 요청한 경우를 제외하고는 당해 구매확인서를 공급자에게 직접 교부(무역금융 취급세칙 제15조 준용).

7. 구매확인서 발급근거 서류 및 신청

구매확인서를 발급받고자 하는 자는 구매확인신청서에 ① 구매자·공급자에 과한 서류, ② 외화획득용 원료·기재의 가격·수량 등에 관한 서류, ③ 외화획득용 원료·기재임을 입증하는 서류 또는 구매확인서 발급근거 서류인 ㉠ 수출신용장, ㉡ 수출계약서(D/A, D/P), ㉢ 외화매입(예치)증명서(외화획득이행관련 대금임이 관련서류에 의해 확인되는 경우에 한함), ㉣ 내국신용장, ㉤ 구매확인서, ㉥ 대외무역법시행령 제34조 각호의 규정에 의한 외화획득에 제공되는 물품 등을 생산하기 위한 경우임을 입증할 수 있는 서류를 제출하여야 한다.

구매확인서를 발급받으려는 자는 위에서 정한 서류 및 세금계산서(규정 제36조의 단서에 따라 구매한 자가 신청한 경우만 해당한다)를 「전자무역촉진에관한법률」에서 정하는 바에 따라 전자문서로 작성하여 외국환은행의 장 또는 전자무역기반사업자에게 신청하여야 한다.

외국환은행의 장 또는 전자무역기반사업자는 구매확인서 발급신청을 받은 경우 신청인이 구매하고자 하는 원료·기재가 대외무역법 시행령에 의한 외화획득의 범위에 해당하는지의 여부를 확인(외국환은행의 장이 구매확인서 발급 신청자로부터 위에서 언급한 서류를 확인하는 것을 말한다)하여 발급여부를 결정한 후 구매확인서를 발급하여야 한다.

8. 구매확인서 발급한도 및 차수

외국환은행의 장 또는 전자무역기반사업자는 발급된 구매확인서에 의하여 2차 구매확인서를 발급할 수 있으며 외화획득용 원료 또는 물품의 제조·가공·유통(완제품의 유통 포함)과정이 여러 단계인 경우에는 각 단계별로 순차로 발급할 수 있다.

9. 공급대금의 표시통화 및 결제

구매확인서에 공급대금의 통화표시는 ① 원화, ② 외화, ③ 원화로 하되 개설일 현재 매매기준율로 환산한 외화금액 부기 방법 중에서 하나를 선택하여 표기한다. 구매확인서의 금액은 물품대금 전액으로 하고, 대금결제방법과 대금결제기간은 계약당사자(공급자와 구매자)가 체결하는 물품공급계약에서 정하는 바에 따르되 외화금액을 부기한 경우의 대금결제는 대금결제일 현재의 매매기준율로 환산한 금액으로 한다.

10. 구매확인서 재발급

구매확인서를 발급한 후 발급근거서류의 외화획득용 원료 또는 물품의 내용변경 등으로 이미 발급한 구매확인서와 내용이 상이하여 재발급을 요청하는 경우에는 새로운 구매확인서를 발급할 수 있다.

외국환은행의 장 또는 전자무역기반사업자는 구매확인서를 전자무역문서로 발급하는 경우 구매확인서 발급을 전자무역문서로 신청한자에게 발급 사실을 알릴 때 승인번호, 개설 및 통지일자, 발신기관 전자서명 등 최소한의 사항만 알릴 수 있다.

11. 발급신청 대행

구매확인서를 발급받으려는 자가 전산설비를 갖추지 못하였거나 기타 부득이한 사유로 전자문서를 작성하지 못하는 때에는 전자무역기반사업자에게 위탁하여 신청할 수 있다.

[별지 제13호 서식]

외화획득용원료 · 물품 등 구매(공급)확인(신청)서

(갑　　지)

처리기간
3　일

발급번호	
① 구매확인신청자(상호, 주소, 성명) (서명 또는 인)	③ 공급자(상호, 주소, 성명)
② 구매확인신청자 사업자등록번호	④ 공급자 사업자등록번호

1. 구매(공급)원료·물품등의 내용

⑤ HS부호	⑥ 품명 및 규격	⑦ 단위 및 수량	⑧구매(공급)일	⑨단가	⑩ 금액	⑪ 비고

2. 근거서류의 내용

(⑫ 구매확인서를 근거로 다시 구매확인서를 발급하는 경우에는 기존 구매확인서 발급번호 :)

⑬ 근거서류 및 번호	⑭ HS부호	⑮ 품명 및 규격	⑯금액	⑰선적기일

⑱구매(공급)원료 · 물품 등의 용도명세 :

(원자재구매, 원자재 임가공위탁, 완제품 임가공위탁, 완제품구매, 수출대행등 *해당용도를 표시하되 위탁

가공무역에 소요되는 국산원자재를 구입하는 경우는 "(위탁가공)"문구를 추가표시)

* 한국은행 총액한도대출관련 무역금융 취급절차상의 용도표시 준용

위의 신청사항을 대외무역관리규정 제37조에 따라 확인합니다.

년　　월　　일

발 급 기 관 장　　　　　(인)

※ * 완제품에 대한 구매확인서 발급시 ⑯의 기재사항은 생략할 수 있습니다.

210㎜ × 297㎜
일반용지 60g/㎡

1/총페이지수

Ⅴ. 자율소요량

1. 수량 및 용어의 정의

(1) 외화획득용 원료 · 기재의 수량

외화획득용 원료·기재의 수량은 외화획득을 위한 물품 등의 1단위를 생산하기 위하여 제공되는 외화획득용 원료·기재의 기준소요량을 말한다. 산업통상자원부장관은 외화획득용 원료·기재의 기준소요량을 정하는 경우에는 당해 물품 등을 생산하는데 필요한 실제의 수량 외에 생산의 공정에서 생기는 평균 손모량을 포함시킬 수 있다.

〈용어의 정의〉

용 어	정 의
단위실량(①)	외화획득용 물품 등 1단위를 형성하고 있는 원자재의 양
평균손모량(②)	외화획득용 물품 등을 생산하는 과정에서 생기는 원자재의 손모량(손실량 및 불량품 생산에 소요된 원자재의 양을 포함한다)의 평균량
손모율	평균손모량을 백분율로 표시한 값
소요량	외화획득용 물품 등의 전량을 생산하는데 소요된 원자재의 실량과 손모량을 합한 양
기준소요량(①+②)	외화획득용 물품 등의 1단위를 생산하는데 소요되는 원자재의 양을 고시하기 위한 것으로서 단위실량과 평균손모량을 합한 양
단위자율소요량(①+②)	기준소요량이 고시되지 아니한 품목에 대하여 외화획득용 물품 등 1단위를 생산하는데 소요된 원자재의 양을 당해기업이 자율적으로 산출한 것으로서 단위실량과 평균손모량을 합한 양
자율소요량계산서	외화획득을 이행하는데 소요된 원자재의 양을 당해기업이 자체 계산한 서류

2. 기준소요량 책정방법

기준소요량은 ① 현장조사, ② 문헌조사, ③ 실물 및 카탈로그 조사, ④ 신청자 제시자료에 의한 조사, ⑤ 유사품의 소요량 적용하는 방법에 의하여 책정하며 부가가치세법 시행령 제69조제1항, 소득세법 시행령 제144조제1항 및 법인세법 시행령 제105조제1항의 규정에 의한 생산수율을 감안하여 책정할 수 있다. 기준소요량을 책정할 때에는 ① 제조공정 및 공정도, ② 공정별 손모율·손모상태 및 그 발생원인, ③ 원료 등의 배합비율 등에 관한 사항 중 필요한 최소한의 사항만을 조사하여야 한다.

3. 기준소요량의 고시

외화획득용 물품 등의 생산을 판정하는 중앙행정기관의 장(산업통상자원부장관이 관장하는 품목 중 목재가구에 대하여는 임업연구원장, 기타의 품목에 대하여는 기술표준원장)은 소관 품목 중 사후관리대상 원료 등에 대하여 기준소요량을 고시할 수 있다. 사후관리기관 또는 수출업체는 기준소요량이 고시되지 않은 당해 품목이 계속적인 수출이 예상되는 등 기준소요량의 고시가 필요하다고 판단되는 때에는 당해품목에 대하여 기준소요량 책정자료를 첨부하여 고시 기관에 기준소요량 고시를 요청할 수 있으며 고시 기관은 이를 가능한 한 고시하여야 한다. 다만, 기준소요량이 빈번히 바뀌거나 농산물인 경우에는 그러하지 아니할 수 있다. 수출물품 등의 생산을 관장하는 중앙행정기관의 장(산업통상자원부장관이 관장하는 품목 중 목재가구에 대하여는 임업연구원장, 기타의 품목에 대하여는 기술표준원장)은 기준소요량을 고시하는데 필요한 자료를 해당 외화획득행위를 하는 자로 하여금 제출하도록 할 수 있다.

4. 자율소요량계산서 작성

사후관리대상 품목을 외화획득용 원료 등으로 사용하거나 공급한 업체는 대외무역관리규정의 서식에 따라 당해업체가 자율적으로 작성한다. 자율소요량계산서는 단위자율소요량 또는 기준소요량에 외화획득용 물품 등의 수량을 곱한 물량으로 표시하며 단위자율소요량의 산출근거를 품목 및 규격별로 명확히 표시하여야 한다. 기준소요량이 고시된 품목이라 하더라도 수출계약서 등의 관련서류에 소요원료의 품명·규격 및 수량 등이 표시된 경우에는 이에 따라 자율소요량계산서를 작성할 수 있다.

5. 세부절차

기준소요량 고시기관이 업무수행을 위하여 필요한 세부지침을 정하고자 할 경우에는 미리 산업통상자원부장관과 협의하여야 한다. 당해 외화획득용 물품 등의 생산을 관장하는 중앙행정기관의 장이 분명하지 아니할 경우에는 산업통상자원부장관과 협의하여야 한다.

6. 지도감독

기술표준원장은 자율소요량계산서의 작성 및 운용 등과 관련하여 ①자율소요량계산서 작성업무에 대한 교육, ②자율소요량계산서의 작성 및 운용실태 조사, ③자율소요량계산서 제도와 관련한 제규정 이행실태를 지도·감독할 수 있다. 이 경우 필요한 때에는 기준소요량을 고시한 중앙행정기관의 장과 합동으로 지도·감독할 수 있다.

제3절 플랜트수출

1. 플랜트수출의 개념 및 특성

(1) 플랜트수출의 개념

플랜트수출은 각종상품을 제조하기 위한 기계·장치 등의 기자재와 그 설치에 필요한 엔지니어링, 노-하우, 건설시공 등의 소프트웨어가 결합된 생산단위체의 종합수출을 의미한다. 산업설비라는 용어는 종전에 산업설비수출촉진법을 제정하는 과정에서 플랜트라는 외래어를 산업설비라고 해석을 하면서 보편화된 용어이며 산업설비수출은 플랜트수출과 동의어로 사용되고 있다.

산업설비의 범위는 직접 생산활동을 영위하기 위하여 설치하는 석유화학시설·철강 생산시설·자동차 생산시설 등 협의의 산업설비, 댐·항만·도로 등의 사회간접시설개발 플랜트와 학교·병원·주택 등의 사회개발 플랜트인 광의의 산업설비로 분류하여 볼 수 있다. 그러나 대외무역법에서 말하는 산업설비는 협의의 산업설비를 말하며 광의의 산업설비는 건설공사로 분류하여야 할 것이다. 대외무역법시행령 제48조에서는 "시공"의 범위에 토목공사·건축공사를 포함하고 있으나, 여기에서 말하는 토목공사·건축공사는 산업설비를 설치하기 위한 공사를 말하는 것이다.

(2) 플랜트수출의 특성

플랜트수출은 발전소, 담수공장 건설 등과 같은 대규모의 기술집약적인 수출이다. 이러한 특성으로 인하여 플랜트수출은 이를 이행하고 대금을 회수하는데 장기간이 소요된다. 따라서 수출대금 회수기간의 장기화에 따른 자금부담의 완화와 유리한 조건으로 해외 수주하는 데에 있어서 연불수출금융 지원이 결정적인 역할을 한다.

연불수출금융은 수출입은행이 지원하는 금융자금으로 주로 수출, 해외투자, 해외자원개발 등에 필요한 금융을 제공함으로써 국민경제의 건전한 발전과 대외경제협력을 촉진하는데 있다. 지원자금 중 가장 많이 활용되고 있는 것은 주로 수출자금에 대한 지원이다. 수출자금이란 산업설비, 선박, 기계류 등 수출입은행이 지원하고 있는 품목의 수출을 촉진하기 위하여 그 수출에 소요되는 자금을 수출자 또는 국내 생산자에게 지원하는 자금이다. 주로 수출목적물의 제작에 필요한 자금을 지원하는 제작금융과 수출목적물을 인도·완료한 후 수출대금 회수시까지의 자금을 지원하는 연불금융으로 구분 된다.

연불수출금융을 받기 위해서는 우선 수출입은행과 융자상담을 해야 하는데 수출자금 대출을 받을 수 있는 대상품목으로는 HS 25류-40류, 68류-92류의 품목으로 주로 산업설비. 선박. 철도차량류, 철강 및 그 제품류, 비철금속 제품, 기계류와 전기기기류, 철도용 이외의 차량류, 컨테이너, 항공기류, 광학기기. 정밀기기. 의료기기류, 철도차량 부품류, 철도노선 설치용 부품류 등이 있다.

구두로 상담한 후 의향서(L/I)[30]를 발급받아야 하는데 의향서 발급신청서 내용 에는 거래개요, 융자신청 내용, 차주의 개요, 수입자의 개요가 포함되고, 산업 설비 수주계획신고 수리서 사본이 첨부되어야 한다. 그리고 융자상담 후 예비승인을 받아야 하는데 예비승인신청서 내용에는 융자 승인신청서가 첨부되어야 하고 거래개요, 수출자 및 연대입보회사 신용상태, 제작자의 신용상태 및 제작실적, 수입자의 신용상태, 연불원리금 입금계획, 대출원리금 상환계획 등이 포함되어야 한다. 수출입은행은 예비승인 후 대출승인신청서를 검토해야 하는데 그 내용에는 융자 신청 내용, 신청경위 및 주계약내용, 공정계획 및 소모자금 조달계획, 수출자 및 연대입보회사 신용상태, 제작자의 신용상태 및 제작실적, 수입자의 신용상태, 연불원리금 입금계획, 사업타당성 검토보고서(US$1,000만 이상 산업설비)가 포함 되어야 한다. 그리고 대출승인신청서를 검토한 후 그 내용이 타당하면 대출금을 지급한다.

세계산업설비시장을 지역별로 볼 때 아시아 32%, 유럽 27%, 중남미 10%, 미국 12%, 중동 9%순이다. 우리나라의 수주대상도 주로 아시아, 중동, 중남미 등 저개발국 정부이기에 EDCF자금이나 수출입은행의 금융지원에 의해 많이 수출이 이루어지고 있다.

---

30) 거래대상인 특정 건에 대하여 일정 조건 하에 거래할 의사가 있음을 밝히는 서류이며, 가장 기본적인 거래조건과 선결사항 등을 기재함이 일반적이다. 유의할 점은 MOU와는 달리 의향서는 상대방에게 통지되기 때문에 경우에 따라서는 이를 청약으로 보아 상대방이 이에 대하여 승낙하게 되면 계약이 성립될 수도 있다는 점이다. 플랜트상담 등에서는 계약서가 복잡해 표현의 세세한 부분까지 쌍방이 완전한 합의에 이르기에는 많은 시간을 요한다. 그러나 이러한 교섭과정이 장기화할 경우 자재가격 상승 등의 위험부담을 안게된다. 또한 방대한 프로젝트의 경우에는 완공에 많은 시일이 소요되므로 발주자측에서도 사전에 대강의 합의에 바탕을 두고 플랜트의 건설 준비를 서두를 필요가 있다. 이러한 사정으로 內定이라는 의미에서 發注內示書라고 할 수 있는 Letter of Intent가 필요하다.

2. 플랜트수출 승인

(1) 플랜트수출 승인대상

산업통상자원부장관은 다음에 해당하는 산업설비 수출을 하고자 하는 자의 신청이 있는 경우에는 당해 플랜트수출을 승인(변경승인 포함)할 수 있다.

① 농업·임업·어업·광업·제조업, 전기·가스·수도 사업, 운송·창고업 및 방송·통신업을 영위하기 위하여 설치하는 기계·장치 및 ① 발전설비, ② 담수 설비 및 용수처리설비, ③ 해양설비 및 수상구조설비, ④ 석유 처리설비 및 석유화학설비, ⑤ 정유설비 및 송유설비, ⑥ 저장탱크 및 저장기지설비, ⑦ 냉동 및 냉장설비, ⑧ 제철·제강설비 및 철강재구조설비, ⑨ 공해방지설비, ⑩ 공기조화설비, ⑪ 시신에너지 및 재생에너지 설비, ⑫ 정치식(定置式) 운반하역설비 및 정치식· 건설용설비, ⑬ 시험연구설비(해외건설공사와 함께 일괄 수주방식에 의하여 수출되는 설비 제외) 중 본선인도가격(FOB)으로 미화 50만 달러 상당액 이상인 산업설비의 수출

② 산업설비·기술용역 및 시공을 포괄적으로 행하는 일괄수주방식에 의한 수출

여기에서 "시공"이라 함은 ① 토목공사, ② 건축공사, ③ 산업설비설치공사(다만, 플랜트수출업자 또는 수출용기자재를 설계·제작하는 자가 제작한 기계 및 장치를 직접 설치하는 공사를 제외한다)의 수행을 말한다. 그러나 해외건설촉진법시행령에 의한 해외공사실적의 인정을 받고자 하는 경우에 한하여 산업통상자원부장관은 플랜트수출업자 또는 수출용기자재를 설계·제작하는 자가 제작한 기계 및 장치를 직접 설치하는 공사를 산업설비설치공사로 인정할 수 있다.

산업통상자원부장관은 일괄수주방식에 의한 수출로서 건설용역 및 시공부문의 수출에 관하여는 해외건설촉진법에 의한 해외건설업자에 한하여 이를 승인 또는 변경승인 할 수 있다.

(2) 플랜트수출 승인기관

플랜트수출 승인(변경승인)기관은 다음과 같다.

거래 방식	승인기관
일괄수주방식에 의한 수출	산업통상자원부장관
연불금융[31]지원거래	한국수출입은행장
기 타	한국기계산업진흥회장

(3) 플랜트수출 승인신청

[별지 제21호 서식]

플랜트수출승인(신청)서

(용)

처리기간
5 일

<table>
<tr><td rowspan="3">①신청인 무역업고유번호
(상호, 주소, 성명)

(서명 또는 인)</td><td colspan="2">③신용장 또는 계약서 번호</td></tr>
<tr><td colspan="2">④수출승인유효기간</td></tr>
<tr><td colspan="2">⑤지급보증기관</td></tr>
<tr><td rowspan="3">②구매자 또는 계약상대자</td><td colspan="2">대금결제방식 및 수출승인 금액(계:)</td></tr>
<tr><td>⑥신용장</td><td>⑦송금환</td></tr>
<tr><td colspan="2">⑧기타</td></tr>
<tr><td>⑨산업설비명</td><td colspan="2">⑩설치장소</td></tr>
<tr><td colspan="3">⑪수출의 범위
(설계) (기자재) (설치) (건설) (운전) (일괄수출)</td></tr>
<tr><td rowspan="3">⑫수출대금결제조건</td><td colspan="2">⑬송출인력직종 및 인원</td></tr>
<tr><td colspan="2">⑭기술용역수행자</td></tr>
<tr><td colspan="2">⑮건설시공수행자</td></tr>
<tr><td colspan="3">⑯승인조건</td></tr>
<tr><td colspan="3">⑰승인번호</td></tr>
<tr><td colspan="3">위의 신청사항을 「대외무역법 시행령」 제50조에 따라 승인합니다.

년 월 일
승인권자 (인)</td></tr>
</table>

31) 연불 수출은 수출 대금의 지급을 일정 기간 연기해 주는 외상에 의한 수출방식이다.

플랜트수출의 승인을 얻고자 하는 자는 위의 신청서에 산업통상자원부장관이 정하는 다음 서류를 첨부하여 산업통상자원부장관에게 제출하여야 한다.

가. 플랜트수출승인신청서 5부

나. 일반 수출입승인 신청서류

① 수출신용장·수출계약서 또는 주문서(수출의 경우)

② 수입계약서 또는 물품매도확약서(수입의 경우)

③ 수출 또는 수입대행계약서(공급자와 수출자가 다른 경우 및 실수요자와 수입자가 다른 경우)

④ 수출입공고 등에서 규정한 요건을 충족하는 서류(단, 당해 승인기관에서 승인요건의 충족여부를 확인할 수 있는 경우 제외)

다. 통합공고에 의하여 허가·추천 등을 요하는 경우에는 그 허가 등을 받은 사실을 증명하는 서류

변경승인을 얻고자 할 때에도 또한 같다. 그러나 산업설비 수출 승인에 관한 권한이 대외무역법 시행령에 의하여 한국수출입은행장 및 한국기계산업진흥회장에게 위탁을 하고 있으므로 플랜트수출의 승인을 얻고자 하는 자는 서류를 해당 승인기관에 제출하여야 한다.

플랜트수출 변경승인을 얻고자 하는 자는 ① 플랜트수출 승인사항 변경승인 신청서 1부, ② 수출승인서 사본, ③ 변경사유서를 당초 승인기관의 장에게 신청하여야 한다.

(4) 플랜트수출 승인절차

산업통상자원부장관은 플랜트수출의 승인(변경승인)을 위하여 필요한 때에는 플랜트수출의 타당성에 관하여 관계행정기관의 장의 의견을 들어야 하며, 의견 요구를 받은 관계 행정기관의 장은 정당한 사유가 없는 한 지체 없이 산업통상자원부장관에게 의견을 제시하여야 한다.

산업통상자원부장관이 일괄수주방식에 의한 수출을 승인 또는 변경 승인하고자 할 때에는 미리 국토교통부장관의 동의를 얻어야 한다. 산업통상자원부장관은 일괄수주방식에 의한 수출승인 또는 변경승인을 하기 위하여 미리 국토교통부장관의 동의를 얻고자 할 때에는 당해 플랜트수출의 개요와 다음의 구분에 따라 해당 내용을 명시한 서류를 송부하여야 한다.

① 건설용역 및 시공 수행자의 성명(법인인 경우에는 그 명칭과 대표자의 성명) 및 주소

② 건설용역 및 시공사업계획항

동의요청을 받은 국토교통부장관은 특별한 사유가 없는 한 동의요청이 있은 날부터 10일 이내에 그 동의여부를 산업통상자원부장관에게 통지하여야 한다. 이 경우 국토교통부장관의 동의를 얻은 때에는 해외건설촉진법에 의하여 해외공사수행계획이 신고된 것으로 본다.

(5) 플랜트수출승인 처리 및 통보

플랜트수출 승인기관의 장은 플랜트수출승인 또는 변경승인 신청이 있는 경우 접수일로부터 5일 이내에 이를 처리하여야 한다. 다른 기관과의 협의가 필요한 경우 그 협의기간은 처리기간에 산입하지 아니한다. 플랜트수출 승인기관의 장은 승인 즉시 그 승인내용을 한국기계산업 진흥회장에게 통보하여야 한다.

3. 플랜트수출 촉진기관의 지정

산업통상자원부장관은 플랜트수출을 촉진하기 위하여 그에 관한 제도개선, 시장조사, 정보교류, 수주 지원, 수주질서 유지, 전문인력의 양성, 금융지원, 우수기업의 육성 및 협동화사업을 추진할 수 있다. 이 경우 산업통상자원부장관은 플랜트수출 관련기관 또는 단체를 지정하여 이들 사업을 수행하게 할 수 있는데, 플랜트수출촉진기관으로 한국기계산업진흥회 및 한국플랜트산업협회를 지정하고 있다.

산업통상자원부장관은 지정된 플랜트수출촉진기관에 대하여 플랜트수출 시장 조사 등의 사업의 촉진과 관련하여 ① 플랜트수출동향, ② 플랜트수출에 관한 시장조사·정보교환·수주·협동화사업의 촉진 실적 등 촉진 활동에 관한 사항, ③ 기타 플랜트수출에 관하여 산업통상자원부장관이 요청하는 사항을 보고하게 할 수 있다.

제4절 전략물자의 수출입

1. 개요

대공산권수출통제를 담당하던 COCOM이 1994년 폐지되었으나, 일부 국가의 대량살상무기 보유 움직임과 재래식 무기 과잉 축적 움직임에 따른 지역 불안정이 새로운 안전보장상의 과제로 대두되어 COCOM을 대체하는 바세나르협정이 1996년 설립되고 기존 대량살상무기(WMD : Weapons of Mass Destruction)비확산체제가 강화되어 오다가, 9.11 테러 이후 WMD 비확산문제가 국제안보 분야의 핵심 현안으로까지 부상하였다.[32)]

전략물자 국제 수출통제 제도는 대량파괴무기(WMD) 제조에 사용가능한 물자 및 기술이 특정국가 및 테러조직에 공급되는 것을 차단하기 위한 국제협약체제로 핵무기, 생·화학무기, 미사일, 재래식무기 등 4개 분야를 대상으로 다음과 같은 국제협약이 마련되어 운영하고 있다.

국제협약	통제대상물자 및 기술	회원국	한국 가입
핵공급그룹(NSG)	핵무기(원자력 전용 및 이중용도품목·기술 135종)	45개국	1995년
호주그룹(AG)	생화학무기(생화학물질 및 이중용도품목·기술 43종)	40개국	1996년
미사일기술통제 체제(MTCR)	미사일 및 운반체(미사일 및 이중용도품목·기술 88종)	34개국	2001년
바세나르협약(WA)	재래식 무기(이중용도품목·기술 243종)	40개국	1996년

* 품목·기술 509종은 통제대상 물자 중분류이며 HS(10단위) 전환시 2,000여개

비확산체제의 주요 특징은 첫째, 비공식적이고 자발적인 다자간 협의체라는 것이다. 즉 NPT, CWC, BWC는 사찰 등 사후감시를 통해 실질적 통제력을 갖는 국제 조약인데 반해, 비확산체제(Non-Proliferation)는 비공식 국제조직 또는 협의체의 성격을 띠고 있어 강제적인 구속력이 없다는 것이다. 둘째, 각국의 책임 하에 수출을 통제하고 위반자에 대해 처벌을 한다는 것이다. 비확산체제에서 합의된 통제지침에 의거, 각국이 자율적 판단에 따라 자국의 법령에 구체적인 통제 품목 및 지역을 정하고, 위반자에 대해서는 징역·벌금형에 처하거나 수출입금지 조치를 한다. 셋째, 회원국간의 정보교환을 들 수 있는데 우려 국가 및 프로젝트에 대한 정보를 교환하여 다른 국가의 수출통제를 지원한다.

32) 산업통상자원부, 『전략물자 수출통제제도(2003)』 참조.

비확산체제의 주요 수출통제수단은 "Catch-all" 통제 와 "No-undercut" 통제가 있는데 Catch-all 통제는 국제수출통제체제에서 규정하고 있는 Control List상의 통제품목 여부와 상관없이 대량살상무기(WMD) 및 이의 운반수단인 미사일 개발에 전용될 수 있는 모든 품목(all)을 통제(catch)하는 것이다. 우리나라의 경우 대외무역법 제21조에 근거한 전략물자수출입고시에 제도를 규정하여 2003년부터 시행하고 있다. No-undercut 통제는 어느 한 국가가 특정 품목을 특정 수입자 또는 최종사용자에 대해 수출을 거부한 사례가 있는 경우 다른 회원국도 이에 따라야 하며, 이에 따르지 않을 경우 원 거부국과 협의를 하여야 한다. 체제별로 지정된 통제대상 물자 및 기술의 수출은 정부의 허가 필요하다. 협약별 통제리스트에는 해당되지 않으나 대량파괴무기의 개발 및 제조에 이용될 우려가 있는 여타품목에 대해서도 포괄적인 수출통제 실시(一名 Catch-all제도)하고 있다. 우리나라의 경우 명시적으로 도입하지는 않았으나, 수출허가 시 실질적으로 적용하고 있다.

〈통제대상품목 및 수출제한지역〉

	WA	NSG	MTCR	AG 및 CWC	Catch-all
통제대상품목	재래식 무기 및 동제조용 이중용도품목(공고 별표 9)	원자력 전용물품 및 관련 일반산업용물자(공고 별표 10)	로켓·무인항공기 및 관련 기자재(공고 별표 11)	화학·생물무기 원재료 및 관련 제조장비(공고 별표 12, 13)	WMD 개발과 관련된 HS 25~40, 54~59, 63, 68~93 및 95류의 품목(공고 별표 13-1)
수출제한지역	국제평화와 지역안전을 저해할 우려가 있는 지역	핵비보유국으로서 핵무기를 개발할 우려가 있는 국가	대량살상무기 운반체계를 개발할 우려가 있는 국가	생·화학무기 개발 우려가 있는 국가	· 원칙적으로 전지역 · 국제수출통제체제 회원국(미국 등 27개국)은 제외

※ Catch-all 통제대상품목은 WMD 개발과 관련된 경우에 한하여 전략물자로 봄

2. 전략물자의 의의 및 구분

(1) 전략물자의 의의

전략물자란 국제평화 및 안전유지를 위하여 수출통제가 필요하다고 인정되는 것으로서 전략물자수출입고시에 규정된 일반산업, 방산물자, 원자력관련, 미사일, (생)화학무기류 및 시설과 장비, 기술을 의미한다.

(2) 전략물자의 구분

전략물자는 다음과 같이 구분한다.

1) 1종전략물자

여러 회원국들로 구성되고, 전략물자의 수출입에 관한 사항을 협의·조정하는 국제적인 협의체 또는 이와 유사한 기구(다자간전략물자수출통제체제)에서 수출통제대상으로 지정한 물품

2) 2종전략물자

대량파괴무기 및 그 운반수단인 미사일(대량파괴무기 등)의 제조·개발·사용 및 보관 등의 용도로 사용될 가능성이 높은 물품

3. 전략물자의 수출

(1) 전략물자의 수출제한

1) 전략물자지정고시

산업통상자원부장관은 관계 행정기관의 장과 협의하여 다음과 같은 다자간 국제수출통제체제의 원칙에 따라 국제평화 및 안전유지와 국가안보를 위하여 수출허가 등 제한이 필요한 물품 등(다자간 국제수출통제체제에서 정하는 물품의 제조·개발 또는 사용 등에 관한 기술로서 산업통상자원부장관이 관계 행정기관의 장과 협의하여 고시하는 기술 포함)을 지정하여 고시하여야 한다.

〈다자간 국제수출통제체제〉

- 바세나르체제(WA)
- 핵공급국그룹(NSG)
- 미사일기술통제체제(MTCR)
- 오스트레일리아그룹(AG)
- 화학무기의 개발·생산·비축·사용금지 및 폐기에 관한 협약(CWC)
- 세균무기(생물무기) 및 독소무기의 개발·생산·비축금지 및 폐기에 관한 협약(BWC)

2) 수출허가

지정·고시된 물품등(전략물자)을 수출하려는 자는 산업통상자원부장관이나 관계 행정기관의 장의 허가(수출허가)를 받아야 한다.

3) 상황허가

전략물자에는 해당되지 않으나 대량파괴무기와 그 운반수단인 미사일

(대량파괴무기 등)의 제조·개발·사용 또는 보관 등의 용도로 전용될 가능성이 높은 물품 등을 수출하려는 자는 그 물품등의 수입자나 최종 사용자가 그 물품 등을 대량파괴무기 등의 제조·개발·사용 또는 보관 등의 용도로 전용할 의도가 있음을 알았거나 그 수출이 다음의 어느 하나에 해당되어 그러한 의도가 있다고 의심되면 산업통상자원부장관이나 관계 행정기관의 장의 허가(상황허가)를 받아야 한다.

- 수입자가 해당 물품 등의 최종 용도에 관해 필요한 정보 제공을 기피하는 경우
- 수출하려는 물품 등이 최종 사용자의 사업 분야에 해당되지 않는 경우
- 수출하려는 물품 등이 수입국가의 기술수준과 현저한 격차가 있는 경우
- 최종 사용자가 해당 물품 등이 활용될 분야의 사업경력이 없는 경우
- 최종 사용자가 해당 물품 등에 대한 전문적 지식이 없으면서도 그 물품 등의 수출을 요구하는 경우
- 최종 사용자가 해당 물품 등에 대한 설치·보수 또는 교육훈련 서비스를 거부하는 경우
- 해당 물품 등의 최종 수하인(受荷人)이 운송업자인 경우
- 해당 물품 등에 대한 가격 조건이나 지불 조건이 통상적인 범위를 벗어나는 경우
- 특별한 이유 없이 해당 물품 등의 납기일이 통상적인 기간을 벗어난 경우
- 해당 물품 등의 수송경로가 통상적인 경로를 벗어난 경우
- 해당 물품 등의 수입국 내 사용 또는 재수출 여부가 명백하지 않은 경우
- 해당 물품 등에 대한 정보나 목적지 등에 대해 통상적인 범위를 벗어나는 보안을 요구하는 경우
- 그 밖에 국제정세의 변화 또는 국가안전보장을 해치는 사유의 일시적 발생 등으로 산업통상자원부장관이나 관계 행정기관의 장이 한시적으로 수출허가를 받도록 정하여 고시하는 경우

4) 허가절차

전략물자 또는 전략물자에는 해당되지 아니하나 대량파괴무기와 그 운반수단인 미사일(대량파괴무기 등)의 제조·개발·사용 또는 보관 등의 용도로 전용(轉用)될 가능성이 높은 물품 등을 수출하려는 자는 전략물자수출허가신청서나 상황허가신청서에 다음 각 호의 서류를 첨부하여 산업통상자원부장관이나 관계 행정기관의 장에게 제출하여야 한다.

- 수출계약서, 수출가계약서(輸出假契約書) 또는 이에 준하는 서류

- 수입국의 정부가 발행하는 수입목적확인서 또는 이에 준하는 서류
- 수출하는 물품 등의 용도와 성능을 표시하는 서류
- 수출하는 물품 등의 기술적 특성에 관한 서류
- 그 밖에 수출허가나 상황허가에 필요한 서류로서 산업통상자원부장관이 정하여 고시하는 서류

수출허가신청이나 상황허가신청을 받은 산업통상자원부장관 또는 관계 행정기관의 장은 15일 이내에 수출허가나 상황허가의 여부를 결정하고 그 결과를 신청인에게 알려야 한다. 다만, 수출허가나 상황허가를 신청한 물품 등에 대하여 별도의 기술 심사, 관계 행정기관과의 협의 또는 현지조사가 필요한 경우에는 그 협의나 현지조사를 하는 데에 걸리는 기간은 본문에 따른 기간에 산입하지 아니한다.

5) 수출허가 및 상황허가의 기준

산업통상자원부장관이나 관계 행정기관의 장은 수출허가 신청이나 상황허가 신청을 받으면 국제평화 및 안전유지와 국가안보 등 다음 기준에 따라 수출허가나 상황허가를 할 수 있다.

- 해당 물품 등이 평화적 목적에 사용되는지 여부
- 해당 물품 등의 수출이 안전유지와 국가안보에 영향을 미치는지 여부
- 해당 물품 등의 수입자와 최종 사용자 등이 거래에 적합한 자격을 가졌는지 여부 및 그 사용 용도를 믿을 수 있는지 여부
- 그 밖에 다자간 국제수출통제체제의 원칙 중 산업통상자원부장관이 정하여 고시하는 사항을 지키는지 여부

6) 허가면제와 취소

① 면제

산업통상자원부장관 또는 관계 행정기관의 장은 재외공관에서 사용될 공용물품을 수출하는 경우 등 다음에 해당하는 경우에는 전략물자의 수출허가 또는 상황허가를 면제하되, 수출자는 수출 후 7일 이내에 산업통상자원부장관 또는 관계 행정기관의 장에게 수출거래에 관한 보고서를 제출하여야 한다.

- 재외공관, 해외에 파견된 우리나라 군대 또는 외교사절 등에 사용될 공용물품을 수출하는 경우

- 선박 또는 항공기의 안전운항을 위하여 긴급 수리용으로 사용되는 기계, 기구 또는 부분품 등을 수출하는 경우
- 그 밖에 수출허가 또는 상황허가의 면제가 필요하다고 인정하여 산업통상자원부장관이 관계 행정기관의 장과 협의하여 고시하는 경우

② 취소

산업통상자원부장관 또는 관계 행정기관의 장은 수출허가 또는 '상황허가를 한 후 ① 거짓 또는 부당한 방법으로 허가를 받은 사실이 발견된 경우나 ② 전쟁, 테러 등 국가 간 안보 또는 대량파괴무기 이동·확산 우려 등과 같은 국제정세의 변화가 있는 경우에는 수출허가 또는 상황허가를 취소할 수 있다.

(2) 전략물자의 제조자 및 무역거래자의 의무

1) 판정신청

물품 등의 무역거래자는 산업통상자원부장관이나 관계 행정기관의 장에게 전략물자에 해당하는지에 대한 판정을 신청할 수 있다. 이 경우 산업통상자원부장관이나 관계 행정기관의 장은 전략물자관리원장 또는「원자력안전법」에 따른 한국원자력통제기술원에 판정을 위임하거나 위탁할 수 있다.

2) 제출서류

물품 등이 전략물자에 해당하는지에 대하여 판정을 받으려는 자는 전략물자판정신청서에 다음의 서류를 첨부하여 산업통상자원부장관이나 관계 행정기관의 장에게 제출하여야 한다.

- 물품 등의 용도와 성능을 표시하는 서류
- 물품 등의 기술적 특성에 관한 서류
- 그 밖에 전략물자의 판정에 필요한 서류로서 산업통상자원부장관이 정하여 고시하는 서류

3) 판정

신청을 받은 산업통상자원부장관이나 관계 행정기관의 장은 15일 이내에 신청한 물품 등이 전략물자에 해당하는지를 판정하여 신청인에게 알려야 한다. 다만, 전략물자의 판정을 신청한 물품 등에 대하여 별도의 기

술 심사나 다른 관계 행정기관과의 협의가 필요한 경우 그 기술 심사나 협의를 하는 데에 필요한 기간은 본문에 따른 기간에 산입하지 아니한다. 전략물자 판정의 유효기간은 2년으로 한다. 산업통상자원부장관은 전략물자 수출입통제업무를 효율적으로 수행하기 위하여 필요한 경우 전략물자로 판정된 물품 등에 대하여 그 명칭, 규격, 통제번호 등 해당 물품 등이 전략물자라는 사실을 확인할 수 있는 객관적 사항에 관한 것으로서 산업통상자원부장관이 정하여 고시하는 사항을 공고할 수 있다.

4) 서류보관

무역거래자는 다음 각 호의 서류를 5년간 보관하여야 한다.

- 판정을 신청한 경우에는 그 판정에 관한 서류
- 전략물자 또는 상황허가 대상인 물품 등을 수출하거나 전략물자를 중개한 자의 경우 그 수출허가·상황허가 또는 중개허가에 관한 서류
- 그 밖에 대통령령으로 정하는 서류

5) 수입목적확인서의 발급

전략물자를 수입하려는 자는 산업통상자원부장관이나 관계 행정기관의 장에게 수입목적 등의 확인을 내용으로 하는 수입목적확인서의 발급을 신청할 수 있다. 이 경우 산업통상자원부장관과 관계 행정기관의 장은 확인 신청 내용이 사실인지 확인한 후 수입목적확인서를 발급할 수 있다.

전략물자 수입목적확인서를 발급받으려는 자는 전략물자 수입목적확인서 발급신청서에 그 전략물자의 최종 사용자 및 사용 목적을 증명할 수 있는 서류 등 전략물자의 수입 목적을 확인하는 데에 필요한 서류로서 산업통상자원부장관이나 관계 행정기관의 장이 정하여 고시하는 서류를 첨부하여 산업통상자원부장관이나 관계 행정기관의 장에게 제출하여야 한다. 신청을 받은 산업통상자원부장관이나 관계 행정기관의 장은 7일 이내에 전략물자 수입목적확인서를 발급하여야 한다. 다만, 수입목적 확인을 신청한 물품 등에 대하여 별도의 기술 심사나 관계 행정기관과의 협의가 필요한 경우 그 기술 심사나 협의를 하는 데에 필요한 기간은 본문에 따른 기간에 산입하지 아니한다.

(3) 전략물자 등에 대한 이동중지명령

산업통상자원부장관과 관계 행정기관의 장은 전략물자나 상황허가 대상

인 물품등(전략물자 등)이 허가를 받지 않고 수출되거나 거짓이나 그 밖의 부정한 방법으로 허가를 받아 수출되는 것(불법수출)을 막기 위해 필요하면 적법한 수출이라는 사실이 확인될 때까지 전략물자 등의 이동중지명령을 할 수 있다.

산업통상자원부장관과 관계 행정기관의 장은 전략물자 등의 불법수출을 막기 위해 긴급하게 그 이동을 제한할 필요가 있으면 적법한 수출이라는 사실이 확인될 때까지 직접 그 이동을 중지시킬 수 있다.

(4) 경유 또는 환적허가

전략물자등을 국내 항만이나 공항을 경유하거나 국내에서 환적(換積)하려는 자로서 다음에 해당하는 자는 산업통상자원부장관이나 관계 행정기관의 장의 허가를 받아야 한다.

① 대량파괴무기 등의 제조·개발·사용 또는 보관 등의 용도로 전용되거나 전용될 가능성이 있다고 인정되는 전략물자 등(전략물자나 상황허가 대상인 물품 등을 말한다)을 경유하거나 환적하려는 자
② 산업통상자원부장관 또는 관계 행정기관의 장으로부터 법 제23조제3항에 따른 경유 또는 환적 허가를 받아야 하는 것으로 통보받은 자

경유 또는 환적허가를 받으려는 자는 그 허가신청서에 경유 또는 환적허가에 필요한 서류로서 산업통상자원부장관이 정하여 고시하는 서류를 첨부하여 산업통상자원부장관 또는 관계 행정기관의 장에게 제출하여야 한다.

산업통상자원부장관 또는 관계 행정기관의 장은 이동중지조치나 경유 또는 환적의 허가를 하기가 적절하지 아니하면 다른 행정기관에 협조를 요청할 수 있다. 이 경우 협조를 요청받은 행정기관은 국내 또는 외국의 전략물자 등의 국가 간 불법수출을 막을 수 있도록 협조하여야 한다.

이동중지조치를 하는 공무원은 그 권한을 표시하는 증표를 지니고 이를 관계인에게 내보여야 한다. 이동중지명령 및 이동중지조치의 기간과 방법은 전략물자 등의 국가 간 불법수출을 막기 위하여 필요한 최소한도에 그쳐야 한다.

(5) 전략물자의 중개

국내에 거주하는 대한민국 국민(국내법에 따라 설립된 법인을 포함한

다)이 전략물자를 제3국에서 다른 제3국으로 이전하거나 매매하기 위한 중개를 하려면 산업통상자원부장관이나 관계 행정기관의 장의 허가를 받아야 한다.

1) 전략물자의 중개허가 신청 등

전략물자를 중개하려는 자는 전략물자 중개허가신청서에 다음의 서류를 첨부하여 산업통상자원부장관이나 관계 행정기관의 장에게 제출하여야 한다.

- 거래계약서, 거래가계약서(去來假契約書) 또는 이에 준하는 서류
- 해당 중개에 관련된 수출자, 수입자, 중개자 등에 관한 서류
- 중개하는 전략물자의 용도와 성능을 표시하는 서류
- 중개하는 전략물자의 기술적 특성에 관한 서류
- 그 밖에 전략물자의 중개허가에 필요한 서류로서 산업통상자원부장관이 정하여 고시하는 서류

중개허가 신청을 받은 산업통상자원부장관이나 관계 행정기관의 장은 15일 이내에 중개허가 여부를 결정하고 그 결과를 신청인에게 알려야 한다. 다만, 중개허가를 신청한 물품 등에 대하여 별도의 기술 심사, 관계 행정기관과의 협의 또는 현지조사가 필요한 경우 이를 하는 데에 필요한 기간은 본문에 따른 기간에 산입하지 아니한다.

2) 중개허가의 기준

산업통상자원부장관과 관계 행정기관의 장은 중개허가의 신청을 받으면 국제평화 및 안전유지와 국가안보 등 다음 기준에 따라 중개허가를 할 수 있다.

- 해당 물품 등이 평화적 목적에 사용되는지 여부
- 해당 물품 등의 중개가 안전유지와 국가안보에 영향을 미치는지 여부
- 해당 물품 등의 수출자, 수입자, 최종 사용자 등이 거래에 적합한 자격을 가졌는지 여부 및 그 사용 용도를 믿을 수 있는지 여부
- 그 밖에 다자간 국제수출통제체제의 원칙 중 산업통상자원부장관이 정하여 고시하는 사항을 지키는지 여부

3) 전략물자의 중개허가의 면제

전략물자의 이전·매매가 다자간 국제수출통제체제의 원칙에 따라 수

출국으로부터 수출허가를 받은 때와 산업통상자원부장관이 고시하는 지역에서 중개에 따른 수출이나 수입이 이루어지는 때에는 허가를 받지 않아도 된다.

(6) 자율준수무역거래자

산업통상자원부장관은 기업의 자율적인 전략물자 관리능력을 높이기 위해 전략물자 여부에 대한 판정능력, 수입자 및 최종 사용자에 대한 분석능력 등 다음의 능력을 갖춘 무역거래자를 자율준수무역거래자로 지정할 수 있다.

- 전략물자 해당 여부에 대한 판정능력
- 수입자 및 최종 사용자에 대한 분석능력
- 자율관리조직의 구축 및 운용 능력

산업통상자원부장관은 지정을 받은 자율준수무역거래자(자율준수무역거래자)에게 전략물자에 대한 수출통제업무의 일부를 자율적으로 관리하게 할 수 있다.

1) 지정신청

자율준수무역거래자로 지정받으려는 자는 자율준수무역거래자 지정신청서에 다음의 서류를 첨부하여 산업통상자원부장관에게 제출하여야 한다.

- 능력이 있음을 증명하는 서류
- 자율적인 수출통제 업무 관리를 위한 업무규정 및 조직도
- 그 밖에 자율준수무역거래자의 지정에 필요한 서류로서 산업통상자원부장관이 정하여 고시하는 서류

자율준수무역거래자 지정 신청을 받은 산업통상자원부장관은 40일 이내에 그 지정 여부를 신청인에게 알려야 한다.

2) 자율준수무역거래자의 자율관리 업무의 범위

산업통상자원부장관은 자율준수무역거래자에게 전략물자의 수출허가에 관하여 다음의 수출통제 업무를 자율적으로 관리하게 할 수 있다.

- 수출허가의 신청에 필요한 첨부서류의 제출(수출 후 7일 이내에 제출하는 경우만 해당한다)
- 그 밖에 전략물자 수출허가 제도를 효율적으로 운용하기 위하여 산업통상자원부장관이 정하여 고시하는 업무

3) 보고

자율준수무역거래자는 자율적으로 관리하는 전략물자의 수출실적 등을 산업통상자원부장관에게 보고해야 한다. 자율준수무역거래자는 다음의 사항별로 해당 기간 내에 그 현황이나 실적을 산업통상자원부장관에게 보고하여야 한다.

- 전략물자 수출허가의 반기별(半期別) 실적: 다음 반기의 1개월 이내
- 연간 현황: 다음 해의 1개월 이내

4) 취소

산업통상자원부장관은 다음의 어느 하나에 해당하는 경우에는 자율준수무역거래자의 지정을 취소할 수 있다.

- 능력을 유지하지 못하는 경우
- 고의나 중대한 과실로 수출허가를 받지 아니하고 전략물자를 수출한 경우
- 고의나 중대한 과실로 상황허가를 받지 아니하고 상황허가 대상인 물품 등을 수출한 경우
- 고의나 중대한 과실로 보관의무를 이행하지 아니한 경우
- 고의나 중대한 과실로 중개허가를 받지 아니하고 전략물자를 중개한 경우
- 보고의무를 이행하지 아니한 경우

(7) 전략물자 수출입 고시

산업통상자원부장관은 관계 행정기관의 장과 협의하여 전략물자수출입고시로 고시해야 한다. 전략물자수출입고시는 다음에 자세히 살펴본다.

(8) 비밀 준수 의무

전략물자의 수출입통제업무와 관련된 공무원, 전략물자관리원의 임직원과 판정 업무와 관련된 자는 전략물자 수출입통제업무의 수행과정에서 알게 된 영업상 비밀을 그 업체의 동의 없이 외부에 누설하여서는 아니 된다.

(9) 전략물자의 수출입 제한

산업통상자원부장관 또는 관계 행정기관의 장은 다음의 어느 하나에 해당하는 자에게 3년 이내의 범위에서 일정 기간 동안 전략물자의 전부 또는 일부의 수출이나 수입을 제한할 수 있다.

- 수출허가를 받지 않고 전략물자를 수출한 자
- 상황허가를 받지 않고 상황허가 대상인 물품등을 수출한 자
- 전략물자의 수출이나 수입에 관한 다자간 국제 수출통제체제의 원칙을 위반한 자로서 대통령령으로 정하는 자

관계 행정기관의 장은 위의 어느 하나에 해당하는 자가 있음을 알게 되면 즉시 산업통상자원부장관에게 통보해야 한다. 산업통상자원부장관 또는 관계 행정기관의 장은 전략물자의 수출입을 제한한 자와 외국 정부가 자국의 법령에 따라 전략물자의 수출입을 제한한 자의 명단과 제한 내용을 공고할 수 있다.

4. 전략물자수출입관리정보시스템의 구축 · 운영

산업통상자원부장관은 다음 업무를 수행하기 위하여 관계 행정기관의 장 및 전략물자관리원과 공동으로 전략물자 수출입관리 정보시스템을 구축·운영할 수 있다.

- 수출허가, 상황허가, 판정, 신고, 수입목적확인서의 발급 등에 관한 업무
- 전략물자의 수출입통제에 필요한 정보의 수집·분석 및 관리 업무

(1) 제도의 도입

우리나라의 경우 “Catch-All” 제도 시행에 따라 대량살상무기(WMD)로의 전용가능성에 의해 수출통제대상이 될 수도 있는 수출거래건수가 연간 약 193만 건(2002년 수출실적 기준)에 달할 것으로 추정되는데, 2003년도 대외무역법 개정에 의해 전략물자 수출자에 대한 보고·자료 제출권 및 현장검사권이 부여될 경우 수출자에게 큰 부담으로 작용할 수도 있다. 이에 수출자의 부담을 최소화하기 위해 불법적으로 수출할 가능성이 농후한 자에 국한하여 보고 또는 자료제출을 요구하거나 해명이 미진한 경우에 직접 현장검사를 실시하도록 하기 위해서는, 전략물자 수출관련 정보를 체계적으로 축적·관리하여 전략물자의 사전판정이나 수출허가에 드는 시간·비용을 획기적으로 절감할 필요성이 대두되었다.

이를 위해서는 전략물자 해당여부 및 판정, 수출자들의 전략물자 수출허가신청을 과학적·체계적으로 신속히 분석·처리하고, 전략물자 수출통제에 대해 관세청·국정원·외교부 등 유관기관과 관련정보를 공유할 수 있는 유기적 관리정보시스템의 구축·운영이 시급하여 2003년 개정시에 “전략

물자 수출입관리정보시스템"을 구성·운영할 수 있는 근거규정을 마련함으로써, 전략물자수출허가 등 각종 민원처리의 편의성 및 나아가 수출이 부적합하다는 판정(전략물자 수출허가거부처분)이 내려진 물품 등에 대해서는 세관장의 확인제도에 의해 통관저지(수출신고서 수리거부 등)가 신속히 가능하도록 하는 등의 통제체제를 구축하였다.

(2) 내용

산업통상자원부장관은 전략물자의 수출 또는 수입의 통제에 필요한 정보를 수집·분석하기 위하여 관계중앙행정기관의 장 및 한국무역협회와 공동으로 전략물자수출입관리정보시스템(전략물자의 수출 또는 수입의 통제에 필요한 정보를 수집·분석하기 위한 전자문서의 작성, 송신·수신 또는 저장을 위하여 이용되는 정보처리능력을 가진 전자적 장치 또는 체계)을 구축·운영할 수 있다. 산업통상자원부장관은 전략물자수출입관리정보시스템의 원활한 운영을 위하여 예산의 범위 안에서 필요한 자금·설비·기술 또는 행정지원을 할 수 있다.

(3) 전략물자관리시스템

산자부는 전략물자 확인 및 허가에 어려움을 겪고 있는 기업 애로 해소를 위해 2004년부터 '전략물자 수출입통제 기반구축' 사업을 시행해 오고 있다. 이의 일환으로 2005년 1월 시스템을 구축하였으며 이후 3차례에 걸쳐 시스템을 보완하여 전략물자 확인·허가 등의 복잡한 업무 처리가 온라인상에서 원스톱으로 가능한 '전략물자관리시스템(www.yestrade.go.kr)'이 운영되고 있다.

전략물자관리시스템의 주요 지원서비스 내용은 먼저 전략물자 포탈서비스이다. 수출통제 국제체제의 내용 및 관련 법령, 수출통제 News 등 전략물자에 관한 정보를 체계적으로 정리·안내하고 사이버교육관을 운영하여 전략물자관리시스템 교육·홍보를 지원하고 있다. 다음으로 전략물자 해당여부 판정 지원이다. 먼저 자가판정 서비스로 기업이 Parameter Sheet를 이용, 자사 제품의 전략물자 해당여부를 스스로 판정하는 것이다. 다음으로 사전판정 서비스로 전략물자관리원에 신청하여 판정하는 것이다.

전략물자관리시스템은 전략물자 수출허가 지원을 하고 있다. 전략물자로 판정된 제품을 수출할 경우 인터넷을 통해 전략물자 수출허가 신청 접

수 및 수출허가서를 발급하고 있다. 그 외 전략물자 수출거래보고, 수입목적확인서 발급신청, 자율준수지정 신청, 자율준수 정기보고 등의 민원업무를 처리하고 있다.

2005년 1월에 시스템 구축하여 서비스를 개시하였으며, 이후 3차례에 걸쳐 시스템 보완하였다. 2006년 6월에 국내 최초로 전략물자분야 전문가들로 구성된 '전략물자관리원'이 개원하여 시스템의 관리·운영을 전략물자관리원에 위탁하고 있다.

〈시스템 구축 · 보완 연혁〉

- 2005. 2월, 시스템을 구축·서비스 개시
- 2005. 12월, 2단계 구축(관세청 통관시스템 연계, 기능 고도화)
- 2006. 11월, 3단계 구축(디자인 및 컨텐츠 재구성, 인프라 확충)
- 2007. 7월, 4단계 구축(통일부·방사청 연계, 법개정사항 반영 등)

산자부는 2007년 8월 '전략물자관리시스템(www.yestrade.go.kr)'을 업그레이드하고 본격적인 서비스를 시작했다. 새로운 시스템은 전략물자 유관기관 연계가 기존 관세청뿐 아니라 통일부와 방위사업청까지 확대, 수출통제제도의 실효성과 편의성이 더욱 강화됐다. '전략물자관리시스템'은 국내 전략물자 수출통제기반의 중심역할을 하게 되어 통일부는 남북교류협력시스템과 전략물자관리시스템을 연계, 전략물자관리원 전문인력을 통한 전략물자 판정서비스를 직접 받을 수 있게 됐고, 방위사업청은 전략물자관리시스템을 통해 소관 민원업무 처리가 가능해졌다. 기업 입장에서는 온라인을 통해 원격지에서 각종 허가서 및 증명서를 발급받을 수 있게 돼 오프라인 발급으로 인한 시간·행정비용을 절감할 수 있게 됐다. 또, 우리 정부가 발급한 수입목적확인서 등의 위조여부를 해외에서 직접 전략물자관리시스템을 통해 확인할 수 있게 돼 우리 기업의 신용을 국제적으로 담보할 수 있게 됐다.

5. 전략물자관리원

(1) 설립

전략물자의 수출입 업무와 관리 업무를 효율적으로 지원하기 위해 전략물자관리원을 설립한다. 전략물자관리원은 법인으로 한다. 전략물자관리원은 정관으로 정하는 바에 따라 임원과 직원을 둔다. 전략물자관리원은 그 주된 사무소의 소재지에서 설립등기를 함으로써 성립한다.

(2) 업무

전략물자관리원은 정부의 전략물자 관리정책에 따라 다음 업무를 수행한다.

- 판정 업무
- 전략물자 수출입관리 정보시스템의 운영 업무
- 전략물자 자율준수무역거래자의 지정 및 관리에 대한 지원 업무
- 전략물자의 수출입자에 대한 교육 업무
- 그 밖에 대통령령으로 정하는 업무

(3) 수수료

전략물자관리원의 장은 산업통상자원부장관의 승인을 받아 업무에 관하여 관리원을 이용하는 자에게 일정한 수수료를 징수할 수 있다.

(4) 준용 및 지원

전략물자관리원에 관해 대외무역법에서 정한 것 외에는 「민법」 중 재단법인에 관한 규정을 준용한다. 정부는 전략물자관리원의 설립·운영에 필요한 경비를 예산의 범위에서 출연하거나 지원할 수 있다.

6. 전략물자수출입통제협의회

(1) 구성과 운영

산업통상자원부장관과 관계 행정기관의 장은 전략물자의 수출입통제와 관련된 부처간 협의를 위하여 공동으로 전략물자 수출입통제 협의회(협의회)를 구성할 수 있다. 협의회의 회의는 관계 행정기관의 소관 업무별로 그 소관 관계 행정기관의 장이 주재한다. 협의회의 위원장은 다음 사항별로 소관 행정기관의 장이 되고, 협의회의 위원장은 소관 사항별로 참석 행정기관의 범위를 정하여 협의회를 소집한다.

- 원자력안전위원회: 원자력안전위원회 위원장과 산업통상자원부장관이 공동으로 정하여 고시하는 원자력 전용 품목의 수출입통제에 관한 사항
- 통일부: 「남북교류협력에 관한 법률」에 따른 반출·반입 승인 대상 품목 중 전략물자에 관한 사항 및 남북 교류·협력에 영향을 미치는 사항

- 외교부: 외교·통상교섭에 영향을 주는 사항 및 전략물자의 수출입통제와 관련된 국제규범에 관한 사항
- 국방부: 「방위사업법」에 따른 방위산업물자·국방과학기술의 수출입통제에 관한 사항 및 국가안보에 영향을 미치는 사항
- 산업통상자원부: 「대외무역법」에 따른 전략물자(원자력안전위원회 위원장과 지식경제장관이 공동으로 정하여 고시하는 원자력 전용 품목은 제외)의 수출입통제에 관한 사항

협의회의 위원은 행정기관의 고위공무원단에 속하는 공무원으로서 전략물자의 수출입통제 관련 업무를 담당하는 자로 한다. 협의회를 효율적으로 운영하기 위하여 필요하면 실무협의회를 둘 수 있다. 협의회와 실무협의회의 운영에 필요한 사항은 행정기관의 장이 협의하여 정한다.

(2) 조사 · 지원 요청

협의회는 협의회의 안건에 관해 필요하면 국가정보원, 검찰청, 경찰청, 국군기무사령부 장에게 조사·지원을 요청할 수 있다.

(3) 전략물자기술자문단의 구성 및 운영

산업통상자원부장관은 해당 물품 등이 대량파괴무기 등의 제조, 개발, 사용 또는 보관 등의 용도로 전용될 가능성에 관한 사항, 다자간 국제수출통제체제의 통제대상 물품 등에 대한 평가·분석에 관한 사항, 전략물자 해당 여부의 판정에 관한 사항에 관한 자문을 하기 위하여 전략물자기술자문단을 구성하여 운영할 수 있다. 전략물자기술자문단의 구성·운영 등에 필요한 사항은 산업통상자원부장관이 정하여 고시한다.

7. 전략물자수출입고시

(1) 적용법령

전략물자수출입고시에서 정하고 있는 사항에 관하여 적용할 법령은 다음과 같다.

- 「대외무역법」 및 같은 법 시행령
- 「원자력안전법」
- 「방위사업법」 및 같은법 시행령
- 「화학·생물무기의 금지 및 특정화학물질·생물작용제 등의 제조·수출입규

제 등에 관한 법률」(이하 "화학·생물무기금지법"이라 한다)

(2) 허가의 유형

전략물자 수출입고시에 따른 허가는 수출허가, 중개허가, 상황허가 및 경유·환적허가로 구분한다. 수출허가는 개별수출허가와 포괄수출허가로 구분한다. 포괄수출허가는 일반포괄수출허가와 특정포괄수출허가로 구분한다.

(3) 수출허가의 일반원칙

전략물자 수출입고시 별표 2 및 별표 3에 해당하는 전략물자의 수출 및 재수출은 평화적 목적에 사용되는 경우에 한하여 허가한다.

전략물자 수출입고시 별표 4의 미사일기술통제체제 통제품목에 해당되는 전략물자의 수출 및 재수출은 대량파괴무기 및 운반체계(유인항공기 제외)개발 이외의 경우에 한하여 허가한다.

전략물자 수출입고시 별표 4의 화학무기의 개발·생산·비축·사용 금지 및 폐기에 관한 협약(화학무기금지협약)에 해당되는 전략물자의 수출 및 재수출은 화학무기금지협약에서 금지한 이외의 목적으로 사용되는 것으로서 다음 어느 하나에 해당하는 경우에 한하여 허가한다.

- 공업·농업·의료·제약·연구 또는 그 밖의 평화적 목적
- 독성화학물질 및 화학무기로부터 사람의 생명·신체와 환경을 보호하는데 직접적으로 관련된 목적
- 화학무기의 사용과 관련되지 아니하고 전투수단으로서 화학물질의 독성사용에 의존하지 아니하는 군사적 목적
- 폭동진압에 관한 법령의 집행목적

(4) 수출허가의 지침

1) 원자력 전용품목 허가지침

원자력안전위원회 위원장이 별표 2의 제10부(원자력 전용품목)에 해당되는 품목의 수출 및 재수출을 허가하고자 할 때에는 다음 각 호의 지침을 따르되, 수출시에는 핵무기 비보유국에 적용하며, 재수출시에는 모든 국가에 적용한다. 다만, 수출의 경우, 양국 간 원자력협력협정이나 그 밖의 국제협약에서 규정하는 내용이 이 조항과 다른 경우에는 적용하지 아니한다.

- 모든 통제품목을 수출할 때에는 핵무기 또는 그 밖의 핵폭발장치 개발에 사용하지 아니한다는 수입국 정부의 공식적인 보증 하에서 허가한다.
- 원자력 전용품목으로 규정된 모든 전략물자의 불법사용, 취급을 방지하기 위하여 수출하고자 하는 품목은 효과적인 물리적 방호조치 하에 있어야 하며, 별표 15(핵물질에 대한 물리적 방호등급의 기준)와 같은 방호수준을 수입국과 합의·조치하여야 한다.
- 해당 통제품목의 수송에 대한 책임을 명확히 하기 위하여 정부간 특별약정을 각각 체결하여야 하며 운반, 포장기준 등은 「원자력안전법」 제72조 및 같은 법 시행령 등을 따른다.
- 해당 통제품목의 수출은 국제원자력기구와의 전면안전조치협정을 이행중인 국가에 한하여 허가하되, 인도는 예외로 한다. 다만, 이 협정을 체결하지 않은 국가로 수출하고자 할 때에는 실질적으로 국제원자력기구의 안전조치가 적용되고 있고 그 수출이 현존시설의 안전한 운용을 위해 필수적인 것으로 인정되는 경우에 한한다.
- 해당 통제품목을 수입국이 재수출하고자 할 때에는 사전에 우리정부의 동의를 받아야 한다는 보증 하에서 수출을 허가한다.
- 농축시설과 농축기술, 재처리 및 중수시설과 기술의 수출은 엄격히 제한한다.
- 수출허가의 일반원칙을 실현하기 위하여 위 지침 외의 사항은 별표 13의 「원자력전용물자·기술의 수출에 관한 지침」을 따라야 하며 필요한 경우에는 원자력안전위원회 위원장이 별도조치를 요구할 수 있다.

2) 핵공급국그룹 이중용도품목 허가지침

산업통상자원부장관이 별표 4의 핵공급국그룹 이중용도품목에 해당되는 전략물자의 수출을 허가할 경우 지침은 다음과 같다.

- 핵무기 비보유국이 수출허가 신청품목을 핵폭발 활동이나 국제원자력기구의 안전조치를 받지 않는 핵연료 주기활동에 사용하거나 전용할 수 있는 위험이 있다고 판단될 때에는 허가를 거부한다.
- 별표 6의 "나"지역으로의 수출허가 시 신청품목의 최종 사용용도와 사용장소가 표시되고, 제1호에 규정된 활동에 사용하지 않으며, 또한 수출허가 신청품목(장비, 물질, 관련기술 또는 복제품 등)이 우리 정부의 사전 동의 없이 원자력 관련 비확산체제의 회원국이 아닌 지역으로 재수출 할 수 없다는 것을 보증하는 서류(별지 제2호의2 서식에 따른 최종사용자서약서 제출로 갈음)를 최종사용자로부터 확보하여야 한다.
- 수출허가 원칙을 실현하기 위하여 이 지침외의 사항은 별표 14의 「원자력 관련 일반산업용물자 등의 수출에 관한 지침」을 존중하며 다른 국가들과

필요한 정보를 교환하고 협의한다.

3) 미사일기술통제체제 통제품목 허가지침

산업통상자원부장관이 별표 4의 미사일기술통제체제 통제품목에 해당되는 전략물자의 수출을 허가할 경우 지침은 다음과 같다.

- 허가기관의 장은 별표 4의 미사일기술통제체제 통제품목에 해당되는 분류(Category1)의 수출 또는 재수출을 허가하고자 하는 경우에는 별표 16「미사일 및 관련 물자·기술의 수출에 관한 지침」 제5항에 따른 수입국정부의 적절한 이행보증을 받은 경우에만 허가하여야 하며, 필요시 정부간 약속을 교환하여야 한다.
- 허가기관의 장은 수출허가 신청품목의 수출 또는 재수출이 대량파괴무기의 운반체계에 기여할 가능성이 있는 경우 수입국 정부로부터 별표 16의 수출지침에서 정한 적절한 보증을 얻은 경우에 한하여 허가한다.
- 허가기관의 장은 제22조제1항 및 제3항의 수출허가 기준을 심사하되 그 밖의 고려사항은 별표 16의「미사일 및 관련 물자·기술의 수출에 관한 지침」을 따른다.
- 이 지침의 효과적인 실현을 위하여 다른 국가들과 정보교환 등 적절한 협력관계를 유지한다.

4) 오스트레일리아그룹 통제품목 허가지침

산업통상자원부장관이 별표 4의 오스트레일리아그룹 통제품목에 해당되는 전략물자의 수출을 허가할 경우 지침은 다음과 같다.

- 수입국의 관련 산업여건 및 수입자의 최종사용용도 등을 종합적으로 고려하여 평화적 목적으로의 사용이 인정되고 재수출을 하지 않는다는 수입국 정부의 보증 하에 허가한다. 다만, 제4조에 따른 수출허가기관이 인정하는 경우에는 재수출을 하지 않겠다는 수입자의 서약으로 수입국 정부의 보증을 갈음한다.
- 제15조제1항의 수출허가 일반원칙을 실현하기 위하여 이 지침 외의 사항은 별표 17의「민감 생·화학품목 이전에 관한 지침」에 따르며, 다른 국가들과 정보교환 등 적절한 협력 관계를 유지한다.

5) 화학무기금지협약 통제품목 허가지침

산업통상자원부장관이 별표 4의 화학무기금지협약 통제품목에 해당되는 전략물자의 수출을 허가할 경우 지침은 다음과 같다.

- 1종 화학물질은 화학무기금지협약 가입국에 대하여 연구·의료·제약 또는 보호적 목적으로 수출하는 경우에 한하여 재수출 금지를 조건으로 허가할 수 있다.
- 수입국의 관련 산업여건 및 수입자의 최종사용용도 등을 종합적으로 고려하여 제15조제3항의 화학무기금지협약에서 금지하지 아니하는 목적으로 사용되는 것이 인정될 경우에 한하여 수출을 허가한다.
- 2종 화학물질을 화학무기금지협약 가입국 이외의 지역에 대하여 수출하고자 하는 경우 허가할 수 없다.
- 3종 화학물질은 화학무기금지협약 가입국 이외의 지역에 대하여 재수출 금지를 조건으로 허가할 수 있다. 다만, 인도되는 화학물질에 대하여 화학무기금지협약에서 금지되지 아니하는 목적으로만 사용, 재인도 금지, 종류 및 양, 최종사용 용도, 최종사용자의 성명 및 주소 등이 기술된 수입국정부가 발행한 확인서를 징구하여야 한다.

제4장

수입제한조치

제1절 일반 수입수량제한조치

1. 수입수량제한조치의 도입

(1) GATT의 특정상품의 수입에 대한 긴급조치

GATT 제19조는 특정상품 수입에 대한 긴급조치(Emergency Action on Imports of Particular Products) 또는 세이프가드조치(Safeguards Measures)에 대하여 규정하고 있다.[1] 이는 일정한 외국상품의 수입이 급격히 증가함에 따라 국내 관련 산업이 심각한 피해를 입거나 입을 우려가 있는 경우에 그 수입을 제한하는 조치이다. 이러한 수입제한조치는 GATT의 자유무역원칙에 배치되는 것이지만 GATT 제19조는 수입품으로 인해 자국 관련 산업이 붕괴되는 등 심각한 피해가 생길 경우에는 예외적으로 각 회원국으로 하여금 관세양허를 포함하여 GATT 상의 의무로부터 도피하도록 허용하고 있다. 이러한 의미에서 GATT 제19조를 '도피조항(Escape Clause)'이라고도 한다.

---

1) 예견하지 못한 사태의 발전과 관세양허를 포함하여 이 협정 하에서 체약당사자가 지는 의무의 효과의 결과로 상품이 그 영토에서 동종 또는 직접적으로 경쟁적인 상품이 그 영토 내에서의 국내생산자에게 심각한 피해를 야기하거나 그 우려가 있을 정도로 증가된 물량과 조건하에서 동 체약당사자의 영토 내로 수입되고 있는 경우 동 체약당사자는 동 상품에 관하여, 그리고 이러한 피해를 방지하거나 구제하기 위하여 필요한 정도로 그리고 기간 동안 의무의 전부 또는 일부 정지하거나 양허를 철회하거나 수정할 자유가 있다.

긴급수입제한조치는 덤핑·보조금지급과 같은 불공정한 사유가 아닌 공정한 수입에 대해 규제조치를 발동하는 것이므로, 수입국에 심각한 피해를 야기해야 하고, 규제조치는 한시적이어야 하며, 규제국은 관련 수출자에 대해 협의와 필요한 보상을 해야 한다는, 엄격한 요건과 절차에 따라야 한다. 또 긴급수입제한조치에 대한 보상합의가 이루어지지 않을 경우에는 관련 이해당사국에 대하여 이에 상응하는 양허의 철회를 대항조치로써 허용하고 있다.

(2) WTO 세이프가드협정

「WTO 긴급수입제한조치에 관한 협정(Agreement on Safeguards)」은 전문과 14개조의 본문 및 11조 2항의 예외에 관한 부속서로 구성되어 있다. 세이프가드협정은 GATT 제19조의 규율을 명확히 하고 강화함으로써 긴급수입제한조치에 대한 다자간통제를 재확립하고 이러한 통제로부터 벗어나는 조치를 폐지하는 데 기본적인 목적을 두고 있다. 나아가 구조조정을 촉진하고 국제시장에서의 경쟁을 촉진함을 목적으로 하고 있다.

모든 교역에 일반적으로 적용되는 세이프가드협정 이외에 특정분야의 긴급수입제한 조치에 적용될 세이프가드규정들이 있다. GATT 제19조와 12조에는 서비스교역에서의 세이프가드에 관해 후속협상을 하도록 규정하고 있다. 또 농업협정에는 수입개방으로 인한 피해에 대비할 특별긴급관세에 관한 규정을 두고 있으며 섬유·의류협정에는 MFA철폐에 따른 수입급증에 대비한 잠정긴급수입제한조치에 관한 규정을 두고 있다.

(3) 우리나라의 제도

우리나라 세이프가드제도는 크게 무역위원회와 기획재정부, 산업통상자원부 등 3개 기관에 의해 운영되고 있다. 무역위원회는 산업피해조사 소관 부서로서 물품의 급격한 수입 증가가 국내 산업에 미치는 영향을 직접 조사한 뒤 기획재정부에는 긴급관세조치, 산업통상자원부에는 수입수량제한조치를 건의하면, 기획재정부 및 산업통상자원부는 각 소관업무에 따라서 “긴급관세”나 “수입수량제한”이라는 최종 조치를 취하게 된다.

〈현행 우리나라 세이프가드조치 시행체계〉

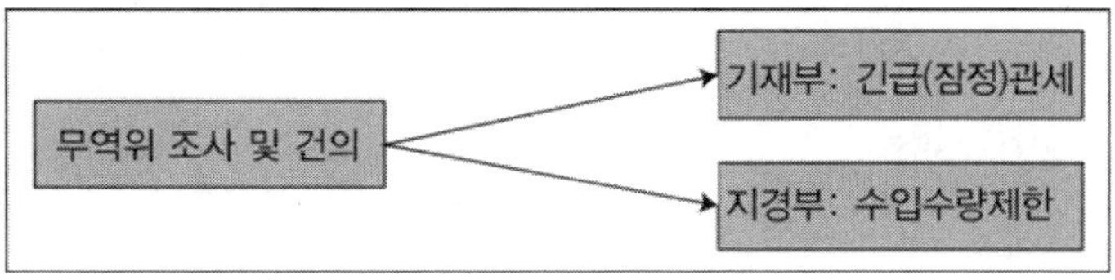

그러나 WTO 협정에 의해 당연히 있어야 할 수입수량제한조치는 2003년 대외무역법을 개정하면서 신설한 것이다. 수입수량제한조치가 신설된 과정을 살펴보면 2001년 「대외무역법」에서 무역위원회의 기능을 별도로 규정한 「불공정무역행위조사 및 산업 피해구제에 관한 법률」이 제정·분리되면서 산업통상자원부가 소관하는 수입수량제한조치에 대한 규정을 정비하여 대외무역법에 독립적으로 규정하여야 함에도 불구하고, 입법과정에서 착오가 발생하면서 수입수량제한조치에 관한 조항이 누락되었다.

이로 인해 WTO 세이프가드협정에 의거하여 물품의 급격한 수입 증가로 인한 국내 산업의 피해를 방지하기 위한 조치로서 「관세법」상에 규정된 "긴급관세조치"와 함께 무역위원회의 세이프가드 조치건의에 따라 산업통상자원부는 "수입수량제한조치"를 시행하여야 함에도 이를 시행할 수 있는 명확한 근거를 가지고 있지 않아, 「대외무역법시행령」제24조의 "통상·산업정책상의 필요"를 확대 해석하여 수입수량제한조치의 근거로 활용했다.

결국 2003년 대외무역법을 개정하면서 「불공정무역행위조사 및 산업 피해구제에 관한 법률」과 구별되고, 2002년 긴급관세제도 및 특정국(중국) 긴급관세제도 등의 내용이 「관세법」에 새로 규정되었던 것처럼, 산업통상자원부 소관의 수입수량제한조치에 대해서도 관세법과 대응되는 세이프가드(수입수량제한)에 관한 전반적 제도(발동사유 및 절차 등)를 규정하기 위하여 일반수입수량제한조치(제26조)와 대 특정국(중국) 수입수량제한조치(제28조) 등을 신설하였다.

〈대외무역법상 세이프가드 관련제도 개요〉

	WTO SG	對 중국 특별SG
조항	제26, 27조	제28조
대상국 및 대상품목	WTO 회원국 - 전품목	중국 - 전품목(단, 섬유 및 의류는 1995년 WTO 출범시 섬유협정 대상품목)
적용요건	수입 증가, 국내산업의 심각한 피해 등 무역위의 조사·건의	다음에 해당하는지에 대한 무역위의 조사·건의 1. 수입 증가, 국내시장의 교란 또는 교란우려 2. 다른 WTO 회원국의 조치로 인한 무역전환 3. 섬유 및 의류협정품목의 수입 증가로 인한 시장교란
적용기간	심각한 피해 등을 방지 또는 치유하는데 필요한 기간으로 4년 (연장가능 : 8년)	시장교란 등을 방지 또는 치유하는데 필요한 기간 (연장가능)
조치수단	수입수량제한조치	수입수량제한조치 위 1호의 경우에는 잠정수입수량제한조치(200일)도 가능
절차관련	이해당사국과의 무역보상에 대한 협의	중국측과의 사전협의
적용특례	연장 및 재검토 가능 「3년 이상일 경우 완화조치(필수)」	해당사항 없음
발효기간	해당사항 없음	2013.12.10일까지, 대중국 섬유SG의 경우 2008.12.31까지

2. 절차

산업통상자원부장관은 특정 물품의 수입 증가로 인하여 동종물품 또는 직접적인 경쟁관계에 있는 물품을 생산하는 국내 산업이 심각한 피해를 입고 있거나 입을 우려("심각한 피해 등")가 있음이 불공정무역행위조사 및 산업피해구제에 관한 법률 제27조의 규정에 의한 무역위원회의 조사를 통하여 확인되고 심각한 피해 등을 구제하기 위한 조치가 건의된 경우로서 당해 국내 산업을 보호할 필요가 있다고 인정되는 때에는 당해 물품의 국내 산업에 대하여 심각한 피해 등을 방지하거나 치유하고 조정을 촉진하기 위하여 필요한 범위 안에서 물품의 수입수량을 제한하는 조치("수입수량제한조치")를 시행할 수 있다.

(1) 결정

산업통상자원부장관은 무역위원회의 건의, 당해 국내산업 보호의 필요성, 국제통상관계, 수입수량제한조치의 시행에 따른 보상수준 및 국민경제에 미치는 영향 등을 검토하여 수입수량제한조치의 시행여부 및 내용을 결정한다.

(2) 보상

정부는 수입수량제한조치를 시행하고자 하는 때에는 이해당사국과 수입수량제한 조치의 부정적 효과에 대한 적절한 무역보상에 관하여 협의할 수 있다.

(3) 시행기준 및 기간

수입수량제한조치는 조치시행일 이후 수입되는 물품에 한하여 적용한다. 수입수량제한조치의 적용기간은 4년을 초과하여서는 안 된다.

(4) 제한수량 및 국가별 수량 할당

산업통상자원부장관이 수입수량을 제한하는 경우 그 제한수량은 최근의 대표적인 3년의 수입량을 연평균수입량으로 환산한 수량("기준수량") 이상으로 하여야 한다. 이 경우 최근의 대표적인 연도를 정함에 있어서는 통상적인 수입량과 비교하여 수입량이 급증하거나 급감한 연도는 이를 제외한다. 산업통상자원부장관은 기준수량 이상으로 수입수량제한조치를 하는 경우 당해 산업의 심각한 피해를 방지하거나 구제하기 어렵다고 명백하게 인정되는 때에는 기준수량 미만으로 수입수량을 제한할 수 있다. 산업통상자원부장관은 제한되는 수입수량을 각 국가별로 할당할 수 있다.

(5) 공고 및 자료제출

산업통상자원부장관은 수입수량제한조치의 대상물품, 수량, 적용기간 등을 공고하여야 한다. 산업통상자원부장관은 수입수량제한조치의 시행여부를 결정하기 위하여 필요하다고 인정하는 때에는 관계행정기관의 장 및 이해관계인 등에게 관련 자료의 제출 등 필요한 협조를 요청할 수 있다.

(6) 긴급관세와의 관계

산업통상자원부장관은 수입수량제한조치의 대상이었거나 관세법 제65조의 규정에 의한 긴급관세 또는 동법 제66조의 규정에 의한 잠정긴급관세의 대상이었던 물품에 대하여는 당해 수입수량제한조치의 적용기간, 긴급관세의 부과기간 또는 잠정긴급관세의 부과기간이 종료한 날부터 그 적용기간 또는 부과기간에 해당하는 기간(적용기간 또는 부과기간이 2년 미만인 경우에는 2년)이 경과되기 전까지는 다시 수입수량제한조치를 시행할 수 없다. 다만, 다음의 요건을 충족하는 경우에는 180일 이내의 수입수량제한조치를 시행할 수 있다.

① 당해 물품에 대한 수입수량제한조치가 시행되거나 긴급관세 또는 잠정긴급관세가 부과된 후 1년이 경과될 것
② 수입수량제한조치를 다시 시행하는 날부터 소급하여 5년 이내에 당해 물품에 대한 수입수량제한조치의 시행 또는 긴급관세의 부과가 2회 이내일 것

3. 수입수량제한조치에 대한 연장

산업통상자원부장관은 무역위원회의 건의가 있고 필요하다고 인정하는 때에는 수입수량제한조치의 내용을 변경하거나 적용기간을 연장할 수 있다. 이 경우 변경되는 조치내용 및 연장되는 적용기간 이내에 변경되는 조치내용은 최초의 조치내용보다 완화되어야 한다. 수입수량제한조치의 적용기간을 연장하는 때에는 수입수량제한조치의 적용기간과 긴급관세 또는 잠정긴급관세의 부과기간 및 그 연장기간을 전부 합산한 기간이 8년을 초과하여서는 안 된다.

산업통상자원부장관은 시행중인 수입수량제한조치에 대하여 무역위원회가 그 조치내용의 변경 또는 적용기간의 연장을 건의하는 때에는 그 건의가 접수된 날부터 1월 이내(연장의 경우 법 제26조제1항의 규정에 의한 수입수량제한조치의 적용기간 종료일 이전)에 당해 조치의 변경 또는 적용기간의 연장여부를 결정하고 그 내용을 결정하여 무역위원회에 통보하여야 한다.

제2절 중국물품에 대한 특별수입수량제한조치

1. 조치의 시행

산업통상자원부장관은 헌법에 의하여 체결·공포된 조약 또는 일반적으로 승인된 국제법규에 의하여 허용되는 한도 안에서 중화인민공화국(홍콩 및 마카오를 제외한다. "중국"이라 한다)을 원산지로 하는 물품의 수입으로 인하여 다음에 해당하는 경우가 초래된다고 무역위원회의 조사를 통하여 확인되고 이를 구제하기 위한 조치가 건의되는 경우에는 피해를 구제하거나 방지하기 위하여 필요한 범위 안에서 특별수입수량제한조치를 시행할 수 있다.

① 당해 물품의 수입 증가로 인하여 동종 물품 또는 직접적인 경쟁관계에 있는 물품의 국내시장이 교란되거나 또는 교란될 우려가 있는 경우

② 세계무역기구 회원국이 당해 물품의 수입 증가에 대하여 자국의 시장교란을 구제하거나 방지하기 위하여 취한 조치로 인하여 중대한 무역전환이 발생하여 당해 물품이 우리나라로 수입되거나 수입될 우려가 있는 경우

③ 당해 물품이 섬유 및 의류에 관한 협정의 대상이 되는 품목인 경우에는 당해 물품의 수입이 국내시장을 교란하여 동 품목의 교역발전을 저해하거나 저해할 우려가 있는 경우

①과 ②의 경우에 해당하여 중국을 원산지로 하는 물품에 시행하는 특별수입수량제한조치는 2013년 12월 10일까지, ③에 의한 경우에 해당되어 중국을 원산지로 하는 물품에 시행하는 특별수입수량조치는 2008년 12월 31일까지 수입신고되는 물품에 한하여 적용한다.

2. 사전협의

정부는 특별수입수량제한조치를 시행하고자 하는 때에는 이해당사국과 해결방안을 모색하기 위하여 사전협의를 할 수 있다.

3. 잠정특별수입수량제한조치의 시행 및 해제

산업통상자원부장관은 무역위원회가 조사가 개시된 물품에 대하여 잠정적인 조치를 건의한 경우로서 그 조사기간 중에 발생하는 피해 등을 방지하

지 아니하면 회복하기 어려운 피해 등이 초래되거나 초래될 우려가 있다고 판단되는 때에는 피해의 구제 등을 위하여 잠정특별수입수량제한조치를 시행할 수 있다. 이 경우 잠정특별수입수량제한조치의 적용기간은 200일 이내로 한다. 산업통상자원부장관은 무역위원회의 조사결과 국내시장의 교란 또는 교란우려가 있다고 판단되지 아니한다는 무역위원회의 통보가 있는 때에는 잠정특별수입수량제한조치를 해제하여야 한다.

4. 특별수입수량제한조치의 해제

산업통상자원부장관은 시행한 특별수입수량제한조치의 원인이 된 다른 세계무역기구 회원국의 조치가 종료된 때에는 동 조치의 종료일부터 30일 이내에 그 특별수입수량제한조치를 해제하여야 한다.

5. 시행절차

산업통상자원부장관은 특별수입수량제한조치 또는 잠정특별수입수량제한조치를 시행하는 때에는 그 대상물품·수량·적용기간 등을 공고하여야 한다. 법 제26조제2항·제4항·제7항 및 제27조제1항의 규정은 특별수입수량제한조치의 시행에 관하여 이를 준용한다. 법 제26조제2항·제4항 및 제7항의 규정은 잠정특별수입수량제한조치의 시행에 관하여 이를 준용한다.

제5장

수출입의 질서유지

1. 수출입물품 등의 가격의 조작금지

무역거래자는 외화를 도피할 목적으로 물품 등의 수출 또는 수입의 가격을 조작하여서는 안 된다. 이에 위반한 자는 5년 이하의 징역 또는 수출·수입하는 물품 등의 가격의 3배에 상당하는 금액 이하의 벌금에 처한다.

2. 무역분쟁의 통지 및 해결

(1) 무역분쟁의 통지

대한민국재외공관의 장이 교역상대국의 무역거래자 및 무역분쟁해결기관의 장으로부터 무역분쟁의 신고를 받거나 업무수행상 이를 알게 된 때에는 지체없이 그 사실을 산업통상자원부장관에게 통지하여야 한다. 대한무역투자진흥공사·수출입조합 기타 수출·수입과 관련된 기관의 경우에도 또한 같다.

(2) 분쟁의 신속한 해결

무역거래자는 그 상호간이나 교역상대국의 무역거래자와 물품 등의 수출·수입과 관련하여 분쟁이 발생한 때에는 정당한 사유 없이 그 분쟁의 해결을 지연시켜서는 안 된다. 산업통상자원부장관은 분쟁이 발생한 때에는 무역거래자에게 분쟁의 해결에 관한 의견을 진술하게 하거나 그 분쟁에 관련되는 서류의 제출을 요구할 수 있다.

산업통상자원부장관으로부터 무역분쟁 관련 서류의 제출을 요구받은 무역거래자는 무역분쟁의 당사자, 무역분쟁의 발생경위 및 내용, 그 밖에 필요한 서류 산업통상자원부장관에게 제출하여야 한다.

산업통상자원부장관은 서류를 제출받거나 의견을 들은 후에 필요하다고 인정할 때에는 그 분쟁에 관하여 사실조사를 할 수 있다. 산업통상자원부장관은 분쟁을 신속하고 공정하게 처리하는 것이 필요하다고 인정하거나 당사자의 신청이 있는 경우에는 분쟁을 조정하거나 분쟁의 해결을 위한 중재계약의 체결을 권고할 수 있다.

3. 알선과 조정

(1) 의의

산업통상자원부장관은 무역분쟁의 통지를 받은 경우 그 분쟁의 신속한 해결을 위하여 필요하다고 인정할 때에는 조정 또는 알선을 할 수 있다.

1) 알선

국내외 상거래에서 발생하는 분쟁을 분쟁해결의 경험과 지식이 풍부한 전문가가 양당사자의 의견을 듣고 해결합의를 위한 조언과 타협권유를 통하여 합의를 유도하는 제도이다.[1] 알선 단계에서는 특히 분쟁 당사자간의 협력을 필요로 하며 당사자간의 비밀이 보장되고 거래관계를 지속시킬 수 있는 장점이 있다. 대개 중재 합의가 없는 경우에 많이 이용된다. 성공률은 거의 50% 정도이고 대한상사중재원을 이용하면 알선절차에 소요되는 모든 경비는 무료이다. 알선의 효력은 양당사자의 자발적인 합의를 통한 해결이기 때문에 법률적인 구속력은 없다. 당사자간 합의가 불가능한 경우 중재합의(중재계약)를 통하여 중재로 해결하거나 부득이한 경우 소송으로 해결하여야 한다.

2) 조정(調停)

조정은 공정하고 중립적인 조정인이 당사자간의 분쟁을 적정한 합의를 통해 해결하도록 도와주는 절차이다.[2] 조정인은 해당 분야에 대해 경험이 풍부하고, 전문적 지식을 갖춘 전문가로 구성되는 것이 보통이며, 전문적 지식을 바탕으로 거래관행, 상관습을 반영하여 의견을 제시

1) 대한상사중재원 홈페이지〈http://www.kcab.or.kr/〉 참조
2) 대한상사중재원 홈페이지〈http://www.kcab.or.kr/〉 참조

하거나 분쟁에 대한 적절한 평가를 통해 당사자들이 스스로 자신의 분쟁에 대해 결정하고 상호 만족할 만한 합의에 이르도록 돕는다. 실제로, 조정에서의 합의율은 외국의 경우 70~80%에 이르며, 합의는 당사자의 입장을 수용하여 이루어지므로 합의안에 따른 자발적 이행율이 상당히 높다. 조정은 다툼을 간이·신속하게 해결하여 복잡한 재판절차에 의한 시간과 비용을 절약하고 당사자 서로의 양보에 의한 해결로 재판에 있어서와 같이 당사자 사이의 대립을 남기지 않기 때문에 영속적인 법률관계에 있어서 분쟁해결에 적합하다. 또한 법률의 엄격한 적용으로 생기는 불합리를 제거하여 구체적 타당성 있는 해결을 얻을 수 있는 장점이 있다. 그 반면에, 재판에 있어서와 같은 확실성이 없고, 당사자 사이에 합의를 보지 못하면 국가기관의 노력에도 불구하고 분쟁의 해결이 어렵다는 것이 조정제도의 단점이다.

대외무역법에 따른 무역분쟁조정은 대한상사중재원에서는 수행하고 있으며 기타 부품·소재전문기업 등의 육성에 관한 특별조치법에 따른 신뢰성분쟁조정을 시행하고 있다. 기타 조정에 관한 법률로는 민사에 관한 분쟁의 조정에 관하여 포괄적으로 규정하고 있는 민사조정법이 있고 가사소송법, 노동조합 및 노동관계조정법, 의료법 등에서 조정에 관하여 규정하고 있다.

(2) 조정위원회와 조정후보자명부의 작성 · 유지

산업통상자원부장관은 무역거래자간 또는 수출자와 선적전검사기관사이에 발생하는 분쟁을 해결하기 위하여 분쟁조정위원회(조정위원회)를 구성하여 분쟁을 조정하게 할 수 있다.

산업통상자원부장관은 다음의 자를 조정위원회의 조정위원후보로 위촉하여, 조정위원후보자명부를 작성·유지하여야 한다.

① 선적전검사기관을 대표하는 단체(한국검수검정협회)가 추천한 조정위원 10인 이내
② 수출자를 대표하는 단체("대한상공회의소" 및 "한국무역협회")가 추천한 자 20인 이내
③ 다음에 해당하는 자 30인 이내
  ㉠ 판사·검사 또는 변호사 경력이 10년 이상인 자
  ㉡ 상장기업 임원으로서 5년 이상 근무한 자

ⓒ 관련분야를 전공한 자로서 부교수이상인 자
ⓓ 한국주재 외국상사 임원인 자
ⓔ ㉠ 내지 ⓓ에 준하는 경력을 소지한 자로서 대한상사중재원 소속의 이사 이상인 자나 중재원소속 직원으로서 10년 이상 관련 업무의 경력이 있는 자

(3) 조정위원회의 구성

조정위원회는 3인의 조정위원으로 구성한다. 조정위원은 조정위원후보자명부에 등재된 조정위원후보중에서 산업통상자원부장관이 위촉하며, 조정위원회의 위원장은 그 중에서 산업통상자원부장관이 지명하는 자가 된다. 조정의 결과에 이해관계가 있는 자는 조정위원이 될 수 없다. 그러나 당사자가 그러한 사정을 알면서도 이의를 제기하지 아니한 경우에는 그러하지 아니하다. 조정위원으로 지명된 자는 자신의 공정성 또는 독립성에 관하여 이의가 제기될 우려가 있는 때에는 이를 조정위원회에 통지하여야 한다. 이 경우 조정위원회는 결정에 의하여 조정위원의 변경여부를 결정하여야 한다. 산업통상자원부장관은 조정위원의 재위촉이 필요한 경우 및 조정위원이 조정의 역할을 거부하거나 이를 수행할 수 없는 경우에는 새로운 조정위원을 위촉하여야 한다. 조정위원회에는 간사 1인을 두되, 간사는 상사중재원장이 지명하는 중재원 직원이 된다. 간사는 조정위원회 위원장의 명을 받아 위원회의 서무를 처리한다.

(4) 조정위원회의 회의

조정위원회의 위원장은 조정위원회의 회의를 소집하고 그 의장이 된다. 위원장이 회의를 소집하고자 할 때에는 회의의 일시·장소 및 부의사항을 정하여 회의개시 2일전에 각 조정위원에게 통지하여야 한다. 다만, 긴급한 사정 등 불가피한 사정이 있는 경우에는 그러하지 아니하다. 조정위원회의 회의는 조정위원 2인 이상의 찬성으로 의결한다. 조정위원회의 회의는 공개하지 아니한다. 조정위원회는 분쟁의 원만한 해결을 위하여 필요한 경우에는 조정위원이 분쟁당사자 또는 이해관계인의 의견을 듣거나 필요한 조사를 할 수 있다. 조정위원회는 분쟁에 관한 외부전문가의 기술적인 조언을 받거나 관계 전문기관에 감정·검사 등을 의뢰할 수 있으며 이에 필요한 경비는 분쟁당사자에게 부담하게 할 수 있다. 조정위원회는 분쟁의 해결을 위하여 필요한 경우에는 당사자 또는 이해관계인에게 서류

및 정보를 제출하게 할 수 있다.

(5) 분쟁조정신청 및 답변

1) 신청

무역거래 또는 선적전검사와 관련한 분쟁이 발생한 때에는 당사자의 일방 또는 쌍방은 산업통상자원부장관에게 분쟁의 조정을 신청할 수 있다.

조정을 신청하려는 자(신청인)는 조정비용의 예납과 함께 당사자의 성명 및 주소(다만, 법인인 경우는 법인의 명칭 및 주소와 그 대표자의 성명 및 주소를 병기), 조정을 구하는 취지 및 이유, 그 밖에 분쟁조정을 위한 참고자료 등을 기재한 조정신청서 5부를 중재원장에게 제출하여야 한다. 중재원장은 조정의 신청을 접수한 경우에는 이를 당사자에게 서면으로 알린다. 접수된 사항의 추가 또는 변경하려는 경우에도 또한 같다. 다만, 경미한 사항은 그러하지 아니하다.

2) 답변

조정신청통지를 받은 조정의 피신청인(피신청인)은 3일 이내에 중재원에 서면으로 이에 대한 의견을 제출할 수 있다.

3) 반대신청

피신청인은 조정위원회가 구성된 때부터 3일 이내에 반대신청을 할 수 있다. 다만, 반대신청이 정상적인 조정절차를 방해한다고 인정되는 경우 조정위원회는 직권으로 이를 허가하지 아니할 수 있다. 피신청인의 반대신청은 신청인의 조정신청과 병합하여 심리한다.

(6) 조정위원회 구성 및 조정안 작성

산업통상자원부장관은 조정신청을 받은 때에는 7일내에 조정위원회를 구성하고 조정위원회 구성 후 20일내에 조정안을 작성하여 당사자에게 제시하도록 하여야 한다. 다만, 조정위원이 조정을 거부하거나 질병 등의 사유로 업무수행이 불가능한 경우 등 불가피한 사정에 의하여 조정안을 기간 내에 작성할 수 없는 경우는 7일이내의 기간을 정하여 그 기간을 연장할 수 있다. 조정안에는 ① 조정사건의 표시, ② 조정의 일시 및 장소, ③ 당사자의 성명 또는 명칭, ④ 조정안의 주요내용을 기재하고 조정위원 전원이 서명·날인하여야 한다.

(7) 조정안의 통지

조정안이 작성된 때에는 조정위원회는 이를 당사자에게 통지하여야 한다. 조정안의 통지를 받은 분쟁당사자는 7일 이내에 조정안에 대한 수락여부를 서면으로 조정위원회에 통지하여야 한다.

(8) 조정의 종료

조정위원회는 ① 당사자간 합의가 이루어지거나 조정위원회의 조정안이 수락된 경우, ② 조정신청인 또는 당사자가 조정신청을 철회한 경우, ③ 당사자가 조정위원회의 조정안을 거부한 경우, ④ 당사자간 합의가 성립될 가능성이 없다고 인정되는 경우 ④ 기타 조정이 불필요 하다고 판단되는 경우 당해 조정사건을 종료할 수 있다. 조정위원회는 조정이 종료된 때에 이를 당사자에게 통지하여야 한다.

(9) 조정비용

산업통상자원부장관은 조정과 관련하여 당사자에게 조정비용을 부담하게 할 수 있다. 조정비용은 신청요금·경비 및 수당으로 구분하며, 조정비용의 기준은 다음과 같다.

〈조정비용기준〉

구 분	수 수 료
조정사건당	50,000원
조정위원 수당 조정안 작성수당	100,000원 50,000원

당사자의 신청에 의한 경우 조정위원 및 간사의 소요경비, 증인 또는 감정인의 소요경비, 검사 또는 조사경비, 통역 또는 번역경비 등 조정에 소요되는 일체의 경비는 해당 당사자가 부담한다. 다만 그 경비가 조정위원회의 요청에 의한 것일 경우에는 당사자간에 따로 정함이 없는 경우 신청인이 부담한다.

조정신청을 하려는 신청인은 조정비용을 중재원에 예납하여야 한다. 예납액이 부족한 경우 중재원장은 신청인에게 추가예납을 요청할 수 있다. 당사자가 조정비용의 예납요청을 받은 날부터 3일 이내에 이를 이행하지 않는 때에는 조정위원회는 조정절차를 정지하거나 끝낼 수 있다. 다만, 일방의 당사자가 다른 당사자가 지급하여야 할 조정비용을 지급한 경우에는 그러하지 아니하다. 중재원장은 조정이 끝난 때에는 예납된 조정비용을 정산하고 잔액이 있는 경우는 이를 당사자에게 반환하여야 한다.

4. 중재

(1) 중재의 의의

중재(Arbitration)란 분쟁 당사자간의 중재계약에 따라 사법상의 법률관계에 관한 현존 또는 장래에 발생할 분쟁의 전부 또는 일부를 법원의 판결에 의하지 아니하고 사인인 제3자를 중재인으로 선정하여 중재인의 판정에 맡기는 동시에 그 판정에 복종함으로써 분쟁을 해결하는 자주법정제도이다.[3] 아울러 국가공권력을 발동하여 강제집행 할 수 있는 권리가 법적으로 보장된다. 분쟁의 해결에는 보편적으로 소송이 있지만, 급격히 증대되는 전문적이고 기술적인 분야의 모든 분쟁을 수용하기에는 한계가 있어, 최근에는 신속하고 저렴한 소송외 분쟁해결제도(Alternative Dispute Resolution: ADR)를 활용하는 기업들이 늘어나고 있다. 그 중 가장 대표적인 것이 바로 중재이다.

그러나 이러한 장점이 많은 중재제도를 활용하기 위해서는 무엇보다 계약 체결 시 당사자간에 중재합의(계약)가 있어야 한다. 중재제도가 미국 등 서방 선진국에는 정착되어 있으나 우리나라에서는 그 인식의 부족으로 아직까지 활용이 미흡한 실정이다. 중재합의는 서면에 의한 별도 합의 또는 계약서상에 중재조항의 형식으로 체결할 수 있다. 우리 중재법은 '중재계약은 당사자들이 서명한 문서에 중재합의가 포함되어 있거나 교환된 서신 또는 전보 등에 중재합의가 포함되어 있어야 한다'고 규정하여 중재합의의 서면주의를 명문화하고 있다. 또한 중재조항이 포함된 문서를 인용할 수도 있다. 중재합의는 중재의 대상이 되는 분쟁이 발생하기 전에 미리 합의해 두는 사전 중재합의의 방식과, 이미 발생한 분쟁을 중재로 해결하기 위하여 합의하는 사후 중재합의의 방식이 있다. 그런데 분쟁이 발생한 후에는 상호불신과 의사교환 단절로 중재합의에 동의하지 않거나, 동의하는데 시간이 지체되어 분쟁해결을 지연시키는 경우가 많으므로 계약 체결

3) 대한상사중재원 홈페이지〈http://www.kcab.or.kr/〉 참조

시 계약서상에 중재조항을 삽입하는 사전 중재합의 방식이 매우 바람직하다. 중재합의가 유효하게 성립되어 중재절차가 순조롭게 진행되기 위해서는, 특히 외국 기업과의 거래에서 중재계약을 체결할 때에는 중재를 행할 중재지, 중재기관 및 적용할 준거법 등을 정확하게 명시하여야 한다.

(2) 중재의 특징

1) 단심제

중재판정은 분쟁당사자간에 있어서는 법원의 확정판결과 동일한 효력이 있다. 다시 말하면 판정에 불만이 있어도 재판처럼 2심 또는 3심 등 항소절차가 없다. "확정판결과 동일한 효력"이라 함은 불복신청을 할 수 없어 당사자에게 최종적 판단으로 구속력을 갖는다는 뜻이다.

2) 신속한 분쟁해결

소송은 평균 대법원까지 2-3년이 걸리지만, 중재는 국내중재가 약 4개월, 국제중재가 약 6개월 정도 소요된다. 신속성을 극대화하기 위하여 집중심리로 심리횟수를 줄이고 예비회의 제도를 활성화하여 심리자체의 소요시간도 단축하여 진행한다.

3) 저렴한 중재비용

중재제도가 단심제이고 신속성에 중점을 둔 당연한 결과라고 할 수 있습니다. 재판비용보다 저렴하고 대한상사중재원은 외국중재기관보다 저렴한 비용으로 해결한다.

4) 국제적인 인정

뉴욕협약에 가입한 체약국간에는 외국중재판정을 상호간 승인하고 강제집행도 보장한다. 따라서 국적을 달리하는 기업인간의 분쟁해결제도로서 각광받고 있다.

5) 전문가에 의한 판단

실체적 진실을 정확하게 찾아내기 위하여 분쟁 분야에 대한 해박한 지식과 경험이 있는 전문가로 하여금 사건을 검토하고 판정하도록 한다. 변호사의 법률지식, 기업인의 사업경륜, 교수의 학문적 이론 등이 종합될 때 정확한 판단이 가능하다.

6) 분쟁당사자가 중재인을 직접 선임 또는 배척

공정성 보장을 위하여 당사자에게 스스로 중재인을 선임할 권리를 부여하며 동시에 중재인 후보를 배척할 수도 있다.

7) 충분한 변론기회의 부여

중재는 단심제로 운영하기 때문에 일단 내려진 중재판정은 변경될 수 없다. 따라서 분쟁당사자는 중재인에게 충분한 변론기회와 변론시간 그리고 증인 또는 증거물 제출기회를 요구할 수 있다.

8) 심리의 비공개

중재심리는 당사자간의 분쟁발생 책임소재에 대한 공격. 방어과정에서 실체적 진실을 파악하는데 있다. 따라서 당사자가 허락하지 않는 한 사건과 무관한 제3자의 심문과정 참여를 허용하지 않으며 그 절차도 공개하지 않는다.

9) 민주적인 절차 진행

중재인은 당사자와 평등한 위치에서 상하 격식 없이 심리를 진행한다. 증인선서를 요구하지 아니하며 관계 당사자의 인격을 최대한 존중한다.

(3) 대외무역법에 의한 중재

산업통상자원부장관은 무역 분쟁을 신속하고 공정하게 처리하는 것이 필요하다고 인정하거나 무역분쟁 당사자의 신청을 받으면 분쟁의 해결을 위한 중재(仲裁) 계약의 체결을 권고할 수 있다. 그리고 선적전 검사와 관련된 분쟁에 관한 중재(仲裁)를 담당할 수 있도록 독립적인 중재기관을 설치할 수 있다. 중재기관은 「중재법」 제40조에 따라 산업통상자원부장관이 지정하는 사단법인(대한상사중재원)으로 한다. 중재에 대하여는 「중재법」을 적용한다.

5. 조정명령

(1) 조정명령의 의의

"조정명령"이란 산업설비나 방산장비 수출 또는 국제입찰 등 대규모 수주건과 관련해서 국내업체간 과당경쟁(저가수주)으로 현저하게 수주질서를 해칠 가능성이 있는 경우, 이를 사전에 방지하고자 해당 무역거래자에게 가격·수량·품질·기타 거래조건에 필요한 조정을 명하는 것으로, 2002년 독일에서 발주한 선박입찰에서 있었던 대우조선의 부당한 저가수주에 대해 조정명령이 내려진 사례가 있었다. 당시 조치는 EU로부터의 덤핑판매 등으로 인한 통상마찰 가능성 방지와 공정한 거래질서 확립을 통한 향후 유사 계약건에서의 우리 수출업체 보호라는 측면에서 적절한 조치였다고 볼 수 있으나, 광범위하고 모호한 요건규정으로 인해 문제소지를 가지고 있었다.

조정명령의 발동요건으로서 무역에 관한 정부간 협정의 체결 또는 그 준수를 위하여 필요한 경우와 기타 물품 등의 수출의 공정한 경쟁을 교란할 우려가 있거나 대외신용을 손상하는 행위를 방지하기 위하여 필요한 경우를 규정하고 있다. 이 중 "공정한 경쟁의 교란우려나 대외신용 손상행위"의 경우에는 그 요건이 다소 광범위하고 모호하여 정부의 재량이 과도하게 행사될 우려가 있었다.

이에 2003년 대외무역법 개정에서 조정명령의 발동요건, 발동한계 및 조정명령 시 구체적 절차근거 등을 규정하여 조정명령의 실효성을 강화하는 방향으로 개정하였다. 즉 요건을 보다 세분하여 규정하여 행정의 포괄위임 가능성을 배제하는 한편, 수출기반의 안정이나 다른 무역거래자의 권익을 해치지 않을 것 등의 비례원칙과 조정명령 발동시의 구체적 절차(자료 및 현지조사, 자문단 구성)를 명시함으로써 행정의 예측가능성과 법적 타당성을 제고함과 동시에 쟁송가능성 및 외국정부와의 통상마찰 가능소지를 사전에 완화 또는 제거하였다.

(2) 조정명령의 발동요건

산업통상자원부장관은 ① 헌법에 의하여 체결·공포된 조약과 일반적으로 승인된 국제법규에 의한 의무이행을 위하여 필요한 경우, ② 우리나라 또는 교역상대국의 관련법령에 위반되는 경우, ③ 그 밖에 물품 등의 수출의 공정한 경쟁을 교란할 우려가 있거나 대외신용을 손상하는 행위를 방지하기 위한 것으로서 ㉠ 물품 등의 수출과 관련하여 부당하게 다른 무역거래자를 배제하는 경우, ㉡ 물품 등의 수출과 관련하여 부당하게 다른 무역거래자의 상대방에 대하여 다른 무역거래자와 거래하지 아니하도록 유인하거나 강제하는 경우, ㉢ 물품 등의 수출과 관련하여 부당하게 다른 무역거래자의 해외에서의 사업 활동을 방해하는 경우에는 무역거래자에게 수출하는 물품 등의 가격·수량·품질 기타 거래조건 또는 그 대상지역 등에 관하여 필요한 조정을 명할 수 있다.

(3) 조정명령의 기준

산업통상자원부장관은 필요하다고 인정하는 경우에는 물품 등의 수출의 공정한 경쟁을 교란할 우려가 있거나 대외신용을 손상하는 행위를 방지하기 위한 것으로서 조정을 명할 수 있는 기준은 다음과 같다.

㉠ 물품 등의 수출과 관련하여 부당하게 다른 무역거래자를 배제하는 경우 : 물품 등을 수출할 때에 정당한 이유 없이 그 수출에 소요되는 비용보다 낮은 가격으로 수출함으로써 다른 무역거래자를 제외시킬 우려가 있는 경우,

㉡ 물품 등의 수출과 관련하여 부당하게 다른 무역거래자의 상대방에 대하여 다른 무역거래자와 거래하지 아니하도록 유인하거나 강제하는 경우 : 정상적인 거래관행에 비추어 부당한 이익을 제공 또는 제공할 제의를 하여 다른 무역거래자의 상대방을 자기와 거래하도록 유인하는 행위,

㉢ 물품 등의 수출과 관련하여 부당하게 다른 무역거래자의 해외에서의 사업 활동을 방해하는 다음의 행위

- 기술, 영업정보의 부당사용 : 다른 무역거래자의 기술 또는 영업정보를 부당하게 이용하여 다른 무역거래자의 해외에서의 사업활동을 곤란하게 할 정도로 방해하는 행위
- 인력의 부당유인·채용 : 다른 무역거래자의 인력을 부당하게 유인·채용하여 다른 무역거래자의 해외에서의 사업활동을 곤란하게 할 정도로 방해하는 행위

(4) 고려사항

산업통상자원부장관은 조정을 명하는 경우에는 수출기반의 안정, 새로운 상품의 개발 또는 새로운 해외시장의 개척에 기여, 다른 무역거래자의 권익을 부당하게 침해하거나 차별여부, 물품 등의 수출·수입의 질서유지를 위한 목적에 필요한 정도의 초과여부를 고려하여야 한다.

(5) 조정명령 내용의 공고 및 절차의 중지

산업통상자원부장관은 조정을 명하는 경우 기업의 영업비밀 보호·침해 우려 등의 특별한 사유가 없는 한 조정을 명하는 이유·대상·내용 등을 공고하여야 한다. 산업통상자원부장관은 조정을 명하는 경우에 필요하다고 인정할 때에는 수출입 승인을 하지 아니하거나, 관계기관의 장으로 하여금 승인에 관련된 절차를 중지하게 할 수 있다.

(6) 벌칙

조정명령에 위반한 자는 5년 이하의 징역 또는 수출·수입하는 물품 등의 가격의 3배에 상당하는 금액 이하의 벌금에 처한다.

6. 선적전 검사

(1) 의의

WTO「선적전검사에 관한 협정(Agreement on Preshipment Inspection) "PSI 협정"」제1조 제1항에 의하면 선적전검사활동은 사용회원국의 영토로 수출되는 상품의 품질, 수량, 환율 및 금융조건을 포함한 가격 및/또는 관세분류의 검증과 관련된 모든 활동이다. 구체적으로 설명하면 선적전검사(Preshipment Inspection : PSI)라 함은, 수입국 정부로부터 위임받은 전문검사기관이 수입국 정부나 수입당사자를 대신하여 수출국에서 물품을 선적하기 전에 수입품의 품질이나 수량을 검사하고, 수입품의 거래가격이 그 물품의 원산지에서의 일반적인 수출시장가격과 합치하는지를 평가하는 절차를 말한다.

이러한 평가결과는 수입국에서의 통관처분 및 관세평가 자료로 이용하게 된다. 선적전검사는 수입되는 물품에 대해 수출 전에 그 내용을 검사함으로써 그 수량이나 품질이 수입면허와 일치하는 지를 사전에 확인하는 기능을 한다. 또한 수출가격을 현지에서 확인함으로써 수출입 당사자 간의 거래가격 조작으로 인한 외화도피나 관세평가의 왜곡을 방지할 수 있게 된다. 따라서 선적전검사는 주로 무역·외환관리상의 문제가 많은 개도국에서 이용되고 있다.

(2) 국제거래와 선적전검사관행

선적전검사관행은 UR협상 이전에는 거의 국제적인 주목을 받지 못하였지만 국제거래에 있어서는 결코 새로운 현상이 아니다. 이미 1800년대 이래로 개별 수출상과 수입상들은 국제교역에서 이동되는 물품의 품질과 수량을 확인하기 위해 독립적인 검사기관을 이용하여 왔다.

WTO의 「선적전 검사협정」 서문에서는 '다수의 개발도상회원국이 선적전검사를 이용하고 있음을 주목하고'라고 선언하고 있어 선적전검사 제도가 오늘날에도 이용되고 있음을 알 수 있다. 즉 화물과 수출품들을, 수출항에 도착한 후 선적되기 전에 사설 검사회사로 하여금 검사하는 관행은 국제상거래에서는 보편화되어 있는 관행이라고 할 수 있다. 이러한 검사는 수출상과 수입상 모두에게, 운송될 수출품이 그 수량과 품질에 있어서 적절하다는 보증을 제공함으로써 사후적인 무역분쟁을 방지할 수 있다는 이점이 있기 때문에, 널리 이용되고 있다. 현재 국제적으로 이러한 검사용역을 전담하는 회사들이 많이 있으며 검사대상품목도 일반적인 공산품뿐 아니라 농산물, 항공기, 선박, 건물 그리고 핵시설 등에 이르기까지 다양하다.

(3) 교역왜곡적 효과

선적전검사는 상거래관행으로서 당사자간에 자유롭게 이용되어 왔지만 개도국들이 이를 국가적인 제도로서 강제하면서 교역왜곡적인 수단으로 인식되게 되었다. 특히 미국 등 선진국은 개도국들이 이를 관세평가협정의 기본원칙에 배치되는 비관세장벽의 하나로 이용하고 있다고 보고 있다. 선진국들이 제기하는 선적전검사의 교역왜곡적 효과는 다음과 같다.

1) 선적의 지연

선적전검사제도의 가장 큰 문제로는 비용이 많이 소요되고 선적이 지연된다는 점이다. 앞에서 언급한 미국 국제무역위원회의 보고서에 따르면, 선적전검사로 인해 40%의 선적분이 평균 20일 정도 지체되었을 뿐만 아니라 검사요건을 준수하기 위해 상당분량의 서류작업이나 인력이 소요되는 것으로 나타나고 있다.

2) 영업정보의 누출

검사기관은 수출자에게 조사대상 물품의 가격분석표나 영업상의 비밀정보 등 민감한 자료의 제출을 요구하는 경우가 많다. 또 제출받은 서류에 대한 엄격한 사후관리를 하지 않아 이러한 정보가 누출되는 경우도 많다. 특히 특허신청서나 라이선스 계약의 내용에 관한 기술적인 문서나 중간재 공급자와의 영업관계서류 그리고 할인이나 리베이트에 관련된 가격정보서류 등의 누출이 문제가 된다.

3) 검사기준의 불투명성

선적전검사에서는 당사자들이 상업송장에 기재한 거래가격이 수입관세를 회피하기 위해 고의로 저평가 되었는지 아니면 반대로 외화유출을 목적으로 고평가(over-invoicing) 되었는지를 조사하게 된다. 이 때 검사기관들은 당사자들이 제출한 거래가격에 관한 자료가 자신들이 제시한 일정한 기준에 맞지 않으면 그 진실성을 입증할 증거자료가 있는지 여부를 불문하고 무조건 배척하고 있으며 게다가 가격조사나 가격의 비교과정도 불투명한 경우가 많다고 한다.

4) 분쟁해결수단의 결여

선적전검사제도를 시행하고 있는 많은 국가들은 검사를 둘러싸고 발생하는 분쟁을 해결할 수 있는 적절한 메커니즘을 가지고 있지 않다.

(4) WTO 선적전검사에 관한 협정

UR 협상에서 선적전검사에 대한 다자간규범을 제정해야 할 필요성을 처음 제기한 국가는 선진국측이 아니고 이 관행을 가장 광범위하게 운용하고 있는 인도네시아였다. 왜냐하면 선진국들이 선적전검사 관행을 비관세장벽으로 보고 이에 대하여 일방적인 제재조치를 강구하려는 움직임이 있었기 때문에 인도네시아로서는 이를 다자간 규범의 체제로 편입시킴으로써 제도 자체의 시행에 대하여 국제적인 인정을 받을 필요가 있었기 때문이다. 또 선진국 측으로도 다자간규범의 마련이 선적전검사 관행의 남용을 억제하는 데 도움이 된다고 판단하여 이를 UR협상의 과제로 채택하는 데 합의하게 되었다.

UR 협상결과 WTO협정의 부속서의 하나로 성립된 「선적전검사에 관한 협정」은 전문과 9개 조항의 본문으로 구성되어 있다. 전문에는 PSI협정의 기본목표를 제시하고 있으며 제1조는 협정의 적용범위, 제2조는 사용회원국의 의무, 제 3조는 수출회원국의 의무, 제4조는 독립적 검토절차에 관하여 규정하고 있으며 제5조에서 9조까지는 협의, 분쟁해결 등 제도적 규정으로 되어 있다.

(5) 대외무역법상의 선적전검사 규정

수입국 정부와의 계약체결 또는 수입국 정부의 위임에 의하여 기업이 수출하는 물품 등에 대하여 국내에서 선적 전에 검사를 실시하는 기관(선적 전 검사기관)은 WTO 선적전검사에 관한 협정을 준수하여야 한다. 이 경우 선적 전 검사기관은 선적 전 검사가 기업의 수출에 대한 무역장벽으로 작용하도록 하여서는 안 된다. 선적전검사기관의 선적전검사가 무역장벽으로 작용하는 행위는 WTO 선적전검사협정 제2조의 규정을 위반하여 수출이행에 장애를 초래하는 행위로 한다. 선적전 검사협정 제2조에는 무차별, 검사장소, 투명성, 비밀영업정보의 보호 등 22개 항이 있다.

산업통상자원부장관은 선적전검사와 관련하여 수출자와 선적전검사기관간에 분쟁이 발생하였을 경우에는 그 해결을 위하여 필요한 조정을 할 수 있다. 산업통상자원부장관은 수출자와 선적전검사기관 사이에 발생하는 분쟁을 해결하기 위하여 분쟁조정위원회를 구성하여 분쟁을 조정하게 할 수 있다. 조정과 관련하여서는 다음에서 구체적으로 살펴본다.

분쟁에 관한 중재를 담당할 수 있도록 독립적인 중재기관을 설치할 수 있다. 대외무역법 시행령에서는 선전적검사 중재기관을 중재법 제40조의 규정에 의하여 산업통상자원부장관이 지정하는 사단법인인 대한상사중재원으로 규정하고 있다. 선적적검사 중재에 대하여는 중재법의 규정을 적용한다.

마지막으로 주의를 해야 할 것은 대외무역법에 의한 선적전검사와 관련한 분쟁의 해결절차는 세계무역기구협정상의 분쟁해결 절차를 방해하지 아니한다는 것이다. 즉 분쟁당사자는 대외무역법에 의한 조정 또는 중재를 선택할 수 있고, WTO PSI 협정에 의한 분쟁해결 절차를 선택할 수 있으며 양자를 동시에 진행시킬 수 있다. PSI 협정 제7조 및 제8조에서는 협정의 운영과 관련한 회원국간의 모든 분쟁에는 1994년도 GATT 제22조에 의한 협의와 GATT 제23조 규정의 분쟁해결양해가 적용된다고 규정하고 있다.

제6장

보칙

1. 청문과 행정절차

대외무역법상에서 정한 행정처분을 하기 전에 행정청은 당사자에게 의견진술의 기회를 주기 위해 청문을 실시해야 하며 증거조사도 해야 한다. 법령에 청문절차가 규정된 경우 당해 청문절차를 이행하지 아니하면 절차상 하자가 있는 처분으로서 위법한 처분이 된다.[1)]

(1) 행정절차의 의의

행정절차란 넓게는 행정기관이 행정활동을 함에 있어 거치는 사전 및 사후의 모든 절차를 말하는데, 사전절차로는 처분절차, 행정조사절차, 행정입법절차 및 행정집행절차를 말하고, 사후절차로서는 행정심판절차를 말한다. 일반적으로 행정절차라 함은 행정활동을 함에 있어서 거치는 사전통지, 의견청취, 이유부기 등 사전절차만을 말한다.[2)]

---

1) 청문절차를 엄격히 준수하지 아니한 영업허가 취소처분은 위법하다고 한 판례
청문절차에 관한 각 규정과 행정처분의 사유에 대하여 당해 영업자에게 변명과 유리한 자료를 제출할 기회를 부여함으로써 위법사유의 시정 가능성을 고려하고 처분의 신중과 적정을 기하려는 청문제도의 취지에 비추어 볼 때, 행정청이 침해적 행정처분을 함에 즈음하여 청문을 실시하지 않아도 되는 예외적인 경우에 해당하지 않는 한 반드시 청문을 실시하여야 하고, 그 절차를 결여한 처분은 위법한 처분으로서 취소 사유에 해당한다. 한편, 구 공중위생법(1999. 2. 8. 법률 제5839호 공중위생관리법 부칙 제2조로 폐지)상 유기장업허가취소처분을 함에 있어서 두 차례에 걸쳐 발송한 청문통지서가 모두 반송되어 온 경우, 행정절차법 제21조 제4항 제3호에 정한 청문을 실시하지 않아도 되는 예외 사유에 해당한다고 단정하여 당사자가 청문일시에 불출석하였다는 이유로 청문을 거치지 않고 이루어진 위 처분이 위법하지 않다고 판단한 원심판결을 파기한다. (2001. 4. 13. 선고, 2000두3337 판결).

2) 최정일 행정법(상) 819면

(2) 기능

행정절차에서 의견 및 자료를 제출할 수 있는 기회를 부여하는 것은 행정청의 편견을 배제하고, 사실인정과 법령해석을 적정하게 하는, 즉 적법·타당한 행정작용의 성립을 도모할 수 있게 한다. 또한 행정과정에 이해관계인이 참여할 수 있는 기회를 보장함으로써 행정작용의 민주화를 구체적으로 확보하는 데 기여한다.

(3) 행정절차법

행정절차에 관한 일반법으로서 행정절차법이 있다. 행정절차법의 주요 내용은 다음과 같다.

1) 처분의 기준설정 · 공표

행정절차법은 행정청의 자의적인 권한행사를 방지하고 관련처분에 대한 상대방의 예측가능성을 부여하기 위하여 행정청의 처분기준 설정·공표의무(행정절차법 제20조)를 규정하고 있다. 처분기준은 법령(대통령령, 부령 등으로 정한 것)과 행정규칙이 있는데 법령에 처분기준이 설정되어 있지 않으면 행정규칙으로 처분기준을 정하여야 한다.

2) 처분의 이유제시

행정절차법은 원칙적으로 모든 행정처분에 있어서 처분의 근거·이유를 제시(법제23조)하도록 하고 있는데 이유부기의 의무가 적용되는 처분은 주로 불이익처분이다. 처분의 이유부기는 처분의 신중성, 공정성을 보장하고 또한 상대방은 제시된 이유에 기초해 당해 처분에 대한 궁극적 쟁송절차에 있어서 그 논거를 구체적으로 제시할 수 있게 된다.

3) 처분의 방식

행정청이 처분을 하는 때에는 다른 법령 등에 특별한 규정이 있는 경우를 제외하고는 문서로 해야 하고 행정심판 관련 사항을 고지해야 한다.

4) 불이익처분의 절차

행정절차가 주로 적용되는 분야는 당사자에게 의무를 부과하거나 당사자의 권익을 침해하는 불이익처분이다. 행정절차법상 불이익처분에 주로 해당되는 절차는 처분의 사전통지, 청문, 의견제출 및 공청회가 있다. 처분의 사전통지는 행정청이 당사자에게 의무를 과하거나 권익을 제한하는 처분, 즉 불이익처분을 하는 경우에는 처분의 제목, 처분하고자 하는 원인이 되는 사실과 처분의 내용 및 법적 근거 등을 당사자에게 통지해야 한다(행정절차법 제21조). 행정청은 당사자에게 의무를 과하거나, 권익을 제한하는 처분을 함에 있어서 청문을 실시하거나 공청회를 개최하는 경우를 제외하고는 당사자에게 의견제출의 기회를 주어야 한다. 의견진술 절차는 행정절차의 핵심적인 요소로 처분의 상대방에게 방어의 기회를 주어 권익을 보호하게 하고 행정청은 이해관계인의 의견진술을 들음으로써 처분과 관련한 문제 상황을 정확히 파악하여 적정한 처분을 내릴 수 있게 한다.

행정절차법은 의견진술과 관련하여 의견제출, 청문, 공청회를 열거하고 있는데, 의견제출은 행정청이 어떠한 행정작용을 하기에 앞서 당사자 등이 단순하게 의견을 제시하는 절차로서 청문에 비해 절차가 단순한 약식절차이다. 청문절차는 당사자 등의 의견을 들을 뿐 아니라 증거를 조사하는 등 재판에 준하는 절차를 거쳐 행하는 의견진술절차이다. 공청회란 행정작용과 관련이 있는 이해관계인이 다수인 경우에 행해지는 의견제출 절차이며, 관련전문가·일반국민도 참여하게 된다.

(4) 대외무역법상의 청문 및 행정절차

1) 청문의 실시

대외무역법에서는 지정의 취소 처분등과 관련하여 청문을 규정하고 있다. 즉 산업통상자원부장관 또는 관계 행정기관의 장은 ① 수출허가 또는 상황허가의 취소 ② 조정명령을 하고자 하는 경우에는 청문을 실시하여야 한다.

2) 절차

대외무역법상의 지정취소 등의 행정처분은 다음과 같은 절차로 이루어진다.

〈대외무역법의 지정 등의 취소 처분절차〉

청문통지 → 청문실시 → 이유제시 → 처 분

행정청은 문서로서 처분을 해야 하며 이유를 부기해야 한다. 행정청은 처분에 오기·오산 기타 이에 준하는 명백한 잘못이 있는 때에는 직권 또는 신청에 의해 지체 없이 정정하고 이를 당사자에게 통지해야 한다.

2. 보고 · 검사 등

(1) 도입이유

9.11 테러이후 미국 주도의 전략물자(재래식 무기, 생물·화학무기, 미사일 등과 이에 사용되는 정밀기계, 반도체 등) 등 특정품목에 대한 수출입 통제수준을 강화하고 있으나, "전략물자 수출허가제도" 운영에 필수적인 사전심사나 보고·자료제출권 등이 규정되어 있지 않아, 2003년 대외무역법 개정 시에 Catch-All 등 우리나라 전략물자 수출통제제도의 실효성 제고를 위해 전략물자 불법 수출자에 대한 보고명령·자료제출·현장검사 권한을 신설하여, "대량살상무기 전용가능성" 여부를 체계적으로 심사할 수 있도록 하였다.

(2) 법률규정

산업통상자원부장관 또는 관계 행정기관의 장은 수출이 제한되거나 금지된 물품 등이나 전략물자에 대한 수출허가를 받은 자 또는 수출허가를 받지 아니하고 수출하거나 수출하려고 한 자에게 ① 수입국, ② 수입자·최종사용자 또는 그의 위임을 받은 자 및 그 소재지, 사업 분야, 주요거래자 및 사용목적, ③ 수입자·최종사용자 또는 그의 위임을 받은 자의 확인을 위한 수입국의 권한 있는 기관이 발급한 납세증명서 등 관련 자료 또는 대외 공표자료, ④ 그 밖에 운송수단·환적국·대금결제방법 등 산업통상자원부장관이 정하여 고시하는 사항에 관한 보고 또는 자료의 제출을 명할 수 있다.

산업통상자원부장관 또는 관계 행정기관의 장은 필요하다고 인정할 때에는 그 소속공무원으로 하여금 사무소·영업소·공장 또는 창고 등에서 장부·서류 기타의 물건을 검사하게 할 수 있다. 검사를 하는 공무원은 그 권한을 표시하는 증표를 관계인에게 제시하여야 한다.

3. 다른 법률과의 관계

(1) 독점규제 및 공정거래에 관한 법률과의 관계

산업통상자원부장관의 조정명령의 이행에 대하여는 독점규제 및 공정거래에 관한 법률을 적용하지 아니한다. 산업통상자원부장관은 조정명령이 독점규제 및 공정거래에 관한 법률 제2조제1호의 규정에 의한 사업자간의 국내시장에서의 경쟁을 제한하는 것인 때에는 공정거래위원회와 미리 협의하여야 한다.

(2) 국가보안법과의 관계

물품 등의 수출·수입행위에 대하여는 그 행위가 업무수행상 정당하다고 인정되는 범위 안에서 국가보안법을 적용하지 아니한다.

4. 권한의 위임 · 위탁

(1) 위임 · 위탁

산업통상자원부장관의 권한은 그 일부를 소속기관의 장, 시·도지사에게 위임하거나, 관계행정기관의 장, 세관장, 한국은행총재, 한국수출입은행장, 외국환은행의 장 기타 법인 또는 단체에 위탁할 수 있다.

2) 지휘 · 감독

산업통상자원부장관은 위임 또는 위탁한 사무에 관하여 그 위임 또는 위탁을 받은 자를 지휘·감독한다. 산업통상자원부장관은 위임 또는 위탁한 사무에 관하여 그 위임 또는 위탁을 받은 자에게 필요한 자료의 제출을 요청할 수 있다. 산업통상자원부장관의 권한을 위임받거나 위탁받은 자는 위임받거나 위탁받은 업무의 처리 결과를 산업통상자원부장관에게 보고하여야 한다. 보고시기, 보고방법 등에 관하여 필요한 사항은 산업통상자원부장관이 정한다.

3) 과태료부과 협의

시·도지사 또는 세관장은 과징금이나 과태료를 부과하려면 각각 세관장이나 시·도지사와 미리 협의하여야 한다. 세관장과 시·도지사와의 과징금 및 과태료부과 협의대상 기관은 다음과 같다.

① 세관장이 적발하여 시·도지사(시·군·구)와 협의하려는 경우에는 위반업체의 주소지를 관할하는 시·도지사(시·군·구)
② 시·도지사(시·군·구)가 적발하여 세관장과 협의하려는 경우에는 해당 주소지를 관할하는 세관장

동일한 수입신고에 의하여 수입된 물품의 경우에는 적발지역 또는 품목이 다른 경우에도 동일한 건으로 본다. 과징금 및 과태료부과 협의를 할 경우 협의대상 기관에 통보할 사항은 다음과 같다.

① 위반업체의 현황(수입업체명, 주소, 대표자 등)
② 위반물품 현황(물품명, 수량 등)
③ 원산지 표시 위반내용
④ 관련 서류(위반물품의 수입신고필증, 그 밖의 관련 서류)
⑤ 적발일자 및 장소
⑥ 처벌 여부 및 처벌 내용 등

4) 시정조치

산업통상자원부장관은 권한을 위임받거나 위탁받은 자가 법 또는 시행령을 위반하여 그 위임 또는 위탁받은 업무를 처리한 경우에는 시정조치 등 필요한 조치를 요구할 수 있다. 시정조치 등을 요구받은 자는 지체 없이 그 업무를 시정하고 그 결과를 산업통상자원부장관에게 보고하여야 한다.

〈권한의 위임, 위탁 대상〉

〈 중앙행정기관 〉 - 외화획득용 원료·기재의 수입제한 - 외화획득용 원료·기재의 기준소요량의 결정 - 외화획득이행기간의 결정 및 그 연장 - 외화획득용 원료·기재 또는 그 원료·기재로 제조된 물품 등(산업통상자원부장관이 정하여 고시하는 품목에 한한다)에 대한 외화획득이행여부에 대한 사후관리에 관한 권한, 사용목적 변경승인에 관한 권한, 양도·양수의 승인에 관한 권한 - 조정명령에 관한 권한 - 시·도지사에게 위임된 사무에 대한 지휘·감독 및 자료의 제출요청 〈 기술표준원장 〉 - 외화획득용 원료·기재의 기준소요량 결정(목재는 국립산림과학원장) - 외화획득이행 여부에 관한 사후관리 - 산자부장관이 지정, 고시한 관계행정기관·단체에 위탁된 사무의 지휘·감독·자료제출 요청 - 시도지사에게 위임된 사무의 지휘, 감독, 자료제출 요청 〈 시·도지사(위임) 〉 - 사용목적 변경승인 - 원산지 표시 검사 권한 중 국내유통 중인 물품에 관한 권한 - 시정조치명령, 과징금 관련 중 국내유통 중 물품 권한 - 과태료 부과징수, 이의제기 접수 및 통보 - 외화획득 이행 기간 연장 - 과태료의 부과·징수에 관한 권한 〈한국무역협회〉 - 무역업고유번호의 부여 및 관리 등 수출입통계데이터베이스의 구축을 위한 전산관리체제의 개발·운영 - 수출입거래에 관한 정보의 수집·분석 - 용역의 수출입 확인 - 해운업(한국선주협회) - 관광사업(한국관광협회중앙회) - 전자적 형태의 무체물의 수출입확인(한국소프트웨어산업협회)	〈 세 관 장 〉 - 수출입 승인면제의 확인 - 원산지표시의 확인 - (원산지·지재권) 시정조치명령 또는 과징금부과에 관한 권한(무역위원회 조사사항 제외) - 원산지증명서의 제출명령 - 원산지증명서발급업무 중 관세양허를 받기 위한 원산지증명서 발급업무에 관한 권한 - (원산지)과태료 부과, 징수, 이의제기 접수 및 통보 〈 관세청장 〉 - 원산지표시방법에 대한 세부적 사항을 정하는 권한 - 원산지표시의 사전판정 및 이의제기 처리 - 세관장에게 위탁된 사무에 대한 지휘·감독 및 자료의 제출 〈 한국기계산업진흥회 〉 - 산업설비 수출의 승인 및 변경승인 * 연불금융지원시 : 한국수출입은행 〈 대한상사중재원 〉 - 무역 분쟁의 조정, 알선 - 조정위원회의 구성, 운영 〈 대한상공회의소 〉 - 수출물품 원산지증명 발급업무 (관세양허, 일반용) 〈 외국환은행장 및 전자무역기반사업자〉 - 구매확인서의 발급 및 사후관리 〈 전략물자관리원 〉 - 전략물자의 판정 및 통보 〈 관계 행정기관/단체장 〉 - 수출입의 승인, 변경승인 및 변경사항 신고의 수리 - 외화획득용 원료, 기재의 수입 승인 - 외화획득용 원료, 기재의 사후관리

5. 교육명령

산업통상자원부장관 또는 관계 행정기관의 장은 다음에 해당하는 자에게 교육명령을 부과할 수 있다.

- 수출허가 또는 상황허가를 받지 아니하고 수출한 자
- 거짓이나 그 밖의 부정한 방법으로 수출허가 또는 상황허가를 받은 자

교육시간은 8시간 이내로 한다. 산업통상자원부장관 또는 관계 행정기관의 장은 전략물자관리원, 한국원자력통제기술원, 그 밖에 산업통상자원부장관이 정하여 고시하는 기관에서 교육을 실시하도록 할 수 있다. 교육에 필요한 사항은 산업통상자원부장관이 관계 행정기관의 장과 협의하여 정한다.

제7장

벌칙

1. 대외무역 행정의 실효성 확보 방법

(1) 서설

행정법규는 행정목적을 달성하기 위하여 국민에게 각종의 행정의무를 과하고 그 실효성을 확보하기 위하여 그 위반에 대한 제제를 규정하고 있다. 행정의 상대방인 국민이 자신에 부여된 의무를 준수·이행하지 않는 경우에는 행정권이 이를 강제적으로 실현하는 수단의 도입이 불가피하다. 이러한 수단을 학문상으로 행정작용의 실효성 확보 수단으로 부르고 있다. 종래에는 실효성 확보 수단으로 행정강제 등 직접적 의무이행수단과 행정벌 등 간접적 수단 등이 논의되었으나 최근에는 과징금 등 새로운 의무이행확보수단이 도입되고 있다. 이 중에서 대외무역법과 직접적인 연관이 있는 것은 행정형벌 및 행정질서벌을 포함한 행정벌과 과징금 등이다.

(2) 행정상 강제집행

행정상 강제집행이란 행정상 의무의 불이행에 대하여 행정기관이 장래에 향하여 그 의무를 이행시키거나 이행된 것과 같은 상태를 실현하는 작용을 말한다. 이러한 행정상 강제집행수단으로서는 대집행·직접강제·집행벌과 금전상 급부의무의 강제이행수단으로서 행정상 강제징수가 있다.[1)]

---

1) 김동희 행정법 Ⅱ 533면

1) 대집행

대집행이란 대체적 작위의무의 불이행에 대한 강제수단으로서, 현재 행정상 강제집행의 일반적 수단이 되고 있다. 그 일반법으로 행정대집행법이 있는 외에 다수의 개별법에서 이에 관하여 규정하고 있다.

2) 직접강제

직접강제란 행정법상의 의무위반 또는 불이행에 대하여 직접 그 의무자의 신체 또는 재산에 실력을 가하여 행정상 필요한 상태를 실현하는 작용을 말한다. 이것은 대체적 작위의무·비대체적 작위의무·부작위의무·수인의무에 대하여 모두 적용될 수 있는 매우 실효적인 강제수단이다. 개인의 자유·권리에 대한 침해적 성격이 강하여 일반적 수단으로는 인정되지 않고, 소수의 개별법만이 이를 정하고 있을 따름이다(식품위생법62, 공중위생관리법11 등).

3) 집행벌

집행벌이란 비대체적 작위의무 또는 부작위의무의 불이행에 대하여 그 이행을 강제하기 위하여 과하는 금전적 부담이다. 이것은 일정한 기간 내에 의무를 이행하지 않으면 과태료에 처할 것을 미리 경고하여, 그에 따른 심리적 압박에 의하여 장래에 향하여 행정상 의무이행을 확보하려는 것이라는 점에서 행정벌과는 구별된다. 실정법상 그 예는 매우 드문바, 건축법 제83조상의 이행강제금이 그 예에 해당한다.

4) 행정상 강제징수

행정상 강제징수란 공법상의 금전급부의무를 이행하지 않는 경우에 의무자의 재산에 실력을 가하여 그 의무가 이행된 것과 같은 상태를 실현하는 작용을 말한다. 국세징수법이 그 일반법적 지위에 있다.

(3) 행정벌

1) 의의

행정벌이란 행정법상의 의무위반에 대하여 일반통치권에 의거하여 과하는 제재로서의 벌을 말한다. 행정벌에는 형법에 형명이 있는 형벌이 과하여지는 행정형벌과 형법에 형명이 없는 과태료가 과하여지는 행정질서벌이 있다. 행정형벌과 형사벌은 양자 모두 형벌을 그 제재로서 형벌이 과하여 진다는 점에서 공통인데 그럼에도 불구하고 양자를 구별하여 할 것인지에 대하여는 견해가 대립하고 있다. 형사범은 그 반도덕성·반사회성이 국가의 명령·금지를 기다릴 필요도 없이 명백한 행위, 즉 자연범인데 반해, 행정범은 그 자체는 반도덕성·반사회성을 띠지 아니하고, 특정한 행정목적 실현을 위한 국가의 명령·금지에 위반함으로써 비로소 범죄로서 처벌되는 행위 즉 법정범이 된다고 하여 양자를 구별하는 것이 통설이다.

2) 행정벌의 근거

행정벌은 처벌의 한 종류이므로 죄형법정주의 원칙상 당연히 법률의 근거를 요한다. 일반적으로 법률에 형사벌에 관한 특칙을 두고 있으나 구체적으로 범위를 정하여 위임하는 경우 명령으로 정할 수도 있다.

3) 행정벌의 종류

① 행정형벌

형법에 형명이 있는 형벌이 과하여지는 행정벌이며 행정벌의 대부분은 징역과 벌금형을 규정하고 있다. 행정형벌은 원칙적으로 형법총칙이 적용되고 행정형벌의 처벌절차는 형벌과 마찬가지로 형사소송법에 의하는 것이 원칙이다. 행정법규의 위반에 대한 제재조치는 행정법규의 위반이라는 객관적 사실에 따라 행하는 제재이므로 특별한 규정이 없는 한 위반자의 고의(故意)나 과실(過失)을 요하지 아니한다.[2)]

② 행정질서벌

형법에 형명이 없는 과태료가 과하여지는 행정벌이다. 행정질서벌은 형법총칙이 적용되지 않는다. 행정질서벌의 처벌절차는 비송사건절차법에 따라 범법자의 주소지를 관할하는 지방법원이 부과함이 원칙이다(비송사건절차법 제247조·제248조). 그러나 근래에는 1차적으로 주무부장관이 부과하고, 상대방이 이의를 제기하면 2차적으로

2) **행정법규 위반에 있어서 위반자의 고의·과실은 불필요하다고 한 판례**
행정법규 위반에 대하여 가하는 제재조치는 행정목적의 달성을 위하여 행정법규 위반이라는 객관적 사실에 착안하여 가하는 제재이므로 특별한 규정이 없는 한 원칙적으로 위반자의 고의나 과실을 요하지 않는다. (1980. 5. 13. 선고. 79누251판결)

관할지방법원이 과태료를 부과토록 하는 법률이 증가하고 있다.

2. 대외무역법상의 행정형벌

(1) 7년 이하의 징역 또는 수출 · 중개하는 물품 등의 가격의 5배에 해당하는 금액 이하의 벌금

전략물자의 국제적 확산을 꾀할 목적으로 다음의 어느 하나에 해당하는 위반행위를 한 자는 7년 이하의 징역 또는 수출·중개하는 물품 등의 가격의 5배에 해당하는 금액 이하의 벌금에 처한다.

- 수출허가를 받지 않고 전략물자를 수출한 자
- 상황허가를 받지 않고 상황허가 대상인 물품등을 수출한 자
- 중개허가를 받지 않고 전략물자를 중개한 자

(2) 5년 이하의 징역 또는 수출 · 수입하는 물품 등의 가격의 3배에 상당하는 금액 이하의 벌금

대외무역법은 수출입 금지조치 위반, 전략물자 수출허가관련 위반, 외화도피 목적의 수출입 가격조작, 헌법에 의하여 체결·공포된 조약과 일반적으로 승인된 국제법규에 의한 의무이행을 위하여 필요한 경우, 우리나라 또는 교역상대국의 관련법령에 위반되는 경우, 그 밖에 물품 등의 수출의 공정한 경쟁을 교란할 우려가 있거나 대외신용을 손상하는 행위를 방지하기 위하여 발하는 조정명령에 위반하는 경우 등 4개 위반 행위에 대하여 5년 이하의 징역 또는 수출·수입하는 물품 등의 가격의 3배에 상당하는 금액 이하의 벌금에 처한다. 법령위반에 대하여 5년 이하의 징역에 처하는 경우는 예가 많지 않음에 비추어 보아 위에서 언급한 4개 위반행위에 대하여 대외무역법에서는 매우 엄한 처벌을 하고 있음을 알 수 있다. 이는 전략물자 통제와 같이 헌법에 의하여 체결 · 공포된 무역에 관한 조약과 일반적으로 승인된 국제법규를 준수하겠다는 의미이며, 교역상대국의 불공정무역행위 등을 상호평등의 원칙에 의하여 대응하며 무역행위를 가장한 외화반출행위 등을 통제하여 자유롭고 공정한 무역 거래질서를 확립하기 위한 우리나라의 강력한 의지의 표현이라고 볼 수 있다.

- 수출 또는 수입의 제한이나 금지조치를 위반한 자
- 수출허가를 받지 아니하고 전략물자를 수출한 자

- 거짓이나 그 밖의 부정한 방법으로 수출허가를 받은 자
- 상황허가를 받지 아니하고 상황허가 대상인 물품 등을 수출한 자
- 거짓이나 그 밖의 부정한 방법으로 상황허가를 받은 자
- 중개허가를 받지 아니하고 전략물자를 중개한 자
- 거짓이나 그 밖의 부정한 방법으로 중개허가를 받은 자
- 물품 등의 수출과 수입의 가격을 조작한 자
- 조정명령에 위반한 자

(3) 3년 이하의 징역 또는 3천만 원 이하의 벌금

수출입공고 위반, 외화획득용 원료·기재의 부정사용, 플랜트수출관련 위반, 원산지표시 등을 위반한 자는 3년 이하의 징역 또는 3천만 원 이하의 벌금에 처한다.

〈3년 이하의 징역 또는 3천만 원 이하의 벌금〉

- 직무상 습득한 기업정보를 타인에게 제공 또는 누설하거나 사용 목적 외의 용도로 사용한 자
- 승인 또는 변경승인을 받지 아니하고 수출 또는 수입 승인 대상 물품 등을 수출하거나 수입한 자
- 허위 기타 부정한 방법으로 수출입공고에 의한 승인 또는 변경승인을 얻거나 그 승인 또는 변경승인을 면제받고 물품 등을 수출 또는 수입한 자
- 외화획득용 원료·기재를 수입하여 수입에 대응하는 외화획득을 하지 아니한 자
- 승인을 얻지 아니하고 목적 외의 용도로 외화획득용 원료·기재 또는 그 원료·기재로 제조된 물품 등을 사용한 자
- 승인을 얻지 아니하고 외화획득용 원료·기재 또는 그 원료·기재로 제조된 물품 등을 양도한 자
- 허위 기타 부정한 방법으로 플랜트수출 승인 또는 변경승인을 얻은 자

이와 관련하여 주의할 것은 원산지 표시관련 범죄는 대외무역법 2개 조항에서 규정하고 있다는 것이다. 즉 수출입물품의 원산지 표시 위반과 불공정한 수출입 행위 금지조항의 수출입물품 원산지표시 위반사항에 의해 동시에 처벌을 받을 수 있다. 차이점은 수출입물품의 원산지 표시 경우 검사 권한을 시·도지사에게 위임을 하여 국내 유통 중에 있는 물품에 대해 검사 및 처벌을 하는데 초점을 맞추고 있으며, 불공정 수출입 행위 검사권한은 규정하지 않고 있으며 시정조치관련 세관장에게 위탁이 되어 있어 통관중인 물품에 초점이 맞추어져 있다.

3. 대외무역법상의 행정질서벌

(1) 2천만 원 이하의 과태료

다음에 해당하는 자는 2천만 원 이하의 과태료에 처한다.

- 서류를 제출하지 아니한 자
- 사실조사를 거부·방해 또는 기피한 자
- 보고 또는 자료의 제출을 하지 아니하거나 허위의 보고 또는 자료를 제출한 자
- 검사를 거부·방해 또는 기피한 자

(2) 1천만 원 이하의 과태료

- 서류 보관의무를 위반한 자
- 원산지의 표시를 하여야 할 물품등을 수입하여 분할·재포장 또는 단순 제조 가공을 거쳐 거래하거나 낱개 또는 산물(散物)로 거래할 때 원산지의 표시를 하지 아니한 상태로 판매를 목적으로 유통시킨 무역거래자 또는 판매업자
- 검사를 거부, 방해 또는 기피한 자
- 교육명령을 이행하지 아니한 자

(3) 절차

과태료는 산업통상자원부장관 또는 관계 행정기관의 장이 부과·징수한다.

〈과태료의 부과기준〉

1. 일반기준

가. 위반행위의 횟수에 따른 과태료의 부과기준은 최근 5년간 같은 위반행위로 과태료를 부과받은 경우에 적용한다. 이 경우 위반행위에 대하여 과태료 부과처분을 한 날과 다시 동일한 위반행위를 적발한 날을 각각 기준으로 하여 위반횟수를 계산한다.

나. 제2호가목에 대한 과태료의 금액은 부과권자가 위반행위의 동기·내용 및 그 결과 등을 고려하여 과태료 금액의 2분의 1의 범위에서 감경할 수 있다.

다. 제2호나목 및 다목에 대한 과태료의 금액은 1천만 원을 넘지 못한다.

2. 개별기준

(단위 : 만원)

위반행위	과태료 금액기준		
	1차	2차	3차
가. 법 제20조제3항에 따른 서류보관의무를 위반한 경우	50	250	1,000
나. 무역거래자 또는 판매업자가 원산지의 표시를 하여야 할 물품 등을 수입하여 분할·재포장 또는 단순 제조가공을 거쳐 거래하거나 낱개 또는 산물(散物)로 거래할 때 법 제33조제1항에 따른 원산지의 표시를 하지 아니한 상태로 판매를 목적으로 유통시킨 경우. 다만, 농산물 및 농산물가공품의 경우에는 「농산물품질관리법 시행령」, 수산물 및 수산가공품의 경우에는 「수산물품질관리법 시행령」에서 정한 과태료를 적용한다.	해당 물품의 판매장소 및 양도장소에서 원산지 표시를 하지 아니하고 유통시킨 물량(판매를 위한 창고 저장 물량과 이미 판매된 물량 중 확인 가능한 물량을 포함한다)에 현지의 실제 거래가격을 곱한 금액이나 30만원 중 많은 금액	해당 물품의 판매장소 및 양도장소에서 원산지 표시를 하지 아니하고 유통시킨 물량(판매를 위한 창고 저장 물량과 이미 판매된 물량 중 확인 가능한 물량을 포함한다)에 현지의 실제거래가격을 곱한 금액이나 300만원 중 많은 금액	1,000
다. 법 제33조제4항에 따른 검사를 거부, 방해 또는 기피한 경우. 다만, 농산물 및 농산물가공품의 경우에는 「농산물품질관리법 시행령」, 수산물 및 수산가공품의 경우에는 「수산물품질관리법 시행령」에서 정한 과태료를 적용한다.	해당 물품의 판매장소 및 양도장소에서 원산지 표시를 하지 아니하고 유통시킨 물량(판매를 위한 창고 저장 물량과 이미 판매된 물량 중 확인 가능한 물량을 포함한다)에 현지의 실제 거래가격을 곱한 금액이나 10만원 중 많은 금액	해당 물품의 판매장소 및 양도장소에서 원산지 표시를 하지 아니하고 유통시킨 물량(판매를 위한 창고 저장 물량과 이미 판매된 물량 중 확인 가능한 물량을 포함한다)에 현지의 실제 거래가격을 곱한 금액이나 100만원 중 많은 금액	1,000
라. 법 제44조제2항을 위반하여 관련되는 서류를 제출하지 아니한 경우	50	500	2,000
마. 법 제44조제3항에 따른 사실조사를 거부, 방해 또는 기피한 경우	30	300	1,500
바. 법 제48조제1항에 따른 보고 등을 하지 아니한 경우	50	250	1,000
사. 법 제48조제2항에 따른 검사를 거부, 방해 또는 기피한 경우	50	500	1,500
아. 법 제49조에 따른 교육명령을 이행하지 아니한 경우	50	250	1,000

4. 대외무역법상의 새로운 의무이행확보수단

(1) 인 · 허가의 취소(철회) · 정지 등

대외무역법에서도 행정법 일반의 경우와 마찬가지로 의무위반에 대하여 벌칙을 정하는 동시에 행정적 제재로서 그 사업의 정지·취소 등을 정하고 있는 것이 보통이다. 인·허가의 정지·취소 등의 행정제재적 조치는 그에 따라 영업활동이 정지·금지되는 것이므로, 행정벌보다 더 실효적인 의무이행확보수단이 되고 있으나, 이들 조치는 국민의 생업에 결정적인 타격을 줄 수 있는 것이므로, 그에는 원칙적으로 법률의 근거가 있어야 함은 물론이거니와 그 적용도 매우 신중하게 행하여져야 할 것이다. 최근에는 상대방의 권익보호의 견지에서 관계법이 인·허가의 취소에 있어서는 관계법에서 원칙적으로 그 사전절차로서 상대방에 대한 청문절차를 규정하고 있다. 이에 대하여 인·허가의 정지와 관련하여서는 근거법에 청문절차를 두고 있지 아니한 것이 보통이다. 그러나 이 경우에도 행정처분 등의 절차에 관한 일반법인 행정절차법이 침익적 처분에 대하여는 그 상대방에 의견제출의 기회를 주도록 규정하고 있으므로, 사업 등의 정지에 있어서는 사전에 이러한 의견 제출 절차를 반드시 거쳐야 한다.

(2) 과징금

1) 의의

행정상의 의무위반 또는 그 불이행에 대하여 행정청이 그 의무자에게 부과·징수하는 금전적 제제를 말한다. 과징금은 경미한 의무위반에 대하여 공익적 고려에서 일정기간 사업 자체는 계속시키면서도 위법한 사업활동으로 인한 수익을 환수함으로써, 궁극적으로는 사업자로 하여금 당해 의무를 이행하게 하려는 것이다.

2) 법적근거

과징금은 강제적 금전부담이라는 점에서 법률상 근거가 있어야 한다.

3) 구제수단

과징금의 부과행위는 행정행위(급부하명)이므로 위법한 경우에는 행정쟁송을 제기하여 그 취소 등을 구할 수 있다.

4) 대외무역법상의 과징금

산업통상자원부장관은 원산지 표시방법을 위반하거나, 무역거래자 또는 물품 등의 판매업자가 물품 등의 원산지를 허위로 표시하거나 이를 오인하게 하는 표시를 하는 행위가 있는 때에는 당해 행위자에 대하여 3억 원 이하의 과징금을 부과할 수 있다. 산업통상자원부장관은 무역거래자가 ① 원산지를 허위로 표시하거나 이를 오인하게 하는 표시를 한 물품, ② 원산지 표시를 손상하거나 변경한 물품, ③ 원산지 표시를 하지 아니한 원산지표시대상물품 등을 수출 또는 수입하는 행위를 하였다고 인정하거나, 무역위원회로부터 건의를 받은 경우에는 3억 원 이하의 과징금을 부과할 수 있다.

5) 과징금 부과의 상한액

대외무역법의 과징금에 관한 규정을 보면 원산지표시관련 위반행위에 대하여『3억 원 이하의 과징금을 부과할 수 있다』고 규정하고 있고, 대통령령 등에서는 위반행위의 종별에 따른 과징금의 기준 금액을 정하고 있는 바, 법률에서 규정하고 있는 상한액 3억 원은 1회에 부과할 수 있는 과징금의 상한액을 의미하는 것이고, 대통령령 등에서 규정하고 있는 기준 금액은 1회의 위반행위에 대한 부과기준금액으로 이해하여야 한다.[3)]

6) 과징금의 부과 및 납부

산업통상자원부장관은 과징금을 부과하고자 하는 때에는 그 위반행위의 종별과 과징금의 금액을 명시하여 이를 납부할 것을 서면으로 통지하여야 한다.[4)] 통보를 받은 자는 납부통지일부터 20일 이내에 과징금을

3) 수회 경합된 위반행위에 대하여 과징금 처분을 하는 때에는 각 기준에 따른 과징금을 병과할 수 있다고 한 판례
법령상 규정된 과징금의 기준금액은 1회의 위반행위에 대한 것이라 할 것이어서 수회의 위반행위를 한 경우에는 각 위반행위에 대하여 각 그 기준에 따른 과징금을 병과할 수 있다고 보아야 할 것이고, 따라서 그와 같은 수회의 위반행위에 대하여 1개의 부과처분이 행하여질 경우에는 그 부과할 과징금의 액수는 위 법령상의 각 해당 기준금액을 병과하여 산정하되, 그 최고한도액은 법률에서 규정한 과징금 부과최고한도액으로 해석하여야 하고, 1개의 부과처분에서 행해질 수 있는 과징금의 최고한도액이 하나의 위반행위에 대한 위 법령상의 기준금액이 되는 것으로 해석할 것은 아니다. (1995. 1. 24. 선고. 94누6888 판결)

4) 통상 다른 법률의 과징금 부과 규정은 위반행위를 조사·확인한 후 과징금 통보를 한다는 규정이 있는데 대외무역법에서는 이러한 규정이 생략되어 있다.

산업통상자원부장관이 정하는 수납기관에 납부하여야 한다. 다만, 천재·지변 기타 부득이한 사유로 인하여 그 기간 내에 과징금을 납부할 수 없는 때에는 그 사유가 없어진 날부터 7일 이내에 납부하여야 한다. 과징금을 납부 받은 수납기관은 과징금을 납부한 자에게 영수증을 교부하여야 한다. 과징금의 수납기관은 과징금을 수납한 때에는 지체 없이 그 사실을 산업통상자원부장관에게 통보하여야 한다. 과징금은 이를 분할하여 납부할 수 없다(영 54조의3). 과징금을 부과 받은 자가 납부기한 내에 납부하지 아니한 때에는 국세체납처분의 예에 의하여 이를 징수할 수 있다.

7) 과징금을 부과할 위반행위의 종별과 과징금의 금액

과징금을 부과하는 위반행위의 종별과 정도에 따른 과징금의 금액은 다음과 같다.

〈위반행위의 종별 및 과징금의 금액〉

위반행위	과징금 금액
원산지의 표시방법을 위반한 행위	해당 위반물품의 수출입 신고 금액의 100분의 10에 해당하는 금액이나 2억원 중 적은 금액
무역거래자 또는 물품등의 판매업자가 물품등의 원산지를 거짓으로 표시하거나 원산지를 오인(誤認)하게 하는 표시를 하는 행위	해당 위반물품의 수출입 신고 금액(판매업자의 경우에는 판매한 물품과 판매하지 아니한 물품을 구분하여 판매한 물품의 매출가액과 판매하지 아니한 물품의 매입가액을 합한 금액을 말한다)의 100분의 10에 해당하는 금액이나 3억원 중 적은 금액
무역거래자 또는 물품등의 판매업자가 물품등의 원산지 표시를 손상하거나 변경하는 행위	해당 위반물품의 수출입 신고 금액(판매업자의 경우에는 판매한 물품과 판매하지 아니한 물품을 구분하여 판매한 물품의 매출가액과 판매하지 아니한 물품의 매입가액을 합한 금액을 말한다)의 100분의 10에 해당하는 금액이나 3억원 중 적은 금액
무역거래자가 원산지표시대상물품에 대하여 원산지 표시를 하지 아니하는 행위	해당 위반물품의 수출입 신고 금액의 100분의 10에 해당하는 금액이나 2억원 중 적은 금액

5. 미수범과 과실범의 처벌

허위 기타 부정한 방법으로 전략물자 수출허가를 받거나, 수출허가를 받지 아니하고 전략물자를 산업통상자원부장관이 공고하는 수출이 제한되는 지역으로 수출한 자 또는 불공정무역행위, 원산지표시 위반 미수범은 각각 해당하는 본죄에 준하여 처벌한다. 그러나 미수범은 처벌하지 아니하며, 중대한 과실로 원산지 표시관련 위반행위를 한 자는 2천만 원 이하의 벌금에 처한다.

6. 양벌규정

법인의 대표자나 법인 또는 개인의 대리인, 사용인, 그 밖의 종업원이 그 법인 또는 개인의 업무에 관하여 위반행위를 하면 그 행위자를 벌하는 외에 그 법인 또는 개인에게도 해당 조문의 벌금형을 과(科)한다. 다만, 법인 또는 개인이 그 위반행위를 방지하기 위하여 해당 업무에 관하여 상당한 주의와 감독을 게을리 하지 아니한 경우에는 그러하지 아니하다.

7. 벌칙적용에 있어서의 공무원 의제

전략물자관리원의 임직원과 산업통상자원부장관이 위탁한 사무에 종사하는 한국은행, 한국수출입은행, 외국환은행, 그 밖에 대통령령으로 정하는 법인 또는 단체의 임직원은 「형법」 제129조부터 제132조까지의 벌칙을 적용할 때에는 공무원으로 본다.

제3편

원산지제도

제1장

대외무역법상의 원산지제도

Ⅰ. 원산지제도의 개요

1. 원산지 개념 및 연혁

(1) 개념

원산지란 어떤 상품이 성장(growth)했거나 생산(production), 제조(manufacture) 또는 가공(processing)된 지역을 말한다. 일반적으로 정치적 실체를 지닌 한 국가를 의미하나 홍콩 등과 같이 국가는 아니지만 독립 관세 영역이거나 자치권을 보유한 지역도 원산지가 될 수 있다. 원산지는 어떤 물품의 생산지를 의미하므로 물품을 단순히 조립한 조립국이나 가공과정을 거치지 않고 단순히 경유한 경유국 또는 적출국과는 구별되는 개념이다.

WTO 원산지 규정에 관한 협정상 원산지 규정(Rules of origin)은 '회원국이 상품의 원산지 국가를 결정하는데 법률, 규정 및 일반적으로 적용되는 행정적인 판정'으로 정의된다.[1] 다시 말하면 원산지 규정은 상품의 국가적인 출처 또는 상품이 어느 국가에서 만들어 졌는지를 결정하는데 필요한 기준을 말한다.[2] 원산지 규정은 국제 무역규범에서 필수불가결한 제도로 쿼터, 특혜관세와 MFN 대우, 반덤핑조치, 상계관세, 정부조달 등 많

1) WTO 원산지협정 제1조 참조.
2) WTO, Rules of Origin, at 〈http://www.wto.org/english/tratop_e/roi_e/roi_e.htm〉

은 정책들이 수출국에 따라 차별을 두기 때문이다. 원산지규정은 또한 무역 통계에 사용되고 상품에 부착되는 “made in....” 라벨을 붙이는데도 사용이 된다.

원산지 규정은 국가에 따라 다양하다. 원산지를 결정함에 있어서 실질적 변형(substantial transformation)이 일반적으로 받아들여진 관행이지만, 국가에 따라서는 관세 분류, 종가세 비율 기준, 가공 또는 제조 기준을 적용한다. 따라서 이러한 다양한 기준의 통일(harmonization)이 중요한 과제로 대두된다. 다국적기업의 발달로 생산 공정의 국제 분업(International Division of Production Process)이 보편화됨에 따라 하나의 제품이 수 개국에서 생산되는 현상이 보편화 되었다. 이에 따라 과거와 달리 어떤 제품의 원산지를 판정하기가 용이하지 않게 되어 원산지판정에 대한 국제적통일규범의 제정 필요성이 증대하였다.

(2) 연혁

원산지가 무역과 관련하여 국제법규로 명문화된 것은 1883년 파리에서 체결된 “산업재산권 보호를 위한 파리협정”이 최초이며, 동 협정 제10조에서는 원산지 또는 생산자에 관하여 허위표시를 한 수입품은 압류한다고 규정하고 있다. 파리협정은 특허·실용신안·상표·원산지 표시 및 부당경쟁방지 등을 내용으로 하는 지적재산권분야 전반에 걸친 최초의 국제조약이며, 이 협정의 내용이 이후 관련 국제조약 체결에 있어서 모델이 되어왔다.[3] 이후 1890년 미국의 관세법, 유럽 국가들의 관세법에 원산지규정이 입법화되면서 원산지 제도는 국제무역질서의 일부분이 되기 시작했다.

GATT 협정은 원산지 결정에 관한 규범이 없었다. 각 체약국은 원산지 규범을 자유로이 정할 수 있었고, 특정한 규칙의 목적에 따라 다양한 원산지 규범을 유지하였다. GATT 제8조제1항(c)는 ‘체약당사자들은 또한 수입 및 수출 절차의 수준과 복잡성을 최소화할 필요성과 수입 및 수출 문서작성요건을 감축하고 간소화할 필요성을 인정한다’고 규정되어 있고 이 조항의 해석 노트 2에는 수입을 할 때 상품의 원산지 증명서는 엄격하게 필요(strictly indispensable)할 때만 요구되어야 한다고 규정하고 있다. GATT 제9조에 원산지표시(Marks of Origin)규정을 두고 소비자보호를 위한 각국의 원산지 규정이 자의적인 무역장벽이 되지 않도록 선언하였으나, 원산지판정기준

3) 안세영, 앞의 책 228쪽.

등 실질적인 원산지규정은 각국의 의견차이로 규정되지 않았다.

1981년에 GATT 사무국은 원산지 규범에 대한 노트를 준비했고, 1982년 11월에 통상장관들은 원산지 규범을 검토하기로 합의를 했다. 그러나 UR까지 별다른 진전이 없었다. 1980년대 후반에 원산지 규범과 관련하여 3개 분야에서 문제가 대두되기 시작했다.[4] 첫째, 지역무역협정을 필두로 한 특혜무역협정의 증가이다. 둘째는 다자간 섬유협정과 철강의 자율적인 수출 규제의 쿼터와 관련한 원산지 분쟁의 증가이다. 셋째 반덤핑 법의 사용과 제3국 시설을 사용한 반덤핑관세 회피의 주장의 증가이다.

UR 협상에서 협상국들이 이러한 문제를 해결하기 위한 협상에 착수했다. 결국 원산지규정에 관한 협정(Agreement on Rules of Origin)이 제정되었는데 이는 비특혜원산지 규정의 통일과 원산지 규정이 무역에 불필요한 장애를 초래하는 것을 방지하는 것을 목표로 하고 있다.[5] WTO출범과 동시에 원산지규정에 관한 협정 시행되고 있으며, 원산지규정을 조화시키고 특히 세계무역의 수행에 있어서 확실성을 제고하기 위하여 각료회의는 관세협력이사회와 함께 작업계획을 수행하고 있다.[6]

관세협력위원회(CCC) 제41·42차 이사회에서 제정된 교토협약의 부속서 D.1에 원산지 판정 및 원산지 표시에 관한 일반원칙을 규정하였다.

2. WTO 원산지 협정

(1) 적용범위

제1항에 언급된 원산지규정은 1994년도 GATT 제1조, 제2조, 제3조, 제11조 및 제13조의 최혜국 대우, 1994년도 GATT 제6조의 반덤핑 및 상계관세, 1994년도 GATT 제19조의 긴급수입제한조치, 1994년도 GATT 제9조의 원산지표시요건 및 모든 차별적인 수량제한 또는 관세쿼타 등의 적용에서와 같이 비특혜적인 무역정책수단에 사용되는 모든 원산지규정을 포함한다. 또한 동 원산지규정은 정부조달 및 무역통계에 사용되는 원산지규정도 포함한다. (Re.1)[7]

---

4) WTO, Rules of origin

5) WTO 원산지 협정 서문 참조. 그 외 원산지규정이 1994년도 GATT에 따른 회원국의 권리를 무효화하거나 침해하지 아니하도록 보장하고, 원산지규정이 공정하고 투명하고 예측가능하며 일관되고 중립적인 방식으로 마련되고 적용될 수 있도록 보장하는 것을 목적으로 하고 있다.

6) 원산지 협장 제9조제1항 참조

3. 우리나라 원산지 제도

(1) 연혁

우리나라는 1990년 5월 교토협약에 가입하고, 1991년부터 대외무역관리규정에 원산지표시규정을 도입하여 원산지표시제도를 시행하여 오고 있다.[8] 현행 대외무역법에서 원산지규정은 원산지판정, 원산지확인, 원산지표시 등 3대 요소로 구성되어 있다. 즉, 원산지제도는 수입상품(또는 수출상품)의 원산지가 어느 국가인지 ① 판정하고, ② 확인하고, ③ 표시하는 것을 내용으로 한다. 원산지판정은 A국이 B국 부품을 수입해 상품 생산 후 한국에 수입할 경우, 동 상품의 원산지가 어느 국가인지를 결정하는 것이며, 원산지확인은 통합공고에 의한 수입제한물품·원산지표시 위반물품 등을 단속하기 위해 원산지증명서 등 관계 자료를 제출받는 것이며, 원산지표시는 판정된 원산지 국가를 수입상품에 보기 쉽고 견고하게 표시(인쇄, 주조, 라벨 등)하는 것을 말한다.

다시 말하면 「원산지판정」은 원산지판정기준에 의해 어떤 물품의 원산지가 어디인지를 판정하는 것이며, 「원산지 확인」은 통관단계에서 신고한 원산지가 맞는지를 확인하는 것이며, 「원산지표시」는 소비자에게 상품정보를 제공하기 위하여 당해 물품에 표시하는 것을 말한다.

(2) 필요성

소비자에게 정확한 상품정보를 제공함으로써 구매과정에서 발생할 수 있는 소비자의 피해를 방지하고, 특정지역의 생산품(예: 한국의 인삼·홍삼제품, 영국의 스카치위스키)이 시장에서 차별화될 수 있는 기회를 제공함으로써 생산자를 보호한다. 또한 덤핑관세 부과, 긴급수입제한조치, 쿼터제도 등 각종 무역제한조치의 실효성을 확보하는 수단이 된다. 현재 수출입통계는 해당물품 선적항을 기준으로 하나, 원산지를 감안하면 보다 의미 있는 통계자료로 활용가능하다. 이를 자세히 살펴본다.

1) 생산자보호

원산지제도는 특허권·상표권 등 지적재산권과 같이 물건을 만들어낸

---

7) (Remark 1) 이 규정은 "국내산업", "국내산업의 동종 상품" 또는 이와 유사한 용어를 정의하기 위한 결정을 저해하지 아니하는 것으로 양해된다.

8) 안세영, 앞의 책, 229쪽.

생산자를 보호하는 기능을 가지고 있다. 오늘날 상품의 가격은 국가 이미지와 직결되어 있다. 말하자면 같은 상품도 미국·일본 등 선진국 제품이면 소비자의 해당국가에 대한 신뢰 때문에 높은 가격은 받을 수 있다. 선진국 생산자는 원산지 제조를 통해 무형의 프리미엄을 향유할 수 있다.[9)]

2) 소비자보호

소비자에게 물품의 생산지에 관한 정확한 정보를 제공하여 소비질서의 혼란을 방지한다. 예를 들면 근래에는 세계 각국의 유명브랜드 제품이 OEM 등을 통해 제3국에서 생산되는 경우가 많다. 소비자들은 같은 제품이라면 일본에서 생산·조립된 제품을 중국이나 동남아시아에서 생산된 제품보다 선호할 것이다. 특히 90년대 '신토불이'란 말로 대표되는 우리 국민들의 국내 농산물에 대한 선호도는 매우 강하다. 결과적으로 정확한 원산지 표시는 소비자를 보호하게 된다.

3) 무역장벽

최근 들어 중국으로부터 활어 수입이 급증하자 생산자들은 모든 수입활어에 원산지를 표시하도록 요구하고 있다. 이에 대하여 중국은 강력하게 항의를 한 바 있다. 일본의 경우 수입 농수산물에 대하여 원산지 국가뿐만 아니라 제품 생산지역 및 위생기준도 표시하도록 규정하고 있다. 이 경우 특정지역(완도 김)에서 생산되는 제품의 수량이 한정적일 경우에 국내 다른 지역에서 생산되는 제품을 일본으로 수출할 수 없게 되며, 또한 위생기준에 충족한지의 여부를 검사하기 위해 많은 추가비용이 소요되기도 한다. 이와 같이 원산지 표시 및 증명제도는 무역거래 당사자에게 시간 및 비용부담을 가중시키게 되므로 전형적인 비관세장벽으로 작용할 수 있다. WTO에서는 공정한 무역거래을 위해 원산지규정이 필요함을 인정하면서도 실질적인 무역거래의 장애요인으로 작용하지 않도록 하기 위해 원산지표시가 소비자보호를 위한 적절한 조치로 교역의 최소한 부담이 되도록 할 것을 선언하고 있다.

4) 국내 산업보호 및 무역정책 기능

세계 각국은 자국의 산업발전 및 국내기업보호를 위하여 특정지역에

9) Ibid.

서 수입되는 물품에 대하여 덤핑관세부과·긴급수입제한조치 등을 취할 수 있다. 이를 회피하기 위해 수출업자는 제3국을 경유하거나, 멕시코의 마킬도자 등의 지역에 현지 단순가공 공장을 건설한 후 해당국에 우회수출을 시도할 수 있다. 이 경우 수입국의 입장에서는 원산지규정이 우회수출을 적발·판정하는 기준이 된다. 이와 같이 원산지제도는 우회수입방지·관세부과 등에 사용되어 효율적인 국내 산업보호 및 무역정책 기능을 수행한다.

5) 국민의 건강 및 안전보호

국제역이나 조류독감이 발생할 경우 국가는 특정국가로부터 수입되는 소고기 및 닭고기의 수입을 금지시키는 조치를 취하는 경우를 많이 볼 수 있다. 또한 외국으로부터 수입된 생물이 우리나라의 생태계를 교란시킨다는 보도도 많아지고 있다. 국가간 무역개방이 가속화됨에 따라 전염성이 강한 병충해를 가진 농수산물이나 생태계에 영향을 줄 수 있는 제품이 수입되어 국민의 건강 및 안전에 영향을 미칠 확률이 높아지고 있다. 원산지규정은 특정지역의 물품의 수출입을 제한 할 필요성이 있는 경우 대상물품의 선정 및 결정에 중요한 근거가 된다.

3. 원산지규정 구분

원산지규정은 관세상의 특혜를 부여하기 위하여 운영되는 특혜원산지규정과 원산지표시·수입제한·반덤핑관세·상계관세 등의 무역조치를 취하거나 통계목적에 이용하기 위하여 운영되는 비특혜원산지규정으로 나눌 수 있다. 현재 우리나라에서는 비특혜원산지규정은 대외무역법에서 원산지판정, 원산지표시 등을 규정하고 있으며, 특혜원산지규정은 관세법 등에 규정되어 있고, 특혜원산지규정은 칠레와의 자유무역협정(FTA)을 이행하기 위해 대한민국정부와 칠레공화국정부간의 자유무역협정의 이행을 위한 관세법의 특례에 관한 법률이 제정되었다.

4. 원산지 관련 법령체계

원산지제도는 우리나라 여러 법령에서 규정하고 있다. 먼저 대외무역법·시행령은 수출입물품의 원산지 표시·판정 및 확인에 관한 기본법이다. 산업통상자원부 고시인 대외무역관리규정은 원산지표시대상물품, 원산지 세부표시방법, 세부판정기준 등을 규정하고 있다. 다음으로 관세법·시행령·시행규칙에서도 수입물품의 관세 부과·징수를 위한 원산지 결정(판정) 및 확인과 원산지허위표시물품 등의 통관 제한에 관한 내용을 규정하고 있다. 특히 관세청 고시인 원산지제도 운영에 관한 고시는 대외무역법령 및 대외무역관리규정과 관세법령의 원산지 관련사항 집행을 위해 필요한 세부사항을 정하고 있다. 국산 농·수산물의 원산지 표시·판정·조사는 농산물품질관리법·시행령·시행규칙 및 수산물품질관리법·시행령·시행규칙에서 정하고 있다. 국산 농·수산물의 원산지 세부표시방법, 세부판정기준은 농림부와 해양수산부의 고시인 농산물 원산지표시 요령과 수산물 원산지표시 업무처리요령에서 규정하고 있다. 그러나 수입 농수산물의 원산지 표시·판정은 대외무역법령의 표시·판정기준에 따른다.

Ⅱ. 원산지의 확인

원산지확인제도는 수출입공고·수출입별도공고·통합공고 등에서 요건확인 및 수출입을 제한하고 있는 물품에 대하여 우회수입의 방지, 호혜통상협정이 체결된 국가 간의 수입물품에 대한 협정세율적용, 원산지 허위표시 방지 등을 위하여 필요한 제도이다.

1. 원산지증명서 제출

(1) 수입물품의 원산지증명서 제출

산업통상자원부장관은 산업통상자원부장관이 정하여 고시하는 지역으로부터 산업통상자원부장관이 정하여 고시하는 물품을 수입하고자 하는 자에 대하여 당해 물품의 원산지국 또는 선적국의 정부 또는 정부가 인정하는 기관에서 발행하는 원산지증명서를 그 물품을 수입하는 때에 제출하도록 할 수 있으며, 기타 원산지증명서에 관하여 필요한 사항은 산업통상자원부장관이 정하여 고시토록 하고 있다.

대외무역법령 등의 규정에 의하여 원산지확인이 필요한 ㉠ 통합공고에 의하여 특정지역으로부터 수입이 제한되는 물품, ㉡ 원산지 허위표시, 오인·혼동표시 등을 확인하기 위하여 세관장이 필요하다고 인정하는 물품, ㉢ 기타 법령에 의하여 원산지 확인이 필요한 물품의 물품을 수입하는 자는 수입신고 전까지 원산지증명서등 관계 자료를 제출하고 확인을 받아야 하며, 원산지증명 등 관계 자료를 제출받은 세관장은 당해자료의 발행기관에 이의 확인을 요청할 수 있다. 이에 따라 관계 자료를 제출한 자는 자료제출기관에 제출한 자료를 영업상 비밀로 보호하여 줄 것을 요청할 수 있다. 관세청장은 원산지확인에 필요한 사항을 산업통상자원부장관과 협의하여 별도로 정할 수 있다.

(2) 수출물품의 원산지증명서 제출

1) 원산지증명서 발급

헌법에 의하여 체결·공포된 조약과 일반적으로 승인된 국제법규의 이행을 위하거나 교역상대국 무역거래자의 요청에 의하여 수출물품의 원산지증명서를 발급받고자 하는 자는 산업통상자원부장관에게 원산지증명서의 발급을 신청하여야 한다. 이 경우 수수료를 납부하여야 한다.

2) 원산지증명서 발급기준 및 첨부서류

수출물품의 원산지증명서의 발급기준은 헌법에 의하여 체결·공포된 조약이나 협정과 일반적으로 승인된 국제법규 또는 상대 수입국이 정한 원산지증명서발급기준으로 한다. 수출물품의 원산지증명서를 발급받고자 하는 자는 ① 구매자·공급자 및 수출물품의 가격·수량 등에 관한 서류와 ② 그 밖에 수출물품의 원산지의 입증에 필요한 서류로서 산업통상자원부장관이 정하여 공고하는 서류를 첨부하여 산업통상자원부장관에게 제출하여야 한다. 산업통상자원부장관은 신청을 받은 경우 원산지증명서 발급기준에 적합한지의 여부를 조사·확인하여 발급여부를 결정한 후 수출물품의 원산지증명서를 발급하여야 한다.

3) 유효기간

원산지증명서의 유효기간은 1년으로 한다. 다만, 헌법에 의하여 체결·공포된 조약이나 협정과 일반적으로 승인된 국제법규에서 유효기간을 다르게 정하고 있는 경우에는 그 유효기간으로 한다.[10)]

2. 원산지증명서 제출면제

원산지증명서 제출대상임에도 불구하고 다음에 해당하는 물품에 대하여는 원산지증명서등의 제출을 면제한다.

〈원산지증명서 제출 면제 대상물품〉

- 과세가격(종량세의 경우에는 이를 관세법 제9조의 규정에 준하여 산출한 가격)이 15만 원이하인 물품
- 우편물(관세법 제258조제2항에 해당하는 것을 제외)
- 개인에게 무상 송부된 탁송품·별송품 또는 여행자의 휴대품
- 재수출조건부 면세대상물품 등 일시 수입물품
- 보세운송, 환적 등에 의하여 우리나라를 단순히 경유하는 통과화물
- 물품의 종류, 성질, 형상 또는 그 상표, 생산국명, 제조자 등에 의하여 원산지가 인정되는 물품
- 기타 관세청장이 산업통상자원부장관과 협의하여 타당하다고 인정하는 물품

10) 시행령 제60조의2제5항에서는 시행령에서 규정한 것 외에 수출물품의 원산지증명서의 발급 등에 관하여 필요한 세부 사항은 산업통상자원부장관이 정하여 고시한다고 되어 있으나 현재까지 세부절차를 마련하지 않았다.

3. 원산지확인에 있어서 직접운송원칙

수입물품의 원산지는 그 물품이 원산지이외의 국가(비원산국)를 경유하지 아니하고 원산지국가로부터 직접 우리나라로 운송반입 된 물품에 한하여 당해 물품의 원산지를 인정한다.

다만, ① 지리적 또는 운송 상의 이유로 비원산국에서 환적 또는 일시장치가 이루어진 물품의 경우와 ② 박람회, 전시회 기타 이에 준하는 행사에 전시하기 위하여 비원산국으로 수출하였던 물품으로서 당해 물품의 전시목적에 사용 후 우리나라로 수출한 물품의 경우(그러나, 이 경우 에는 원산지증명서와 함께 관세청장이 정하는 서류를 세관장에게 제출하여야 한다)에는 당해 물품이 비원산국의 보세구역 등에서 세관 감시 하에 환적 또는 일시 장치 등이 이루어지고, 이들 이외의 다른 행위가 없었음이 인정되는 경우에 한하여 이를 우리나라로 직접 운송된 물품으로 본다.

Ⅲ. 원산지판정

원산지규정 중에서 가장 중요한 원산지판정기준은 품목별로 따로 정하는 경우도 있으나, 대부분의 국가에서는 전체 물품을 완전생산기준, 세번변경기준, 부가가치기준 또는 공정기준 등 몇 가지 기준에 의하여 원산지를 판정하고 있다. 우리나라는 완전생산기준, 세번변경기준을 원칙으로 하고 있으며, 예외적으로 부가가치기준 또는 주요공정기준에 의하여 원산지를 판정하고 있다.

1. 원산지판정기준

산업통상자원부장관은 필요하다고 인정하는 경우에는 수출 또는 수입물품의 원산지판정을 할 수 있으며, 원산지판정 기준은 산업통상자원부장관이 정하여 공고토록 하고 있다. 이에 따라 대외무역법시행령에서는 수입물품의 원산지판정기준으로 완전생산물품·실질적 변형 등을 정하고 있으며, 이에 대한 구체적인 사항은 관계중앙행정기관의 장과 협의하여 산업통상자원부장관이 정하여 고시토록 하고 있다.

수출 물품에 대한 원산지 판정은 다음의 기준을 준용하여 판정하되, 그 물품에 대한 원산지 판정기준이 수입국의 원산지 판정기준과 다른 경우에는 수입국의 원산지 판정기준에 따라 원산지를 판정할 수 있다.

대외무역법에 의한 수입 또는 수출물품에 대한 원산지판정은 다음의 기준에 의하여야 한다.

(1) 완전생산기준(1개국 생산)

수입물품의 전부가 하나의 국가에서 채취 또는 생산되는 물품(완전생산물품)에 대해서는 그 국가를 당해 물품의 원산지로 한다. 다음에 해당되는 물품을 완전생산물품으로 본다.

- 당해국 영역에서 생산한 광산물, 농산물 및 식물성 생산물
- 당해국 영역에서 번식, 사육한 산동물과 이들로부터 채취한 물품
- 당해국 영역에서 수렵, 어로로 채포한 물품
- 당해국 선박에 의하여 채포한 어획물, 기타 물품
- 당해국에서 제조, 가공공정중에 발생한 설
- 당해국 또는 당해국의 선박에서 위의 물품을 원재료로 하여 제조·가공한 물품

(2) 실질적 변형기준(2개국 이상 생산)

수입물품의 생산·제조·가공과정에 둘 이상의 국가가 관련된 경우에는 최종적으로 실질적 변형을 행하여 그 물품의 본질적 특성을 부여하는 활동을 수행한 국가를 당해 물품의 원산지로 하는 기준이다.

실질적 변형기준은 세번변경기준, 부가가치기준, 주요공정기준 등으로 나누어 볼 수 있다. 대외무역법령은 원칙적으로 세번변경기준을 「실질적 변형」의 판단기준으로 채택하고 있으며, 일부 품목(카메라류, 의류 및 가축류)에 대해서만 부가가치기준·가공공정기준을 적용하고 있다.

1) 세번변경기준

「실질적 변형」이란 해당국에서의 제조·가공과정을 통하여 원재료의 세번과 상이한 세번(HS 6단위 기준)의 제품을 생산하는 것을 말한다. 세번변경 여부의 적용에 있어서 관세율표 통칙 제2호가목을 예외적용하여 미조립완제품은 HS 세번의 변경이 없어도 임가공국을 원산지로 한다. 산업통상자원부장관은 관세율표상에 해당 물품과 그 원재료의 세번이 구분되어 있지 아니함으로 인하여 제조·가공 과정을 통하여 그 물품의 본질적 특성을 부여하는 활동을 가하더라도 세번(HS 6단위 기준)이 변경되지 아니하는 경우에는 관계기관의 의견을 들은 후 실질적 변형 여부를 판단할 수 있다.

2) 부가가치 및 주요 공정 기준

세번변경기준 원칙에도 불구하고 산업통상자원부장관이 HS 6101 - 6117(편직된 의류 및 그 부속품), HS 6201 - 6217 (편직을 제외한 의류 및 그 부속품), HS 6301 - 6308 (제품으로 된 방직용 섬유제품), HS 9006.51 렌즈를 통하여 볼 수 있는 파인더(싱글렌즈레플렉스)를 갖춘 것 (폭이 35밀리미터 이하의 롤필름용인것에 한하며 특수용도사진기 또는 일회용 사진기는 제외) HS 9006.53 기타(폭이 35밀리미터의 롤필름용인 것에 한하며 특수용도 사진기 또는 일회용 사진기는 제외) 등의 품목에 대하여는 부가가치, 주요 공정, 주요 부품 등에 의하여 해당 물품의 원산지를 판정할 수 있다.

① 부가가치기준

부가가치기준은 당해물품에 제조·사용된 원료 및 구성품의 부가가치가 일정비율 이상을 생산 또는 최초로 공급한 국가를 원산지로 본다. 부가가치의 비율은 당해물품의 제조·생산에 사용된 원료 및 구성품의 원산지별 가격누계가 당해 물품의 수입가격(FOB가격기준)에서 점하는 비율로 한다.

부가가치의 비율을 산정하는 경우 당해물품의 제조·생산에 사용된 원료 및 구성품의 가격은 ① 당해 제조·생산국에서 외국으로부터 수입조달한 원료 및 구성품의 가격은 각기 수입단위별 FOB가격이나, ② 당해 제조·생산국에서 국내적으로 공급된 원료 및 구성품의 가격은 각기 구매단위별 공장도가격으로 한다.

대외무역관리규정에서 부가가치 기준으로 원산지를 판정하는 품목은 다음과 같은 카메라 제품이다.

품 목 명	원산지판정기준
HS 9006.51 렌즈를 통하여 볼 수 있는 파인더(싱글렌즈레플렉스)를 갖춘 것 (폭이 35밀리미터 이하의 롤필름용인것에 한하며 특수용도사진기 또는 일회용 사진기는 제외) HS 9006.53 기타(폭이 35밀리미터의 롤필름용인 것에 한하며 특수용도 사진기 또는 일회용 사진기는 제외)	다음 각 호의 기준을 순차적으로 적용한다. 1. 해당 물품에 사용된 원료 및 부품의 부가가치가 완제품 부가가치의 35%이상인 경우 해당 원료 및 부품을 생산 또는 최초로 공급한 국가 2. 제1호의 국가가 없거나 2개국 이상인 경우는 주요부품(셔터, 렌즈, 줌경통, 파인더)이 차지하는 부가가치의 비율이 높은 국가

② 주요공정기준

주요 공정기준으로 원산지를 판정하는 품목은 섬유제품으로 다음 표와 같다.

품 목 명		원산지기준(안)
HS 6101-6117 (편직된 의류 및 그 부속품)	1) 제품형태로 편물(knit to shape)되는 물품(부품과 부속품을 포함한다);6101-6117의 것	편직공정 수행국 (knit shape)
	2) 부품형태로 편물된 부품을 봉제하여 생산되는 물품 ; 6101-6115의 것	봉제공정 수행국
	3) 재단(cut to shape)된 부품을 봉제하여 생산되는 물품 ; 6101-6115의 것	봉제공정 수행국
	4) 자수된 편평제품 (손수건, 쇼울, 스카프, 머플러, 만틸라, 베일 및 이와 유사한 물품) ; 6117.10,6117.80의 것	편직공정 수행국. 단, 기포원단의 공장도 가격의 50%를 초과하는 자수공정을 수행할 경우 자수공정 수행국
	5) 그 밖의 편평제품 (손수건, 쇼울, 스카, 머플러, 만틸라, 베일 및 이와 유사한 물품) ; 6117.10,6117.80의 것	편직공정 수행국
	6) 부품형태로 편물된 부품을 봉제하여 생산되는 부속품(넥타이류, 장갑류 및 이와 유사한 물품) ; 6116, 6117.20, 6117.80의 것	부품의 편직공정 수행국 (형태를 갖게 knit된 곳)
	7) 재단된 부품을 봉제하여 생산되는 부속품(넥타이류, 장갑류 및 이와 유사한 물품) ; 6116, 6117.20, 6117.80의 것	봉제공정 수행국
	8) 부품형태로 편물된 부품을 봉제하여 생산된 부품 ; 6117.90의 것	부품 편직공정 수행국
	9) 재단된 부품을 봉제하여 생산되는 부품 ; 6117.90의 것	재단공정 수행국
	10) 자수되었으나 봉제되지 아니한 부품 ; 6101-6117의 것	편직공정 수행국. 단, 기포원단의 공장도 가격의 50%를 초과하는 자수공정을 수행할 경우 자수공정 수행국
	11) 그 밖에 봉제되지 아니한 부품 ; 6101-6107의 것	편직공정 수행국
HS 6201-6217 (편직을 제외한 의류 및 그 부속품)	1) 부품을 봉제하여 생산되는 물품(6209의 기저귀를 제외한다) ; 6201-6212	봉제공정 수행국
	2) 기저귀 ; 6209의 것	제직공정 수행국
	3) 자수된 편평제품(손수건, 쇼울, 스카프, 머플러, 만틸라, 베일 및 이와 유사한 물품) ; 6213, 6214, 6217.10의 것	제직공정 수행국. 단, 기포원단의 공장도 가격의 50%를 초과하는 자수공정을 수행할 경우 자수공정 수행국
	4) 그 밖의 편평제품(손수건, 쇼울, 스카프, 머플러, 만틸라, 베일 및 이와 유사한 물품) ; 6213, 6214, 6217.10의 것	제직공정 수행국
	5) 부품을 봉제하여 생산된 부속품(넥타이류, 장갑류 및 이와 유사한 물품) ; 6215, 6216, 6217.10의 것	봉제공정 수행국
	6) 봉제된 부품 ; 6217.90의 것	재단공정 수행국
	7) 자수된 부품 ; 6201-6217의 것	제직공정 수행국. 단 기포원단의 공장도 가격의 50%를 초과하는 자수공정을 수행할 경우 자수공정 수행국
	8) 그 밖의 부품 ; 6201-6217의 것	제직공정 수행국
HS 6301-6308 (제품으로 된 방직용 섬유제품)	1) 부품을 봉제하여 생산되는 물품 ; 6303, 6304, 6306, 6307.20	제단공정 수행국
	2) 자수된 물품 ; 6301-6308의 것 (6301.10 제외)	제직(또는 편직)공정 수행국. 단 기포원단의 공장도 가격의 50%를 초과하는 자수공정을 수행할 경우 자수공정 수행국
	3) 부분품으로 구성된 물품 ; 6308의 것	Set의 본질적 특성을 구성하는 물품 제조국
	4) 그 밖의 제품 ; 6301, 6302, 6305, 6307.10, 6307.90 (6301.10 제외)	제직(또는 편직)공정 수행국

<u>〈원산지 관련 판례, 2001도4245〉</u>

수입물품의 생산, 제조, 가공과정에 2 이상의 국가가 관련된 경우에는 최종적으로 실질적 변형을 행하여 그 물품의 본질적 특성을 부여하는 활동을 수행한 국가를 당해 물품의 원산지로 할 것인데 '실질적 변형'이라 함은 당해 국에서 제조, 가공과정을 통하여 원재료의 세번과 상이한 세번(HS 6단위 기준)의 제품을 생산하는 것을 말한다고 전제하고, 신국제통일상품분류제도(HS, Harmonized Commodity Description and Coding System)에 있어서의 HS관세율표 해설서 등에 의할 때, 당초 중국에서 제조되어 북한으로 보내진 미완성 면타올은 위 분류에 의하면 테리타올지 직물로서 세번 HS5802에 해당하고 북한에서 이 미완성 면타올에 테두리 봉제작업을 함으로써 세번 HS6302에 해당하는 완제품이 된 결과, 세번의 변경을 가져오는 실질적 변형이 북한에서 이루어졌다고 볼 것이며, 한편 이러한 북한에서의 테두리 봉제작업은 산업통상자원부고시 대외무역관리규정 제6-3-1조 제7항 소정의 최소가공에도 해당하지 아니한다고 보아, 위 면타올의 원산지를 북한으로 정확히 표시하여 수입한 피고인들이 원산지를 허위로 표시하였다거나 관세율 등에 관한 허위신고를 한 것이라고 할 수 없어 피고인들에 대하여 무죄를 선고한 원심판결을 긍정한 사례

③ 주요부품의 원산지 판정기준

주요 부품에 대하여는 다음 국가를 원산지로 본다.

- 해당 주요 부품의 원료 및 구성품의 부가가치생산에 최대로 기여한 국가가 해당 완제품의 부가가치비율 기준 상위 2개국 중 어느 하나에 해당하는 경우는 해당 국가
- 해당 주요 부품의 원료 및 구성품의 부가가치생산에 최대로 기여한 국가가 해당 완제품의 부가가치비율 기준 상위 2개국 중 어느 하나에 해당하지 아니하는 경우는 해당 완제품을 최종적으로 제조한 국가

(3) 단순 가공물품의 원산지 판정기준

수출입 물품의 생산·제조·가공 과정에 둘 이상의 국가가 관련된 경우 단순한 가공활동을 하는 국가를 원산지로 할 수 없다. 제조·가공과정을 통하여 원재료의 세번이 변경되더라도 다음의 단순가공활동을 수행하는 국가는 실질적인 변형이라 볼 수 없으므로 원산지 국가로 보지 아니한다.

- 운송 또는 보관 목적으로 물품을 양호한 상태로 보존하기 위해 행하는 가공활동
- 선적 또는 운송을 용이하게 하기위한 가공활동
- 판매목적으로 물품의 포장등과 관련된 활동
- 제조·가공결과 HS 6단위가 변경되는 경우라도 다음에 해당되는 가공과 이들이 결합되는 가공은 단순한 가공활동의 범위에 포함

① 통풍, ② 건조 또는 단순가열(볶거나 굽는 것 포함), ③ 냉동, 냉장, ④ 손상부위의 제거, 이물질 제거, 세척, ⑤ 기름칠, 녹방지 또는 보호를 위한 도색, 도장, ⑥ 거르기 또는 선별(sifting or screening), ⑦ 정리(sorting), 분류 또는 등급선정(classifying, or grading), ⑧ 시험 또는 측정, ⑨ 표시나 라벨의 수정 또는 선명화, ⑩ 가수, 희석, 흡습, 가염, 가당, 전리(ionizing) ⑪ 각피(husking), 탈각(shelling or unshelling), 씨제거 및 신선 또는 냉장육류의 냉동, 단순 절단 및 단순혼합 ⑫ HS 01류의 가축을 수입하여 국내에서 도축하는 경우 다음 표에서 정한 품목별 사육기간 미만의 기간 동안 국내에서 사육한 가축의 도축(slaughtering), ⑬ 펴기(spreading out), 압착(crushing), ⑭ ① 내지 ⑬에 준하는 가공으로서 산업통상자원부장관이 별도로 판정하는 단순한 가공활동

〈세번변경과 원산지 결정〉

중국에서 생산된 참깨(HS 1207.40)를 북한에서 수입하여 볶아서 참깨가루(HS 1208.90)로 만든 후에 우리나라로 수입한 경우 가공으로 인하여 세번변경이 일어났으나 참깨를 세척·건조·분쇄하여 참깨가루로 만드는 과정은 단순 가공활동에 해당하여 원산지는 참깨를 생산한 중국이 된다.[11)]

소, 돼지 등 HS 01류의 가축의 경우 출생국을 원산지로 한다. 국외에서 출생한 가축을 수입하여 국내에서 사육하여 도축하는 경우 다음 표에서 정한 품목별 사육기간 미만의 기간 동안 국내에서 사육한 가축을 도축(slaughtering)한 경우에는 단순 가공활동의 범위에 포함되어 우리나라를 원산지로 보지 않는다.

〈가축의 사육기간에 따른 원산지판정기준〉

품 목 명	원산지판정기준
HS 0102 소	출생국을 원산지로 한다. 다만, 출생국과 사육국이 다른 경우에는 다음 기준에 따른다. 해당 국가에서 6개월 이상 사육된 경우에는 당해 사육국을 원산지로 하고, 6개월 미만 사육된 경우에는 출생국을 원산지로 한다.
HS 0103 돼지	출생국을 원산지로 한다. 다만, 출생국과 사육국이 다른 경우에는 다음 기준에 따른다. 해당 국가에서 2개월 이상 사육된 경우에는 해당 사육국을 원산지로 하고, 2개월 미만 사육된 경우에는 출생국을 원산지로 한다.
소와 돼지 이외의 그 밖의 가축으로서 HS 01류의 것	출생국을 원산지로 한다. 다만, 출생국과 사육국이 다른 경우에는 다음 기준에 따른다. 해당 국가에서 1개월 이상 사육된 경우에는 해당 사육국을 원산지로 하고, 1개월 미만 사육된 경우에는 출생국을 원산지로 한다.

11) 안세영, 앞의 책 225쪽.

(4) 수입원료를 사용한 국내생산물품 등의 원산지판정기준

1) 수입원료관련 원산지제도 도입

2003년 개정 전의 「대외무역법」은 모든 원산지제도의 근거가 되는 법으로서 수출입물품의 원산지 표시와 판정(제23조 및 제24조)에 관한 사항을 총괄하여, 수입물품의 경우 수입통관 뿐만 아니라 국내 유통시까지의 원산지 표시의무를 부과하여 허위·오인표시 등의 원산지와 관련한 불공정한 행위를 단속하고 있으나, "수입원료"를 가지고 국내에서 제조·판매하는 물품에 대한 원산지 판정 관련규정은 없었다. 즉 대외무역법의 사각지대, 예를 들어 중국산 소금을 대량 수입한 뒤 한국산 소금을 소량 섞어 제재염을 만들어 한국산이라고 표시하여 국내에서 판매하는 경우에, 이 제품의 적정한 원산지를 판정할 기준이 없어 "무혐의" 처리되는 등 사실상 단속을 하지 못하였다. 이러한 정황을 감안하여 2003년 개정 대외무역법은 제24조의2를 신설하여 "수입원료"를 사용하여 국내에서 제조·유통되는 물품에 대한 원산지를 판정할 수 있는 근거를 마련하였다.

산업통상자원부장관은 공정한 거래질서의 확립과 소비자보호를 위하여 필요하다고 인정하는 경우에는 수입원료를 사용하여 국내에서 생산되어 국내에서 유통·판매되는 물품 등(국내생산물품 등)에 대한 원산지판정에 관한 기준을 관계중앙행정기관의 장과 협의하여 정할 수 있다. 다만, 다른 법령에서 국내생산물품 등에 대하여 다른 기준을 규정하고 있는 경우에는 그러하지 아니하다.[12)]

2) 대상물품

수입원료를 사용한 국내생산물품 등의 원산지 판정 기준 적용 대상물품은 수입 물품 원산지 표시대상 물품중 국내수입 후 단순한 가공활동을 한 물품과 1류-24류(농수산물·식품), 30류(의료용품), 33류(향료·화장품), 48류(지와 판지), 49류(서적·신문·인쇄물), 50류-58류(섬유), 70류(유리), 72류(철강), 87류(8701-8708의 일반차량), 89류(선박)에 해당되지 않는 물품이다.

12) 2005.1.14 신설

3) 원산지 판정기준

수입원료를 사용한 국내생산물품 등이 ① 우리나라에서 제조·가공과정을 통해 수입원료의 세번과 상이한 세번(HS 6단위 기준)의 물품을 생산하고, 해당 물품의 총 제조원가 중 수입원료의 수입가격(CIF가격 기준)을 공제한 금액이 총 제조원가의 51퍼센트 이상인 경우 ② 우리나라에서 제조·가공과정을 통해 물품을 최종적으로 생산하고, 해당 물품의 총 제조원가 중 수입원료의 수입가격(CIF가격 기준)을 공제한 금액이 총 제조원가의 85퍼센트 이상인 경우 우리나라를 원산지로 하는 물품으로 본다.

천일염은 외국산 원재료가 사용되지 않고 제조되어야 우리나라를 원산지로 본다.

4) 표시방법

국내생산물품 등의 원산지를 우리나라로 볼 수 있는 경우에는 수입물품의 원산지 표시 방법에 따라 표시할 수 있다.

수입원료를 사용한 국내생산물품중 원산지규정을 충족하지 아니한 물품의 원산지 표시는 다음 방법에 따라 표시할 수 있다.

- 우리나라를 "가공국" 또는 "조립국" 등으로 표시하되 원료 또는 부품의 원산지를 동일한 크기와 방법으로 병행하여 표시
- 원료나 부품이 1개국의 생산품인 경우에는 "원료(또는 부품)의 원산지 : 국명"을 표시
- 원료나 부품이 2개국 이상(우리나라를 포함한다)에서 생산된 경우에는 완성품의 제조원가의 재료비에서 차지하는 구성 비율이 높은 순으로 2개 이상의 원산지를 각각의 구성비율과 함께 표시(예: "원료 (또는 부품)의 원산지 : 국명(○%), 국명(○%)")

(5) 원산지판정기준의 특례

기계·기구·장치 또는 차량에 사용되는 부속품·예비 부분품 및 공구로서 기계 등과 함께 수입되어 동시에 판매되고 그 종류 및 수량으로 보아 정상적인 부속품, 예비 부분품 및 공구라고 인정되는 물품의 원산지는 당해 기계·기구·장치 또는 차량의 원산지와 동일한 것으로 본다.

포장용품의 원산지는 당해 포장된 내용품의 원산지와 동일한 것으로 본

다. 다만, 법령에 의하여 포장용품과 내용품을 각각 별개로 구분하여 수입신고하도록 규정된 경우에는 포장용품의 원산지는 내용품의 원산지와 구분하여 결정한다. 촬영된 영화용 필름에 대하여는 그 영화제작자가 속하는 나라를 원산지로 한다.

(6) 자료제출 요청

산업통상자원부장관은 원산지 판정을 위하여 필요한 경우 해당 사안과 관련된 행정기관의 장, 무역거래자 및 그 밖의 이해관계인에게 자료의 제출을 요청할 수 있다.

2. 원산지 사전판정

(1) 의의

수출입물품의 원산지 사전판정제도는 원산지 표시물품의 생산과정이 복잡하여 원산지를 확정하기에 곤란한 경우 수출입자 및 이해관계인의 요청에 의하여 사전에 원산지를 결정함으로서 수출입물품의 통관 및 관세율 적용 등에 있어서 적정을 기하고자 하는 것이다. 원산지 사전판정제도는 대외무역법과 관세법에 규정되어 있는데 일반적으로 비특혜원산지판정은 산업통상자원부(관세부과는 제외), 특혜원산지판정은 관세청(관세부과 포함)에서 하고 있다. 비특혜원산지는 소비자의 알 권리 충족을 위한 원산지 표시·수출입지역 및 수량제한·무역통계 등에 대한 것이며, 특혜원산지는 편익관세적용 등에 관한 사항들이다.

(2) 원산지 사전판정 절차

1) 원산지 사전판정 요청

수출 또는 수입 물품의 원산지에 관하여 판정을 받고자 하는 자는 대상물품의 관세·통계통합품목분류표(관세법시행령에 의한 관세·통계통합품목분류표)상의 품목번호, 품목명(모델명을 포함), 요청사유, 요청자가 주장하는 원산지 등을 기재한 요청서에 견본 1개, 기타 원산지판정에 필요한 자료를 첨부하여 산업통상자원부장관에게 제출하여야 한다. 다만, 물품의 성질상 견본을 제출하기 곤란하거나 견본이 없어도 그 물품의 원산지 판정에 지장이 없다고 인정되는 경우에는 견본의 제출을 생략할 수 있다.

2) 원산지 사전판정 자료요청

산업통상자원부장관은 제출된 요청서 등이 미비하여 수출 또는 수입물품의 원산지를 판정하기 곤란한 경우에는 일정한 기간을 정하여 자료의 보정을 요구할 수 있으며, 동 기간 내에 보정을 하지 아니할 때에는 이를 반려할 수 있다. 산업통상자원부장관은 원산지 판정을 위하여 필요한 경우 당해 사안과 관련된 행정기관의 장, 무역업자 및 기타 이해관계인에게 자료의 제출을 요청할 수 있다.

3) 원산지 사전판정결과 통보

산업통상자원부장관은 원산지 판정 요청을 받은 경우에는 60일 이내에 원산지 판정을 하고 그 결과를 문서로 요청인에게 통보하여야 하며, 원산지 판정 결과가 요청인의 주장과 다른 경우에는 판정의 근거 등을 기재하여야 한다. 다만, 당해 판정과 관련된 자료수집 등을 위하여 필요한 기간은 이에 산입하지 아니한다(영 제56조제3항 및 제4항).

3. 원산지 사전판정 결과에 대한 이의제기

(1) 이의제기신청

원산지 판정의 통보를 받은 자가 원산지판정에 대하여 불복이 있는 경우에는 통보를 받은 날부터 30일 이내에 산업통상자원부장관에게 이의를 제기할 수 있으며, 산업통상자원부장관은 이의를 제기받은 경우에는 이의제기를 받은 날부터 150일 이내에 이의제기에 대한 결정을 통보하여야 한다.

또한, 대외무역법령 등의 규정에 의하여 세관장 또는 시·도지사의 원산지에 관한 결정 또는 확인에 대하여 이의를 제기하고자 하는 자는 당해 처분청을 거쳐 산업통상자원부장관에게 이의제기를 신청할 수 있으며, 이의제기를 접수한 처분청은 이를 접수한 날부터 7일 이내에 의견서를 첨부하여 산업통상자원부장관에게 송부하여야 한다. 산업통상자원부장관은 이의제기에 대한 결정을 하기 위하여 관계 전문가에게 자문하거나 이해관계자 등의 의견을 들을 수 있다.

원산지판정에 이의를 제기하고자 하는 자는 대상물품의 관세·통계통합품목분류표상의 품목번호, 품목명(모델명을 포함), 이의제기의 사유, 신청자가 주장하는 원산지 등을 기재한 이의신청서에 원산지판정에 필요한 자료를 첨부하여 산업통상자원부장관에게 제출하여야 한다.

(2) 이의제기신청에 대한 자료보정요구

산업통상자원부장관은 제출된 이의제기 신청서 등이 미비하여 이의제기에 대한 결정을 하기 곤란한 경우에는 기간을 정하여 자료의 보정을 요구할 수 있으며, 동 기간 내에 보정을 하지 아니할 때에는 이를 반려할 수 있다. 이때 보정기간은 대외무역법에 의한 이의제기 결정기간에 산입하지 아니한다.

Ⅳ. 원산지표시

1. 서설

(1) 원산지표시 의무

산업통상자원부장관이 공정한 거래 질서의 확립과 생산자 및 소비자 보호를 위하여 원산지를 표시하여야 하는 대상으로 공고한 물품 등(원산지표시대상물품)을 수출하거나 수입하려는 자는 그 물품 등에 대하여 원산지를 표시하여야 한다(법 제33조 제1항). 원산지표시 대상 물품은 대외무역관리규정 별표 8에 공고하고 있다. 대상 물품은 매년 추가되고 있다.

원산지 표시제도는 1991년부터 대외무역법령 및 대외무역관리규정에 도입·시행하였다. 원산지표시제도는 어떤 물품의 원산지에 관한 정보를 소비자에게 정확하게 알려주기 위하여 당해 물품 또는 포장·용기에 원산지를 표시하도록 하는 제도이다. 원산지표시를 하여야 하는 수입물품은 HS 4단위 기준으로 원산지를 표시하도록 하고 있으며, 원산지표시방법 등 구체적인 사항에 대하여는 대외무역관리규정에 규정되어 있다.

〈원산지표시대상물품〉

HS	품목 코드
01류	0102, 0106(자라에 한함)
02류	0201, 0202, 0203, 0204, 0205, 0206, 0207, 0208, 0209, 0210
03류	0301, 0302, 0303, 0304, 0305, 0306, 0307, 0308
04류	0401, 0402, 0403, 0404, 0405, 0406, 0407, 0408, 0409, 0410
05류	0504, 0506, 0507, 0510
06류	0601, 0602, 0603, 0604
07류	0701, 0702, 0703, 0704, 0705, 0706, 0707, 0708, 0709, 0710, 0711, 0712, 0713, 0714
08류	0801, 0802, 0803, 0804, 0805, 0806, 0807, 0808, 0809, 0810, 0811, 0812, 0813, 0814
09류	0901, 0902, 0903, 0904, 0906, 0907, 0908, 0910
10류	1001, 1002, 1003, 1004, 1005, 1006, 1007, 1008
11류	1101, 1102, 1103, 1104, 1105, 1106, 1107, 1108, 1109
12류	1201, 1202, 1203, 1204, 1205, 1206, 1207, 1208, 1209, 1211, 1212
15류	1501, 1502, 1503, 1504, 1507, 1508, 1509, 1510, 1511, 1512, 1513, 1514, 1515, 1516, 1517, 1520, 1521, 1522
13류	1302
16류	1601, 1602, 1603, 1604, 1605
17류	1701, 1702, 1703, 1704
18류	1801, 1802, 1803, 1804, 1805, 1806
19류	1901, 1902, 1903, 1904, 1905
20류	2001, 2002, 2003, 2004, 2005, 2006, 2007, 2008, 2009
21류	2101, 2102, 2103, 2104, 2105, 2106
22류	2201, 2202, 2203, 2204, 2205, 2206, 2207, 2208, 2209
23류	2301, 2303, 2308, 2309
24	2401, 2402, 2403
25류	2501
28	2815.11, 2853
30류	3003, 3004, 3005, 3006
31	3101
32류	3201, 3202, 3203, 3204, 3205, 3206, 3207, 3208, 3209, 3210, 3211, 3212, 3213, 3214, 3215
33류	3301, 3302, 3303, 3304, 3305, 3306, 3307
34류	3401, 3402, 3403, 3404, 3405, 3406, 3407
35류	3504, 3505, 3506
36류	3604, 3605, 3606
37류	3702, 3703, 3704, 3707
38류	3808, 3814, 3820, 3824, 3826
39류	3916, 3917, 3918, 3919, 3920, 3921, 3922, 3923, 3924, 3925, 3926
40류	4006, 4007, 4008, 4009, 4010, 4011, 4012, 4013, 4014, 4015, 4016, 4017
41류	4114, 4115
42류	4202, 4203, 4205, 4206
43류	4303, 4304
44류	4402, 4409, 4410, 4411, 4412, 4413, 4414, 4415, 4416, 4417, 4418, 4419, 4420, 4421
46류	4601, 4602
48류	4802, 4803, 4804, 4805, 4806, 4807, 4808, 4809, 4810, 4811, 4813, 4814, 4816, 4817, 4818, 4819, 4820, 4821, 4823
49류	4905, 4909
50류	5006, 5007
51류	5109, 5110, 5111, 5112, 5113
52류	5204, 5207, 5208, 5209, 5210, 5211, 5212
92류	9201, 9202, 9205, 9206, 9207, 9208, 9209
95류	9503, 9504, 9505, 9506, 9507, 9508

HS	품목 코드
53류	5309, 5310, 5311
54류	5401, 5406, 5407, 5408
55류	5502, 5508, 5511, 5512, 5513, 5514, 5515, 5516
56류	5601, 5602, 5603, 5604
57류	5701, 5702, 5703, 5704, 5705
58류	5801, 5802, 5803, 5804, 5805, 5806, 5807, 5808, 5809, 5810, 5811
59류	5909(소방호스에 한함)
60류	6001, 6002
61류	6101, 6102, 6103, 6104, 6105, 6106, 6107, 6108, 6109, 6110,6111, 6112, 6113, 6114, 6115, 6116, 6117
62류	6201, 6202, 6203, 6204, 6205, 6206, 6207, 6208, 6209, 6210, 6211, 6212, 6213, 6214, 6215, 6216, 6217
63류	6301, 6302, 6303, 6304, 6305, 6306, 6307, 6308, 6309, 6310
64류	6401, 6402, 6403, 6404, 6405, 6406
65류	6501, 6502, 6504, 6505, 6506, 6507
66류	6601, 6602, 6603
67류	6704
68류	6801, 6802, 6804, 6806, 6809, 6809, 6810, 6815
69류	6902, 6903, 6906, 6907, 6908, 6910, 6911, 6912, 6913, 6914
70류	7003, 7004, 7005, 7006, 7007, 7008, 7009, 7010,7013, 7014, 7015, 7018, 7019, 7020
71류	7113, 7114, 7116, 7117
72류	7208, 7210(전기, 용융, 착색 아연 도금강판에 한함), 7219, 7216
73류	7307(플랜지에 한함), 7311, 7315, 7317, 7318, 7319, 7320, 7321, 7322, 7323, 7324, 7325, 7326
74류	7415, 7418, 7419
75류	7508
76류	7607, 7612, 7613, 7615, 7616
78류	7806
79류	7907
80류	8007
82류	8201, 8202, 8203, 8204, 8205, 8206, 8207, 8208, 8209, 8210, 8211, 8212, 8213, 8214, 8215
83류	8301, 8302, 8303, 8304, 8305, 8306
84류	8407, 8408, 8409, 8413, 8414, 8415, 8416, 8417, 8418, 8419, 8421, 8422, 8423, 8424, 8425, 8431, 8432, 8433, 8434, 8435, 8436, 8437, 8438, 8440, 8441, 8442, 8443, 8448, 8450, 8451, 8452, 8453, 8456, 8465, 8466, 8467, 8468, 8469, 8470, 8471, 8472, 8473, 8476, 8479, 8481, 8482, 8483, 8484, 8487
85류	8501, 8502, 8503, 8504, 8505, 8506, 8507, 8508, 8509, 8510, 8511, 8512, 8513, 8514, 8515, 8516, 8517, 8518, 8519, 8521, 8522, 8523, 8525, 8526, 8527, 8528, 8529, 8531, 8532, 8533, 8534, 8535, 8536, 8537, 8538, 8539, 8540, 8541, 8542, 8543, 8544, 8545, 8546, 8547, 8548
87류	8701, 8702, 8703, 8704, 8705, 8706, 8707, 8708, 8711, 8712,8713 ,8715, 8716
89류	8903
90류	9001, 9002, 9003, 9004, 9005, 9006, 9010, 9011, 9012, 9013, 9015, 9016, 9017, 9018, 9019, 9021, 9024, 9025, 9026, 9027, 9028, 9029, 9031, 9032, 9033
91류	9101, 9102, 9103, 9104, 9105, 9106, 9107, 9108, 9109, 9110, 9111, 9112, 9113, 9114
94류	9401, 9402, 9403, 9404, 9405
96류	9603, 9604, 9605, 9607, 9608, 9609, 9610, 9611, 9612, 9613, 9614, 9615, 9616, 9617, 9618, 9619

주 : 2012년 10월 개정 반영

(2) 허위표시 등의 금지

무역거래자 또는 물품 등의 판매업자는 다음에 해당하는 행위를 하여서는 아니 된다. 다만, 원산지표시 대상 물품에 대하여 원산지표시를 하지 아니하는 행위의 경우에는 무역거래자의 경우만 해당된다.

① 원산지를 거짓으로 표시하거나 원산지를 오인(誤認)하게 하는 표시를 하는 행위
② 원산지의 표시를 손상하거나 변경하는 행위
③ 원산지표시대상물품에 대하여 원산지 표시를 하지 아니하는 행위

4. 원산지표시 위반에 대한 처벌

원산지 표시를 위반한 경우 처벌을 할 수 있도록 규정하고 있는 여러 법률이 있다. 대외무역법은 국내법률 가운데 가장 먼저인 1992년에 원산지표시 의무 및 위반에 대한 처벌규정 마련하였다. 농수산물품질관리법에서는 1993년 수입 및 국내산 농수산물 원산지표시제도 도입하였다. 농수산물품질관리법은 농산물과 수산물로 분리되었다. 1993년에 관세법에 수출입물품의 통관 및 시중 유통단계의 단속절차를 마련하였고, 2001년에 산업피해구제법에 원산지 위반 수출·입 행위에 대한 조사·판정 규정을 마련하였다.

(1) 대외무역법에 의한 처벌

1) 원산지표시 관련 수입물품 및 관련서류의 검사

산업통상자원부장관은 원산지표시에 관한 사항을 위반하였는지 여부를 확인하기 위하여 필요하다고 인정하는 때에는 수입한 물품 등과 관련서류를 검사할 수 있다.[13] 수입물품의 원산지표시 및 원산지의 확인에 대한 검사에 관한 권한은 세관장에게 위탁되어 있고, 수입물품에 대한 원산지표시 검사권한중 국내유통 중인 물품에 대한 원산지 검사 권한은 시·도지사에게 위임되어 있으며 자유무역지역관리원의 관할구역 안의 입주업체에 대한 권한은 자유무역지역관리원장에게 위임되어 있다. 원산지표시 관련 검사를 거부·방해 또는 기피한 자는 1천만 원 이하의 과태료를 부과한다.

---

13) 법 제23조 제4항에서는 대통령령이 정하는 관련서류를 조사할 수 있다고 하고 있으나 대통령령에서는 관련서류에 대한 규정을 하고 있지 않다.

2) 원산지표시위반물품에 대한 시정조치

① 시정조치

산업통상자원부장관은 원산지 표시방법을 위반하거나 미표시, 허위표시, 오인표시, 손상표시, 변경표시 및 부적정 표시 행위가 있는 때에는 당해 행위자에 대하여 원상복구 등 시정조치를 명할 수 있다).

② 시정조치의 내용

시정조치의 내용은 원산지표시의 원상복구·정정·말소 또는 원산지 표시명령과 위반물품의 거래 또는 판매행위의 중지이다.

③ 시정조치명령 방법

시정조치명령은 위반행위의 내용, 시정조치명령의 사유 및 내용, 시정기한을 명시한 서면으로 하여야 한다.

④ 시정조치 위반에 대한 처벌

시정조치명령에 위반한 자는 3년 이하의 징역 또는 3천만 원 이하의 벌금에 처한다.

3) 과징금

산자부장관은 대외무역법에 의한 원산지 표시방법을 위반하거나 허위표시·오인표시, 손상표시·변경표시, 미표시 행위자에 대하여는 3천만 원 이하의 과징금을 부과 할 수 있다.

4) 과태료

원산지표시대상물품을 수입하여 분할·재포장 또는 단순제조가공을 거쳐 거래하거나 낱개 또는 산물로 거래함에 있어서 원산지표시를 하지 아니한 상태로 판매를 목적으로 유통시킨 무역거래자 또는 판매업자, 원산지표시 관련 검사를 거부·방해 또는 기피한 자는 1천만 원 이하의 과태료를 부과한다.

5) 벌칙

다음에 해당하는 자는 5년 이하의 징역 또는 1억 원 이하의 벌금에 처한다. 이 경우 징역과 벌금은 병과(倂科)할 수 있다.

- 원산지를 거짓으로 표시하거나 원산지를 오인(誤認)하게 하는 표시를 하는 행위를 하거나 원산지의 표시를 손상하거나 변경하는 행위를 한 무역거래자 또는 물품 등의 판매업자
- 원산지표시대상물품에 대하여 원산지 표시를 하지 아니한 무역거래자
- 시정조치 명령을 위반한 자
- 외국산 물품 등의 국산 물품 등으로의 가장 금지 의무를 위반한 자

6) 원산지표시 단속 권한의 위임

산업통상자원부장관은 수입 물품에 대한 원산지 표시 검사권한 중 국내 유통 중인 물품에 대한 권한과 원산지 표시 위반에 대한 시정조치 명령 또는 과징금 부과에 관한 권한 중 국내 유통 중인 물품에 관한 권한을 시·도지사에게 위임하고 있다. 시·도의 원산지표시 단속관련 공무원은 사법경찰직무 수행하고 조사결과 중대한 위반행위가 있을 경우 경찰 또는 검찰에 고발을 하고 있다.

7) 원산지표시 관련 법칙에 대한 검토

대외무역법령상 원산지 표시관련 벌칙은 중복적이고 과중하다. 농산물이나 수산물의 경우 허위로 표시하거나 혼동하게 하는 표시행위에 대하여는 징역이나 벌금을 부과하고, 표시하지 아니하거나 표시방법을 위반한 자에 대하여는 과태료를 부과한다. 그러나 대외무역법의 경우 허위·오인·손상·변경·미표시의 경우 시정조치, 과징금, 벌금 모두 부과를 할 수 있다. 원산지 표시와 관련하여서도 원산지 표시에 대하여는 다른 법령과 마찬가지로 과태료를 부과할 수 있지만 표시를 하지 않는 경우 시정조치를 명할 수 있고 시정조치를 이행하지 않는 경우 징역과 벌금을 부과할 수 있다. 과징금을 부과한 행위에 대하여는 벌칙을 부과하지 않거나 표시 등에 대하여 과태료 부과처분으로 일원화하는 등 원산지표시 관련 벌칙을 개정해야 할 것이다.

(3) 농산물품질관리법에 의한 처벌

1) 벌칙

농산물 및 그 가공품의 원산지를 허위로 표시하거나 혼동하게 하는 표시행위를 한 판매업자 또는 가공업자는 3년 이하의 징역 또는 3천만원 이하의 벌금에 처한다.

2) 과태료

농산물 및 가공품에 원산지를 표시하지 아니한 자 또는 표시방법을 위반한 자는 1천만 원 이하의 과태료에 처한다.

(4) 수산물품질관리법에 의한 처벌

1) 벌칙

수산물 및 수산가공품의 원산지를 허위로 표시하거나 혼동케 하는 표시를 한 생산·가공업자 또는 판매업자는 3년 이하의 징역 또는 3천만 원 이하의 벌금에 처한다.

2) 과태료

수산물 및 수산가공품에 원산지를 표시하지 아니한 자는 1천만 원 이하의 과태료에 처한다.

(5) 관세법에 의한 세관의 보세구역 반입명령

세관은 통관 단계에서의 원산지조사를 통해 수입물품의 원산지검사 및 시정조치·과징금 부과를 하고 있다. 세관공무원은 관세법 제295조에 의거, 사법경찰관리의 직무 수행하고 있어 피의자 신문, 임검, 수색, 압수 등이 가능하여 효과적인 단속이 가능하다. 대외무역법의 위임 위탁에 관한 조항에 의거 원산지 표시의 확인에 관한 권한, 수입한 물품등과 관련 원산지 서류의 검사에 관한 권한, 위반 행위에 대한 시정조치 명령 또는 과징금 부과에 관한 권한, 원산지증명서의 제출 명령에 관한 권한, 원산지 증명서 발급 업무 중 관세양허(關稅讓許)를 받기 위한 원산지증명서 발급 업무에 관한 권한 등을 세관장에게 위탁하고 있다.

세관은 관세법에 의하여 수출입신고가 수리된 물품의 원산지표시가 적법하게 표시되지 아니하였거나 수출입 신고수리 당시와 다르게 표시되어 있는 경우 당해 물품을 보세구역으로 반입할 것을 명할 수 있다. 다만, 당해 물품이 수출입 신고가 수리된 후 3개월이 경과하였거나 관계법령에 의하여 관계 행정기관의 장의 시정조치가 있는 경우는 제외한다.

(6) 표시 · 광고의 공정화에 관한 법률에 의한 처벌

소비자를 기만하거나 오인시킬 우려가 있는 허위·과장의 표시·광고

(인터넷 또는 PC 통신에 의한 표시·광고 포함)를 하는 행위에 대하여는 2년 이하의 징역 또는 1억5천만 원 이하의 벌금에 처한다.

(7) 부정경쟁방지 및 영업비밀 보호에 관한 법률에 의한 처벌

상품이나 그 광고에 의하여 또는 공중이 알 수 있는 방법으로 거래상의 서류 또는 통신에 허위의 원산지표식을 하거나 또는 이러한 표식을 한 상품을 판매, 반포 또는 수입·수출하여 원산지의 오인을 일으키게 하는 행위를 한 자에 대하여는 3년 이하의 징역 또는 3천만 원 이하의 벌금에 처한다.

(8) 식품위생법

식품 등의 명칭·제조방법, 품질, 영양표시, 쌀의 원산지 및 식육의 원산지 등 표시에 관하여는 허위표시 또는 과대광고를 하지 못하고, 포장에 있어서는 과대포장을 하지 못하며, 식품·식품첨가물의 표시에 있어서는 의약품과 혼동할 우려가 있는 표시를 하거나 광고를 하여서는 아니 된다. 위반한 자에 대하여는 3년 이하의 징역 또는 3천만 원 이하의 벌금에 처한다.

2. 수출물품의 원산지표시

우리나라가 원산지인 수출물품에 대하여 원산지 표시를 하여야 할 경우에는 원산지 표시를 "Made in Korea"로 하여야 한다. 다만, 당해 물품 수입국의 원산지표시 규정이 달리 표시하도록 한 경우에는 동 규정에 의한 원산지표시를 할 수 있다. 그러나 외국에서 생산된 물품을 우리나라에서 <u>환적, 분할·재포장, 라벨링 등의 단순한 작업만을 수행하는 경우에는 "Made in Korea"를 표시하여서는 안 된다</u>.

3. 수입물품의 원산지표시

수입된 원산지표시대상물품에 대하여 판매목적의 물품포장 활동, 상품성 유지를 위한 단순한 작업 활동 등 물품의 본질적 특성을 부여하기에 부족한 가공활동(판매목적의 물품포장 활동, 상품성 유지를 위한 단순한 작업 활동 등 물품의 본질적 특성을 부여하기에 부족한 가공활동을 말하며, 그 가공활동의 구체적인 범위는 관계 중앙행정기관의 장과 협의하여 산업통상자원부장관이 정하여 고시한다)을 거침으로써 해당 물품 등의 원산지 표시를 손상

하거나 변형한 자(무역거래자 또는 물품 등의 판매업자에 대하여 금지사항이 적용되는 경우는 제외한다)는 그 단순 가공한 물품 등에 당초의 원산지를 표시하여야 한다. 이 경우 다른 법령에서 단순한 가공활동을 거친 수입 물품 등에 대하여 다른 기준을 규정하고 있으면 그 기준에 따른다.

(1) 수입물품의 원산지표시대상물품 및 표시위치

원산지표시 대상물품은 규정 별표 8의 수입 물품이며 원산지표시 대상물품은 해당 물품에 원산지를 표시하여야 한다.

(2) 물품의 최소포장, 용기 등에 수입 물품의 원산지 표시

다음에 해당하는 경우에는 해당 물품에 원산지 표시를 하지 않고 당해 물품의 포장·용기 등에 원산지표시를 할 수 있다.

- 해당 물품에 원산지를 표시하는 것이 불가능한 경우
- 원산지 표시로 인하여 해당 물품이 크게 훼손되는 경우(예: 당구공, 콘택트렌즈, 포장하지 않은 집적회로 등)
- 원산지 표시로 인하여 해당 물품의 가치가 실질적으로 저하되는 경우
- 원산지 표시의 비용이 해당 물품의 수입을 막을 정도로 과도한 경우(예: 물품값보다 표시비용이 더 많이 드는 경우 등)
- 상거래 관행상 최종구매자에게 포장, 용기에 봉인되어 판매되는 물품 또는 봉인되지는 않았으나 포장, 용기를 뜯지 않고 판매되는 물품(예 : 비누, 칫솔, VIDEO TAPE 등)
- 실질적 변형을 일으키는 제조공정에 투입되는 부품 및 원재료를 수입 후 실수요자에게 직접 공급하는 경우
- 물품의 외관상 원산지의 오인 가능성이 적은 경우(예 : 두리안, 오렌지, 바나나와 같은 과일·채소 등)
- 관세청장이 산업통상자원부장관과 협의하여 타당하다고 인정하는 물품

(3) 수입물품의 원산지표시의 일반원칙

1) 원칙

수입물품의 원산지는 다음에 해당되는 방식으로 한글, 한자 또는 영문으로 표시할 수 있다.

① "원산지: 국명" 또는 "국명 산(産)." 원산지표시제도에 있어 원산지는 정치적 실체를 지닌 한 나라, 국경선 밖에 있는 보호령(예: 사이판),

자치권이 인정되는 경제적 독립체(예: 홍콩), 국제상거래 관행상 지역명이 원산지로 인정되는 지역(예: 스코틀랜드) 등을 의미한다.

교토협약의 원산지규정에 관한 부속서(D.1)에서는 원산지국가로 국가군(a group of countries)·국가의 특정지역 또는 일부를 포함시킬 수 있다고 규정하고 있으나, EU 등과 같이 국가군을 원산지로 할 경우 원산지 본래의 의미를 상실할 우려가 있으므로 정치적으로 한 국가군이라 하더라도 경제·문화·지역의 특성 등을 고려하여 원산지를 표시함이 타당할 것이다.

② "Made in 국명" 또는 "Product of 국명"

③ "Made by 물품 제조자의 회사명, 주소, 국명"[14)]

④ 수입물품의 크기가 작아 ①내지 ③의 방식으로 당해 물품의 원산지를 표시할 수 없을 경우에는 국명만을 표시할 수 있다. 국제관행상 국명만 표시하는 것이 인정되는 물품(시계, 볼펜, 연필 등)도 국명만 표시 가능하다.

⑤ "Brewed in 국명" 또는 "Distilled in 국명" 등 기타 최종구매자가 원산지를 오인할 우려가 없는 방식. 이때 Manufactured by, Produced in, Fabricated in은 가능하나, Assembled in은 허용되지 않는다. 조립(assemble)은 실질적 변형을 발생시킬 수 있지만 단순조립 등 최소가공도 있을 수 있으므로 Assembled는 불완전한 표현이다.[15)]

⑥ 물품의 주요 부분품 원산지가 다른 경우 부분품별 원산지를 표시할 수 있다.

2) 표시 크기

수입물품의 원산지는 최종 구매자가 당해 물품의 원산지를 용이하게 판독할 수 있는 크기의 활자체로 표시하여야 한다.

3) 표시장소

수입물품의 원산지는 최종구매자가 식별하기 용이한 곳에 표시하여야 한다. 식별하기 용이한 곳이라 함은 최종구매자가 정상적인 물품구매과정에서 표시 된 원산지를 용이하게 발견할 수 있는 곳을 의미한다.

14) 2005.1.14 개정
15) 안세영, 앞의 책 256쪽.

4) 표시 부착방법

표시된 원산지는 쉽게 지워지지 않으며 물품(또는 포장·용기)에서 쉽게 떨어 지지 않아야 한다. 고의적인 행위로 원산지표시를 제거하지 않는 한 물품의 정상적인 유통·보관과정에서 표시된 원산지가 손상되지 아니하고 최종구매자에게 전달될 수 있으면 쉽게 떨어지지 않는 상태로 본다.

5) 표시방법

수입물품의 원산지는 제조단계에서 인쇄(printing), 등사(stenciling), 낙인(branding), 주조(molding), 식각(etching), 박음질(stitching) 또는 이와 유사한 방식으로 원산지를 표시하는 것을 원칙으로 한다. 다만, 물품의 특성상 위와 같은 방식으로 표시하는 것이 부적합하거나 물품을 훼손할 우려가 있는 경우에는 날인(stamping), 라벨(label), 스티커(sticker), 꼬리표(tag)를 사용하여 표시할 수 있다.

6) 국가약어

최종구매자가 수입 물품의 원산지를 오인할 우려가 없는 경우에는 다음과 같이 통상적으로 널리 사용되고 있는 국가명이나 지역명 등을 사용하여 원산지를 표시할 수 있다.

- United States of America를 USA로
- Switzerland를 Swiss로
- Netherlands를 Holland로
- United kingdom을 UK로
- United Kingdom of Great Britain and Northern Ireland를 UK 또는 GB로
- 기타 관세청장이 산업통상자원부장관과 협의하여 타당하다고 인정하는 국가나 지역명

주의하여야 할 것은 “UK”(영국)는 가능하나, “JPN”(일본), “PROC”(People’s Republic Of China)는 허용되지 않는다는 것이다. PRC 또는 PROC의 경우 통상적으로 널리 알려져 있는 국가의 약어라 할 수 없어 최종 구매자에게 원산지를 오인시킬 우려가 있으므로 Made in China를 사용하여야 한다.[16)]

7) 중복표시

「품질경영 및 공산품안전관리법」, 「식품위생법」 등 다른 법령에서 원산지표시방법 등을 정하고 있는 경우에는 이를 적용할 수 있다.[17]

(4) 수입물품의 예외적인 원산지표시

1) 원산지 오인우려 수입물품의 원산지표시

① 원산지 오인우려 표시물품

원산지표시대상물품이 ① 주문자 상표부착(OEM)방식에 의해 생산된 수입물품의 원산지와 주문자가 위치한 국명이 상이하여 최종구매자가 당해 물품의 원산지를 오인할 우려가 있는 물품, ② 물품 또는 포장·용기에 현저하게 표시되어 있는 상호·상표·지역·국가 또는 언어명이 수입물품의 원산지와 상이하여 최종구매자가 당해 물품의 원산지를 오인할 우려가 있는 물품 등을 말한다.

② 표시방법

원산지 오인우려 수입물품은 당해 물품 또는 포장·용기의 전면에 원산지표시의 일반원칙에 따라 원산지를 표시하여야 하며, 물품의 특성상 전후면의 구별이 어렵거나 전면에 표시하기 어려운 경우 등에는 원산지 오인을 초래하는 표시와 가까운 곳에 표시하여야 한다. 다만, 원산지표시에 사용된 활자체의 크기 및 색상이 주변 활자체와 명확히 구별되어 최종 구매자가 정상적인 구매과정에서 당해물품의 원산지를 분명하게 식별할 수 있도록 원산지를 표시하는 경우에는 그러하지 아니한다. 원산지 오인우려 수입물품을 판매하는 자는 판매 또는 진열시 소비자가 알아볼 수 있도록 상품에 표시된 원산지와는 별도로 스티커, 푯말 등을 이용하여 원산지를 표시하여야 한다.[18]

2) 수입 후 단순가공물품등의 원산지표시

단순가공물품이라 함은 외국산 원재료를 수입하여 국내에서 제조·가

16) Ibid.

17) 2005.1.14 신설

18) 중국에서 OEM방식으로 생산한 당면은 원산지 오인우려 물품이므로 포장 후면에 원산지를 표시한 것은 적정한 원산지표시가 아니다. 안세영, 앞의 책 257쪽.

공된 물품이 실질적 변형을 겪지 않은 경우를 말한다. 수입 후 단순가공물품은 아래 내용과 같이 수입물품의 원산지를 당해 가공물품에 표시하여야 한다.

① 원산지표시대상물품이 수입된 후, 최종구매자가 구매하기 이전에 국내에서 단순 제조·가공처리되어 수입 물품의 원산지가 은폐·제거되거나 은폐·제거될 우려가 있는 물품의 경우에는 제조·가공업자(수입자가 제조업자인 경우를 포함한다)는 완성 가공품에 수입 물품의 원산지가 분명하게 나타나도록 원산지를 표시하여야 한다.

② 원산지표시 대상 물품이 대형 포장 형태로 수입된 후에 최종 구매자가 구매하기 이전에 국내에서 소매 단위로 재포장되어 판매되는 물품(화장품 등)인 경우에는 재포장 판매업자(수입자가 판매업자인 경우 포함)는 재포장 용기에 수입 물품의 원산지가 분명하게 나타나도록 원산지를 표시하여야 한다. 재포장되지 않고 낱개 또는 산물로 판매되는 경우(농수산물)에도 물품 또는 판매용기·판매장소에 스티커 부착, 푯말 부착 등의 방법으로 수입품의 원산지를 표시하여야 한다.

③ 원산지표시대상물품이 수입된 후에 최종구매자가 구매하기 이전에 다른 물품과 결합되어 판매되는 경우에는 제조·가공업자(수입자가 제조업자인 경우를 포함한다)는 수입된 해당 물품의 원산지가 분명하게 나타나도록 "(해당 물품명)의 원산지: 국명"의 형태로 원산지를 표시하여야 한다. 예를 들면 라이터는 중국산, 라이터케이스는 일본산인 경우 라이터케이스의 원산지표시는 "Case Made in Japan"으로 표시한다.

단순가공물품의 원산지표시에 해당되는 경우에는 세관장이 수입자에게 수입 통관 후 법령에 따른 원산지표시를 준수하도록 명할 수 있으며, 수입하는 자가 동 물품을 제3자(중간 구매업자 또는 판매자 등)에게 양도(제3자가 재양도하는 경우 포함)하는 경우에는 양수인에게 서면으로 법령에 따른 원산지표시 의무를 준수하여야 할 것을 통보하여야 한다.

3) 수입 세트물품의 원산지표시

공구세트·구급상자 등 수입 세트 물품의 경우 당해 세트 물품을 구성하는 개별 물품들의 원산지가 동일한 경우에는 개별 물품 및 세트 물품의 포장·용기에 원산지를 표시하여야 한다. 세트물품을 구성하는 개별 물품들의 원산지가 2개국 이상인 경우에는 개별 물품에 각각의 원산지를 표시하고, 세트 물품의 포장·용기에는 개별 물품의 원산지를 모두 나열·표시(예: Made in China, Taiwan) 하여야 한다.

〈수입 세트물품〉

HS 번호	품 목 명
3006.50	구급상자와 구급대
3407.00.20.00	치과용 왁스 또는 치과용 인상 재료 중 세트의 것
6103.21–6103.29	남자 또는 소년용의 앙상블(메리야스 편물 또는 뜨개질 편물의 것)
6104.21–6104.29	여자 또는 소녀용의 앙상블(메리야스 편물 또는 뜨개질 편물의 것)
6203.21–6203.29	남자 또는 소년용의 앙상블(메리야스 편물 또는 뜨개질 편물의 것은 제외)
6204.21–6204.29	여자 또는 소녀용의 앙상블(메리야스 편물 또는 뜨개질 편물의 것은 제외)
6308	HS 6308 중 러그, 테피스트리, 자수한 테이블보 또는 서비에트용 직물 및 실로 구성된 세트
8206	HS 8202 내지 8205에 해당하는 둘 이상의 공구가 소매용으로 세트가 되어 있는 것
8214.20	HS 8214.20 중 매니큐어 또는 페디큐어 세트
8215.10–8215.20	스푼·포크·국자·스킴머·케이크 서버·생선용 칼·버터용 칼·설탕 집게 및 이와 유사한 부엌 또는 식탁용품이 조합된 세트
8518.30.30.00	마이크로폰·스피커 복합 세트
8518.50	음향증폭세트
9017	HS 9017 중 제도세트(Drawing Set)
9503	HS 9503 중 세트 제품
9605	개인용의 여행세트

4) 수입용기의 원산지표시

관세율표에 따라 용기로 별도 분류되어 수입되는 물품의 경우에는 용기에 "(용기명)의 원산지 : (국명)"에 상응하는 표시(예: "Bottle made in 국명")를 하여야 한다. 1회 사용으로 폐기되는 용기의 경우에는 최소판매단위의 포장에 용기의 원산지를 표시할 수 있으며, 실수요자가 이들 물품을 수입하는 경우에는 용기의 원산지를 표시하지 않아도 무방하다.

〈수입용기의 원산지 표시방법〉

	채워진 상태로 수입	빈 상태로 수입
재사용 가능용기	ㅇ 내용물품과 수입용기의 원산지를 용기에 각각 표시 – "Content made in 국명, Bottle made in 국명"	ㅇ 당해 수입용기의 원산지를 용기에 표시 – "Bottle made in 국명"
1회용 용기	ㅇ 당해 내용물품의 원산지를 용기에 표시 – "Made in 국명"	ㅇ 당해 수입용기의 최소판매단위 포장에 원산지 표시 – "Bottle made in 국명" * 실수요자 수입시 표시 면제

5) 수입물품 원산지표시방법의 세부사항

관세청장은 산업통상자원부장관과의 사전협의를 거쳐 물품의 특성을 감안한 세부적인 표시방법을 정할 수 있으며, 관세청장은 세부적인 표시방법을 정한 경우 고시하여야 한다.

(5) 원산지표시방법의 사전확인 및 이의제기

수입물품의 원산지표시방법에 의하여 원산지표시를 하여야 하는 자는 그 물품이 수입되기 전에 문서로 당해 물품의 적정한 원산지표시방법에 관한 확인을 관세청장(산업통상자원부장관이 관세청장에게 위탁)에게 요청할 수 있다. 관세청장은 원산지표시방법에 관한 확인을 요청받은 경우에는 신청을 접수한 날로부터 30일 이내에 당해 물품의 적정한 표시방법을 확인하여 요청인에게 알려야 한다.

원산지표시방법의 확인에 관하여 이의가 있는 자는 확인결과를 통보받은 날부터 30일 이내에 서면으로 관세청장에게 이의를 제기할 수 있다. 이의제기를 접수한 관세청장은 접수한 날부터 30일 이내에 이의제기에 대하여 결정을 하고 이를 요청인에게 알려야 한다. 원산지표시방법에 대한 확인의 요청 및 확인결과에 대한 이의제기에 관하여 필요한 사항은 관세청장이 산업통상자원부장관과 협의하여 별도로 정할 수 있다.

(6) 원산지표시의 확인 및 검사

원산지표시대상물품(대외무역관리규정 별표 8)을 수입하려는 자는 해당 물품의 통관시 원산지표시 여부에 대하여 세관장의 확인을 받아야 한다. 세관장은 수출·수입되는 물품이 원산지 규정에 위반되는 것으로 인정되는 경우에는 원산지의 표시·정정·말소 등 적절한 조치를 지시할 수 있다. 관계 행정기관의 장, 시·도지사는 수입신고 후 통관된 물품이 원산지 규정에 위반되는 것으로 인정되는 경우에는 원산지의 표시·정정·말소 등 적절한 조치를 지시할 수 있다.

산업통상자원부장관은 원산지표시 위반 여부를 확인하기 위하여 필요하다고 인정하는 때에는 수입물품을 검사할 수 있다. 검사 권한은 수입단계에서는 세관장에게 위임이 되어 있고 국내유통단계에서는 시·도(시·군·구), 농산물품질관리원, 수산물품질검사원에 권한이 위임되어 있다.

3. 원산지표시 면제

물품 또는 포장·용기에 원산지를 표시하여야 하는 수입물품이 다음에 해당되는 경우에는 원산지표시를 하지 아니할 수 있으며, 세관장은 이에 따라 원산지표시가 면제되는 물품에 대하여 외화획득이행여부, 목적 외사용 등을 사후 확인할 수 있다.

〈원산지표시 면제 대상물품〉

- 외화획득용 원료 및 시설기재로 수입되는 물품
- 개인에게 무상 송부된 탁송품·별송품 또는 여행자 휴대품
- 수입 후 제조공정에 투입되는 부품 및 원재료로서 실수요자가 직접 수입하는 경우
- 판매 또는 임대목적이 아닌 물품 제조에 사용할 목적으로 수입되는 제조용 시설 및 기자재(부분품 및 예비 부품을 포함)로서 실수요자가 직접 수입하는 경우
- 연구개발용품으로서 실수요자가 수입하는 경우
- 견본품(진열·판매용이 아닌 것에 한함) 및 수입된 물품의 하자보수용 물품
- 보세운송·환적 등에 의하여 우리나라를 단순히 경유하는 통과 화물
- 재수출조건부 면세대상물품 등 일시 수입물품
- 우리나라에서 수출된 후 재수입되는 물품
- 외교관 면세 대상 물품
- 개인이 자가소비용으로 수입하는 물품으로서 세관장이 타당하다고 인정하는 물품
- 기타 관세청장이 산업통상자원부장관과 협의하여 타당하다고 인정하는 물품

제2장

관세법상의 원산지제도

Ⅰ. 원산지의 확인 등

모든 국가에 대하여 세율이 동일하다면 원산지가 중요하지 않지만 FTA 등 특혜 관세가 증가함에 따라 원산지의 중요성이 증대하고 있다. 원산지는 원산지 표시, 쿼터 관리, 반덤핑 및 상계관세의 결정에도 중요한 역할을 한다. 근래에는 글로벌 소싱(global sourcing)과 다국적 생산이 일반화됨에 따라 원산지 결정이 복잡한 이슈로 등장한다. GATT에서는 제9조에서 원산지 표시에 대하여 규정하고 있지만 원산지 규정 자체에 대하여 규정하고 있지 않다. UR 결과 WTO 원산지 협정이 타결되었다. 협정자체는 비특혜 원산지 규정에 대하여 정하고 있고 부록에 특혜 원산지 규정에 대하여 규정하고 있다.

1. 원산지제도 개요

(1) 배경

원산지규정(Rules of Origin)은 국제무역에서 특정상품이 어느 국가에서 생산되고 제조되었는지를 판단하는 기준이다. 우리나라는 1990년 교토협약의 원산지규정(D1), 원산지증명(D2)에 가입 하고 1991년부터 원산지제도를 시행하였다. 1995년 WTO 원산지규정에 관한 협정에 따라 WTO와 WCO에서 통일원산지규정 제정을 위한 협상이 진행 중이다.

(2) 원산지규정의 필요성

원산지 규정은 소비자 및 생산자보호, 저가 물품에 대한 덤핑방지 및 상계관세 부과 등 산업보호 및 무역정책 기능, 국제조약 또는 국가 간 협정에 따라 특정국가에 특혜제공 대상물품의 결정, 원산지제도를 국제규범과 일치시킴으로써 통상마찰 사전예방 등의 목적이 있다. 우리나라는 물품에 원산지를 표시하는 제도와 원산지증명에 따라 원산지를 확인하는 제도를 운영하고 있다.

2. 원산지확인 기준

관세법, 조약, 협정 등에 따른 관세의 부과·징수, 수출입물품의 통관, 원산지증명서가 발급된 물품을 수입하는 국가의 권한 있는 기관으로부터 원산지증명서 및 원산지증명서 확인 자료의 진위 여부, 정확성 등의 확인요청에 따른 조사 등을 위하여 원산지를 확인할 때에는 다음에 해당하는 나라를 원산지로 한다(법 제229조 제1항).[1)]

(1) 해당 물품의 전부를 생산 · 가공 · 제조한 나라 : 완전생산기준

해당 물품의 전부를 생산·가공·제조한 나라에 원산지를 부여하며, 주로 농림수산물이 그 대상이며 완전생산기준에 따라 원산지를 인정하는 물품은 다음과 같다.

- 해당국의 영역에서 생산한 광산물과 식물성 생산물
- 해당국의 영역에서 번식 또는 사육한 산동물과 이들로부터 채취한 물품
- 해당국의 영역에서 수렵·어로로 채집 또는 포획한 물품
- 해당국가의 선박에 따라 채집 또는 포획한 어획물 그 밖의 물품
- 해당국에서 제조·가공의 공정 중 발생한 부스러기
- 해당국 또는 해당국 선박에서 이상의 물품을 원재료로 하여 제조·가공한 물품

(2) 해당 물품이 2개국 이상에 걸쳐 생산 · 가공 또는 제조된 경우에는 그 물품의 본질적 특성을 부여하기에 충분한 정도의 실질적인 생산 · 가공 · 제조 과정이 최종적으로 수행된 나라(실질적 변형기준)

해당 물품이 2개국 이상에 걸쳐 생산·가공 또는 제조된 경우에는 물품의 본질적인 특성을 부여하기에 충분한 정도의 실질적인 생산·가공·제조과정이 최종적으로 수행된 국가를 원산지국으로 인정하며, 무엇이 실질적 변형인가에 관하여 세번변경이 원칙이지만 주요공정기준 또는 부가가치기준을 보완적으로 하기도하고, 3가지 기준을 각기 조합하여 적용하기도 한다.

1) 2011년 7월 1일 시행

1) 세번변경기준

제조·가공과정을 통하여 원재료 세번과 다른 세번의 제품을 비교하여 HS단위가 일정단위 이상으로 변하는 경우 실질적인 변형으로 인정하여 원산지를 결정 하는 것으로 현재 HS 6단위를 기준으로 최종적으로 세번변경이 발생한 국가를 원산지로 인정한다. 예를 들면 HS 9613.90의 라이터부품으로 HS 9610.10의 라이터를 생산한 경우 라이터 생산국가가 원산지가 된다.

2) 주요공정기준

기술적으로 보다 중요한 공정이 많이 수행된 국가는 가장 객관적인 기준으로 제조공정중 특정 공정을 수행하거나 특정부품을 사용한 국가를 원산지로 한다는 원리에 따라 원산지를 결정하는 것을 말한다. 예를 들면 섬유류에서 양복 등 재단된 부품을 봉제시 재단국, 스웨터 등 편직된 부품을 봉제시 봉제국이 원산지가 된다.

3) 부가가치기준

경제적으로 일정비율 이상의 부가가치 기여국과 2개국 이상에 걸쳐 생산되는 특정상품의 경우 부가가치기준에 따라 일정수준의 부가가치를 창출한 경우 원산지를 결정하는 것을 말한다. 이 기준은 논리적으로 타당한 기준이나 서류제출 등 추가적인 부담이 있다. 사진기의 부가가치기준에 의한 원산지 판정은 다음과 같다.

- 해당 물품에 사용된 원료 및 부품의 부가가치가 완제품 부가가치의 35%이상인 경우 해당 원료 및 부품을 생산 또는 최초로 공급한 국가
- 위의 국가가 없거나 2개국 이상인 경우는 주요부품(셔터, 렌즈, 줌경통, 파인더)이 차지하는 부가가치의 비율이 높은 국가

4) 예외

다음과 같이 최소(단순)가공으로서 해당 물품에 본질적 특성을 주지 않는 단순 가공 공정국가는 원산지를 부여하지 않는다. 예를 들면 포도주를 용기에 담는 행위는 비록 포도주 HS가 2204.29이고 2L 이하 용기에 넣은 것 HS 2204.21로 6단위의 변경이 일어나지만 원산지를 부여하지 않는다.

- 운송 또는 보세구역 장치 중에 있는 물품의 보존을 위하여 필요한 작업

- 판매를 위한 물품의 포장개선 또는 상품표시등 상품성 향상을 위한 개수작업
- 단순한 선별·구분·절단 또는 세척작업
- 재포장 또는 단순한 조립작업
- 물품의 특성이 변하지 아니하는 범위 내에서 원산지가 다른 물품과 혼합작업
- 가축의 도축작업

(3) 특수물품의 원산지 결정기준

촬영된 영화용 필름, 부속품·예비 부분품 및 공구와 포장용품은 다음의 구분에 따라 원산지를 인정한다.

- 촬영된 영화용 필름은 그 영화제작자가 속한 나라
- 기계·기구·장치 또는 차량에 사용되는 부속품 등은 함께 수입되어 동시에 판매되고 종류 및 수량으로 보아 통상 그 부속품이라고 인정되는 물품은 해당 기계·기구·장치 또는 차량의 원산지
- 포장용품은 그 내용물품의 원산지(관세·통계통합품목분류표상 포장용품과 내용품을 각각 별개의 품목번호로 하고 있는 경우에는 예외)

(4) 조약 · 협정 등의 시행을 위한 원산지 기준

조약·협정 등의 시행을 위하여 원산지확인 기준 등을 따로 정할 필요가 있을 때에는 기획재정부령으로 원산지확인 기준 등을 따로 정한다(법 제229조 제3항).

(5) 직접운송원칙

원산지를 결정할 때 해당 물품이 원산지가 아닌 국가를 경유하지 아니하고 직접 우리나라에 운송·반입된 물품인 경우에만 그 원산지로 인정한다. 다만, 다음 어느 하나에 해당하는 물품인 경우에는 우리나라에 직접 반입한 것으로 본다.

- 다음 요건을 모두 충족하는 물품일 것
  - 지리적 또는 운송상의 이유로 단순 경유한 것
  - 원산지가 아닌 국가에서 관세당국의 통제하에 보세구역에 장치된 것
  - 원산지가 아닌 국가에서 하역, 재선적 또는 그 밖에 정상 상태를 유지하기 위하여 요구되는 작업 외의 추가적인 작업을 하지 아니한 것
- 박람회·전시회 및 그 밖에 이에 준하는 행사에 전시하기 위하여 원산지가 아닌 국가로 수출되어 해당 국가 관세당국의 통제 하에 전시목적에 사용된 후 우리나라로 수출된 물품일 것

Ⅱ. 원산지표시의 원칙

1. 원칙적인 원산지표시 방법

원칙적 원산지표시 방법이라 함은 현품에 주조(molding), 식각(etching), 낙인(branding), 박음질(stitching), 인쇄(printing), 등사(stenciling)방식 및 이와 유사한 방법을 말한다. 세관장은 주조(molding), 식각(etching), 낙인(branding), 박음질(stitching)에 의하여 표시된 경우에는 다른 표시요건에 위반되지 않은 한 별도의 심사 없이 이를 인정한다. 세관장은 인쇄(printing), 등사(stenciling) 방식에 의한 표시로서 스탬프잉크 등과 같이 대상물품의 재질에 따라 쉽게 제거될 수 있는 경우에는 그 견고성을 심사하여야 한다.

2. 예외적인 원산지표시 방법

예외적인 원산지표시 방법이라 함은 현품에 날인(stamping), 라벨(labelling), 스티커(sticker), 꼬리표(tag)부착에 의한 원산지 표시방식을 말한다. 다음에 해당하는 물품은 예외적인 방법에 의한 원산지 표시를 할 수 있다.

- 해당 물품의 특성상 원칙적인 방법에 의한 원산지 표시가 부적합한 경우
- 원칙적인 방법에 의한 원산지 표시를 할 경우 물품의 훼손우려가 있는 경우
- 예외적인 방법으로도 견고하게 원산지 표시를 할 수 있는 경우
- 그 밖의 예외적인 방법에 의한 원산지 표시가 건전한 상거래 관행으로 정착되어 최종구매자의 피해우려가 없는 경우

다음 사례에 해당하는 물품은 예외적인 방법에 따라 원산지표시를 할 수 있으며 이외에 예외적 표시방법을 적용함이 타당하다고 판단되는 물품에 대하여는 이를 추가로 지정하여 줄 것을 관세청장에게 요청할 수 있다.

약사법·식품위생법·검역법·전기용품안전관리법 및 품질경영 및 공산품안전관리법 등에 따라 품명·성분·규격 및 수입자 등을 표시할 때 원산지를 함께 표시한 경우 이를 적정한 원산지 표시로 인정할 수 있다. 다만, 다음 어느 하나에 해당하는 경우는 제외한다.

- 주문자상표부착생산(OEM, Original Equipment Manufacturing)[2] 수입식품류와 같이 원산지오인을 초래할 우려가 있는 경우

- 원산지 표시가 견고하지 않거나 쉽게 제거가 가능한 경우
- 수입자·주소·연락처 등의 표시사항이 수입신고서류와 일치하지 않는 경우

별도로 수입되는 1회용 포장용기로서 수입 후 국내에서 제조되는 물품에 사용되는 것이 명백한 경우에는 해당 제조된 물품의 원산지를 포장용기에 표시할 수 있다.

〈예외적인 원산지 표시 방법이 허용될 수 있는 사례〉

1. 원칙적인 방식에 의한 표시가 부적합한 경우 - 가는 대나무 가지나 등나무 줄기 등을 가공하지 않고 그대로 역어서 만든 바구니 〈견고한 스티커, 꼬리표 표시 인정〉
2. 원칙적인 방식으로 표시하면 물품을 훼손할 우려가 있는 경우 - 표시공간이 없거나 가는 그물망 형태의 초소형 목걸이 · 귀걸이 등 정밀세공 장식품 〈양면접착식 스티커, 꼬리표 표시 인정〉 - 모든 면을 인쇄하여 사용하는 어린이용 목각완구로서 세트포장 판매되는 경우 〈박스표시와 동시 현품상 라미네이팅 스티커 인정〉 - 로봇 등의 조립완구로서 세트 포장으로만 판매하는 경우 〈박스상에 원산지 표시 인정〉
3. 예외적 방식으로도 원칙적인 방식과 같은 정도로 견고하게 표시할 수 있는 경우 - 표면처리가 되지 않은 목제품 〈잉크가 스며들도록 한 스탬프 날인 인정〉
4. 예외적인 표시방식이 이미 건전한 상거래관행으로 일반화되어 있는 경우 - 컴퓨터, 전화기, 계산기, TV 등 가전제품 : 윗면을 코팅 처리한 스티커표시 인정 - 의류 등 섬유제품·가방·신발 : 천으로 재봉된 라벨표시 인정 - 비누, 칫솔, 비디오테잎, 칼날면도기, 건전지 등 상거래관행상 밀봉 포장·봉인되어 판매되는 물품 : 포장상에 원산지 표시 인정

3. 물품의 특성 등을 고려한 표시방법 지정

대외무역관리규정에 의거 물품의 특성 등을 고려하여 관세청장이 정하는 세부적인 원산지표시 방법은 원산지제도 운영에 관한 고시 별표6(관세청고시 제2009-26호)과 같이 하며, 관세청장이 이를 추가로 지정한 경우에는 관세청 홈페이지 등을 통하여 공고한다.

지정한 방법으로 원산지를 표시하기 곤란한 합리적인 사유가 있음을 수입자가 입증하는 경우에는 세관장이 관세청장의 승인을 받아 표시방법을 따로 지정할 수 있다.

2) 상표사용권한을 가진 수입자가 계약에 의해 해외공급자에게 물품의 제조를 의뢰하면서 자신의 상표를 붙이도록 요구하여 수입하는 것을 말한다.

4. 원산지국명 표기

대외무역관리규정 제76조제1항 및 제6항의 규정에 따른 원산지국명 표기방법의 인정 범위는 다음과 같다.

- 영문으로 국명을 표시하는 경우에는 약어(예: Great Britain을 "Gt Britain"으로 표기) 또는 변형된 표기(예: Italy를 "Italie"로 표기)를 표시할 수 있으나, 국명 또는 국명의 형용사적 표현이 다른 단어와 결합되어 특정상품의 상표로 최종구매자에게 오인될 우려가 있는 경우(예: Brazil Nuts)에는 원산지표시로 인정하지 아니한다.
- 식민지 및 국가로부터 자치권을 행사하는 특별구역은 별도의 원산지국가로 표시하여야 한다.(예: Hong Kong, Macao, Guam, Samoa Islands, Virgin Islands)
- 각각의 개별 국가가 아닌 지역·경제적연합체는 이를 원산지로 표시할 수 없다.(예: EU, NAFTA, ASEAN, MERCOSUR, COMESA)
- 과거 별도의 국가였던 이유 등으로 국제적으로 지역명 표시를 용인하는 경우에는 이를 적정한 원산지 표시로 인정할 수 있다.(예: 영국내의 Scotland)
- 국제관행상 국명만 표시하는 것으로 인정되는 물품의 경우에는 국명만 표시 할 수 있다.(예: 시계, 볼펜, 사인펜, 연필, 색연필 등)

5. 원산지표시의 면제

세관장은 대외무역관리규정 제82조에 규정한 원산지 표시면제대상 이외에 다음 어느 하나에 해당하는 물품에 대하여 원산지 표시를 면제할 수 있다.

- 판매목적이 아닌 자선목적의 기부물품
- 우리나라로 수입되기 20년 이전에 생산된 물품
- 보세구역에서 국내로 반입되지 않고 외국으로 반송(중계무역 및 환적 포함)되는 물품
- 개인이 자가소비용으로 수입하는 물품으로서 세관장이 타당하다고 원산지 표시 물품(영업용 또는 선물용으로 사용할 물품을 제외한다)
- 수입자의 상호·상표 등이 인쇄되어 전시용으로만 사용하는 물품
- 기계류 등의 본 제품과 같이 세트로 포장되어 수입되는 부분품·부속품 및 공구류

대외무역관리규정 제82조제1항제3호부터 제5호에 규정된 "실수요자를 위하여 수입을 대행하는 경우"에는 수입자 자신의 비용으로 해당 물품을 수입하여 실수요자에게 직접 납품하는 경우를 포함한다. 이 경우 수입자는 납품계약서 등 증빙서류를 제출하여야 하며 세관장은 사실여부를 확인한 후 수리하여야 한다.

6. 수입통관 후 원산지표시 의무 이행통지 및 자료제출

세관장은 다음 어느 하나에 해당하는 원산지표시 대상 물품을 수입하는 자에게 수입신고수리 후 원산지표시 의무를 준수할 것과 양도[3]시에는 양수인에게 원산지표시 의무 및 관련자료 제출 등에 대한 의무를 준수하도록 서면으로 통지하여야 한다.

- 재포장되는 물품
- 분할포장되는 물품
- 단순가공을 거치거나 다른 물품과 결합되는 물품
- 현품에 원산지 표시를 할 수 없는 물품으로서 낱개 포장되어 판매되는 물품
- 산물
- 수입물품 유통이력관리 고시 별표1의 유통이력신고 대상물품

원산지표시 등 의무의 통지는 다음 방법에 의한다.

- 유통이력신고 대상물품의 경우에는 「수입통관 후 원산지 표시 의무에 관한 통지서(별지 제6호 서식)」를 수입자(또는 신고인)에게 교부하고 의무이행 요구사항(별표7)의 내용을 관세행정정보시스템에 전산입력 및 수입신고필증에 표시(개정 2008.12.9, 2009.7.27)
- 그 외의 경우에는 관세행정정보시스템에서 의무이행 요구사항(별표7)의 내용을 선택하여 입력하고 수입신고필증의 세관기재란에 스탬프로 표시[4]

물품의 수입자 및 수입자로부터 양수하여 재양도한 자[5]는 해당 물품을 양수한 자에게 「수입통관 후 원산지 표시 의무에 관한 통지서(별지 제6호 서식)」 사본을 교부하여야 한다.

---

3) 양수자가 재양도하는 경우를 포함한다.
4) 다만, 서류 없는 수입신고(P/L신고)의 경우에는 관세행정정보시스템에서의 전산입력으로 갈음할 수 있다.
5) 중간 구매업자 등으로부터 재양수한 자 포함

Ⅲ. 원산지증명서의 발행 및 확인

1. 발급

관세법, 조약, 협정 등에 따라 관세를 양허받을 수 있는 물품의 수출자가 원산지증명서의 발급을 요청하는 경우에는 세관장이나 그 밖에 원산지증명서를 발급할 권한이 있는 기관은 그 수출자에게 원산지증명서를 발급하여야 한다(법 제232조의2 제1항).[6] 수출물품 중 세관장이 원산지증명서를 발행할 수 있는 경우는 우리나라가 원산지인 물품으로서 다음 어느 하나에 한한다.

- 남북교역물품[7]
- GSP특혜를 받기 위하여 노르웨이, 캐나다, 뉴질랜드 등으로 수출되는 물품
- APTA 협정국으로 수출되는 물품
- GSTP 협정국으로 수출되는 물품
- GATT 개발도상국간 양허관세(TNDC) 협정국으로 수출되는 물품
- FTA 협정 국가로 수출되는 물품
- 그 밖의 우리나라산 물품이 특혜관세를 공여받는 경우

세관에서 원산지증명서를 발급받으려는 수출자[8]는 관할세관장으로부터 전자민원 사용승인을 받고 전자공인인증서를 구입한 후 관세청홈페이지 통관포탈시스템에 접속하여 특혜원산지증명서(별지 제1-2호 서식부터 제1-6호 서식) 및 수출신고번호 등 원산지증명발행신청서(별지 제4호 서식)의 내역을 입력한 후 민원신청 하여야 한다. 세관장은 민원신청내역과 구비서류(필요시에 한함)가 해당 협정 또는 특혜공여국의 원산지결정기준에 일치하는 지 여부와 수수료 납부사항을 확인한 후 이상이 없는 경우 즉시 승인 등록하여야 한다.

세관장으로부터 원산지증명발급 승인을 받은 신청인은 통관포탈시스템에 접속하여 원산지증명서(수출자용, 수입자용)를 출력할 수 있다. 다만, 분실 등 사정이 있는 경우 1년 이내에 한하여 재발급이 가능하며, 이 경우 "재발급" 또는 "Reissue" 등의 표현으로 재발급된 원산지증명서임을 명기하여야 한다.

---

6) 2011년 7월 1일 시행예정이며 하위법령이 마련되지 않았으므로 향후 시행령 및 시행규칙 개정사항에 주의를 해야 함
7) 북한으로 반출되는 것
8) 수출신고한 관세사가 대리 가능

전산시스템 정지 등 불가피한 사유로 구비서류를 첨부 원산지증명발급을 신청하는 경우 세관장이 그 내역을 시스템에 등록하고 증명서를 직접 발급한다. 세관장은 원산지결정기준 충족여부 등을 확인하기 위하여 소속공무원으로 하여금 수출자의 제조여부 등을 확인하게 하거나 자료제출을 요구할 수 있다. 인사이동 등으로 인하여 원산지증명서 발급담당 공무원이 변경된 경우에는 즉시 발급기관등록서(별지 제5호 서식)를 작성하여 관세청을 경유 특혜 공여국에 등록한 후 원산지증명서를 발급하여야 한다.

2. 확인자료 제출

세관장은 발급된 원산지증명서의 내용을 확인하기 위하여 필요하다고 인정되는 경우에는 원산지증명서를 발급받은 자, 원산지증명서를 발급한 사람, 그 밖에 해당 수출물품의 생산자 또는 수출자로 하여금 원산지증명서 확인 자료를 제출하게 할 수 있다. 원산지 증명서 확인 자료는 다음 구분에 따른 자료로서 수출신고 수리일부터 3년 이내의 자료를 말한다.

① 수출물품의 생산자가 제출하는 다음 자료

- 수출자에게 해당 물품의 원산지를 증명하기 위하여 제공한 서류
- 수출자와의 물품공급계약서
- 해당 물품의 생산에 사용된 원재료의 수입신고필증(생산자 명의로 수입신고한 경우만 해당한다)
- 해당 물품 및 원재료의 생산 또는 구입 관련 증명 서류
- 원가계산서·원재료내역서 및 공정명세서
- 해당 물품 및 원재료의 출납·재고관리대장
- 해당 물품의 생산에 사용된 재료를 공급하거나 생산한 자가 그 재료의 원산지를 증명하기 위하여 작성하여 생산자에게 제공한 서류
- 원산지증명서 발급 신청서류(전자문서를 포함하며, 생산자가 원산지증명서를 발급받은 경우만 해당한다)

② 수출자가 제출하는 다음 자료

- 원산지증명서가 발급된 물품을 수입하는 국가의 수입자에게 제공한 원산지증명서(전자문서를 포함한다)
- 수출신고필증
- 수출거래 관련 계약서

- 원산지증명서 발급 신청서류(전자문서를 포함하며, 수출자가 원산지증명서를 발급받은 경우만 해당한다)
- 해당 물품 및 원재료의 생산 또는 구입 관련 증명 서류, 원가계산서·원재료내역서 및 공정명세서, 해당 물품 및 원재료의 출납·재고관리대장(수출자가 원산지증명서를 발급받은 경우만 해당한다)

③ 원산지증명서를 발급한 자가 제출하는 다음 자료

- 발급한 원산지증명서(전자문서를 포함한다)
- 원산지증명서 발급신청 서류(전자문서를 포함한다)
- 그 밖에 발급기관이 보관 중인 자료로서 원산지 확인에 필요하다고 판단하는 자료

이 경우 자료의 제출기간은 세관장으로부터 원산지증명서 확인 자료의 제출을 요구받은 날부터 30일을 말한다. 다만, 제출을 요구받은 자가 부득이한 사유로 그 기간에 원산지증명서 확인 자료를 제출하기 곤란할 때에는 그 기간을 30일의 범위에서 한 차례만 연장할 수 있다.

3. 조사

세관장은 원산지증명서가 발급된 물품을 수입하는 국가의 권한 있는 기관으로부터 원산지증명서 및 원산지증명서 확인 자료의 진위 여부, 정확성 등의 확인을 요청받은 경우 등 필요하다고 인정되는 경우에는 원산지증명서를 발급받은 자 등을 대상으로 서면조사 또는 현지조사를 할 수 있다(법233조 제2항).

4. 원산지증명서 제출 및 확인

(1) 원산지증명서 제출 대상

법·조약·협정 등에 따라 다른 국가의 생산(가공 포함)물품에 적용되는 세율보다 낮은 세율을 적용받으려는 자로서 원산지 확인이 필요하다고 관세청장이 정하는 자와 관세율의 적용 그 밖의 사유로 인하여 원산지 확인이 필요하다고 관세청장이 지정한 물품을 수입하는 자는 해당 물품의 수입신고 때에 해당 물품의 원산지를 증명하는 서류를 세관장에게 제출하여야 한다(법 제232조 제1항 및 영 제236조 제1항).

1) 특혜용 원산지증명서

다음 어느 하나의 규정·협정에 해당하는 양허관세를 적용받으려는 경우에는 수입신고시에 특혜용 원산지증명서를 제출하여야 한다.

- 최빈개발도상국에 대한 특혜관세공여규정(법 제76조)
- 세계무역기구협정 등에 의한 양허관세 규정 제3조의 세계무역기구협정 개발도상국간 양허관세(TNDC)
- 세계무역기구협정 등에 의한 양허관세 규정 제4조의 아시아태평양무역협정양허관세(APTA)
- 세계무역기구협정 등에 의한 양허관세 규정 제5조의 유엔무역개발회의 개발도상국간 양허관세(GSTP)
- 그 밖의 협정 등에 의해 국제협력관세(법 제73조), 편익관세(법 제74조) 등 특혜관세율을 적용 신청한 경우로서 적용배제 가능성이 있어 세관장이 이를 심사할 필요가 있다고 원산지 표시 물품

특혜관세 적용 대상국

〈최빈개발도상국에 대한 일반특혜관세(법 제76조) 적용국가〉

지 역	국 가
아시아(14)	아프가니스탄, 미얀마, 방글라데시, 네팔, 부탄, 캄보디아, 라오스, 몰디브, 키리바티, 사모아, 투발루, 바누아투, 솔로몬군도, 동티모르
아프리카(34)	앙골라, 베닌, 부르키나파소, 부룬디, 카보베르데, 중앙아프리카공화국, 차드, 코모로, 지부티, 적도기니, 에리트리아, 이디오피아, 감비아, 기니, 기니비사우, 레소토, 리베리아, 마다가스카르, 말라위, 말리, 모리타니아, 모잠비크, 니제르, 르완다, 우간다, 상토메프린시페, 시에라리온, 소말리아, 수단, 탄자니아, 토고, 잠비아, 세네갈, 콩고민주공화국
아메리카(1)	아이티
중동(1)	예멘

〈WTO-GATT협정의 개발도상국간 특혜관세(TNDC) 적용국가〉

지 역	국 가
아시아(3)	방글라데시, 파키스탄, 터키
아메리카(5)	멕시코, 브라질, 칠레, 페루, 우루과이
중동(2)	이집트, 이스라엘
아프리카(1)	튀니지
유럽(1)	루마니아

〈아시아-태평양무역협정(APTA) 양허관세 적용국가(회원국)〉

지 역	국 가
아시아(6)	한국, 중국, 인도, 스리랑카, 방글라데시*, 라오스*

〈유엔무역개발회의(UNCTAD) 개발도상국간 양허관세(GSTP) 적용국가(회원국)〉

지 역	국 가
아시아(13)	한국, 파키스탄, 베트남, 싱가포르, 인도, 인도네시아, 말레이시아, 스리랑카, 북한, 태국, 필리핀, 미얀마*, 방글라데시*
아메리카(13)	페루, 쿠바, 니카라구아, 멕시코, 가이아나, 에콰도르, 볼리비아, 칠레, 트리니다드토바고, 아르헨티나, 브라질, 콜롬비아, 베네주엘라
아프리카(13)	짐바브웨, 가나, 알제리아, 리비아, 나이지리아, 카메룬, 모로코, 튀니지아, 수단*, 기네아*, 베닌*, 모잠비크*, 탄자니아*
중동(3)	이라크, 이집트, 이란

※ 표시는 최빈개발도상국가

원산지증명서는 특혜관세적용국산 물품이고 원산지결정기준을 충족하는 물품으로서 완전생산기준·부가가치기준·가공공정기준·세번변경기준 등 원산지결정기준이 기재된 것이어야 한다.

특혜관세별 원산지결정기준

〈우리나라 관세특혜 양허 (수입 적용)〉

관세율 (code)	특혜관세명	원산지기준(일반)	최빈국 특례	증명발급
R	최빈개발도상국에 대한특혜관세(법76조)	- 부가가치 50% 이상	(좌측과 동일)	기관발급
D	세계무역기구협정 개발도상국간양허관세(TNDC)	- 부가가치 50% 이상		기관발급
E	아시아태평양무역협정(APTA)양허관세	- 원산국 부가가치 45% 이상 - 역내누적 부가가치 60% 이상	- 원산국 부가가치 35% 이상 - 역내누적 부가가치 50% 이상	기관발급
G	유엔무역개발회의 개발도상국간양허관세(GSTP)	- 원산국 부가가치 50% 이상 - 역내누적 부가가치 60% 이상	- 원산국 부가가치 40% 이상 - 역내누적 부가가치 50% 이상	기관발급
U	남북교역	- HS 6단위변경 (단순공정 제외)		기관발급

※ 특별한 규정이 없는 한, 부가가치율 계산시 FOB가격을 기준으로 함

특혜원산지증명서의 원산지 결정기준 부호, 특혜협정별 원산지 결정기준표, 원산지증명서 발행기관은 다음과 같다. 다만, 협정이 변경되거나 발행기관이 변경 통보된 경우 관세청장이 이를 홈페이지에 공고한다.

〈우리나라 특혜관세 수혜(원산지증명 발급)〉

발행코드	특혜 공여국	특혜적용 원산지기준	증명발급
A	남북교역	- HS 6단위변경 (단순공정 제외)	세관, 상공회의소
B	노르웨이 GSP	- HS 4단위 변경	세관, 상공회의소
B	캐나다 GSP	- FOB기준 60%이상 부가가치	세관, 상공회의소
B	뉴질랜드 GSP	- FOB기준 50%이상 부가가치	세관, 상공회의소
B	러시아연방, 카자흐스탄, 우크라이나 GSP,	- FOB기준 50%이상 부가가치	세관, 상공회의소
C	유엔무역개발회의 개발도상국간 양허관세(GSTP)	- 원산국 부가가치 50%이상 - 역내누적 부가가치 60%이상	세관, 상공회의소
D	세계무역기구협정개발 도상국간양허관세(TNDC)	- HS 4단위변경 : Israel - EXW 50%이상(HS 4변경) : Tunisia, Egypt, Bangladesh - FAS 50%이상(HS 4변경) : Mexico, Chile - FOB 50%이상(HS 4변경) : Brazil, Pakistan, Turkey, 기타	세관, 상공회의소
E	아시아-태평양무역협정 양허관세(APTA)	- 원산국 부가가치 45%이상 - 역내누적 부가가치 60%이상	세관, 상공회의소

〈특혜원산지 결정기준 부호〉

코드	원산지결정기준 (증명서상 원산지기준 표시방법)
A	완전생산기준 (A, P, Perfect, WO, WOR, WO-AK)
B	부가가치기준, 수입원재료 공제 (B, Y, Yield, Build-down)
C	부가가치기준, 역내부가가치 누적 (C, F, Pk, VAC, RVC, Build-up)
D	부가가치기준, 최빈국특례 적용 (D, G)
E	부가가치기준, 역외가공비 제외 (OP, Outward-Processing, Rule 6)
G	부가가치기준, 개성공단 역외가공 (Gaesung)
S	가공공정기준 (Specific-Process)
H	HS변경기준, 미소량제외 (De-Minimis)
W	HS변경기준, 수입원재료HS명시 (W, X, CTC, CTH, CTSH)
2	HS 2단위 변경 (CC, W)
4	HS 4단위 변경 (CTH, W)
6	HS 6단위 변경 (CTSH, W)
8	HS 6단위이하 변경 (CTSHS, W)
M	세번변경 + 부가가치기준 충족 (CTC&VAC, CTH+RVC)
N	세번변경 + 가공공정기준 충족 (CTC&Specific, CTH+Specific)
K	부가가치 + 가공공정기준 충족 (VAC&Specific, RVC+Specific)

※ 2가지 이상의 기준이 복합(Mixing)적으로 적용되는 경우 코드를 중복하여 사용

예1) HS 4단위 변경 + 역내부가가치 40% 이상인 경우 : M 40% 이상

* 증명서 인쇄 (M 40% 이상) : CTC+RVC 40% 이상

예2) 역내부가가치 65% 이상 + 재단·봉제한 의류 : K 65% 이상 Sewing

* 증명서 인쇄 (K Sewing 40%이상) : RVC+Specific 40% 이상 Sewing

2) 일반원산지증명서

세관장은 다음 어느 하나에 해당하는 품목에 대해서는 일반원산지증명서를 제출하도록 할 수 있다.

- 덤핑방지관세(법 제51조), 상계관세(법 제57조), 보복관세(법 제63조), 긴급관세(법 제65조, 제67조의2) 등이 적용되는 국가의 인접국에서 수입되거나 적용대상국 생산물품 중 동 관세 비적용 신청물품 또는 낮은 세율 적용신청 물품으로서 우회수입 등의 가능성이 있어 세관장이 이를 확인할 필요가 있다고 원산지 표시 물품.
- 대외무역법·식품위생법·검역법 등의 규정에 따라 원산지를 확인하는 품목

3) 원산지증명서 표기 방법

원산지증명서는 한국어 또는 영어로 표기한 것이어야 한다. 다만, 다른 언어로 기재된 경우에는 이를 번역하여 원본과 함께 제출할 수 있다. 원산지증명서는 수입화주가 “원본과 다를 경우 관련법령에 의한 처벌이 가능함을 알고 있음”을 의사 표시한 사본을 제출할 수 있으며, 세관장이 필요로 하는 경우에는 신고 수리 전 또는 수리 후 원본의 제출을 요구할 수 있다. 원산지증명서는 동일B/L건에 한하여 사용할 수 있다. 다만, 선복부족 등 부득이한 사유로 분할 선적한 경우에는 분할하여 사용할 수 있다.

(2) 원산지증명서 제출 면제

다음의 물품은 원산지증명서류를 제출하지 아니한다(법 제232조 제1항 단서 및 영 제236조 제2항).

- 세관장이 물품의 종류·성질·형상 또는 그 상표·생산국명·제조자 등에 의하여 원산지를 확인할 수 있는 물품
- 우편물[9)]
- 과세가격[10)]이 15만 원 이하인 물품
- 개인에게 무상으로 송부된 탁송품·별송품 또는 여행자의 휴대품
- 그 밖의 관세청장이 관계행정기관의 장과 협의하여 정하는 물품
  • 수입된 물품의 하자보수용[11)] 물품

9) 법 제258조제2항의 규정에 해당하는 것을 제외한다.
10) 종량세의 경우에는 이를 법 제15조의 규정에 준하여 산출한 가격을 말한다.
11) 유상수리를 제외한다.

- 개인이 자가소비용[12)]으로 수입하는 물품
- 국내 제조회사에서 반복적으로 수입하는 물품으로서 이미 원산지가 확인되어 원산지증명서 제출이 필요 없다고 세관장이 원산지 표시 물품
- 원산지사전확인을 받은 날로부터 1년 이내에 반입하는 물품[13)]
- 국내 보세공장·경제자유구역·자유무역지역 등 보세구역에 반입하여 실질적변형을 초래하는 제조·생산과정을 거쳐 국내로 수입되는 물품[14)]

(3) 원산지 제출의 효과

세관장은 원산지증명서를 제출하지 아니하는 때에는 관세법, 조약·협정 등에 의한 관세율을 적용함에 있어서 일반특혜관세·국제협력관세 또는 편익관세를 배제하는 등 관세의 편익을 적용하지 아니할 수 있다(법 제232조 제2항).[15)]

(4) 원산지증명서

1) 증명서

세관장에게 제출하는 원산지증명서는 다음에 해당하는 것이어야 한다(영 제236조 제3항).

- 원산지국가의 세관 그 밖의 발급권한이 있는 기관 또는 상공회의소가 해당 물품에 대하여 원산지국가(지역을 포함한다)를 확인 또는 발행한 것

12) 영업용물품을 제외한다.
13) 원산지사전확인 내용과 변동이 없는 경우에 한한다.
14) 다만, 협정상 국내생산물품에 대해 특혜관세를 적용하도록 규정된 경우로서 해당 제조업체에서 부가가치·세번변경 등 협정이나 법령에 의한 원산지기준을 충족함을 확인하는 경우
15) 수입신고 당시 쟁점물품에 대한 원산지 증명서를 제출하지 아니하였다 하더라도 수입신고 수리후 미얀마 직물협회가 발행한 원산지 증명서를 제출하면 기납부한 관세 등을 환급받을 수 있는지 여부에 대해 살펴보면, 관세법 제232조 및 동법 시행령 제236조에는 이 법, 조약·협정 등에 따라 원산지 확인이 필요한 물품을 수입하는 자 중 다른 국가의 생산(가공을 포함한다)물품에 적용되는 세율보다 낮은 세율을 적용받으려는 자는 해당 물품의 수입신고시 해당 물품의 원산지를 증명하는 서류를 제출하여야 하고 이를 제출하지 아니하는 때에는 관세율을 적용함에 있어서 관세의 편익을 적용하지 않을 수 있다고 규정하고 있는 바, 이는 원산지 증명서의 제출시기에 대한 규정은 단순한 훈시규정이 아닌 강행규정이라 할 것이므로 수입통관 이후에 원산지 증명서를 제출한다면 최빈국 특혜관세율을 적용받을 수 없다고 판단된다. 또한 미얀마산 수입물품에 대해 최빈국특혜세율을 적용받기 위해서는 미얀마정부가 우리나라에 통보한 원산지증명 발급권한이 있는 기관에서 발급된 적법한 원산지증명서를 제출하여야 하나, 청구인이 제출한 원산지증명서는 최빈국특혜관세율 대상물품에 대해서는 발급권한이 없는 미얀마직물협회(MIYANMA TEXTILE INDUSTRIES)에서 발급되었으므로 그 효력이 없다 할 것이다. 관심제2007-003호

- 원산지국가에서 바로 수입되지 아니하고 제3국을 경유하여 수입된 물품에 대하여 그 제3국의 세관 그 밖의 발급권한이 있는 기관 또는 상공회의소가 확인 또는 발행한 경우에는 원산지국가에서 해당 물품에 대하여 발행된 원산지증명서를 기초로 하여 원산지국가(지역을 포함한다)를 확인 또는 발행한 것
- 관세청장이 정한 물품의 경우에는 해당 물품의 상업송장 또는 관련서류에 생산자·공급자·수출자 또는 권한 있는 자가 원산지국가를 기재한 것

원산지증명서에는 해당 수입물품의 품명, 수량, 생산지, 수출자 등 관세청장이 정하는 사항이 적혀 있어야 하며, 수입신고일부터 소급하여 1년 이내에 발행된 것이어야 한다. 다만, 수입신고일부터 소급하여 1년을 계산할 때 다음 구분에 따른 기간은 제외한다.

- 원산지증명서 발행 후 1년 이내에 해당 물품이 수입항에 도착하였으나 수입신고는 1년을 경과하는 경우: 물품이 수입항에 도착한 날의 다음 날부터 해당 물품의 수입신고를 한 날까지의 기간
- 천재지변, 그 밖에 이에 준하는 사유로 원산지증명서 발행 후 1년이 경과한 이후에 수입항에 도착한 경우: 해당 사유가 발생한 날의 다음 날부터 소멸된 날까지의 기간

2) 협정 시행을 위한 증명서

조약·협정 등의 시행을 위하여 원산지증명서 제출 등에 관한 사항을 따로 정할 필요가 있을 때에는 기획재정부령으로 정한다.

(5) 원산지증명서의 확인

1) 원산지 확인의 정의

세관직원이 법령에서 정하는 기준 및 절차에 따라 물품의 원산지 국가를 확인하고 인정하는 것을 말한다.

2) 자료제출 요청

세관장은 원산지 확인이 필요한 물품을 수입한 자로 하여금 제출받은 원산지증명서의 내용을 확인하기 위하여 필요한 자료(원산지증명서확인자료)를 제출하게 할 수 있다. 이 경우 원산지 확인이 필요한 물품을 수입한 자가 정당한 사유 없이 원산지증명서 확인 자료를 제출하지 아니할 때에는 세관장은 수입신고 시 제출받은 원산지증명서의 내용을 인정하지 아니할 수 있다(법 제232조 제3항). 세관장은 원산지증명서 확인

자료를 제출한 자가 정당한 사유를 제시하여 그 자료를 공개하지 아니할 것을 요청한 경우에는 그 제출인의 명시적 동의 없이는 해당 자료를 공개하여서는 아니 된다(법 제232조 제4항).

3) 원산지 확인을 위한 필요서류

세관장은 원산지소명서와 다음에 해당하는 서류를 수입신고 수리 전까지 제출하도록 수입자에게 요청할 수 있다. 다만, 세액심사의 목적인 경우에는 수입신고 수리 후에 제출하도록 요구하여야 한다.

- 세번변경기준을 적용할 물품은 외국의 수출자 또는 제조자가 작성·날인한 세번변경 관련 입증서류[16]
- 부가가치기준을 적용하는 물품은 외국의 수출자 또는 제조자가 작성·날인한 원산지별 원재료사용 및 가격 관련 입증서류[17]
- 가공공정기준을 적용하는 물품은 외국의 수출자 또는 제조자가 작성·날인한 원산지별 공정명세 관련서류
- 그 밖의 세관장이 필요하다고 인정하는 참고서류(상품의 카탈로그 등)

수입물품의 원산지를 확인한 후 1년 이내에 동일규격의 물품이 수입되는 경우 동 물품에 대한 서류제출을 면제한다. 다만, 모델·제조공정·사용원재료의 변경 등으로 인하여 해당 물품의 원산지별 부품사용 내용 등이 변경되는 경우에는 그러하지 아니하다.

4) 환적 또는 일시장치물품 등의 원산지 확인 방법

경유지국에서 환적 또는 일시장치 후 수입되는 물품으로서 경유국 내에서 해당 물품에 대한 상거래 행위가 발생하지 않는 경우에는 그 물품의 원산지국가로부터 우리나라에 도착하기까지의 B/L사본 및 원산지증명서류에 따라 원산지를 확인하는 것을 원칙으로 한다. 다만, 환적통지서, 적하목록, 반출입허가서 등 운송서류에 의해 세관장이 환적 또는 일시장치 확인이 가능한 때에는 B/L사본에 갈음할 수 있다. 세관장은 환적 또는 일시장치 여부를 확인할 수 없는 경우 다음 어느 하나에 해당하는 서류를 수입신고 수리 전까지 제출하도록 수입자에게 요청할 수 있다.

- 우리나라로 수출하였으나 지리적·운송상의 이유로 비원산국의 항구·보세구역 등에서 환적 또는 일시장치하였고 세관 통제하에 있었음을 입증하는 서류

16) 부품구입증명자료, 공정명세서 등

17) 노무비, 경비 및 이윤 등의 개략적인 신고서 포함

- 박람회 등에 전시하였음을 비원산국의 세관 또는 권한있는 관공서가 발급한 증명서
- 그 밖의 세관장이 원산지 및 직접운송여부 확인을 위해 필요하다고 인정하는 서류

증명서류는 해당 물품의 품명, 수량 및 포장의 개수, 기호, 번호와 비원산국에서 해당 물품을 적재한 선박(기)명, 선박(기)의 등록번호, 적재일자 등을 기재한 것이어야 한다. 세관장은 해당 수입물품이 원산지국가로부터 직접 수입되지 아니하고 비원산국을 통하여 수입되는 경우에는 원산국에서 발급한 원산지증명서를 기초로 하여 비원산국의 세관, 그 밖의 관공서 또는 상공회의소가 발급한 것임이 증명되는 원산지증명서를 제출하도록 요구할 수 있다. 이 경우 비원산국 발행 원산지증명서상에는 "원산국에서 발행한 원산지증명서의 번호·발행기관·발행일자와 함께 해당 증명서를 기초로 발행한 것"이라는 내용이 기재되어 있어야 한다.

(6) 원산지증명서 등의 확인요청 및 조사

1) 진위 여부 확인요청

세관장은 원산지증명서를 발급한 국가의 세관이나 그 밖에 발급권한이 있는 기관에 제출된 원산지증명서 및 원산지증명서 확인 자료의 진위 여부, 정확성 등의 확인을 요청할 수 있다. 이 경우 세관장의 확인요청은 해당 물품의 수입신고가 수리된 이후에 하여야 하며, 세관장은 확인을 요청한 사실 및 회신 내용과 그에 따른 결정 내용을 수입자에게 통보하여야 한다(법 233조 제1항).[18]

세관장은 원산지증명서 및 원산지증명서 확인 자료에 대한 진위 여부 등의 확인을 요청할 때에는 원산지증명서 및 원산지증명서 확인 자료의 진위 여부 등에 대하여 의심을 갖게 된 사유 및 확인 요청사항과 해당 물품에 적용된 원산지결정기준이 적힌 요청서와 수입자 또는 그 밖의 조사대상자 등으로부터 수집한 원산지증명서 사본 및 송품장 등 원산지 확인에 필요한 서류를 함께 송부하여야 한다.

세관장은 원산지증명서가 발급된 물품을 수입하는 국가의 권한 있는

18) 2011년 7월 1일 시행예정

기관으로부터 원산지증명서 및 원산지증명서 확인 자료의 진위 여부, 정확성 등의 확인을 요청받은 경우 등 필요하다고 인정되는 경우에는 서면조사 또는 현지조사를 할 수 있다.

현지조사는 서면조사만으로 원산지증명서 및 원산지증명서 확인 자료의 진위 여부, 정확성 등을 확인하기 곤란하거나 추가로 확인할 필요가 있는 경우에 할 수 있다. 세관장은 서면조사 또는 현지조사를 하는 경우에는 다음 사항을 조사대상자에게 조사 시작 7일 전까지 서면으로 통지하여야 한다.

① 서면조사의 경우	② 현지조사의 경우
• 조사대상자 및 조사기간 • 조사대상 수출입물품 • 조사이유 • 조사할 내용 • 조사의 법적 근거 • 제출서류 및 제출기간	• 조사대상자 및 조사예정기간 • 조사대상 수출입물품 • 조사방법 및 조사이유 • 조사할 내용 • 조사의 법적 근거 • 조사에 대한 동의 여부 및 조사동의서 제출기간 (조사에 동의하지 아니하거나 조사동의서 제출기간에 그 동의 여부를 통보하지 아니하는 경우의 조치사항을 포함한다)
• 조사기관, 조사자의 직위 및 성명 • 그 밖에 세관장이 필요하다고 인정하는 사항	• 조사기관, 조사자의 직위 및 성명 • 그 밖에 세관장이 필요하다고 인정하는 사항

조사의 연기신청, 조사결과의 통지에 관하여는 관세조사의 연기신청과 통지(법 제114조제2항 및 제115조)에 관한 규정을 준용한다. 조사결과에 대하여 이의가 있는 조사대상자는 조사결과를 통지받은 날부터 30일 이내에 다음 사항이 적힌 신청서에 이의제기 내용을 확인할 수 있는 자료를 첨부하여 세관장에게 제출할 수 있다.

- 이의를 제기하는 자의 성명과 주소 또는 거소
- 제3항에 따른 조사결과통지서를 받은 날짜 및 조사결정의 내용
- 해당 물품의 품명·규격·용도·수출자·생산자 및 수입자
- 이의제기의 요지와 내용

세관장은 이의제기를 받은 날부터 30일 이내에 심사를 완료하고 그 결정내용을 통지하여야 한다. 다음 보정기간은 결정기간에 산입하지 아니한다. 세관장은 이의제기의 내용이나 절차에 결함이 있는 경우에는 20일 이내의 기간을 정하여 다음 사항을 적은 문서로서 보정할 것을 요구할 수 있다.

- 보정할 사항
- 보정을 요구하는 이유
- 보정할 기간
- 그 밖의 필요한 사항

보정할 사항이 경미한 경우에는 직권으로 보정할 수 있다.

2) 원산지증명서 심사

세관장은 제출된 원산지증명서류에 대하여 다음 사항을 심사하여야 한다.

- 협정 또는 법령에 따른 적용 양식과 일치여부
- 증명서 발행기관명, 스탬프, 발행담당자 및 서명이 관세행정정보시스템에 등록된 원산지증명인증내역과 일치하는지 여부
- 원산지증명서에 기재된 원산지기준(Origin Criterion)이 법령·협정 및 원산지결정기준에 부합하는 지 여부

세관장은 원산지증명서 번호가 중복되거나 스탬프·서명 등의 식별곤란 및 증명서의 진위가 의심되는 경우 원본을 징구하여 진위여부 및 분할사용여부 등을 확인하여야 하며, 필요시 분석의뢰를 할 수 있다. 세관장은 원산지소명서 등 구비자료가 협정 또는 법령에 의한 원산지결정기준과 일치하는지 여부를 확인하여야 한다.

3) 신고수리

세관장은 다음 원산지증명서의 내역이 관세행정정보시스템에 정확히 등록되어 있는지 확인하고 신고수리하여야 한다.

- 발행번호(Reference No), 발행일자
- 발행국가, 발행기관, 지역명, 서명자
- 원산지, 원산지기준 및 추가 기재사항
- 수출자(공급자), 수입자, 그 밖의 필요사항

4) 조약 · 협정 시행을 위한 확인요청

조약·협정 등의 시행을 위하여 원산지증명서 확인요청 및 조사 등에 관한 사항을 따로 정할 필요가 있을 때에는 기획재정부령으로 정한다.

5. 원산지 등에 대한 사전확인

(1) 사전확인 신청

원산지 확인이 필요한 물품을 수입하는 자는 관세청장에게 다음에 해당하는 사항에 대하여 해당 물품의 수입신고를 하기 전에 미리 확인 또는 심사(사전확인)하여 줄 것을 신청할 수 있다(영 제236조의 2 제1항).

- 원산지 확인 기준의 충족여부
- 조약 또는 협정 등의 체결로 인하여 관련법령에서 특정 물품에 대한 원산지 확인 기준을 달리 정하고 있는 경우에 해당 법령에 따른 원산지 확인 기준의 충족여부
- 원산지 확인 기준의 충족여부를 결정하기 위한 기초가 되는 사항으로서 관세청장이 정하는 사항
- 그 밖에 관세청장이 원산지에 따른 관세의 적용과 관련하여 필요하다고 정하는 사항

(2) 확인

사전확인의 신청을 받은 경우 관세청장은 60일 이내에 이를 확인하여 그 결과를 기재한 서류(사전확인서)를 신청인에게 교부하여야 한다. 다만, 제출 자료의 미비 등으로 인하여 사전확인이 곤란한 경우에는 그 사유를 신청인에게 통지하여야 한다.

(3) 관세 경감 조치

세관장은 수입신고된 물품 및 원산지증명서의 내용이 사전확인서상의 내용과 동일하다고 인정되는 때에는 특별한 사유가 없는 한 사전확인서의 내용에 따라 관세의 경감 등을 적용하여야 한다.

(4) 이의 제기

사전확인의 결과를 통지받은 자(사전확인서의 내용변경 통지를 받은 자를 포함한다)는 그 통지내용에 이의를 제기하려는 경우 그 결과를 통지받은 날부터 30일 이내에 다음 사항이 기재된 신청서에 이의제기 내용을 확인할 수 있는 자료를 첨부하여 관세청장에게 제출하여야 한다(영 제236조의2 제4항).

- 이의를 제기하는 자의 성명과 주소 또는 거소

- 해당 물품의 품명·규격·용도·수출자·생산자 및 수입자
- 이의제기의 요지와 내용

관세청장은 이의제기를 받은 때에는 이를 심사하여 30일 이내에 그 결정 내용을 신청인에게 알려야 한다(영 제236조의 2 제5항).

관세청장은 이의제기의 내용이나 절차가 적합하지 아니하거나 보정할 수 있다고 인정되는 때에는 20일 이내의 기간을 정하여 다음 사항을 적은 문서로써 보정하여 줄 것을 요구할 수 있다(영 제236조의 2 제6항).

- 보정할 사항
- 보정을 요구하는 이유
- 보정할 기간
- 그 밖의 필요한 사항

이 경우 보정기간은 심사결정기간에 산입하지 아니한다.

(5) 사전확인서 내용의 변경

관세청장은 사전확인서의 근거가 되는 사실관계 또는 상황이 변경된 경우에는 사전확인서의 내용을 변경할 수 있다. 이 경우 관세청장은 신청인에게 그 변경내용을 통지하여야 한다(영 제236조의3 제1항).

사전확인서의 내용을 변경한 경우에는 그 변경일후에 수입신고 되는 물품에 대하여 변경된 내용을 적용한다. 다만, 사전확인서의 내용변경이 자료제출누락 또는 허위자료 제출 등 신청인의 귀책사유로 인한 때에는 해당 사전확인과 관련하여 그 변경일 전에 수입신고된 물품에 대하여도 소급하여 변경된 내용을 적용한다(영 제236조의3 제2항).

6. 원산지확인위원회

사전확인, 사전확인 이의제기 및 변경 등에 관한 사항 중 관세청장이 부의하는 사안을 심의하기 위하여 관세청에 원산지확인위원회(위원회)를 둔다(영 제236조의4 제1항). 위원회는 위원장 1인을 포함하여 10인 이하의 위원으로 구성한다. 위원장은 관세청에서 원산지업무를 관장하는 고위공무원단에 속하는 공무원이 되고, 위원은 다음에 해당하는 자중에서 관세청장이 임명 또는 위촉한다.

- 관계중앙행정기관에서 원산지 관련 업무를 담당하는 공무원

- 관세청·관세평가분류원·중앙관세분석소 또는 세관에서 원산지 관련 업무를 담당하고 있는 공무원
- 그 밖에 원산지업무에 관하여 학식과 경험이 풍부한 사람

위원장이 부득이한 사유로 그 직무를 수행하지 못하는 경우에는 위원장이 지명하는 자가 그 직무를 대행한다. 위원중 공무원인 위원이 회의에 출석하지 못할 부득이한 사정이 있는 경우에는 그가 지명하는 공무원[19]으로 하여금 회의에 출석하여 그 직무를 대행하게 할 수 있다. 위원회의 회의는 위원장을 포함한 재적위원 과반수의 출석과 출석위원 과반수의 찬성으로 의결한다. 위원회의 서무를 처리하기 위하여 위원회에 간사 1인을 두며, 위원회의 간사는 관세청의 5급 이상 공무원 또는 고위공무원단에 속하는 일반직 공무원 중에서 위원장이 지명한다. 관세청장은 회의의 원활한 운영을 위하여 위원회에 상정된 물품의 원산지 확인업무와 관련된 의견을 듣기 위하여 관련 학계·연구기관 또는 협회 등에서 활동하는 자를 자문위원으로 위촉할 수 있다. 위원회에 출석한 공무원이 아닌 위원 및 자문위원에 대하여는 예산이 정하는 범위 내에서 여비 및 수당을 지급할 수 있다. 위원회의 운영에 관하여 이 영이 규정하지 아니한 사항은 관세청장이 정한다.

7. 원산지 허위표시 물품 등에 대한 조치

(1) 통관제한 조치

세관장은 법령에 따라 원산지를 표시하여야 하는 물품이 다음에 해당하는 경우에는 해당 물품의 통관을 허용하여서는 아니 된다.

- 원산지 표시가 법령에서 정하는 기준과 방법에 부합되지 아니하게 표시된 경우
- 원산지 표시가 부정한 방법으로 사실과 다르게 표시된 경우
- 원산지 표시가 되어 있지 아니한 경우

다만, 그 위반사항이 경미한 경우에는 이를 보완·정정하도록 한 후 통관을 허용할 수 있다(법 제230조).

표시위반 물품을 수입한 자에 대하여 관세행정정보시스템에서 원산지 표시 위반 경력을 조회한 결과 동일 공급자로부터 최근 1년 이내에 동일 또는 유사품목[20]에 대하여 최초로 위반한 경우에는 법령에서 정하는 원산

19) 해당 직위가 공석인 때에는 위원장이 지명하는 공무원을 말한다.
20) 종전에 적발·시정된 물품과 HS 6단위가 일치하는 물품

지 표시방법에 따라 이를 보완·정정하도록 한 후 통관[21]을 허용할 수 있다. 다만, 허위표시 등 고의가 있다고 판단되는 경우는 제외한다. 부적정 표시 물품에 해당하는 때에는 원산지표시를 적정하게 보완·정정하도록 한 후 통관을 허용한다.

(2) 품질 등 허위·오인 표시물품의 통관 제한

세관장은 물품의 품질, 내용, 제조 방법, 용도, 수량(품질 등)을 사실과 다르게 표시한 물품 또는 품질 등을 오인(誤認)할 수 있도록 표시하거나 오인할 수 있는 표지를 부착한 물품으로서 「부정경쟁방지 및 영업비밀보호에 관한 법률」, 「식품위생법」, 「산업표준화법」 등 품질 등의 표시에 관한 법령을 위반한 물품에 대하여는 통관을 허용하여서는 아니 된다(제230조의2).

(3) 시정조치 요구

원산지 표시 위반사항이 경미한 경우에는 이를 보완·정정하도록 한 후 통관을 허용할 수 있다. 세관장이 원산지 표시 시정요구를 할 수 있는 물품은 관련 규정에 적합하게 원산지 표시를 정정할 수 있는 경우에 한하며 규정에 부합하는 방법으로 원산지 표시를 보완·정정하는 것이 현실적으로 불가능한 경우, 원산지 표시의 보완·정정이 상품가치를 현저히 손상시키는 경우, 그 밖의 원산지 표시의 시정이 적합하지 아니한 경우에는 반송조치 하여야 한다. 다만, 반송이 곤란한 경우 또는 수입화주의 요청이 있는 경우에는 폐기 등의 조치를 취할 수 있다. 세관장이 원산지 표시 시정요구를 하려는 경우에는 관세행정정보시스템에 위반내역과 시정방법 및 시정기간 등 필요한 사항을 입력하여 원산지 표시 시정요구서를 출력한 후 수입자 또는 신고인에게 교부하여야 한다.

원산지가 허위표시·오인표시된 것으로 의심되거나 OECD 국가[22]나 그 밖의 국가(싱가포르, 홍콩 등)에서 선적된 물품 중 원산지가 미표시된 경우에는 원산지증명서·원산지소명서 등 관계자료를 징구하여 원산지를 확인하여야 한다.

---

21) 관리대상화물 등 신고 전에 적발된 경우는 적용하지 아니하며(허위표시는 제외), 수입신고 후 원산지 표시 위반으로 적발된 경우에 한한다.
22) 일본, 미국, 캐나다, 영국, 독일, 프랑스, 이탈리아, 스위스, 노르웨이, 호주 등

세관장이 시정요구시 보완·정정의 시정방법 및 기간을 결정함에 있어서는 수입자 또는 신고인의 의견을 들은 후 결정하여야 하며, 해당 물품의 특성과 건전한 표시관행을 충분히 고려하여야 한다. 화물관리부서에 대한 통보 및 원산지표시 시정요구서 교부는 관세행정정보시스템에 화주의 이메일을 입력하거나 신고인에게 EDI방식에 의한 통보로 이를 대신할 수 있다. 화주 아닌 신고인이 시정요구를 받은 경우에는 즉시 화주에게 원산지표시 시정요구서를 전달하여야 한다.

(4) 환적물품 등에 대한 유치

세관장은 일시적으로 육지에 내려지거나 다른 운송수단으로 환적(換積, 동일한 세관의 관할구역에서 입국 또는 입항하는 운송수단에서 출국 또는 출항하는 운송수단으로 물품을 옮겨 싣는 것) 또는 복합환적(複合換積, 입국 또는 입항하는 운송수단의 물품을 다른 세관의 관할구역으로 운송하여 출국 또는 출항하는 운송수단으로 옮겨 싣는 것)되는 외국물품 중 원산지를 우리나라로 허위 표시한 물품은 유치(留置)할 수 있다(법 제231조 제1항). 유치하는 외국물품은 세관장이 관리하는 장소에 보관하여야 한다. 다만, 세관장이 필요하다고 인정할 때에는 그러하지 아니하다. 세관장은 외국물품을 유치하는 때에는 그 사실을 그 물품의 화주나 그 위임을 받은 자에게 통지하여야 한다. 세관장은 통지를 하는 때에는 이행 기간을 정하여 원산지 표시의 수정 등 필요한 조치를 명할 수 있다. 이 경우 지정한 이행기간 내에 명령을 이행하지 아니하면 매각한다는 뜻을 함께 통지하여야 한다. 세관장은 명령이 이행된 때에는 물품의 유치를 즉시 해제하여야 한다.

세관장은 명령이 이행되지 아니한 경우에는 이를 매각할 수 있다. 「상표법」에 따라 등록된 상표권 또는 「저작권법」이 정하는 저작권을 침해하는 물품도 유치할 수 있다. 이 경우 세관장은 해당 권리의 보유자에게 유치사실을 통보한 후 권리보유자가 통보를 받은 날부터 10일 이내에 법원에 손해배상을 청구하지 아니한 경우에는 물품의 유치를 해제하여야 한다.

8. 수출입물품의 원산지정보 수집 · 분석

관세청장은 이 법과 「자유무역협정의 이행을 위한 관세법의 특례에 관한 법률」 및 조약·협정 등에 따라 수출입물품의 원산지 확인·결정 또는 검증 등의 업무에 필요한 정보를 수집·분석할 수 있다(관세법 제233조의2 제1항).

관세청장은 정보를 효율적으로 수집·분석하기 위하여 필요한 경우 법인 또는 단체에 위탁할 수 있는 업무는 다음과 같다(관세법 시행령 제235조의5 제1항).

- 수출입물품의 원산지정보 관리를 위한 시스템의 구축 및 운영에 관한 사항
- 「자유무역협정의 이행을 위한 관세법의 특례에 관한 법률」에 따른 원산지조사 업무 중 물품의 생산 공정 분석, 거래형태 분석, 품목분류 및 부가가치 계산 등 전문성을 요하는 사항
- 「자유무역협정의 이행을 위한 관세법의 특례에 관한 법률」 및 조약·협정에 따른 원산지 사전심사를 위한 예비 조사에 관한 사항
- 사전확인 업무의 예비 조사에 관한 사항
- 원산지 확인·결정 또는 검증이 필요한 수출입물품 또는 그 수출입자 등의 자료분석에 관한 사항
- 그 밖에 관세청장이 정하여 고시하는 사항

업무를 위탁받을 수 있는 법인 또는 단체의 장은 관세청장이 정하는 품목분류·원산지 기준 등 원산지정보 수집·분석에 필요한 전문인력 및 전산설비를 갖춘 법인 또는 단체의 장 중에서 관세청장이 지정하여 고시한다. 업무의 위탁을 받은 법인 또는 단체의 장에 대한 지휘·감독의 관한 사항은 관세청장이 정한다.

제3장

자유무역협정의 이행을 위한 관세법의 특례에 관한 법률상의 원산지

Ⅰ. 원산지결정기준

"원산지"란 관세의 부과·징수 및 감면, 수출입물품의 통관 등을 할 때 협정에서 정하는 기준에 따라 물품의 생산, 가공, 제조 등이 이루어진 것으로 보는 국가를 말한다.

1. 기준

(1) 일반적 기준

협정 및 「자유무역협정의 이행을 위한 관세법의 특례에 관한 법률」에 따른 협정관세의 적용, 수출입물품의 통관 등을 위하여 물품의 원산지를 결정할 때에는 협정에서 정하는 바에 따라 다음 어느 하나에 해당하는 국가를 원산지로 한다.

① 해당 물품의 전부를 생산·가공 또는 제조한 국가(완전생간기준)

② 해당 물품이 둘 이상의 국가에 걸쳐 생산·가공 또는 제조된 경우에는 다음 어느 하나에 해당하는 국가

㉠ 해당 물품의 품목번호(「통일상품명 및 부호체계에 관한 국제협약」에 따른 품목분류표상의 품목번호를 말한다)가 그 물품의 생산·가공 또는 제조에 사용되는 재료 또는 구성물품의 품목번호와 일정 단위 이상 다른 경우 해당 물품을 최종적으로 생산·가공 또는 제조한 국가(세번변경기준)

㉡ 해당 물품에 대하여 일정 수준 이상의 부가가치를 창출한 국가(부

가가치기준)

㉢ 해당 물품의 생산·가공 또는 제조의 주요 공정을 수행한 국가

③ 그 밖에 해당 물품이 협정에서 정한 원산지 인정 요건을 충족시킨 국가

일반적으로 원산지인정 기준은 완전생산기준, 세번변경기준, 부가가치기준, 주요공공기준 등이 있다. 「자유무역협정의 이행을 위한 관세법의 특례에 관한 법률」 시행규칙에서는 다음과 같은 세 가지 기준에 대한 정의를 하고 있다.

① "완전생산기준"이라 함은 「자유무역협정의 이행을 위한 관세법의 특례에 관한 법률」 당해 물품의 전부를 생산한 국가를 원산지로 인정하는 기준을 말한다.

② "세번변경기준(稅番變更基準)"이라 함은 당해 물품이 2개국 이상에 걸쳐 생산된 경우로서 당해 물품의 품목번호와 당해 물품의 생산에 사용된 비원산지재료의 품목번호가 일정 단위 이상이 다른 경우 당해 물품을 최종적으로 생산한 국가를 원산지로 인정하는 기준을 말한다.

③ "부가가치기준"이라 함은 당해 물품이 2개국 이상에 걸쳐 생산된 경우 당해 물품에 대하여 일정 수준 이상의 부가가치를 창출한 국가를 원산지로 인정하는 기준을 말한다.[1)]

(2) 국가별 원산지 결정의 기준

각 협정에 따른 원산지결정기준은 다음과 같다.

- 싱가포르와의 협정에 따른 원산지결정기준: 시행규칙 별표 4
- 유럽자유무역연합회원국과의 협정에 따른 원산지결정기준: 시행규칙 별표 5
- 아세안회원국과의 협정에 따른 원산지결정기준: 시행규칙 별표 6
- 인도와의 협정에 따른 원산지결정기준: 시행규칙 별표 7
- 칠레와의 협정에 따른 원산지결정기준: 시행규칙 별표 8
- 유럽연합당사자와의 협정에 따른 원산지결정기준: 시행규칙 별표 9
- 페루와의 협정에 따른 원산지결정기준: 시행규칙 별표 10
- 미합중국과의 협정에 따른 원산지결정기준: 시행규칙 별표 11
- 터키와의 협정에 따른 원산지결정기준: 시행규칙 별표 12

1) 부가가치기준의 적용 등 원산지결정에 필요한 가격 또는 비용을 계산함에 있어서 이 규칙에서 별도로 정한 경우를 제외하고는 「관세법」 제30조 내지 제35조 및 「1994년도 관세 및 무역에 관한 일반협정 제7조의 이행에 관한 협정」을 준용한다.

(3) 원산지가 아닌 국가를 경유한 물품 등의 원산지결정

원산지로 결정된 경우에도 해당 물품이 생산·가공 또는 제조된 이후에 원산지가 아닌 국가를 경유하여 운송되거나 원산지가 아닌 국가에서 선적(船積)된 경우에는 그 물품의 원산지로 인정하지 아니한다. 다만, 협정에서 다르게 정하는 경우나 해당 물품이 원산지가 아닌 국가의 보세구역에서 운송 목적으로 환적(換積)되었거나 일시적으로 장치되었다고 인정되는 경우에는 원산지로 인정한다.

관세청장 또는 세관장은 수입자가 협정에서 다르게 정하는 경우나 해당 물품이 원산지가 아닌 국가의 보세구역에서 운송 목적으로 환적(換積)되었거나 일시적으로 장치되었다고 인정되는 경우임을 입증하지 못하는 경우에는 해당 물품의 원산지를 인정하지 아니한다.

관세청장 또는 세관장은 다음 어느 하나에 해당하는 경우에는 해당 물품이 원산지가 아닌 국가의 보세구역에서 운송 목적으로 환적(換積)되었거나 일시적으로 장치되었다고 인정되는 경우에 해당하는 것으로 인정하지 아니한다.

① 원산지가 아닌 국가 또는 지역에서 생산 또는 작업과정이 추가된 경우. 다만, 수입항까지 국제운송에 필요한 하역·선적·포장에 필요한 작업이나 물품을 양호한 상태로 보존하는데 필요한 작업과정이 추가된 경우는 제외한다.

② 해당 물품이 원산지가 아닌 국가 또는 지역의 관세당국의 통제 또는 감독 하에 있지 아니한 경우

Ⅱ. 원산지증명서 작성

1. 발급방법

원산지증명서는 다음 어느 하나에 따라 발급하여야 한다.

① 협정에서 정하는 방법과 절차에 따라 다음의 국가별 원산지 증명서 발급 기관이 해당 물품에 대하여 원산지를 확인하여 발급할 것

② 협정에서 정하는 방법과 절차에 따라 수출자, 생산자 또는 수입자가 자율적으로 해당 물품에 대한 원산지를 확인하여 작성·서명할 것

2. 국가별 원산지증명서 발급방법

(1) 싱가포르와의 협정에 의한 원산지증명서 발급방식

「대한민국정부와 싱가포르공화국정부 간의 자유무역협정」(싱가포르와의 협정)에 따른 원산지증명서는 「자유무역협정의 이행을 위한 관세법의 특례에 관한 법률 시행령」에 따라 자유무역협정(협정)이 정하는 방법과 절차에 따라 원산지국가의 세관 그 밖의 발급권한이 있는 기관이 당해 물품에 대하여 원산지를 확인하여 발급된 것으로 한다.

싱가포르와의 협정에 따라 원산지증명서를 발급하는 기관은 다음과 같다.

① 싱가포르를 원산지로 하는 물품 : 싱가포르 관세당국

② 대한민국을 원산지로 하는 물품 : 증명서발급기관(세관, 자유무역지역관리원(「자유무역지역의 지정 및 운영에 관한 법률」에 따른 자유무역지역에 입주한 기업체가 신청하는 경우에 한한다) 및 「상공회의소법」에 따라 설립된 상공회의소·대한상공회의소)

(2) 아세안회원국과의 협정에 따른 원산지증명서 발급방식

「대한민국과 동남아시아국가연합 회원국 정부 간의 포괄적 경제협력에 관한 기본협정 하의 상품무역에 관한 협정」(아세안회원국과의 협정)에 따라 원산지증명서는 「자유무역협정의 이행을 위한 관세법의 특례에 관한 법률 시행령」에 따라 협정이 정하는 방법과 절차에 따라 원산지국가의 세관 그 밖의 발급권한이 있는 기관이 당해 물품에 대하여 원산지를 확인하

여 발급된 것으로 한다.

아세안회원국과의 협정에 따라 동남아시아국가연합 회원국(브루나이 다루살람, 캄보디아왕국, 인도네시아공화국, 라오인민민주주의공화국, 말레이시아, 미얀마연방, 필리핀공화국, 싱가포르공화국, 태국왕국 및 베트남사회주의공화국을 말하며, 이하 "아세안회원국"이라 한다)을 원산지로 하는 원산지증명서를 발급하는 기관은 다음과 같다.

1) 동남아시아국가연합 회원국을 원산지로 하는 물품

- 브루나이 다루살람을 원산지로 하는 물품: 브루나이 외교부
- 캄보디아왕국을 원산지로 하는 물품: 캄보디아 상무부
- 인도네시아공화국을 원산지로 하는 물품: 인도네시아 통상부
- 라오인민민주주의공화국을 원산지로 하는 물품: 라오스 통상산업부
- 말레이시아를 원산지로 하는 물품: 말레이시아 국제통상산업부
- 미얀마연방을 원산지로 하는 물품: 미얀마 상무부
- 필리핀공화국을 원산지로 하는 물품: 필리핀 세관
- 싱가포르공화국을 원산지로 하는 물품: 싱가포르 세관
- 태국왕국을 원산지로 하는 물품: 태국 상무부
- 베트남사회주의공화국을 원산지로 하는 물품: 베트남 통상부

2) 대한민국을 원산지로 하는 물품

증명서발급기관(자유무역지역관리원을 제외한다). 다만, 개성공업지구에서 생산된 물품의 원산지증명서를 발급하는 기관은 세관으로 한다.

(3) 인도와의 협정에 따른 원산지증명서 발급방식

「대한민국과 인도공화국 간의 포괄적경제동반자협정」(인도와의 협정)에 따른 원산지증명서는 자유무역협정(협정)이 정하는 방법과 절차에 따라 원산지국가의 세관 그 밖의 발급권한이 있는 기관이 당해 물품에 대하여 원산지를 확인하여 발급한 것으로 한다.

인도와의 협정에 따라 원산지증명서를 발급하는 기관은 다음과 같다.

① 인도를 원산지로 하는 물품: 인도수출검사위원회
② 대한민국을 원산지로 하는 물품: 증명서발급기관(자유무역지역관리원은 제외한다). 다만, 개성공업지구에서 생산된 물품의 원산지증명서를 발급하는 기관은 세관으로 한다.

(4) 유럽자유무역연합회원국과의 협정에 의한 원산지증명서 발급방식

「대한민국과 유럽자유무역연합 회원국 간의 자유무역협정」(동 협정의 일부를 구성하는「대한민국과 아이슬란드공화국 간의 농업에 관한 협정」,「대한민국과 노르웨이왕국 간의 농업에 관한 협정」 및「대한민국과 스위스연방 간의 농업에 관한 협정」을 포함하며, 이하 "유럽자유무역연합회원국과의 협정"이라 한다)에 따른 원산지증명서는 협정이 정하는 방법과 절차에 따라 수출자가 자율적으로 당해 물품에 대하여 원산지를 확인(원산지자율증명)하여 수출자가 자율적으로 작성·서명(당해 물품의 상업송장 또는 이에 갈음하는 서류에 수출자, 생산자 또는 수입자가 원산지를 기재하는 것을 포함한다)한 것으로 한다.

유럽자유무역연합회원국과의 협정 중「대한민국과 스위스연방 간의 농업에 관한 협정」 부속서 I에 따라 스위스연방을 원산지로 하는 치즈(영 별표 2 제2호 가목 품목번호 0406.90.1000, 0406.90.2000, 0406.90.3000, 0406.90.4000, 0406.90.9000 및 같은 목의 비고에 따른 기타 치즈에 한하며, "스위스치즈"라 한다)에 대하여는 협정이 정하는 방법과 절차에 따라 원산지국가의 세관 그 밖의 발급권한이 있는 기관이 당해 물품에 대하여 원산지를 확인하여 발급된 것으로「대한민국과 스위스연방 간의 농업에 관한 협정」 부속서 I에 따라 스위스치즈에 대한 원산지증명서를 발급하는 기관은 스위스연방농업국이 인증한 기관으로 한다.

(5) 칠레와의 협정에 따른 원산지증명서 발급방식

「대한민국정부와 칠레공화국정부 간의 자유무역협정」(칠레와의 협정)에 따른 원산지증명서는 수출자가 자율적으로 작성·서명한 것으로 한다.

(6) 유럽연합당사자와의 협정에 의한 원산지증명서 발급방식

「대한민국과 유럽연합 및 그 회원국 간의 자유무역협정」(유럽연합당사자와의 협정)에 따른 원산지증명서는 다음 어느 하나에 해당하는 수출자가 자율적으로 작성·서명한 것으로 한다.

① 유럽연합당사자와의 협정 중「원산지제품의 정의 및 행정협력의 방법에 관한 의정서」(이하 "유럽연합당사자와의 원산지 관련 의정서"라 한다) 제17조 및 영 제2조제5항에 따른 원산지인증수출자

② 총가격이 6천유로[유로화 외의 영 제3조제7항에 따른 유럽연합당사

자(이하 "유럽연합당사자"라 한다)의 자국통화로 작성된 경우에는 관세청장이 게시하는 금액을 말한다]를 초과하지 아니하는 물품의 수출자. 이 경우 물품의 총가격은 단일의 운송서류(운송서류가 없는 경우에는 송품장을 말한다)에 의하여 수출자로부터 수하인에게 일시에 송부된 물품을 기준으로 계산한다.

관세청장은 유럽연합당사자와의 원산지 관련 의정서 제25조에 따라 유럽연합 집행위원회가 매년 10월 15일까지 대한민국에 통보하는 6천유로에 상당하는 유럽연합당사자의 자국통화로 환산된 금액을 관세청장이 지정하는 정보통신망에 지체 없이 게시하여야 한다. 게시한 금액은 게시한 해의 다음 해 1월 1일부터 12월 31일까지 적용된다.

(7) 페루와의 협정에 따른 원산지증명서 발급방식

「대한민국과 페루공화국 간의 자유무역협정」(페루와의 협정)에 따른 원산지증명서는 다음 어느 하나에 해당하는 것으로 한다.

① 협정이 정하는 방법과 절차에 따라 원산지국가의 세관 그 밖의 발급권한이 있는 기관이 당해 물품에 대하여 원산지를 확인하여 발급된 것
② 다음 어느 하나에 해당하는 수출자가 자율적으로 작성·서명한 것
㉠ 페루와의 협정 부속서 4가 규칙 5 및 영 제2조제5항에 따른 원산지인증수출자
㉡ 탁송화물의 총가격이 2천미합중국달러를 초과하지 아니하는 물품의 수출자

페루와의 협정에 따라 원산지증명서를 발급하는 기관은 다음 각 호와 같다.

① 페루를 원산지로 하는 물품: 페루 통상본부
② 대한민국을 원산지로 하는 물품: 증명서발급기관(자유무역지역관리원은 제외한다). 다만, 개성공업지구에서 생산된 물품의 원산지증명서를 발급하는 기관은 세관으로 한다.

(8) 미합중국과의 협정에 따른 원산지증명서 발급방식

「대한민국과 미합중국 간의 자유무역협정」(미합중국과의 협정)에 따른 원산지증명서는 수출자, 생산자 또는 수입자가 자율적으로 서면 또는 전자적 방식으로 작성한 것으로 한다.

(9) 터키와의 협정에 따른 원산지증명서 발급방식

「대한민국과 터키공화국 간의 상품무역에 관한 협정」(터키와의 협정에 따른 원산지증명서는 수출자가 자율적으로 작성·서명한 것으로 한다.

3. 원산지증명서 서식

(1) 싱가포르와의 협정에 따른 원산지증명서의 서식

싱가포르와의 협정에 따른 원산지증명서의 서식은 다음과 같다.

① 싱가포르 관세당국이 발급하는 원산지증명서 : 시행령 별지 제6호서식

② 우리나라 증명서 발급 기관이 발급하는 원산지증명서 : 시행령 별지 제6호의2서식

(2) 유럽자유무역연합회원국과의 협정에 따른 원산지증명서

유럽자유무역연합회원국과의 협정에 따른 원산지증명서 또는 원산지증명서의 서식은 다음과 같다.

① 수출자가 자율적으로 작성하는 원산지증명서: 시행령 별표 1에 규정된 사항이 기재되어 있는 해당 물품의 상업송장 또는 이를 갈음하는 서류

② 스위스연방농업국이 인증한 기관이 발급하는 원산지증명서 : 시행령 별지 제6호의4서식

업체별 원산지인증수출자 및 품목별 원산지인증수출자는 유럽자유무역연합회원국과의 협정 부속서 I 제16조에 따른 인증수출자로 본다.

(3) 아세안회원국과의 협정에 따른 원산지증명서의 서식

아세안회원국과의 협정에 따른 원산지증명서의 서식은 시행령 별지 제6호의5서식과 같다.

(4) 인도와의 협정에 따른 원산지증명서의 서식

인도와의 협정에 따른 원산지증명서의 서식은 시행령 별지 제6호의6서식과 같다.

(5) 칠레와의 협정에 따른 원산지증명서의 서식

칠레와의 협정에 따른 원산지증명서의 서식은 시행령 별지 제6호의7서

식과 같다.

(6) 유럽연합당사자와의 협정에 따른 원산지증명서

유럽연합당사자와의 협정에 따른 원산지증명서는 시행령 별표 2에 규정된 사항이 기재되고, 품명·규격 등 해당 물품을 확인하는 데 필요한 상세정보가 포함된 상업송장, 인도증서 또는 그 밖의 상업서류로 한다.

유럽연합당사자와의 원산지 관련 의정서 부속서 2-가에 따라 업체별 원산지인증수출자 또는 품목별 원산지인증수출자가 시행령 별표 9 제5호에 규정된 물품에 대하여 같은 호에 따른 완화된 원산지결정기준을 적용받으려는 경우에는 제1항에 따른 원산지증명서에 "Derogation - Annex Ⅱ (a) of Protocol"이라는 영어문구를 포함하여야 한다.

(7) 페루와의 협정에 따른 원산지증명서

페루와의 협정에 따른 원산지증명서 서식 및 원산지증명서는 다음과 같다.

① 제4조의4제1항제1호에 따라 발급되는 원산지증명서: 시행령 별지 제6호의8서식

② 제4조의4제1항제2호에 따라 수출자가 자율적으로 작성하는 원산지증명서: 시행령 별표 3에 규정된 사항이 기재되고, 품명·규격 등 해당 물품을 확인하는 데 필요한 상세 정보가 포함된 상업송장, 인도증서 또는 그 밖의 상업서류

(8) 미합중국과의 협정에 따른 원산지증명서

미합중국과의 협정에 따른 원산지증명서는 다음 어느 하나에 해당하는 서류로 한다.

① 시행령 별지 제6호의9서식에 따라 작성된 서류

② 다음 사항을 적은 서류

- 작성자의 성명·주소·전화번호
- 수입자의 성명·주소·전화번호(작성자가 알고 있는 경우에만 해당한다)
- 수출자의 성명·주소·전화번호(생산자와 다른 경우에만 해당한다)
- 생산자의 성명·주소·전화번호(작성자가 알고 있는 경우에만 해당한다)
- 해당 물품의 품목번호 및 품명
- 해당 물품이 원산지물품임을 증명하는 정보

- 원산지포괄증명 유효기간(원산지포괄증명 대상 물품인 경우만 해당한다)
- 작성일자

(9) 터키와의 협정에 따른 원산지증명서

터키와의 협정에 따른 원산지증명서는 상업송장, 인도증서 또는 그 밖의 상업서류에 시행령 별표 3의2에 규정된 사항을 기재한 서류로 한다.

터키와의 협정 중 「원산지 규정 및 원산지 절차에 관한 의정서」(터키와의 원산지 관련 의정서) 부속서 2-가에 따라 수출자가 별표 12 제4호에 규정된 물품에 대하여 같은 호에 따른 완화된 원산지결정기준을 적용받으려는 경우에는 제1항에 따른 원산지증명서에 “Derogation - Annex II(a) of the Protocol on Rules of Origin and Origin Procedures”라는 영어 문구를 포함하여야 한다.

2. 수수료

원산지증명서를 발급받으려는 자는 수수료를 납부하여야 한다.

3. 원산지증명서의 기재사항 및 유효기간

(1) 기재사항 및 기재방법

협정에서 다르게 규정하는 경우를 제외하고는 원산지증명서의 기재사항 및 기재방법은 다음과 같다.

- 당해 물품의 수출자·품명·수량·원산지 등 기획재정부령이 정하는 사항이 기재되어 있을 것
- 영문으로 작성될 것
- 원산지증명서 작성대장이 비치되어 발급내역이 관리되고, 원산지증명서에 서명할 자가 지정되어 있으며, 그 서명할 자가 서명하여 발급할 것

(2) 유효기간

각 협정에 따른 원산지증명서의 유효기간은 다음에서 정하는 경우를 제외하고는 발급일로부터 1년으로 한다.

- 아세안회원국과의 협정에 따른 원산지증명서: 발급일로부터 6개월
- 칠레와의 협정: 발급일로부터 2년
- 페루와의 협정: 발급일부터 1년(원산지증명서에 기재된 물품이 비당사국 관

세당국의 관할 하에 일시적으로 보관된 경우에는 2년으로 한다)

- 미합중국과의 협정: 발급일부터 4년

(3) 인증수출자

관세청장 또는 세관장은 수출자가 수출물품에 대한 원산지증명능력 등 기획재정부령으로 정하는 인증요건을 충족하는 경우 그 수출자를 원산지 인증수출자로 지정할 수 있다.

원산지인증수출자는 원산지증명서 발급에 필요한 서류(원산지증명서 발급신청서는 제외한다)의 제출을 생략할 수 있으며, 협정에서 정하는 범위에서 원산지자율증명을 할 수 있다.

4. 증명서발급기관의 의무

(1) 통보

증명서발급기관은 증명서발급기관이 된 날부터 10일 이내에 다음 사항을 관세청장에게 통보하여야 하며, 통보한 내용이 변경된 때에는 그 변경사항을 즉시 통보하여야 한다.

- 증명서발급기관의 명칭·주소·전화번호 및 모사전송번호
- 원산지증명서의 발급을 담당하는 자의 소속·직위·성명 및 서명 견본
- 원산지증명서에 날인하는 증명서발급기관의 인장(印章)의 견본

관세청장은 통보내용을 체약상대국의 관세당국(협정에서 정한 다른 권한 있는 당국이 있는 때에는 그 당국을 말한다)에 통보하여야 한다.

(2) 발급대장

증명서발급기관은 원산지증명서 발급대장에 다음 사항을 기재·관리하여야 한다.

- 발급번호 및 발급일자
- 원산지증명서 발급신청자
- 수출신고의 번호 및 수리일자
- 품명·품목번호(「통일상품명 및 부호체계에 관한 국제협약」에 따른 품목분류표상의 6단위의 품목번호를 말한다. 이하 같다)·수량·금액 및 원산지
- 수출자, 생산자 또는 공급자
- 수입자 및 수입국명

- 당해 물품에 적용된 협정의 명칭 및 원산지결정기준

(3) 보관

증명서발급기관은 원산지증명서 발급대장, 원산지증명서의 발급신청서류 원본 또는 사본을 5년간 보관하여야 한다. 증명서발급기관은 원산지증명서의 발급내역을 매 분기별로 다음 분기가 시작하는 달의 10일까지 관세청장에게 통보하여야 한다.

(4) 부정발급 통보

증명서발급기관은 신청자가 원산지증명서의 발급을 속임수 또는 부정한 방법으로 신청한 사실을 알게 되었거나 원산지결정의 기준을 충족하지 아니하여 원산지증명서의 발급신청을 반려한 때에는 지체 없이 다음 각 호의 사항을 관세청장에게 통보하여야 한다. 이 경우 관세청장은 그 통보받은 사실을 지체 없이 다른 증명서발급기관에 알려야 한다.

- 신청자 및 수출자
- 품명·품목번호·금액
- 수출신고번호(알고 있는 경우에 한정한다)
- 수입국명
- 속임수·부정신청 또는 발급 반려 요지

관세청장은 아세안회원국과의 협정 부속서 3의 부록 1 제5조에 따라 아세안회원국 관세당국의 요청이 있거나 필요하다고 인정할 경우에는 원산지증명서의 발급내역(발급번호, 발급일자, 수출자, 생산자 및 품명을 말한다)을 해당 물품이 수출된 아세안회원국의 관세당국에 제공할 수 있다.

(5) 교육 및 지정

증명서발급기관은 기획재정부장관, 관세청장 또는 증명서발급기관이 자체적으로 실시하는 원산지증명서의 발급과 관련된 교육(품목분류, 물품가격의 산정 및 이 규칙에 따른 원산지결정기준을 포함한다)을 받은 소속 직원을 우선하여 원산지증명서 발급담당자로 지정하여야 한다.

6. 수출물품에 대한 원산지증명서의 발급절차

원산지증명서 발급신청서는 다음과 같다.

원산지증명서 발급신청서

※ 뒤쪽의 작성방법을 읽고 작성하여 주시기 바라며, [ ]에는 해당되는 곳에 √표시를 합니다. (앞쪽)

신청번호	접수일자	처리기간 구비서류란 참조

①신청구분	[ ]신규발급 [ ]재발급( ) [ ]정정발급( ) [ ] 소급발급(선적후 발급)		
②신청인	구 분	[ ]생산자 [ ] 수출자 [ ] 관세사 [ ] 기타 ( )	
	상호(대표자)		사업자번호
③ 원산지인증수출자	[ ]비해당 [ ]해당 [인증번호 :]		
④적용FTA협정	한- FTA		
⑤수출자	상호(대표자)		사업자번호
	주소		전화/E-Mail
⑥생산자	상호(대표자)		사업자번호
	주소		전화/E-Mail
⑦수입자	상호		대표자
	주소(국가)		전화번호

⑧수출물품 내역 및 원산지결정기준

수출신고번호(수리일자)	(yy/mm/dd)	금액(FOB$)	

수출신고필증 란 번호	HS	품명ㆍ규격	금액	원산지기준 및 충족여부					부가가치 비율 및 비율계산	특혜 기준
				완전 생산	역내완전 생산	세번 변경	부가 가치	특정 공정		
/				[ ]	[ ]	[ ]	[ ]	[ ]		
/				[ ]	[ ]	[ ]	[ ]	[ ]		

⑨비원산지재료 내역

수출신고필증 란 번호	HS	품명·규격	금액		원산지	비고
			HS별 소계	란 합계		

⑩운송수단/선(편)명	[ ]선박 [ ]항공기 [ ]기타 /	⑪적재항(출항일자)	(yy/mm/dd)
⑫목적국/항구	/	⑬포장 기호/개수	/
⑭총중량		⑮송품장 번호/일자	/
⑯원산지증명서 특례	[ ]제3국 송품장 [ ]전 시 [ ]연결 원산지증명서 [ ]개성공업지구 생산물품		

위 내용과 틀림이 없음을 확인하오니 원산지증명서를 발급하여 주시기 바랍니다.

년 월 일

신청인 : 업체명 [대표자명] (서명 또는 인)

○○세관장(○○상공회의소 회장) 귀 하

210mm×297mm[일반용지 60g/㎡(재활용품)]

(뒤 쪽)

구비서류	☞ 신규발급 : 1. 수출신고필증 사본(전산으로 확인가능한 경우 제출을 면제합니다) 또는 이에 갈음하는 서류 2. 송품장 또는 거래계약서, 3. 원산지확인서(생산자와 수출자가 다른 경우로 한정합니다), 4. 원산지소명서 5. 원산지소명서에 기재된 내용을 입증할 수 있는 원산지확인서류(증명서 발급기관이 제출을 요구하는 경우로 한정합니다) 6. 선하증권 사본과 사유서(선적일 30일이후 신청하는 경우로 한정합니다) 7. L/C 사본 등 계약서류(원산지증명서 추가 발급을 신청한 경우로 한정합니다) ☞ 재 발 급 : 1. 사유서 ☞ 정정발급 : 1. 사유서 2. 정정사유 입증자료 3. 원산지증명서 원본 ※ 처리기간 : 1. 현지확인이 필요한 경우 : 10일(공휴일 · 토요일 및 근로자의 날을 제외한다) 이내 2. 위 제1호 외의 경우 : 3일(공휴일 · 토요일 및 근로자의 날을 제외한다) 이내

원산지증명서 발급신청서작성방법

항목	작성요령	작성예
①신청구분	ㅇ "신규발급", "재발급", "정정발급" 또는 "소급발급" 중 해당란에 [√] 표시 - 재발급, 정정발급 뒤 괄호 안에는 구 신청번호 기재	ㅇ 신규발급의 경우 [√]신규발급 [ ]재 발 급 [ ]정정발급 [ ]선적후 발급
②신청인	ㅇ "생산자", "수출자", "관세사" 또는 "기타" 중 해당란에 [√] 표시 ㅇ 상호(대표자) : 사업자등록증상의 상호, 대표자를 기재 ㅇ 사업자번호 : 사업자등록증상의 사업자번호 기재	ㅇ 수출자가 신청하는 겨우 [ ]생산자 [√]수출자 [ ]관세사 [ ] 기타 모나리자(주) 112-81-66062
③원산지인증수출자	ㅇ "비해당" 또는 "해당" 중 해당란에 ☑ 표시 ㅇ 해당되는 경우 원산지인증수출자 인증번호 기재 ㅇ 해당되지 않는 경우에는 미기재	ㅇ 해당되는 경우 [ ] 비해당 [√] 해당 [지정번호 : 010-07-000001]
④적용FTA 협정	ㅇ 수입국가와 체결된 FTA의 명칭을 기재	한-아세안 FTA
⑤수출자	ㅇ 상호(대표자) : 사업자등록증상의 상호, 대표자를 기재 ㅇ 사업자번호 : 사업자등록증상의 사업자번호 기재 ㅇ 주소 : 사업자등록증상의 사업장 주소 기재 ㅇ 전화/E-Mail : 발급신청 부서(담당자)의 전화번호 및 신청부서 공용(또는 담당자) E-Mail	모나리자(주) 112-81-66062 서울 강남구 논현동 235 02-765-4321 trade@monarisa.com
⑥생산자	ㅇ 상호(대표자) : 사업자등록증상의 상호, 대표자를 기재 ㅇ 사업자번호 : 사업자등록증상의 사업자번호 기재 ㅇ 주소 : 사업자등록증상의 사업장 주소 기재 ㅇ 전화/E-Mail : 발급신청 부서(담당자)의 전화번호 및 신청부서 공용(또는 담당자) E-Mail	FTA(주) 112-81-05013 서울 강남구 논현동 123 02-123-4567/trade@FTA.com
⑦수입자	ㅇ 상호 : L/C(또는 계약서) 상의 신청자(applicant) 상호 기재 ㅇ 대표자 : L/C(또는 계약서) 상의 신청자(applicant) 회사의 대표자 기재 ㅇ 주소 : L/C(또는 계약서) 상의 신청인(applicant) 주소 기재 ㅇ 전화번호 : L/C(또는 계약서) 상의 신청인(applicant) 전화번호 기재	ABC Corporation JOELLE LAU 55 Newton Road #10 Revenue House (Singapore) 65-6337-5996/trade-1@ABC.com
⑧수출물품 내역 및 원산지결정기준	ㅇ 수출신고번호(수리일자) : 수출신고필증상의 ⑤항목의 신고번호, ㊿ 항목의 신고수리일자 기재 ㅇ 금액(FOB$) : 수출신고필증 ㊵항목의 총신고가격을 US $로 기재 기재 ㅇ 수출신고필증 란 번호 : 수출신고필증상의 란 번호 기재 (란번호/총란수)	010-10-06-12345678(07/03/01) ㅇ 총 5란 중 3란 품목의 경우 : 3 / 5

(1) 첨부서류

원산지증명서의 발급을 신청하려는 자는 수출물품의 선적이 완료되기 전까지 신청서를 작성하고 다음 서류를 첨부하여 증명서발급기관에 제출하여야 한다. 다만, 업체별 원산지인증수출자 및 품목별 원산지인증수출자의 경우에는 첨부서류의 제출을 생략할 수 있다.

- 수출신고의 수리필증 사본(증명서발급기관이 수출사실 등을 전산으로 확인할 수 있는 경우에는 제출을 생략할 수 있다) 또는 이에 갈음하는 다음 각 목의 어느 하나에 해당하는 서류. 이 경우 수출신고가 수리되기 전에 원산지증명서의 발급을 신청한 자는 수출신고가 수리된 후에 제출할 수 있다.
  - 자유무역지역에서 생산된 물품의 경우에는 「자유무역지역의 지정 및 운영에 관한 법률 시행령」 제19조에 따른 국외반출신고서 사본
  - 개성공업지구에서 생산된 물품의 경우에는 「관세법 시행령」제226조에 따른 보세운송신고서 사본
  - 우편물·탁송품 및 별송품의 경우에는 영수증·선하증권 사본 또는 그 밖에 체약상대국으로 수출하였거나 수출할 것임을 나타내는 서류
- 송품장 또는 거래계약서
- 원산지확인서(최종물품에 대한 원산지확인서로서 해당 물품의 생산자와 수출자가 다른 경우로 한정한다)
- 원산지소명서에 기재된 내용을 입증할 수 있는 원산지확인서류 및 제6조의4에 따른 국내제조확인서(증명서발급기관이 필요하다고 인정하여 제출을 요구하는 경우로 한정한다). 다만, 수출자와 생산자가 다른 경우 생산자는 해당 서류를 증명서발급기관에 직접 제출할 수 있다.
- 다음 원산지소명서(수출자와 생산자가 다른 경우 생산자는 원산지소명서를 증명서 발급기관에 직접 제출할 수 있다)

(국문 앞쪽)

<table>
<tr><th colspan="8">원 산 지 소 명 서</th></tr>
<tr><td rowspan="3">1.수출자</td><td>상 호</td><td colspan="3"></td><td>사업자등록번호</td><td colspan="2"></td></tr>
<tr><td>대표자(성명)</td><td colspan="3"></td><td>전화 / 팩스</td><td colspan="2"></td></tr>
<tr><td>주소(전자주소)</td><td colspan="6"></td></tr>
<tr><td rowspan="3">2.생산자</td><td>상 호</td><td colspan="3"></td><td>사업자등록번호</td><td colspan="2"></td></tr>
<tr><td>대표자(성명)</td><td colspan="3"></td><td>전화 / 팩스</td><td colspan="2"></td></tr>
<tr><td>주소(전자주소)</td><td colspan="6"></td></tr>
<tr><th colspan="8">물 품 명 세</th></tr>
<tr><td>3.품명/규격</td><td colspan="4"></td><td>4.HS No.</td><td colspan="2"></td></tr>
<tr><td rowspan="2">5.물품가격</td><td>가격조건</td><td colspan="3">FOB ( ), Ex-Works ( )</td><td rowspan="2">6.원산지 결정기준</td><td rowspan="2" colspan="2"></td></tr>
<tr><td>금 액</td><td colspan="3"></td></tr>
<tr><td>7.주요생산공정</td><td colspan="7"></td></tr>
<tr><th colspan="8">원 재 료 명 세 서</th></tr>
<tr><td rowspan="2">8.연번</td><td rowspan="2">9.재료명</td><td rowspan="2">10.HS No.</td><td rowspan="2">11.원산지</td><td colspan="2">12.가 격</td><td colspan="2" rowspan="2">13.공급자(생산자)</td></tr>
<tr><td>수 량</td><td>가 격</td></tr>
<tr><td></td><td></td><td></td><td></td><td></td><td></td><td colspan="2"></td></tr>
<tr><td></td><td></td><td></td><td></td><td></td><td></td><td colspan="2"></td></tr>
<tr><td></td><td></td><td></td><td></td><td></td><td></td><td colspan="2"></td></tr>
<tr><td></td><td></td><td></td><td></td><td></td><td></td><td colspan="2"></td></tr>
<tr><td></td><td></td><td></td><td></td><td></td><td></td><td colspan="2"></td></tr>
<tr><td></td><td></td><td></td><td></td><td></td><td></td><td colspan="2"></td></tr>
<tr><td rowspan="3" colspan="2">14. 합 계</td><td colspan="2">원산지재료(국산)</td><td rowspan="3"></td><td></td><td rowspan="3" colspan="2"></td></tr>
<tr><td colspan="2">비원산지재료(수입산)</td><td></td></tr>
<tr><td colspan="2">합 계</td><td></td></tr>
<tr><th colspan="8">원산지인정요건 검토</th></tr>
<tr><td colspan="2">15.완전생산기준 충족여부</td><td colspan="2">예 □ 아니오 □</td><td colspan="2">16.세번변경기준 충족여부</td><td colspan="2">예 □ 아니오 □</td></tr>
<tr><td colspan="2">17.부가가치기준 충족여부</td><td colspan="2">예 □ 아니오 □</td><td colspan="4">(부가가치비율 : %)</td></tr>
<tr><td colspan="2">18.세번변경기준과 부가가치기준 동시 적용품목</td><td colspan="2">예 □ 아니오 □</td><td colspan="2">19.최소기준 적용여부</td><td colspan="2">예 □ 아니오 □</td></tr>
<tr><td colspan="2">20.누적기준 적용여부</td><td colspan="2">예 □ 아니오 □</td><td colspan="2">21.역외가공기준 적용여부</td><td colspan="2">예 □ 아니오 □</td></tr>
<tr><td colspan="2">22.직접운송 여부</td><td colspan="2">예 □ 아니오 □</td><td colspan="2">23.기 타</td><td colspan="2">예 □ 아니오 □</td></tr>
<tr><td colspan="2">24.원산지 결정</td><td colspan="3">충 족 ( )</td><td colspan="3">불충족 ( )</td></tr>
</table>

( ) 자유무역협정과 「자유무역협정의 이행을 위한 관세법의 특례에 관한 법률 시행규칙」에 따라 작성·제출합니다.

작 성 자 : (서명)

직 위 :

상 호 및 주 소 :

작 성 일 자 :

210㎜×297㎜(신문용지 54g/㎡(재활용품))

작 성 요 령		
번호	기재항목	기 재 내 용
1	수 출 자	○ 물품을 실제로 수출한 자의 회사명, 사업자등록번호, 대표자 성명, 전화 및 팩스번호, 회사주소(전자주소 포함)를 적습니다.
2	생 산 자	○ 물품을 수출한 국가에서 실제로 생산한 자의 회사명, 사업자등록번호, 대표자 성명, 전화 및 팩스번호, 회사 주소(전자주소 포함) 등을 적습니다. 생산자가 다수인 경우에는 별지에 적습니다.
3	품명/규격	○ 물품의 품명, 모델명, 규격 및 상표명 등을 적습니다. (예시) 휴대폰 ; Samsung MX-2700 ; anycall ○ 품명은 송품장에 적은 것과 같아야 합니다.
4	HS. No.	○ 물품의 6단위의 품목번호를 적습니다.
5	물품가격	○ 가격조건 : 본선인도가격 조건인 경우에는 FOB[2]), 공장도거래가격[3]) 조건인 경우에는 Ex-Works에 "○" 표기합니다. ○ 금 액 : 물품의 거래가격을 적습니다. 통화단위는 송품장에 적은 것과 같아야 합니다.
6	원산지결정기준	○ 물품의 원산지를 결정하는데 적용한 기준을 적습니다. (예시) 세번변경기준을 적용한 때에는 "세번변경기준"을, 부가가치기준을 적용한 때에는 "부가가치기준"을, 세번변경기준과 부가가치기준을 동시에 충족하여야 하는 조합기준을 적용한 때에는 "조합기준"으로 적습니다.
7	주요생산공정	○ 물품의 주요 제조과정 및 공정방법을 적습니다. (예시) 면사를 수입하여 직물을 가공한 후 의류를 제조하는 경우 ① 직조 : 면사 85%, 합성사 15%로 면직물 제조(3m×100m) ② 날염 : 면직물에 국내 ○○업체가 생산한 염료로 염색 ③ 재단 및 봉제 : 남성용 셔츠 제작(50Pcs)
8	연 번	○ 물품의 생산에 사용된 원재료의 일련번호를 적습니다.
9	재 료 명	○ 물품의 생산에 사용된 원재료의 품명을 적습니다.
10	HS No.	○ 원재료의 6단위 품목번호를 적습니다.
11	원 산 지	○ 원재료의 생산국명을 적습니다.
12	가 격	○ 물품의 생산에 사용된 원재료의 수량과 가격을 적습니다. 다만, 그 물품이 세번변경기준 적용품목이면 적지 않아도 됩니다.
13	공급자 (생산자)	○ 원재료의 공급자(생산자)의 상호·주소·전자주소·전화번호 및 팩스번호를 적습니다.
14	합 계	○ 재료 중 원산지재료(국산)와 비원산지재료(수입산)의 가액과 그 합계액을 적습니다.
15-23	원산지기준	○ 물품의 원산지결정에 적용된 기준의 충족여부를 표기합니다. (예시) 부가가치기준을 충족할 경우 "예☑"로 표기합니다. ○ 19~21란에 "예☑"로 표기한 경우 세부 내역을 별지에 작성하여 첨부하여야 합니다.
24	원산지결정	○ 이 원산지소명서에 적은 내용으로 원산지결정이 가능한 경우에는 "충족"에, 불충분한 경우에는 "불충족"에 "○"를 표기합니다.

2) 당 물품을 본선에 인도하는 조건으로 실제로 지급하였거나 지급하여야 할 가격으로서 최종 선적항 또는 선적지까지 운송하는데 소요되는 운송비를 포함한 가격을 말한다.

3) 물품을 생산공장에서 반출하는 때에 해당 물품의 생산자에게 실제로 지급하였거나 지급하여야 하는 가격으로서 그 물품이 수출될 때 환급되는 내국세를 공제한 가격을 말한다.

(2) 선적완료 후의 발급 신청

수출자의 과실·착오 그 밖의 부득이한 사유로 인하여 수출물품의 선적이 완료되기 전까지 원산지증명서의 발급을 신청하지 못한 자는 수출물품의 선적일부터 1년 이내에 원산지증명서의 발급을 신청할 수 있다. 이 경우 신청자는 원산지 신청서류와 사유서(수출물품의 선적일부터 30일 이내에 신청하는 경우에는 제외한다)와 선하증권 사본 또는 수출물품의 선적사실을 입증할 수 있는 서류를 첨부하여야 한다.

(3) 현지확인

증명서발급기관은 다음 어느 하나에 해당하는 경우 원산지증명서를 발급하기 위하여 관세청장이 정하는 바에 따라 신청인의 주소·거소·공장 또는 사업장 등을 방문하여 원산지의 적정여부를 확인(현지확인)할 수 있다. 다만, 업체별 원산지인증수출자 및 품목별 원산지인증수출자의 경우에는 그 확인을 생략할 수 있다.

- 국내 생산시설이 없는 자가 원산지증명서 발급을 최초로 신청한 경우
- 해당 물품을 직접 생산하지 아니하는 자가 원산지증명서 발급을 최초로 신청한 경우
- 원산지증명서 신청 오류의 빈도, 협정·법·영 및 규칙의 준수도, 생산공장의 유무, 제조공정 및 물품의 생산특성 등을 고려하여 관세청장이 정하여 고시하는 현지확인기준에 해당하는 자가 신청한 경우
- 속임수 또는 부정한 방법으로 원산지증명서의 발급을 신청한 것으로 의심되는 경우
- 체약상대국의 관세당국으로부터 원산지의 조사를 요청받은 수출자 또는 생산자가 신청한 경우
- 그 밖에 신청자가 제출한 서류만으로 원산지를 확인하기 곤란하다고 인정하는 경우

(4) 발급기한

증명서발급기관은 신청을 받은 때에는 원산지결정기준에 적합한 지의 여부를 확인한 후 신청을 받은 날부터 현지확인이 필요한 경우에는 10일(공휴일·토요일 및 근로자의 날을 제외한다) 이내, 그 외의 경우에는 3일(공휴일·토요일 및 근로자의 날을 제외한다) 이내에 원산지증명서를 발급하여야 한다.

(5) 보정

증명서발급기관은 제출된 서류가 미비한 경우에는 일정한 기간을 정하여 보정을 요구할 수 있다. 이 경우 보정기간은 원산지증명서의 발급기간에 산입하지 아니한다.

(6) 재발급

증명서발급기관은 원산지증명서를 발급받은 자가 분실·도난·훼손 그 밖의 부득이한 사유로 원산지증명서의 재발급을 신청하는 경우에는 원산지증명서를 재발급할 수 있다. 이 경우 재발급 신청자는 원산지증명서 재발급신청서 및 재발급 신청사유서를 당초 원산지증명서의 발급을 신청한 증명서발급기관에 제출하여야 한다.

(7) 발급방식

원산지증명서의 발급신청 및 발급(재발급신청 및 재발급을 포함한다)은 관세청장이 정하는 바에 따라 전자문서의 방식으로 할 수 있다.

7. 대한상공회의소 및 상공회의소의 원산지증명서 발급에 관한 특례

대한상공회의소 및 상공회의소(대한상공회의소)의 장은 원산지증명서 발급을 위하여 현지확인이 필요한 때에는 관세청장이 정하는 바에 따라 세관장에게 현지확인을 요청하여야 한다. 요청을 받은 세관장은 그 요청을 받은 날부터 7일(공휴일·토요일 및 근로자의 날을 제외한다) 이내에 현지확인을 완료하고 그 결과를 대한상공회의소의 장에게 통보하여야 한다. 대한상공회의소의 장은 원산지증명서의 발급을 담당하는 소속 직원에 대하여 품목분류, 물품가격의 산정, 원산지결정기준, 그 밖에 원산지증명서의 발급과 관련된 교육이 필요하다고 인정하는 때에는 관세청장에게 교육의 실시를 요청할 수 있다. 교육의 실시를 요청받은 관세청장은 특별한 사유가 없는 한 대한상공회의소의 장과 협의하여 구체적인 교육의 내용 및 시간을 정하여 교육을 실시하여야 한다.

8. 원산지확인서

(1) 원산지확인서

수출물품의 생산에 사용되는 재료 또는 최종물품을 생산하거나 공급하는 자(재료 또는 최종물품 생산자등)는 생산자 또는 수출자의 요청이 있는 경우 해당 재료 또는 최종물품의 원산지를 확인하여 작성한 서류(전자문서를 포함하며, 이하 "원산지확인서"라 한다)를 생산자 또는 수출자에게 제공할 수 있다.

(2) 원산지 포괄확인서

수출물품의 생산에 사용되는 재료 또는 최종물품을 동일한 생산자 또는 수출자에게 장기간 계속·반복적으로 공급하는 재료 또는 최종물품 생산자등은 생산자 또는 수출자의 요청이 있는 경우 원산지포괄확인서(원산지확인서 작성일부터 12개월을 초과하지 아니하는 범위에서 최초의 원산지확인서를 반복하여 사용할 수 있는 것을 말하며, 전자문서를 포함한다)를 작성하여 제공할 수 있다.

(3) 활용

재료 또는 최종물품 생산자등으로부터 원산지확인서 또는 원산지포괄확인서를 제공 받은 생산자 또는 수출자는 이를 기초로 원산지증명서의 발급을 신청하거나 원산지증명서를 작성할 수 있다.

9. 수출용 원재료의 국내제조확인서

(1) 국내제조확인서

수출물품의 생산에 사용되는 재료를 생산하거나 공급하는 자(재료 생산자등)는 생산자 또는 수출자의 요청이 있는 경우 해당 재료의 국내제조 사실을 확인하여 작성한 서류(전자문서를 포함하며, 이하 "국내제조확인서"라 한다)를 생산자 또는 수출자에게 제공할 수 있다.

(2) 국내제조포괄확인서

수출물품의 생산에 사용되는 재료를 동일한 생산자 또는 수출자에게 장기간 계속·반복적으로 공급하는 재료 생산자등은 생산자 또는 수출자의 요청이 있는 경우 국내제조포괄확인서(국내제조확인서 작성일부터 12개월을 초과하지 아니하는 범위에서 최초의 국내제조확인서를 반복하여 사용할 수 있는 것을 말하며, 전자문서를 포함한다)를 작성하여 제공할 수 있다.

(3) 확인

재료 생산자등으로부터 국내제조확인서 또는 국내제조포괄확인서를 제공받은 생산자 또는 수출자는 이를 기초로 원산지증명서의 발급을 신청하거나 원산지증명서를 발급할 수 있다.

10. 업체별 원산지인증 수출자

(1) 인증

관세청장 또는 세관장은 다음 각 호의 요건을 모두 갖춘 수출자를 업체별 원산지인증수출자(업체별 원산지인증수출자)로 인증할 수 있다.

- 수출 또는 생산하는 물품의 원산지결정기준 충족 여부를 증명할 수 있는 전산처리시스템을 보유하고 있거나 증명할 능력이 있는 자
- 원산지증명서 작성대장을 비치·관리하고, 관세청장이 정하는 바에 따른 원산지관리전담자(외부의 원산지전문가를 포함한다)를 지정·운영하는 자
- 최근 2년간 법 제13조제2항에 따른 조사를 거부한 사실이 없는 자
- 최근 5년간 서류의 보관의무(보관요구를 받고 시정한 경우는 제외한다)를 위반한 사실이 없는 자
- 최근 2년간 속임수 또는 부정한 방법으로 원산지증명서를 발급신청한 사실이 없는 자

(2) 제출서류

업체별 원산지인증수출자로 인증받으려는 자는 다음 서류를 관세청장 또는 세관장에게 제출하여야 한다.

- 신청서
- 수출자가 수출 또는 생산하는 주요 품목의 원산지소명서. 다만, 제1항제1호에 따른 전산처리시스템을 보유하고 있는 자는 그 전산처리시스템의 현황자료를 제출함으로써 원산지소명서를 제출하지 아니할 수 있다.
- 원산지확인서(최종물품에 대한 원산지확인서로서 해당 물품의 생산자와 수출자가 다른 경우로 한정한다)
- 원산지소명서에 기재된 내용을 입증할 수 있는 원산지확인서류 및 국내제조확인서(관세청장 또는 세관장이 필요하다고 인정하여 제출을 요구하는 경우로 한정한다)

(3) 인증

서류를 제출받은 관세청장 또는 세관장은 수출자가 요건을 충족하는 때에는 신청을 받은 날부터 20일 이내에 수출자에게 인증서를 교부하고 그 사실을 지체 없이 관세청장은 증명서발급기관에, 세관장은 관세청장 및 증명서발급기관에 각각 통보하여야 한다. 다만, 관세청장 또는 세관장은 인증 사실을 관세청장이 지정하는 정보통신망에 게재함으로써 통보에 갈음할 수 있다.

(4) 보정 및 현지확인

관세청장 또는 세관장은 제출 받은 서류가 미비하거나 원산지결정기준의 충족여부를 심사하기가 곤란하다고 인정하면 일정한 기간을 정하여 보정을 요구하거나 현지확인을 할 수 있다. 이 경우 보정기간은 심사기간에 포함하지 아니한다.

(5) 변경신고

업체별 원산지인증수출자는 대표자의 성명·주소·사업자등록번호와 원산지관리전담자 등 인증사항이 변경된 때에는 그 변경사항을 지체 없이 인증한 관세청장 또는 세관장에게 신고하여야 한다.

변경신고를 받은 관세청장 또는 세관장은 변경신고를 받은 날부터 7일 이내에 그 신고내용을 확인하여 타당하다고 인정하면 원산지인증수출자 인증사항 변경신고수리서를 교부하고, 그 사실을 지체 없이 관세청장은 증명서발급기관에, 세관장은 관세청장 및 증명서발급기관에 각각 통보하여야 한다.

(6) 인증유효기간

업체별 원산지인증수출자의 인증유효기간은 3년으로 한다.

(7) 유효기간 연장

인증유효기간을 연장하려는 자는 인증유효기간 만료 30일 전까지 인증한 관세청장 또는 세관장에게 인증유효기간의 연장을 신청하여야 한다. 이 경우 연장신청을 받은 관세청장 또는 세관장은 원산지인증수출자가 인증요건을 유지하고 있는 것으로 인정하면 그 인증유효기간을 3년간 연장할 수 있으며, 인증유효기간을 연장한 때에는 이를 지체 없이 관세청장은 증명서발급기관에, 세관장은 관세청장 및 증명서발급기관에 각각 통보하여야 한다.

(8) 시정

관세청장 또는 세관장은 업체별 원산지인증수출자가 수출 또는 생산하는 물품의 원산지결정기준 충족 여부를 증명할 수 있는 전산처리시스템을 보유하고 있거나 증명할 능력 및 원산지증명서 작성대장을 비치·관리하고, 관세청장이 정하는 바에 따른 원산지관리전담자(외부의 원산지전문가를 포함한다)를 지정·운영하는 자일 것 등의 요건 중 어느 하나의 요건을 갖추지 못한 것이 확인되면 30일 이상의 기간을 주고 시정하도록 할 수 있으며, 업체별 원산지인증수출자가 정당한 사유 없이 기간 내에 시정하지 아니하면 업체별 원산지인증수출자의 인증을 취소하고 지체 없이 관세청장은 업체별 원산지인증수출자 및 증명서발급기관에, 세관장은 관세청장, 업체별 원산지인증수출자 및 증명서발급기관에 각각 통보하여야 한다.

(9) 인증취소

관세청장 또는 세관장은 업체별 원산지인증수출자가 최근 2년간 법 제13조제2항에 따른 조사를 거부한 사실이 있거나, 최근 5년간 서류의 보관의무(보관요구를 받고 시정한 경우는 제외한다)를 위반한 사실이 있거나, 최근 2년간 속임수 또는 부정한 방법으로 원산지증명서를 발급신청한 사실이 있는 것이 확인되면 업체별 원산지인증수출자의 인증을 취소하고 지체 없이 관세청장은 업체별 원산지인증수출자 및 증명서발급기관에, 세관장은 관세청장, 업체별 원산지인증수출자 및 증명서발급기관에 각각 통보하여야 한다.

(10) 청문

업체별 원산지인증수출자의 인증을 취소하려는 때에는 청문을 실시하여야 한다.

(11) 고시

업체별 원산지인증수출자의 인증, 인증유효기간 연장, 시정명령, 인증취소 및 업체별 원산지인증수출자의 인증요건 확인기준·확인방법 등에 필요한 세부적인 절차는 관세청장이 정하여 고시한다.

11. 품목별 원산지인증 수출자

관세청장 또는 세관장은 업체별 원산지인증수출자가 아닌 자로서 다음 각 호의 요건을 모두 갖춘 수출자를 품목별 원산지인증수출자(품목별 원산지인증수출자)로 인증할 수 있다.

- 원산지결정기준을 충족하는 물품(통합품목분류표에 따른 6단위를 기준으로 한다)을 수출하는 자
- 원산지증명서 작성대장을 비치·관리하고, 관세청장이 정하는 바에 따른 원산지관리전담자(외부의 원산지전문가를 포함한다)를 지정·운영하는 자

품목별 원산지인증수출자로 인증받으려는 자는 다음 서류를 관세청장 또는 세관장에게 제출하여야 한다.

- 신청서
- 원산지인증 신청품목(통합품목분류표에 따른 6단위를 기준으로 한다)별 원산지소명서
- 원산지확인서(최종물품에 대한 원산지확인서로서 해당 물품의 생산자와 수출자가 다른 경우만 해당한다)
- 원산지소명서에 기재된 내용을 입증할 수 있는 원산지확인서류 및 국내제조확인서(관세청장 또는 세관장이 필요하다고 인정하여 제출을 요구하는 경우로 한정한다)

품목별 원산지인증수출자는 대표자의 성명·주소·사업자등록번호와 원산지관리전담자 등 인증사항이 변경된 때에는 그 변경사항을 지체 없이 인증한 관세청장 또는 세관장에게 신고하여야 한다. 다만, 인증물품의 원산지결정기준 또는 인증물품의 종류가 변경된 때에는 해당 물품에 대하여 새로 인증을 받아야 한다.

관세청장 또는 세관장은 품목별 원산지인증수출자가 원산지결정기준을 충족하지 못한 것이 확인되면 품목별 원산지인증수출자의 인증을 취소하고 지체 없이 관세청장은 품목별 원산지인증수출자 및 증명서발급기관에, 세관장은 관세청장, 품목별 원산지인증수출자 및 증명서발급기관에 각각 통보하여야 한다.

관세청장 또는 세관장은 품목별 원산지인증수출자가 원산지증명서 작성대장을 비치·관리하지 않거나, 관세청장이 정하는 바에 따른 원산지관리전담자(외부의 원산지전문가를 포함한다)를 지정·운영하는 자를 두지 못한

것이 확인되면 30일 이상의 기간을 주고 시정하도록 할 수 있으며, 품목별 원산지인증수출자가 정당한 사유 없이 기간 내에 시정하지 아니하면 품목별 원산지인증수출자의 인증을 취소하고 지체 없이 관세청장은 품목별 원산지인증수출자 및 증명서발급기관에, 세관장은 관세청장, 품목별 원산지인증수출자 및 증명서발급기관에 각각 통보하여야 한다.

품목별 원산지인증수출자의 인증유효기간은 2년으로 한다. 다만, 최근 2년간 조사를 거부한 사실이 있거나, 최근 서류 보관의무(보관요구를 받고 시정한 경우는 제외한다)를 위반한 사실이 있는 자에 대해서는 관세청장이 정하는 바에 따라 인증유효기간을 달리 할 수 있다.

12. 수출물품에 대한 원산지 자율증명절차

수출자는 원산지증명서를 자율적으로 발급하는 경우로서 그 물품의 생산자가 따로 있는 경우에는 원산지확인서 또는 원산지소명서를 근거로 하여 원산지증명서를 작성할 수 있다.

수출자는 원산지증명서의 작성대장에 다음 사항을 기재·관리하여야 한다.

- 작성번호 및 작성일자
- 수출신고의 번호 및 수리일자
- 품명·품목번호·수량·금액 및 원산지
- 생산자 또는 공급자
- 수입자 및 수입국명
- 당해 물품에 적용된 협정의 명칭 및 원산지결정기준

13. 협정에 따른 원산지 자율증명 절차

원산지증명서의 작성·서명에 관하여 협정에서 달리 정하고 있는 경우에는 그에 따른다. 업체별 원산지인증수출자 및 품목별 원산지인증수출자가 협정에 따라 상업송장 또는 이에 갈음하는 서류에 기재된 사항에 대한 서면확인서를 관세청장 또는 세관장에게 제출한 경우에는 원산지증명서의 서명을 생략할 수 있다.

Ⅲ. 원산지증빙서류의 수정 통보

"원산지증빙서류"란 우리나라와 체약상대국 간의 수출입물품의 원산지를 증명하는 서류(원산지증명서)와 그 밖에 원산지 확인을 위하여 필요한 서류·정보 등을 말한다.

1. 수출물품의 원산지오류 수정통보

(1) 통보

수출자 또는 생산자가 체약상대국의 협정관세를 적용받을 목적으로 원산지증빙서류를 작성·제출한 후 해당 물품의 원산지에 관한 내용에 오류가 있음을 알았을 때에는 협정에서 정하는 바에 따라 원산지증빙서류를 작성한 수출자 또는 생산자가 해당 물품의 원산지에 관한 내용에 오류가 있음을 안 날부터 30일 이내에 그 사실을 세관장(해당 물품에 대한 수출신고를 수리한 세관장을 말한다. 이하 이 항에서 같다) 및 원산지증빙서류를 제출받은 체약상대국의 수입자에게 각각 통보하여야 한다. 이 경우 세관장은 그 사실을 관세청장이 정하는 바에 따라 체약상대국의 관세당국에 통보하여야 한다.

(2) 원산지증빙서류 수정통보 방법

원산지증빙서류를 작성·제출한 수출자 또는 생산자가 당해 물품의 원산지에 관한 오류사항을 수정하여 통보하고자 하는 경우에는 다음 사항이 기재된 수정통보서에 수정된 원산지증빙서류를 첨부하여야 한다.

- 수출자·생산자 및 체약상대국의 수입자
- 수출신고번호 및 수출신고일자
- 원산지증명서의 발급번호 및 발급일자
- 당해 물품의 품명·규격 및 수량
- 오류내용 및 정정사항

2. 수입물품의 원산지오류 수정통보

수입자는 체약상대국의 물품에 대한 원산지증빙서류를 작성한 사람이나 해당 물품에 대한 수입신고를 수리한 세관장으로부터 원산지증빙서류의 내용에 오류가 있음을 통보받은 경우로서 그 오류로 인하여 납세신고한 세액 또는 신고납부한 세액에 과부족(過不足)이 있을 때에는 수입자가 원산지증빙서류의 내용에 오류가 있음을 통보 받은 날부터 30일 이내로서 관세청장 또는 세관장으로부터 해당 물품에 대하여 서면조사통지를 받기 전 날 이내에 세액정정·세액보정신청, 수정신고 또는 경정청구를 하여야 한다. 이 경우 세액정정, 세액보정, 수정신고 또는 경정에 관하여는 「관세법」 제38조, 제38조의2 및 제38조의3을 준용한다.

Ⅳ. 원산지증빙서류 등의 보관 및 제출

수입자·수출자 및 생산자는 협정 및 이 법에 따른 원산지의 확인, 협정관세의 적용 등에 필요한 것으로서 다음 서류를 5년의 범위에서 다음 기간(협정에서 정한 기간이 5년을 초과하는 경우에는 그 기간) 동안 보관하여야 한다.

1. 보관대상 서류

(1) 수입자가 보관하여야 하는 서류

- 원산지증명서(전자문서를 포함한다) 사본
- 수입신고필증
- 수입거래 관련 계약서
- 지식재산권거래 관련 계약서
- 수입물품의 과세가격결정에 관한 자료
- 수입물품의 국제운송 관련 서류
- 사전심사서 사본 및 사전심사에 필요한 증빙서류(사전심사서를 교부받은 경우에 한한다)

(2) 수출자가 보관하여야 하는 서류

- 체약상대국의 수입자에게 제공한 원산지증명서(전자문서를 포함한다) 사본 및 원산지증명서 발급 신청서류(전자문서를 포함한다) 사본
- 수출신고필증
- 당해 물품의 생산에 사용된 원재료의 수입신고필증(수출자의 명의로 수입신고한 경우에 한한다)
- 수출거래 관련 계약서
- 당해 물품 및 원재료의 생산 또는 구입 관련 증빙서류
- 원가계산서·원재료내역서 및 공정명세서
- 당해 물품 및 원재료의 출납·재고관리대장
- 생산자[해당 물품의 생산에 사용된 재료를 공급하거나 생산한 자(재료생산자)를 포함한다]가 해당 물품의 원산지 증명을 위하여 작성한 후 수출자에게 제공한 서류

(3) 생산자가 보관하여야 하는 서류

- 수출자 또는 체약상대국의 수입자에게 당해 물품의 원산지의 증명을 위하여

작성·제공한 서류
- 수출자와의 물품공급계약서
- 당해 물품의 생산에 사용된 원재료의 수입신고필증(수출자의 명의로 수입신고한 경우에 한한다) 및 당해 물품 및 원재료의 생산 또는 구입 관련 증빙서류, 원가계산서·원재료내역서 및 공정명세서, 당해 물품 및 원재료의 출납·재고관리대장
- 재료생산자가 해당 재료의 원산지 증명을 위하여 작성한 후 생산자에게 제공한 서류

2. 보관기간

수입자 : 수입신고 수리일부터 5년
수출자 : 수출신고 수리일부터 5년
생산자 : 원산지증빙서류를 작성한 날부터 5년

3. 서류제출요구

(1) 요구

관세청장 또는 세관장은 협정에서 정하는 범위에서 원산지의 확인, 협정관세의 적용 등에 관한 심사를 하는 데 필요하다고 인정하는 경우에는 수입자, 수출자·생산자(체약상대국에 거주하는 수출자 및 생산자를 포함한다), 당해 물품의 생산에 사용된 재료를 공급하거나 생산한 자(체약상대국에 거주하는 자를 포함한다), 당해 물품의 거래·유통·운송·보관 및 통관을 대행하거나 취급한 자에게 서류의 제출을 요구할 수 있다.

관세청장 또는 세관장으로부터 서류 제출을 요구받은 자는 페루와의 협정 제4.8조에 따라 서류의 제출을 요구받은 자는 요구받은 날부터 90일 이내에 그 외의 자는 요구받은 날부터 30일 이내에 이를 제출하여야 한다. 다만, 관세청장 또는 세관장은 서류의 제출을 요구받은 자가 부득이한 사유로 서류제출기한의 연장을 신청하는 경우에는 30일을 초과하지 아니하는 범위에서 한 차례만 그 기한을 연장할 수 있다.

서류제출기한의 연기를 신청하려는 자는 서면조사의 통지를 받은 날부터 15일 이내에 다음 사항이 기재된 서류제출기한 연기신청서를 관세청장 또는 세관장에게 제출하여야 한다.

- 희망하는 서류제출기한

- 제출할 서류의 목록
- 연기신청의 사유

관세청장 또는 세관장은 서류제출기한의 연기신청을 받은 때에는 그 승인여부 및 서류제출기한을 신청인에게 알려야 한다.

(2) 처벌

관세청장 또는 세관장이 요청한 서류를 거짓으로 제출한 자는 2천만원 이하의 벌금에 처한다.

4. 보정요구

관세청장 또는 세관장은 제출받은 원산지증명서가 다음 어느 하나에 해당하는 경우에는 5일 이상 30일 이내의 기간을 정하여 그 원산지증명서를 제출한 자에게 보정을 요구하여야 한다. 다만, 관세청장 또는 세관장은 다음 사항이 원산지 결정에 영향을 미치지 아니한다고 인정하는 경우에는 그러하지 아니한다.

- 원산지증명서가 요건을 갖추지 아니한 경우
- 원산지증명서의 기재사항의 일부가 누락되었거나 오류 또는 흠이 있는 경우

Ⅴ. 원산지에 관한 조사

1. 체약 상대국에 대한 확인 요청

관세청장 또는 세관장은 체약상대국에서 수입된 물품과 관련하여 협정에서 정하는 범위에서 원산지 또는 협정관세 적용의 적정 여부 등에 대한 확인에 필요하다고 인정하는 경우에는 제출된 원산지증빙서류의 진위 여부와 그 정확성 등에 관한 확인을 체약상대국의 관세당국에 요청할 수 있다.

체약상대국에 대한 원산지 확인요청은 수입자를 대상으로 조사를 한 결과 원산지를 확인하기 곤란하거나 추가로 확인이 필요한 때에 한한다.

관세청장 또는 세관장은 체약상대국의 관세당국에 원산지의 확인을 요청하는 때에는 다음 사항이 기재된 요청서와 함께 수입자 또는 그 밖의 조사대상자 등으로부터 수집한 원산지증빙서류 사본을 송부하여야 한다.

- 원산지증빙서류의 진위여부에 대하여 의심을 갖게 된 사유 및 요청사항
- 당해 물품에 적용된 원산지결정기준
- 원산지의 확인결과의 회신기간

관세청장 또는 세관장은 체약상대국의 관세당국에 원산지의 확인을 요청하는 때에는 수입자에게 그 사실을 통보하여야 하며, 체약상대국 관세당국으로부터 원산지의 확인결과를 통보받은 때에는 그 회신내용과 그에 따른 결정내용을 수입자에게 통보하여야 한다.

2. 수출입물품에 대한 원산지 조사

(1) 조사 대상자

관세청장 또는 세관장은 필요하다고 인정하는 경우 또는 체약상대국의 관세당국으로부터 원산지증빙서류의 진위 여부와 그 정확성 등에 관한 확인을 요청받은 경우에는 협정에서 정하는 범위에서 다음 어느 하나에 해당하는 자를 대상으로 수출입물품에 대한 원산지 또는 협정관세 적용의 적정 여부 등에 대한 확인에 필요한 서면조사 또는 현지조사를 할 수 있다.

- 수입자
- 수출자 또는 생산자(체약상대국에 거주하는 수출자 또는 생산자를 포함한다)

- 원산지증빙서류 발급기관
- 당해 물품의 생산에 사용된 재료를 공급하거나 생산한 자(체약상대국에 거주하는 자를 포함한다)
- 당해 물품의 거래·유통·운송·보관 및 통관을 대행하거나 취급한 자

(2) 변호사와 관세사 참관

원산지 확인에 필요한 현지조사를 받는 조사대상자는 변호사나 관세사를 조사에 참관하게 하거나 의견을 진술하게 할 수 있다.

3. 방법

(1) 수출물품 원산지에 관한 조사

관세청장 또는 세관장이 수출물품의 원산지에 관한 조사를 하는 때에는 서면조사를 원칙으로 한다. 다만, 서면조사만으로 원산지증빙서류의 진위여부와 그 정확성 등을 확인하기 곤란하거나 추가로 확인할 필요가 있는 때에는 현지조사를 할 수 있다.

(2) 수입물품의 원산지에 관한 조사

관세청장 또는 세관장이 수입물품의 원산지에 관한 조사를 하는 때에는 서면조사를 원칙으로 한다. 다만, 서면조사만으로 원산지증빙서류의 진위여부와 그 정확성 등을 확인하기 곤란하거나 추가로 확인할 필요가 있는 때에는 현지조사를 할 수 있다.

체약상대국에 거주하는 수출자·생산자, 당해 물품의 생산에 사용된 재료를 공급하거나 생산한 자(체약상대국에 거주하는 자를 포함한다), 당해 물품의 거래·유통·운송·보관 및 통관을 대행하거나 취급한 자 중 체약상대국에 거주하는 자에 대한 서면조사 또는 현지조사는 수입자를 대상으로 조사를 한 결과 원산지증빙서류의 진위여부와 그 정확성 등을 확인하기 곤란하거나 추가로 확인할 필요가 있는 때에 한하여 이루어져야 한다.

「관세법」 제114조의 규정은 관세청장 또는 세관장의 수입자, 당해 물품의 생산에 사용된 재료를 공급하거나 생산한 자(체약상대국에 거주하는 자를 포함한다), 당해 물품의 거래·유통·운송·보관 및 통관을 대행하거나 취급한 자에 대한 현지조사에 관하여 이를 준용한다.

(3) 서면조사 통지 내용

관세청장 또는 세관장은 서면조사를 하려는 때에는 다음 사항을 조사대상자에게 미리 통지하여야 한다.

- 조사대상자 및 서면조사기간
- 조사대상 수출입물품
- 조사이유
- 조사할 내용
- 조사의 법적 근거
- 제출서류 및 제출기한
- 조사기관, 조사자의 직위 및 성명
- 그 밖에 관세청장이 필요하다고 인정하는 사항

관세청장 또는 세관장은 서면조사의 통지를 할 때에는 조사대상자에게 원산지결정과 관련되는 질문서 또는 원산지소명서의 작성·제출을 요구할 수 있다. 관세청장 또는 세관장은 조사대상자가 제출한 서류가 미비한 때에는 5일 이상의 기간을 정하여 보정을 요구할 수 있다.

(4) 현지조사 통지

관세청장 또는 세관장은 현지조사를 하려는 때에는 조사를 시작하기 30일 전까지 조사대상자에게 다음 사항을 통지하여야 한다.

- 조사대상자
- 조사대상 수출입물품
- 조사예정기간 및 조사방법
- 조사이유
- 조사할 내용
- 조사의 법적 근거
- 조사에 대한 동의여부 및 조사동의서 제출기한(조사에 동의하지 아니하거나 조사동의서 제출기한 이내에 그 동의여부를 통보하지 아니하는 경우의 조치예정사항을 포함한다)
- 조사기관, 조사자의 직위 및 성명
- 그 밖에 관세청장 또는 세관장이 필요하다고 인정하는 사항

「관세법」 제114조의 규정은 관세청장 또는 세관장의 수출자 또는 생산자 등에 대한 현지조사에 관하여 이를 준용한다.

(5) 동의

관세청장 또는 세관장은 체약상대국에 거주하는 수출자・생산자 또는 체약상대국에 거주하는 자(수출자등)를 대상으로 현지조사를 하는 경우에는 그 조사를 시작하기 전에 조사대상자에게 조사 사유, 조사 예정기간 등을 통지하여 조사대상자의 동의를 받아야 한다.

관세청장 또는 세관장은 조사대상자가 특별한 사유 없이 현지조사에 대한 동의여부를 통보하지 아니하거나 특별한 사유 없이 동의하지 아니하는 경우에는 그 사실을 즉시 수입자와 체약상대국의 관세당국에 통보하여야 한다.

(6) 체약상대국별 원산지에 관한 조사의 방법

체약상대국에서 수입된 물품의 원산지에 관한 조사를 하는 때에는 다음 방법에 따른다.

- 싱가포르에서 수입된 물품 : 싱가포르와의 협정 제5.7조 및 법 제13조제2항에 따라 조사대상자를 직접 서면조사 또는 현지조사하는 방법
- 유럽자유무역연합회원국에서 수입된 물품 : 유럽자유무역연합회원국과의 협정 부속서 I의 제24조 및 법 제13조제1항에 따라 체약상대국의 관세당국에 조사를 요청하는 방법. 이 경우 대한민국의 관세당국은 필요하다고 인정하는 경우 유럽자유무역연합회원국 관세당국의 동의를 얻어 유럽자유무역연합회원국의 원산지 조사절차에 소속 공무원을 참관하게 할 수 있다.
- 아세안회원국에서 수입된 물품: 아세안회원국과의 협정 부속서 3의 부록 1 제14조 및 법 제13조제1항에 따라 아세안회원국의 증명서발급기관에 조사를 요청하는 방법. 다만, 관세청장 또는 세관장은 아세안회원국의 증명서발급기관의 조사결과가 적정하지 아니하거나 원산지의 정확성을 결정하는데 필요한 정보가 포함되지 아니한 때에는 아세안회원국과의 협정 부속서 3의 부록 1 제15조 및 법 제13조제2항에 따라 아세안회원국의 수출자 또는 생산자를 대상으로 현지조사를 할 수 있다.
- 인도에서 수입된 물품: 인도와의 협정 제4.11조 및 법 제13조제1항에 따라 인도의 증명서발급기관에 조사를 요청하는 방법. 다만, 관세청장 또는 세관장은 인도의 증명서발급기관의 조사결과가 적정하지 아니하거나 원산지의 정확성을 결정하는데 필요한 정보가 포함되지 아니한 때에는 인도와의 협정 제4.12조 및 법 제13조제2항에 따라 인도의 수출자 또는 생산자를 대상으로 현지조사를 할 수 있다.
- 칠레에서 수입된 물품: 칠레와의 협정 제5.8조 및 법 제13조제2항에 따라 조사대상자를 직접 서면조사 또는 현지조사하는 방법

- 유럽연합당사자로부터 수입된 물품: 유럽연합당사자와의 원산지 관련 의정서 제27조 및 법 제13조제1항에 따라 유럽연합당사자의 관세당국에 조사를 요청하는 방법. 이 경우 대한민국의 관세당국은 필요하다고 인정하는 경우 유럽연합당사자 관세당국의 동의를 얻어 유럽연합당사자의 원산지 조사절차에 소속 공무원을 참관하게 할 수 있다.
- 페루에서 수입된 물품: 페루와의 협정 제4.8조 및 법 제13조제1항에 따라 페루의 관세당국에 조사를 요청하는 방법이나 페루와의 협정 제4.8조 및 법 제13조제2항에 따라 페루 관세당국 공무원과 동행하여 페루의 수출자 또는 생산자를 대상으로 현지조사하는 방법
- 미합중국에서 수입된 물품: 미합중국과의 협정 제6.18조 및 법 제13조제2항에 따라 조사대상자를 직접 서면조사 또는 현지조사하는 방법. 다만, 섬유관련 물품에 대해서는 미합중국과의 협정 제4.3조제3항부터 제6항까지의 규정에 따라 미합중국의 관세당국에 조사(미합중국의 관세당국과 함께 조사대상 사업장에 방문하는 것을 포함한다)를 요청하는 방법
- 터키에서 수입된 물품: 터키와의 원산지 관련 의정서 제25조 및 법 제13조제1항에 따라 터키의 관세당국에 조사를 요청하는 방법. 이 경우 관세청장 또는 세관장은 필요하다고 인정하는 경우 터키 관세당국이 제시한 조건에 따라 터키의 원산지 조사절차에 소속 공무원을 참관하게 할 수 있다.

4. 원산지에 관한 조사의 연기신청

통지를 받은 체약상대국의 조사대상자는 관세청장 또는 세관장이 통지한 예정 조사기간에 조사를 받기가 곤란한 경우에는 그 통지를 한 관세청장 또는 세관장에게 조사의 연기를 신청할 수 있다.

조사의 연기를 신청하고자 하는 자는 현지조사에 관한 사전통지를 받은 날부터 15일 이내에 조사의 연기를 받고자 하는 자의 성명과 주소 또는 거소와 조사의 연기를 받고자 하는 기간과 그 사유를 기재한 조사연기신청서를 사전통지를 한 관세청장 또는 세관장에게 제출하여야 한다. 조사연기의 신청은 1회에 한하며, 그 조사를 연기할 수 있는 기간은 사전통지를 받은 날부터 60일을 초과할 수 없다. 관세청장 또는 세관장은 조사의 연기를 승인하는 때에는 그 사실을 조사대상자와 체약상대국의 관세당국에 통지하여야 한다.

5. 조사대상의 부동의

관세청장 또는 세관장은 통지를 받은 체약상대국의 조사대상자가 20일 이상의 기간으로서 다음 기간 이내에 그 동의 여부를 통보하지 아니하거나 동

의하지 아니한 경우에는 현지조사를 할 수 없다.

- 페루와의 협정 제4.8조에 따라 서류의 제출을 요구받은 자: 요구받은 날부터 90일
- 그 외의 자: 요구받은 날부터 30일(관세청장 또는 세관장은 서류의 제출을 요구받은 자가 부득이한 사유로 서류제출기한의 연장을 신청하는 경우에는 30일을 초과하지 아니하는 범위에서 한 차례만 그 기한을 연장할 수 있다)

서류제출기한의 연기를 신청하려는 자는 서면조사의 통지를 받은 날부터 15일 이내에 희망하는 서류제출기한, 제출할 서류의 목록, 연기신청의 사유가 기재된 서류제출기한 연기신청서를 관세청장 또는 세관장에게 제출하여야 한다.

관세청장 또는 세관장은 서류제출기한의 연기신청을 받은 때에는 그 승인 여부 및 서류제출기한을 신청인에게 알려야 한다.

6. 통지

(1) 체약상대국의 관세당국 통지

관세청장 또는 세관장은 수출자등을 대상으로 서면조사 또는 현지조사를 할 때에는 수입자 및 체약상대국의 관세당국에 그 사실을 서면으로 통지하여야 한다.

(2) 조사 결과 통지

관세청장 또는 세관장은 서면조사 또는 현지조사를 마치면 조사 결과와 그에 따른 결정 내용을 협정에서 달리 정하지 않는 한 서면조사 또는 현지조사를 완료한 날부터 30일(이 경우 아세안회원국과의 협정 제15조 및 인도와의 협정 제4.12조에 따른 현지조사 결과의 통지는 현지 방문일부터 6개월 이내에 완료하여야 한다) 이내에 조사대상자(체약상대국의 조사대상자가 생산 또는 수출한 물품을 수입한 자를 포함한다) 및 체약상대국의 관세당국에 서면으로 통지하여야 한다.

서면조사결과의 통지는 다음 사항이 기재된 서면통지서에 따른다.

- 조사대상자
- 조사대상 수출입물품
- 조사내용

- 조사결과(원산지의 적정여부, 판단이유 및 법적 근거를 포함한다)
- 조치할 내용(특혜관세의 배제, 관세의 부과·징수 또는 원산지의 불인정 등을 말한다)
- 조사결과에 대한 이의방법과 이의기간

이 경우 체약상대국의 관세당국에 대한 통지는 협정에서 정하는 경우에만 한다.

(3) 체약상대국의 요청에 따른 원산지 조사결과의 통지

관세청장은 체약상대국의 관세당국으로부터 수출물품에 대한 원산지의 조사 요청이 있는 경우에는 다음 구분에 따른 기간 내에 조사 결과를 통지하여야 한다.

- 유럽자유무역연합회원국: 조사 요청일부터 10개월
- 아세안회원국: 조사 요청을 접수한 날부터 2개월. 다만, 아세안회원국의 관세당국과 협의하여 아세안회원국과의 협정 부속서 3 부록 1 제14조제1항라목에 따라 해당 조사 요청을 접수한 날부터 6개월의 범위에서 그 기간을 연장할 수 있다.
- 인도: 조사 요청을 접수한 날부터 3개월(인도의 관세당국과 협의하여 인도와의 협정 제4.11조제1항라목에 따라 해당 조사 요청을 접수한 날부터 6개월의 범위에서 그 기간을 연장할 수 있다)
- 유럽연합당사자: 조사 요청일부터 10개월
- 페루: 조사 요청을 접수한 날부터 150일
- 터키: 조사 요청일부터 10개월

조사 결과의 통지는 다음 사항이 기재된 조사결과서를 송부하는 방법으로 한다. 이 경우 관세청장이 필요하다고 인정하는 경우에는 조사대상자로부터 제출받은 원산지증빙서류 사본(조사대상자의 동의를 받은 경우로 한정한다)을 함께 송부할 수 있다.

- 조사요청국가 및 조사요청서 접수일자
- 조사대상자 및 조사기간
- 조사대상 수출물품
- 조사내용 및 조사결과(원산지의 적정여부, 판단이유 및 적용법조를 포함한다)
- 조사의 법적 근거
- 조사기관 및 조사자의 직위 및 성명
- 그 밖에 협정에서 정하고 있는 사항 및 조사를 요청한 관세당국이 요구한 사항

(4) 미합중국의 요청에 따른 섬유 관련 물품에 대한 원산지의 조사 등

관세청장은 미합중국과의 협정 제4.3조제3항에 따라 미합중국에 수출된 섬유 관련 물품에 대하여 미합중국의 관세당국으로부터 수출물품에 대한 원산지의 조사를 요청받았을 때에는 요청받은 날부터 6개월 이내에 원산지 등에 대한 조사를 완료하여야 한다.

관세청장은 조사를 완료하였을 때에는 관련 증빙자료 등을 포함하여 다음 사항을 적은 조사결과서를 미합중국의 관세당국에 통지하여야 한다.

- 조사요청국가 및 조사요청서 접수일자
- 조사대상자 및 조사기간
- 조사대상 수출물품
- 조사내용 및 조사결과(원산지의 적정여부, 판단이유 및 적용법조를 포함한다)
- 조사의 법적 근거
- 조사기관 및 조사자의 직위 및 성명
- 그 밖에 협정에서 정하고 있는 사항 및 조사를 요청한 관세당국이 요구한 사항

관세청장은 원산지 등에 대한 조사를 할 때 미합중국의 관세당국으로부터 미합중국과의 협정 제4.3조제6항에 따른 원산지 검증 요청(공동 현장 방문 및 미합중국의 검증지원 요청을 포함한다)이 있는 경우에는 특별한 사정이 없으면 이를 허락하여야 한다. 관세청장은 미합중국과의 협정 제4.3조제6항에 따라 제3항에 따른 공동 현장 방문을 할 때에는 「관세법시행령」제139조에 따른 사전통지 없이 현장에서 조사통지를 할 수 있다. 이 경우 조사대상자가 미합중국 관세당국의 현지조사에 동의하지 아니하는 경우에는 현지조사를 할 수 없다.

7. 원산지에 관한 조사결과에 대한 이의제기

통지 내용에 이의가 있는 조사대상자(체약상대국의 조사대상자가 생산 또는 수출한 물품을 수입한 자를 포함한다)는 조사 결과를 통지받은 날부터 30일 이내에 관세청장 또는 세관장에게 이의를 제기할 수 있다.

원산지에 관한 조사결과에 대하여 이의를 제기하고자 하는 자는 다음 사항이 기재된 신청서에 이의제기 내용을 확인할 수 있는 자료를 첨부하여 관세청장 또는 세관장에게 제출하여야 한다.

- 이의를 제기하는 자의 성명과 주소 또는 거소

- 조사결과통지서를 받은 날짜 및 조사결정의 내용
- 당해 물품의 품명·규격·용도·수출자·생산자 및 수입자
- 이의제기의 요지와 내용

관세청장 또는 세관장은 이의제기를 받은 때에는 이를 심사하여 이의제기를 받은 날부터 30일 이내에 그 결정내용을 상대방에게 통지하여야 한다. 관세청장 또는 세관장은 이의제기의 내용이나 절차가 적합하지 아니하거나 보정할 수 있다고 인정되는 때에는 20일 이내의 기간을 정하여 보정하여 줄 것을 요구할 수 있다. 다만, 보정할 사항이 경미한 때에는 직권으로 보정할 수 있다.

관세청장 또는 세관장은 보정을 요구하는 때에는 다음 각 사항을 기재한 문서로써 하여야 한다.

- 보정할 사항
- 보정을 요구하는 이유
- 보정할 기간
- 그 밖의 필요한 사항

보정기간은 심사결정기간에 산입하지 아니한다.

8. 보정요구

관세청장 또는 세관장은 원산지증명서가 요건을 갖추지 아니한 경우 또는 원산지증명서의 기재사항의 일부가 누락되었거나 오류 또는 흠이 있는 경우에는 5일 이상 30일 이내의 기간을 정하여 그 원산지증명서를 제출한 자에게 보정을 요구하여야 한다. 다만, 관세청장 또는 세관장은 요건 또는 기재사항 누락 등이 원산지 결정에 영향을 미치지 아니한다고 인정하는 경우에는 그러하지 아니한다.

9. 고유 식별정보의 처리

관세청장 또는 세관장은 원산지에 관한 조사 관련 사무를 수행하기 위하여 불가피한 경우 「개인정보 보호법 시행령」에 따른 주민등록번호, 여권번호 또는 외국인등록번호가 포함된 자료를 처리할 수 있다.

Ⅵ. 원산지에 관한 체약상대국의 조사

체약상대국의 관세당국은 협정에서 정하는 범위에서 수출자·생산자를 대상으로 수출물품에 대한 원산지 확인에 필요한 현지조사를 하는 경우에는 그 조사를 시작하기 전에 조사대상자에게 조사 사유, 조사 예정기간 등을 통지하여 조사대상자의 동의를 받아야 한다.

원산지 확인에 필요한 현지조사를 받는 조사대상자는 변호사나 관세사를 조사에 참관하게 하거나 의견을 진술하게 할 수 있다.

Ⅶ. 원산지 등에 대한 사전심사

1. 신청

협정관세의 적용에 대한 기초가 되는 사항으로서 원산지결정기준의 충족 여부 등 다음 사항에 대하여 의문이 있는 자(체약상대국의 수출자 및 생산자와 그 대리인을 포함한다)는 해당 물품의 수입신고를 하기 전에 관세청장에게 서류를 갖추어 그 의문사항을 미리 심사(사전심사)하여 줄 것을 신청할 수 있다.

- 당해 물품 및 당해 물품의 생산에 사용된 재료의 원산지에 관한 사항
- 당해 물품 및 당해 물품의 생산에 사용된 재료의 품목분류·가격 또는 원가결정에 관한 사항
- 당해 물품의 생산·가공 또는 제조과정에서 발생한 부가가치의 산정에 관한 사항
- 해당 물품에 대한 관세의 환급·감면에 관한 사항
- 해당 물품의 원산지 표시에 관한 사항
- 수량별 차등협정관세의 적용에 관한 사항
- 그 밖에 협정관세의 적용 또는 관세면제에 대한 기초가 되는 사항으로 기획재정부령이 정하는 사항

다만, 협정에서 사전심사에 관한 사항을 정하지 아니한 경우에는 그러하지 아니하다.

2. 제출서류

사전심사를 신청하고자 하는 자는 다음 서류를 관세청장에게 제출하여야 한다.

- 다음 사항이 기재된 사전심사신청서
  - 신청인·수입자 및 수출자(수출자와 생산자가 동일인이 아닌 경우에는 생산자를 포함하되, 생산자를 알지 못하는 경우에는 그러하지 아니하다)
  - 당해 물품의 품명·규격·품목번호 및 가격
  - 당해 물품의 생산에 사용된 재료별 품명·품목번호·가격 및 원산지
  - 당해 물품의 제조공정(필요한 경우에 한한다)
  - 사전심사를 원하는 구체적인 내용
  - 그 밖에 관세청장이 정하는 사항
- 거래계약서·원가계산서·원재료내역서·공정명세서 등 신청내용에 대한 심사에 필요한 서류

3. 보정 및 반려

(1) 보정

관세청장은 제출된 서류가 미비하여 원산지결정기준의 충족여부 등의 신청사항을 심사하기가 곤란하다고 인정되는 때에는 일정한 기간을 정하여 보정을 요구할 수 있다.

(2) 반려

관세청장은 다음 어느 하나에 해당하는 경우에는 사전심사의 신청을 반려할 수 있다.

- 관세청장의 보정요구에 응하지 아니한 경우
- 당해 물품과 동일한 물품에 대하여 원산지에 관한 조사가 진행되고 있는 경우
- 사전심사의 신청내용과 동일한 사안에 대하여 이의신청·심사청구·심판청구 또는 소송제기 등의 불복절차가 진행 중인 경우

4. 심사 및 결과 통지

관세청장은 사전심사의 신청을 받으면 사전심사의 신청을 받은 날부터 90일(보정기간은 이에 산입하지 아니한다) 이내에 이를 심사하여 그 결과를 기재한 서류(사전심사서)를 신청인에게 통지하여야 한다. 다만, 제출 자료

의 미비 등으로 사전심사가 곤란한 경우에는 그 사유를 신청인에게 통지하여야 한다.

관세청장은 사전심사의 신청인에게 사전심사서를 교부할 때에는 그 심사결정의 이유를 함께 알려야 한다.

관세청장은 사전심사 결과(비밀취급 자료에 해당하는 정보는 제외한다)를 인터넷을 포함한 정보통신망에 공표하여야 한다. 다만, 협정에서 사전심사 결과 공표에 관한 사항을 정하지 아니한 경우에는 그러하지 아니하다.

5. 협정관세 적용

세관장은 수입자가 사전심사서에 따라 협정관세의 적용 등을 신청하는 경우 수입신고된 물품의 내용이 사전심사서의 내용과 같다고 인정하는 경우에는 다음과 같은 특별한 사유가 없으면 사전심사서의 내용에 따라 협정관세를 적용하여야 한다.

- 사전심사 후 수입신고 전에 협정 또는 관계법령의 개정이나 사전심사의 기초가 되는 사실 또는 상황이 변경되어 사전심사의 내용이 변경된 사정을 반영하지 못하게 되는 경우
- 신청인이 허위의 자료를 제출하거나 사전심사에 필요한 자료를 제출하지 아니하여 사전심사에 중대한 착오가 있는 경우
- 사전심사의 신청내용과 동일한 사안에 대한 이의신청·심사청구·심판청구 또는 소송제기 등을 받은 권한 있는 기관 또는 법원의 최종결정 또는 판결이 당해 사전심사의 내용과 다르게 된 경우

6. 수수료

사전심사를 신청하는 자는 청 물품 당 3만원을 내야 한다.

7. 이의 제기

사전심사의 결과에 이의가 있는 자(제사전심사서의 내용변경 통지를 받은 자를 포함한다)는 그 결과를 통지받은 날부터 30일 이내에 관세청장에게 이의를 제기할 수 있다.

사전심사의 결과에 대하여 이의를 제기하려는 자는 다음 사항이 기재된 신청서에 이의제기 내용을 확인할 수 있는 자료와 사전심사서의 사본을 첨부하여 관세청장에게 제출하여야 한다.

- 이의를 제기하는 자의 성명과 주소 또는 거소
- 사전심사서를 받은 날짜와 사전심사의 내용
- 해당 물품의 품명 및 품목번호
- 이의제기의 요지와 내용

이의제기의 절차에 관하여는 원산지에 관한 조사결과에 대한 이의제기(시행령 제18조제2항부터 제5항) 관련 규정을 준용한다. 이 경우 "관세청장 또는 세관장"은 "관세청장"으로 본다.

8. 사전심사서 내용의 변경

(1) 변경사유

관세청장은 협정에서 정하는 바에 따라 사전심사서의 근거가 되는 사실관계 또는 상황의 변경 등 다음 사유가 있는 경우에는 사전심사서의 내용을 변경할 수 있다.

- 사전심사서의 근거가 되는 사실관계 또는 상황이 변경된 경우
- 협정 또는 관계법령의 개정에 따라 당해 물품의 원산지결정기준이 변경되거나 원산지결정의 기초가 되는 품목분류 등이 변경된 경우
- 사전심사 대상물품 또는 재료의 품목분류, 부가가치비율의 산정 등에 착오가 있는 경우
- 신청인이 허위의 자료를 제출하거나 사전심사에 필요한 자료를 제출하지 아니하여 사전심사에 중대한 착오가 있는 경우
- 사전심사의 신청내용과 동일한 사안에 대한 이의신청·심사청구·심판청구 또는 소송제기 등을 받은 권한 있는 기관 또는 법원의 최종결정 또는 판결이 당해 사전심사의 내용과 다르게 된 경우

(2) 통지

관세청장은 사전심사서의 내용을 변경할 때에는 신청인에게 그 변경 내용을 통지하여야 한다.

(3) 수정통지

사전심사서를 교부받은 자는 사전심사서의 내용 변경 사유가 발생하였음을 알게 된 때에는 관세청장에게 그 변경내용을 수정통보할 수 있다.

수정통보를 하려는 자는 다음 서류를 관세청장에게 제출하여야 한다.

- 다음 사항이 기재된 수정통보서
  - 수정통보를 하는 자의 성명·주소 및 사업자등록번호
  - 변경사항을 알게 된 날
  - 당해 사전심사서에 따라 협정관세를 적용받은 수입물품의 목록(수입신고번호·수입신고수리일자·품명·수량·가격 및 원산지가 기재된 것이어야 한다)
  - 변경된 내용
- 사전심사서 원본
- 변경 사실을 보여 주는 증빙서류

(4) 변경 또는 철회

관세청장은 수정 통보를 받은 때와 필요하다고 인정하는 때에는 그 변경사실을 심사하여 사전심사서의 내용을 변경 또는 철회할 수 있다.

(5) 적용

사전심사서의 내용을 변경한 경우에는 그 변경일 후에 수입신고되는 물품에 대하여 변경된 내용을 적용한다.

사전심사서의 내용 변경이 자료제출 누락 또는 거짓자료 제출 등 신청인에게 책임이 있는 사유로 인한 것인 경우에는 해당 사전심사와 관련하여 그 변경일 전에 수입신고된 물품에 대해서도 소급하여 변경된 내용을 적용한다.

다음과 같이 협정에서 다르게 정하는 경우에는 협정에서 정하는 범위에 따른다.

① 싱가포르와의 협정에 따른 사전심사서 변경효력의 특례

법 제15조제3항 단서 및 싱가포르와의 협정 제5.8조제6항의 규정에 따라 사전심사의 내용을 신뢰한 선의의 수입자가 변경된 사전심사서의 내용을 적용받는 경우 손해가 발생할 것임을 기획재정부령이 정하는 바에 따라 입증하는 때에는 사전심사서의 내용이 변경된 날부터 60일을 초과하지 아니하는 범위 안에서 변경 전의 사전심사서의 내용을 적용할 수 있다.

② 칠레와의 협정에 따른 사전심사서 변경 효력의 특례

법 제15조제3항 단서 및 칠레와의 협정 제5.9조에 따라 사전심사의 내용을 신뢰한 선의의 수입자가 변경된 사전심사서의 내용을 적용받는

경우 손해가 발생할 것임을 기획재정부령으로 정하는 바에 따라 입증하는 때에는 사전심사서의 내용이 변경된 날부터 90일을 초과하지 아니하는 범위에서 변경 전의 사전심사서의 내용을 적용할 수 있다.

(6) 사전심사서 변경효력의 적용유예신청

변경된 사전심사서의 내용을 적용받을 경우 손해가 발생할 것임을 입증하고자 하는 수입자는 다음 서류를 사전심사서의 변경내용을 통지받은 날(사전심사서 변경내용의 통지대상자가 아닌 자의 경우에는 사전심사서의 내용이 변경된 사실을 안 날)부터 15일 이내에 관세청장에게 제출하여야 한다.

- 다음 사항이 기재된 사전심사변경 적용유예신청서
  - 신청인의 성명·주소 및 사업자등록번호
  - 변경내용을 통지 받은 날(사전심사서 변경내용의 통지대상자가 아닌 자의 경우에는 사전심사서의 내용이 변경된 사실을 안 날)
  - 사전심사서 변경일 이후에 수입되었거나 수입될 예정인 물품의 품명·수량 및 금액과 수입시기 또는 수입예정시기
- 수입거래계약서 또는 이에 갈음하는 서류
- 예상되는 손해내역과 그 증빙서류

유예신청을 받은 관세청장은 신청일부터 7일 이내에 이를 심사하여 타당하다고 인정하면 사전심사서 변경적용을 유예할 것임을 신청인에게 통지하여야 한다.

참고문헌

〈국내문헌〉

곽윤직, 민법총칙, 박영사, 2004.
김동희 행정법 Ⅱ 박영사, 1992.
김재원, 대외무역법, 박문각, 2003.
도중권·라공우, 대외무역법, 두남, 2004.
박민규, 대외무역법, 에이포미디어, 2011.
박민규, 최신 관세법, 서훈, 2013.
송선욱, 대외무역법, 두남, 2004.
안세영·이병학, 대외무역법, 서울경제경영, 1999.
조석홍·이희석·김만길,______________두남, 2003.
서헌제, 국제경제법, 율곡출판사, 1998.
최정일, 행정법(상), 박영사, 2000.

〈외국 문헌〉

Ralph H. Folsom et al. *International Business Transactions*, 2d ed. West group(2001)
Stephen J. Ware, *Alternative Dispute Resolution*, West Group(2001)
Tom Standage, *The Victorian Internet* (1999)

〈인터넷〉

법제처 〈www.moleg.go.kr〉
국회법률정보시스템 〈http://search.assembly.go.kr/law/〉
산업통상자원부 〈http://www.mke.go.kr/index2.html〉

찾아보기

【국문】

ㄱ

ㄴ

ㄷ

ㅇ

저자 약력

저자는 1993년 제37회 행정고등고시에 합격하여 해양수산부에서 근무를 하였다. 1998년 미국 University of Wisconsin에 유학하기 전까지 해양수산부에서 수산, 해운, 통상 관련 업무를 담당하였다. University of Wisconsin에서 법학석사학위를 받았으며 계속해서 University of Wisconsin Law School에서 법학박사(S.J.D) 학위를 받았다. 2001년 5월 미국 뉴욕주 변호사시험에 합격하였으며 같은 해 9월부터 뉴욕주 변호사협회 회원으로 활동을 하고 있다. 미국에서 귀국하여 해양수산부에서 법무담당관실과 무역진흥과에서 법제업무 및 FTA, WTO 등 통상관련 업무를 담당했으며, 2003년 9월부터 인하대학교 국제통상학부에서 법학개론, 국제거래법, 통상법, 무역관계법,국제결제론, 무역계약론, 물류전문대학원에서 물류법규 등을 강의하며 후진양성에 힘쓰고 있다. 2010년 미국 워싱턴 DC에 있는 Georgetown Law School에서 연구년을 보냈으며 통상법, 해상법, 국제거래법 등을 연구하였다.

저서로는 「물류법규, 2004」, 「대외무역법 2005」, 「외국환거래법, 2006」, 「유통산업발전법, 2007」, 「통관물류법, 2008」, 「관세법, 2013」이 있으며 논문과 연구보고서로 「국민참여를 통한 입법 및 법제 개선방안 연구」, 「수산보조금의 분류 및 WTO/DDA 협상 대응전략」, 「미국 행정 입법과정에의 국민참여 제도연구」, 「경제자유구역청의 효율적 운영방안에 관한 연구」 등 다수가 있다. 주요 연구 분야는 통상, 행정, 환경, 해양수산 관련 정책·제도·법령 등 다양하며, 현재 여러 관련 연구를 수행하고 있다.

외교통상부 한·미, 한·EU FTA 자문위원, 해양수산부, 산업통상자원부, 국토교통부, 농림축산식품부, 해양경찰청 등 정부기관과 한국교통연구원, 수협, 한국수산회 등 민간단체의 자문위원으로 활동하고 있으며, 행정고등고시, 7급공무원, 관세사·물류관리사·화물운송종사자 자격시험 등 각종 시험위원으로도 활동하고 있다.